rowohlt
POLARIS

ANNIKA
BROCKSCHMIDT

AMERIKAS GOTTES-KRIEGER

Wie die
Religiöse Rechte
die Demokratie
gefährdet

Rowohlt Polaris

Für meine Eltern.
Danke für alles.

4. Auflage Februar 2022
Originalausgabe
Veröffentlicht im Rowohlt Taschenbuch Verlag,
Hamburg, November 2021

Covergestaltung zero-media.net, München,
Coverabbildung FinePic®, München
Satz aus der DTL Documenta
bei Pinkuin Satz und Datentechnik, Berlin
Druck und Bindung CPI books GmbH, Leck, Germany
ISBN 978-3-499-00648-7

INHALT

MACHT – IN GOTTES NAMEN

«Danke, dass du den Vereinigten Staaten erlaubt hast, wiedergeboren zu werden. Danke, dass du uns erlaubt hast, uns der Kommunisten, der Globalisten und der Verräter in unserer Regierung zu entledigen. Wir lieben dich und wir danken dir. Wir beten in Christus' heiligem Namen.»
– Jacob Chansley, ein Angreifer beim Sturm auf das Kapitol, in der Senatskammer, innehaltend zum Gebet[1]

Auf den Transparenten stand «Jesus rettet», christliche Flaggen wehten im Wind, *«God, Guns and Guts made in America, let's keep all three»* lautete eine Parole. Eine Menschengruppe betete laut, versammelt um ein großes Holzkreuz, die Köpfe geneigt. Viele von ihnen gehörten zu derselben Menge, die später mit Fahnenstangen auf Polizisten einprügelte, sie mit Bärenspray angriff und die Fenster des Kapitols einwarf. Einige machten sich mit «Hängt Mike Pence!»-Rufen auf die Suche nach dem Vizepräsidenten – der Galgen stand draußen schon bereit.

In Amerika und weltweit verfolgten Menschen live vor dem Fernseher den Angriff auf das Kapitol am 6. Januar 2021, bei dem ein bewaffneter Mob, aufgestachelt vom damaligen Präsidenten Donald Trump, einigen Republikanischen Politikern und Aktivisten, die *Capitol Police* überwältigte und stundenlang das Kapitol besetzte, jenes Gebäude, das wie kein zweites die amerikanische Demokratie symbolisiert. Bei aller Unübersichtlichkeit der Lage fiel auf, wie häufig die Kombination christlicher Symbole mit solchen der *White Supremacy*-Bewegung war. Dieser Schulterschluss sorgte bei vielen Zuschauern für Verwirrung: Weshalb marschierten hier betende Menschen neben radikalen Nationalisten und Rassisten, um Politikern nach dem Leben zu trachten?

Es handelte sich hierbei nicht um Zufall, sondern um eine seit langem geschmiedete Allianz. Der Christliche Nationalismus, den man am 6. Januar beobachten konnte, tauchte nicht erst mit Donald Trump auf der politischen Bühne auf. Bei näherem Hinsehen war es auch wenig überraschend, dass Rassismus das verbindende Element zwischen der Religiösen Rechten und *White Supremacists* darstellte: Schon bei den Anfängen der organisierten modernen Religiösen Rechten in den 1960er Jahren war Rassismus die treibende Kraft. Dieses Buch nimmt den Einfluss der modernen Religiösen Rechten in den USA von ihrer Entstehung bis heute systematisch in den Blick und erzählt die Entwicklung einer komplexen, heterogenen Bewegung, die bereits seit Jahrzehnten Einfluss auf die amerikanische Gesellschaft und Politik nimmt und die maßgeblich für die tiefe Spaltung des Landes verantwortlich ist.

Die Spur des Christlichen Nationalismus zieht sich durch die amerikanische Geschichte. So politisch einflussreich wie heute konnte er allerdings nur durch eine straff organisierte Religiöse Rechte werden. Unter dem Begriff versammelt sich eine Vielzahl von unterschiedlichen Gruppierungen. Sie erkennen die Trennung von Kirche und Staat nicht an, sondern träumen davon, Amerika für Gott «zurückzugewinnen», die christliche und amerikanische Identität sind für sie untrennbar miteinander verbunden. Anhänger der Religiösen Rechten streben eine Gesellschaftsordnung an, in der Gott nicht nur in der Öffentlichkeit, sondern auch in politischen Institutionen und Gesetzen präsent ist. Sie wollen ein Amerika, in dem konservative Christen alle säkularen Institutionen des Landes besetzen und diese nach ihrem Verständnis im Sinne Gottes leiten.[2] Es geht um die Durchdringung der Gesellschaft in all ihren Bereichen, sei es in der Politik oder im Kulturbetrieb, in der Justiz, im Bildungssystem oder in den Medien. Um ihr Ziel einer durch und durch christlichen Nation zu erreichen, baute die Religiöse Rechte in den letzten Jahrzehnten ein hocheffizientes Netzwerk aus Medienimperien, Kirchen, Organisationen und Lobbygruppen auf, dessen erfolgreiche Wählermobilisierung ihr langsam, aber sicher den Weg ins Machtzentrum von Washington ebnete.

Wer die aktuelle politische Situation in den USA verstehen will, muss die Denkmechanismen der Religiösen Rechten, das Knäuel aus Kulturkampf, Ideologie, Apokalypse-Sehnsucht, Verschwörungsdenken und Macht entwirren. Diese Verbindungen haben dazu geführt, dass es ein Kandidat wie Donald Trump ins Weiße Haus geschafft hat – und dass auch nach dessen Amtszeit eine straff organisierte Bewegung die demokratischen Grundprinzipien der Vereinigten Staaten systematisch untergräbt.

Trump war nicht das Ende. Längst besitzen die religiösen *Hardliner* eine landesweite politische Infrastruktur, die eingespielt ist und schnell reagieren kann. Bereits seit mehreren Jahrzehnten spielt die Religiöse Rechte das *«long game»*, sie ist zu einem *Powerplayer* der amerikanischen Politik geworden, dessen hartnäckige Beständigkeit selbst amerikanische Polit-Profis überrascht zu haben scheint. Immer wieder veröffentlichten Medien Nachrufe auf die Religiöse Rechte, prophezeiten ihren Niedergang. Jedes Mal lagen sie falsch.

Der Christliche Nationalismus wie auch die Religiöse Rechte in den USA sind zutiefst politisch, mit realen Machtambitionen und dank Großspendern mit scheinbar unerschöpflichen finanziellen Mitteln gesegnet. Die moderne Religiöse Rechte hat es durch geschickte politische Themensetzung in den Kulturkämpfen geschafft, frühere Konflikte zwischen Denominationen (Konfessionen) zu überwinden und ihre Basis zu einem effektiven Wählerblock zu formieren.

Dabei bildeten sich in den letzten Jahrzehnten auch neue Allianzen, teils auf der Basis rein wirtschaftlicher Interessen: Neben den Sozial-Konservativen der Republikanischen Partei, die sich mit dem Christlichen Nationalismus identifizieren, ging die Religiöse Rechte auch ein Bündnis mit Neoliberalen ein. Die Verbindungen von Superreichen und radikalen Hardlinern waren essenziell, um das heutige, weit verzweigte Netzwerk der Religiösen Rechten aufzubauen und dadurch massiven Einfluss auf die amerikanische Politik zu nehmen. Einfluss, der schwer nachzuverfolgen ist, weil sich so viele ihrer *Think Tanks* und Verbände als offiziell unparteiische Wohltätigkeitsorganisationen diverser steuerlicher und gesetzlicher Vorteile erfreuen. Der Oberste Gerichtshof hat, dank der Religiösen Rechten mit einer erzkonservativen 6:3-Mehrheit, im Sommer 2021 seine Hand schützend über die Flüsse von ebenjenem *Dark Money* gehalten, den nicht nachverfolgbaren Großspenden. Und auch eine weitere Strategie der Religiösen Rechten, um als Minderheit noch an der Macht zu bleiben, wurde vom Obersten Gerichtshof für verfassungskonform erklärt: ein Gesetz in Arizona, das es für BPoC (*Black and People of Colour*) schwerer macht, wählen zu gehen. Im nächsten Term des *Supreme Courts* stehen zwei weitere Kernanliegen der Religiösen Rechten an: Abtreibung und Waffenrecht.

Gleichzeitig wird in den USA derzeit ein Kampf um die Deutungshoheit über die eigene Geschichte ausgefochten. Der Geschichtsrevisionismus, der es bis in staatliche Schulen geschafft hat, ist eine der wichtigsten Waffen Christlicher Nationalisten. Lange vor Filterblasen auf Twitter und Facebook hatte die Religiöse Rechte bereits begonnen, ihre eigenen Medienimperien aufzubauen. Religiöse Identität, das soll hier gezeigt werden, besteht aus viel mehr als nur Theologie. Mindestens ebenso stark wird sie geprägt durch Tradition, Politik und Gemeinschaft sowie durch Pop- und Konsumkultur wie Musik, Filme oder Bücher, durch Geschlechtervorstellungen und Definitionen davon, wer «dazugehört» und wer nicht.

In diesem Buch wird nachgezeichnet, wie die Religiöse Rechte Gewalt sakralisiert, als Werkzeug zur Verteidigung einer christlichen Gesellschaftsordnung überhöht und moralisch rechtfertigt.[3] Die Verbindung aus rechten christlichen Medien, Predigern des Wohlstandsevangeliums und gesellschaftlichen Strömungen innerhalb des Christlichen Nationalismus hat in den vergangenen Jahrzehnten zu einer Radikalisierung des politischen Dialogs geführt.

Doch vor allem waren es die Fußsoldaten, die christlichen Wähler, die am 8. November 2016 zur Wahl gingen, auf ihrem Stimmzettel «Trump» ankreuzten und ihn ins Weiße Haus brachten. Wer die Kirchen in strategisch wichtigen Staaten mobilisiert, so der Gedanke, gewinnt Wahlen. Genau das geschah 2016: Zwischen 79 und 81 Prozent der Weißen Evangelikalen stimmten 2016 für ihn, vor allem diejenigen, die am häufigsten in die Kirche gehen.[4] Politische Beobachter und Analystinnen hatten die Koalition aus der Religiösen Rechten und der sogenannten *Alt-Right*, der extremen Politischen Rechten unter Führung von Steve Bannon, nicht vorhergesehen: Trumps Wahlkampf bespielte höchst effektiv die nativistischen Anwandlungen beider Bewegungen. Viele unterschätzten außerdem die bemerkenswerte Fähigkeit der amerikanischen Religiösen Rechten, Niederlagen zu ihrem eigenen Nutzen zu verwenden und ihren jahrzehntelang gehegten Plan umzusetzen, die Herrschaft einer Minderheit über die Mehrheit zu etablieren, indem sie sich Schlupflöcher im amerikanischen demokratischen System zunutze machte. Wer erwartet hatte, dass Weiße Evangelikale Trump 2020 nach vier Jahren skandalträchtiger Regierungszeit nicht mehr die Treue halten würden, wurde eines Besseren belehrt: 2020 stimmten mit 84 Prozent mehr von ihnen für Trump als noch 2016.[5] Verluste hatte er vor allem unter nicht-religiösen Amerikanern zu verbuchen.[6]

Es genügt jedoch nicht, nur auf Weiße Evangelikale zu schauen, auch wenn sie einen signifikanten Einfluss auf die christlich-nationalistische Kultur haben, denn auch 60 Prozent Weißer Katholiken und 58 Prozent der Protestanten und anderer christlicher Glaubensrichtungen sowie 61 Prozent der Mormonen wählten mit

Donald Trump 2016 den Kandidaten des Christlichen Nationalismus.[7] Das Unverständnis, mit dem von vielen Seiten auf das Bündnis von Trump und der Religiösen Rechten reagiert wurde, lässt sich auflösen, wenn wir genauer auf das Selbstverständnis Christlicher Nationalisten schauen, ihre Motivation ergründen sowie ihre Vorstellungen von einem politischen Anführer analysieren.

Das Bedürfnis nach einem stark auftretenden, rassistische Ressentiments bedienenden Anführer, der es «den Linken» mal so richtig zeigt und die angeblich christliche Identität des Landes bewahrt, indem er klare Grenzen zwischen «wahren» und «falschen» Amerikanern zieht, ist auch nach Trumps Niederlage 2020 noch vorhanden, vielleicht sogar stärker denn je. Die Basis scheint noch motivierter als zuvor, der Einfluss des Trumpismus auf die Republikanische Partei, der sich durch einen aggressiven Christlichen Nationalismus auszeichnet, ist ungebrochen – auch wenn unklar ist, wie die Zukunft Trumps selbst aussieht. Unabhängig von seiner Rolle in der Republikanischen Partei – sein Erbe, die «Große Lüge» von der gestohlenen Wahl, wird bleiben und die Basis motivieren.

Wer diese Bewegung als Eskapaden einiger religiöser Fanatiker abtut, verkennt ihre Mobilisierungskraft und ihre Zielsetzung. Trumps Präsidentschaft ist ein Kapitel in der einflussreichen Geschichte der Religiösen Rechten – aber es wird keineswegs das letzte sein. Stattdessen war Amerika unter Trump eine Vorschau auf das, was die Zukunft bringen kann. Die Wahl 2020 hat der Religiösen Rechten erneut gezeigt, wie weit sie gehen kann. Die Fähigkeit der Bewegung, aus Niederlagen zu lernen, darf nicht unterschätzt werden – denn sie denkt in anderen Zeiträumen als ihre politischen Gegner. Statt von Wahl zu Wahl rechnet man in der Religiösen Rechten in Jahrzehnten und Jahrhunderten. Eine verlorene Wahl macht da wenig aus. Denn ein Blick auf die Geschichte macht deutlich, dass der Religiösen Rechten die Wiederauferstehung gerade dann oft gelungen ist, wenn man sie bereits für tot erklärt hatte.

KREUZ UND FLAGGE

«Das Christentum wird Macht haben. Wenn ich da bin, habt ihr viel Macht, ihr braucht niemand anderen. Ihr werdet jemanden haben, der euch sehr, sehr gut repräsentiert. Merkt euch das.» – *Donald Trump*[1]

Einer der Schlüsselmomente des Wahlkampfs 2016 war ein Satz der Rede, die Trump im Januar in Iowa vor evangelikalen Zuschauerinnen und Zuschauern im christlichen *Dordt College* in der Stadt Sioux Center gehalten hat. Dort machte er die berühmte Aussage, er könne auf der *5th Avenue* stehen und jemanden erschießen und würde trotzdem keine Wählerstimmen verlieren. Die mediale Empörung über diese Äußerung überschattete – wie so oft – den eigentlichen Kern von Trumps Rede. Denn was er den Menschen an diesem Tag erzählte, hätte viel über seine Wahlkampfstrategie verraten können. Das Christentum sei im Belagerungszustand, rief er der Menge zu. Sie, die gläubigen Christen, seien eine unterdrückte Gruppe. Die Botschaft war deutlich: Ihr seid die Opfer, und es herrscht Krieg, aber ich werde für euch kämpfen.[2]

Es war ein klares Versprechen an die Religiöse Rechte, die nach acht Jahren Obama Morgenluft witterte. Hier war jemand, der Christlichen Nationalismus ins Herz von Washington, ins Weiße Haus führen würde.

Wenn in diesem Buch über Christlichen Nationalismus gesprochen wird, dann ist damit nicht das Christentum als Oberbegriff für verschiedene Glaubensgemeinschaften gemeint, die teils sogar im Gegensatz zu den darin vertretenen Überzeugungen stehen. Christlicher Nationalismus muss vielmehr als kulturelles Phänomen verstanden werden, das zwar stellenweise seine Legitimation aus der Bibel ableitet, aber das in erster Linie eine politische, keine rein religiöse Bewegung ist.

Die Religiöse Rechte beruft sich zwar auf die Unfehlbarkeit der Bibel und belegt ihre Positionen mit entsprechenden Stellen aus dem Neuen und Alten Testament, aber sie geht dabei sehr selektiv vor. Ihr Gott ist nicht versöhnend und sanft, sondern rachsüchtig und kriegerisch. Es gibt große Überschneidungen zwischen Christlichem Nationalismus und Protestantischem Fundamentalismus, der sich ebenfalls durch eine wörtliche Auslegung der Bibel konstituiert. Die Rolle Israels im Alten Testament wird dieser Ansicht nach in der Gegenwart durch das amerikanische Volk erfüllt – daher seien die Forderungen, die Gott im Alten Testament an Israel stellt, als Leitlinien für das Verhalten Amerikas heute zu sehen.[3]

Die Forscher Samuel L. Perry und Andrew L. Whitehead haben 2020 mit ihrem Buch *Taking America Back for God* die erste umfassende quantitative Datenerhebung zu Christlichem Nationalismus in Amerika veröffentlicht. Ihre Untersuchung ist enorm hilfreich, wenn man die Grundzüge dieser vielschichtigen Strömung verstehen will. Die Autoren werten in ihrer Umfrage die Zustimmung oder Ablehnung der Probanden zu sechs Statements aus – von «stimme völlig damit überein» zu «lehne völlig ab».

1. «Die Regierung sollte die USA zu einer christlichen Nation erklären.»
2. «Die Regierung sollte christliche Werte bewerben.»
3. «Die Regierung sollte eine strenge Trennung von Kirche und Staat durchsetzen.»
4. «Die Regierung sollte die Ausstellung religiöser Symbole an öffentlichen Plätzen erlauben.»
5. «Der Erfolg der USA ist Teil von Gottes Plan.»
6. «Die Regierung sollte Beten in staatlichen Schulen erlauben.»[4]

Perry und Whitehead teilten ihre Probanden entsprechend der Ergebnisse in vier Kategorien ein: Auf der einen Seite stehen «*Rejecters*» (21,5 Prozent), die Christlichen Nationalismus komplett ablehnen, und «*Resisters*» (27 Prozent), die ihm zumindest mit Unbehagen begegnen. Auf der anderen Seite finden sich «*Accomodators*» (32,1 Prozent) – Menschen, die den Ideen des Christlichen Nationalismus eher zugeneigt sind, und «*Ambassadors*» (19,8 Prozent), eine Gruppe, die dessen Werte nicht nur stark befürwortet, sondern auch aktiv predigt. Knapp mehr als die Hälfte aller Amerikanerinnen und Amerikaner, 51,9 Prozent, sind dieser repräsentativen Umfrage zufolge entweder starke Befürworter des Christlichen Nationalismus oder tendenziell eher positiv dazu eingestellt.[5] 49 Prozent der Bevölkerung sind der Meinung, dass die Bibel «großen» oder «einigen Einfluss» auf die Gesetze der USA haben sollte, unter amerikanischen Christen glauben das sogar 68 Prozent.[6]

Unter dem Begriff Christlicher Nationalismus finden sich konservative Katholiken ebenso wie Pfingstkirchler, Charismatiker (ebenfalls in pfingstkirchlicher Tradition), Wohlstandsevangelisten, Calvinisten und Baptisten, aber auch orthodoxe Juden, Mormonen und Menschen, die keiner bestimmten Glaubensgemeinschaft angehören oder nicht regelmäßig zur Kirche gehen. Diese Pluralität innerhalb der Bewegung soll in diesem Buch mit der Benutzung der Begriffe «Religiöse Rechte», «Christliche Rechte» und «Christliche Nationalisten» betont werden. An Stellen, wo der Einfluss vor allem Weißer Evangelikaler auf die Bewegung näher erläutert wird – denn dieser ist beachtlich –, wird diese Gruppe Gläubiger explizit genannt. Weiße Evangelikale machten 2020 laut Umfrageergebnissen 14 Prozent der Gesamtbevölkerung aus – ein drastischer Abstieg von noch 23 Prozent im Jahr 2006. Damit fallen Weiße Evangelikale hinter die Weißen *Mainline*-Protestanten zurück. Weiße Christen insgesamt machten 2020 44 Prozent der amerikanischen Bevölkerung aus, ein leichter Anstieg seit 2018.[7]

Der Begriff «Evangelikale» ist ebenfalls ein Sammelbegriff, der Baptisten, Methodisten, Pfingstkirchler, evangelikale Episkopale und Anglikaner, Pietisten sowie Anhänger der reformierten Kirchen umfasst – aber auch Christen, die sich keiner speziellen Glaubensrichtung zuordnen, sich aber als «evangelikal» bezeichnen. Die derzeit wohl gängigste Definition des Evangelikalismus ist das Bebbington'sche Viereck, geprägt durch den Theologen und Evangelikalen David B. Bebbington. Er nennt als die vier zentralen Säulen Biblizismus, Kruzifizismus, Konversionismus und Aktivismus, also die besondere Relevanz der Bibel als das unfehlbare Wort Gottes, die Hervorhebung der zentralen Rolle des Kreuzes und des Leidens Jesu, die Missionierung und Verbreitung des Glaubens sowie der religiöse Aktivismus.

Diese Merkmale sind jedoch sehr weit gefasst und bei näherem Hinsehen nicht immer hilfreich bei der Identifizierung der Gruppe. Viele Evangelikale formulieren ihre eigenen Glaubenssätze, andere betonen die Relevanz einer persönlichen Beziehung zu Gott, da der einzige Weg zur Erlösung die persönliche Akzeptanz von Jesus als Herr und Retter sei. Dieses spirituelle Erlebnis, oft *«Born-Again»*-Erfahrung genannt, markiert den Beginn einer neuen Identität als evangelikaler Christ.

Bebbingtons Standard-Definition wurde in den letzten Jahren vermehrt kritisiert, weil sie die politischen und weltanschaulichen Aspekte ausklammere und bestimmte Entwicklungen verharmlose. Eine neue Generation (teils selbst evangelikaler) Wissenschaftlerinnen und Wissenschaftler wirft führenden Intellektuellen des Evangelikalismus vor, eine geschönte Geschichte ihrer Glaubensgemeinschaft vorgelegt zu haben. Durch ihre rein theologische Definition hätten sie zu der «Überraschung» beigetragen, mit der die Öffentlichkeit auf die enorme Unterstützung Donald Trumps durch Weiße Evangelikale reagiert habe.[8] So argumentiert beispielsweise der Historiker Michael S. Hamilton, dass Bebbingtons Viereck längst zu einem Achteck ausgeweitet worden sei:

Zu den vier Säulen seien Christlicher Nationalismus, Christlicher Tribalismus, politischer Moralismus und Antistatismus hinzugefügt worden, also der Glaube daran, dass die USA eine christliche Nation seien, Weiße evangelikale Identitätspolitik, die Überzeugung, dass Politik von christlicher Moral geprägt sein solle, und der Wunsch nach einem Staat, der hart gegen moralische Verfehlungen durchgreift, sich aber in wirtschaftlichen Fragen raushält. «Weiße Evangelikale sind generell beunruhigter über die Ausweitung von staatlichen Programmen, die kostenloses Essen an kleine Kinder verteilen, als über die Ausweitung von staatlichen Gefängnissen oder die Erweiterung der Größe und Feuerkraft der lokalen Polizeikräfte», schreibt Hamilton.[9]

Die Geschichte des Weißen Evangelikalismus in den USA weist ein Muster auf: Gemäßigtere Evangelikale setzen sich immer wieder öffentlichkeitswirksam von den angeblichen «Randfiguren» mit extremeren Ansichten ab. «Als Evangelikale der Arbeiterklasse um 1900 begannen, in fremden Zungen zu sprechen, erklärten ‹respektable› Evangelikale die Bewegung als eine Wahnidee Satans. Das sind nicht wir, betonten sie», schreibt der Historiker Timothy Gloege über das Talent scheinbar moderater Evangelikaler, sich von den für sie peinlichen Extremen ihrer Bewegung abzusetzen, die aber längst im *Mainstream* gelandet waren. In den 1940er und 1950er Jahren, analysiert Gloege, hätten «respektable» Evangelikale diese Technik perfektioniert: «Indem sie das fundamentalistische Label ablegten (obwohl sie nahezu identische Dinge glaubten), schufen sie eine neo-evangelikale Identität, durch die sie sich von Verschwörungsideologen und Kommunisten-Hassern distanzieren konnten. Seitdem sind die toxischen Nebenprodukte ihrer Bewegung aus dem evangelikalen Lager verbannt worden. Ob Televangelisten-Skandale oder Jeremiaden darüber, dass Hurrikans eine Strafe Gottes seien, oder homosexuellenfeindliche Proteste bei Militärbegräbnissen: Das sind nicht wir.»[10]

Gloege und andere treten für eine Neu-Schreibung der Geschichte des Evangelikalismus ein und fordern eine kritische Auseinandersetzung mit den Folgen ihrer eigenen theologischen Tradition. Mit dem Beharren auf dem Bebbington'schen Viereck gelinge dies nicht: «Anstatt Selbstreflexion zu inspirieren, lässt es Evangelikale die schweren Fragen ignorieren, während die Bewegung, die sie geholfen haben heraufzubeschwören, das Land niederbrennt», schließt Gloege.

Evangelikalismus ist mehr als ein Bündel theologischer Standpunkte. Wenn in diesem Buch also von «Evangelikalen» die Rede ist, sind damit Weiße Evangelikale mit konservativer Ausrichtung gemeint. Das ist deswegen wichtig, weil die Entwicklung der *«Black Church»* sich stark von der Geschichte des Weißen Evangelikalismus unterscheidet. Natürlich gibt es auch BPoC, die Mitglieder in evangelikalen Kirchen sind. Doch es hat einen Grund, dass Schwarze* Gläubige, die theologische Übereinstimmungen mit Evangelikalen haben, sich trotzdem nicht als solche bezeichnen. Jemar Tisby, der Gründer der Organisation *The Witness: A Black Christian Collective* und selbst über viele Jahre evangelikal, hat sich in zahlreichen Texten mit dieser Frage auseinandergesetzt und festgestellt, dass Schwarzen Christen in Weißen evangelikalen Räumen rasch Grenzen aufgezeigt werden.[11] Laut Tisby gibt es für ihn im Weißen Evangelikalismus keinen Platz. Er ist einer von vielen Schwarzen Christen, die ihre Weißen oder multiethnischen evangelikalen Kirchen verlassen haben. 2018 veröffentlichte die *New York Times* einen Artikel mit dem Titel *A Quiet Exodus: Why Black Worshipers Are Leaving White Evangelical Churches.* Schwarze Gläubige seien mit ihren Versuchen, Rassismus und *White Supremacy* innerhalb des Weißen Evangelikalismus zu thematisieren, gegen verschlossene Türen gerannt. Unter

* Die Großschreibung von Schwarz und Weiß soll zeigen, dass hier nicht einfache Farbadjektive gemeint sind, sondern dass es sich um soziale Konstrukte handelt, die mit Benachteiligungen und Privilegien verbunden sind.

dem Hashtag *#LeaveLoud* erzählen sie nun ihre Geschichten – auf Twitter und im Podcast von *The Witness: Black Christian Collective.* Während Schwarzer Evangelikalismus oft eher auf den «*Social Gospel*» ausgerichtet ist und in der Tradition der «*Liberation Theology*» und damit auch der Sklavenbefreiung steht, geht der Evangelikalismus, der für die Entstehung und Beschaffenheit des Christlichen Nationalismus relevant ist, mit expliziten Konnotationen von *Whiteness* einher.

Wenn wir uns also die Geschichte des Weißen Evangelikalismus ansehen, wird rasch deutlich, was Historikerinnen, Soziologen, Theologinnen und Aktivisten, teils auch aus der (ehemaligen) evangelikalen Szene, wie Kristin Kobes Du Mez, Andrew Whitehead, Samuel L. Perry, Bradley Onishi, Chrissy Stroop und Bruce Chastain in den letzten Jahren aufgezeigt haben: Religion ist mehr als die Summe von Glaubenssätzen. «Religiöser Glaube ist nicht beschränkt auf eine Reihe theologischer Ideen, denen man sich verschreibt oder nicht – so hat Religion historisch nicht funktioniert und tut es auch heute nicht. Man sieht beispielsweise in den USA eine Reihe gläubiger, regelmäßig in die Kirche gehender Evangelikaler, die quasi theologische Analphabeten sind. Das bedeutet aber nicht, dass sie keine Christen sind: Sie sind trotzdem tiefreligiös», sagt die Historikerin Kobes Du Mez. Statt durch theologische Debatten sei ihr Glaube vor allem durch ihre Umgebung geprägt: ihre Pastoren, ihre Bibelkreise, die Filme, die sie sehen, die Musik, die sie hören, die Bücher, die sie lesen.[12]

Dieser Ansatz ist essenziell, um das Erstarken der Religiösen Rechten und die Folgen für die amerikanische Gesellschaft zu verstehen. Nicht allein die Bibel, sondern Kultur, Gender, Politik und *race** spielen eine Rolle bei der Herausbildung von *der*

* In diesem Buch wird bewusst auf die Übersetzung einiger Diskursbegriffe aus dem englischsprachigen Raum verzichtet. *Race, White Supremacy* oder *People of Colour* sind mittlerweile fest in der deutschen Debatte etabliert, da die deutschen Begriffe hierfür eine sehr unterschiedliche und teilweise problematische Begriffsgeschichte mit sich bringen.

christlichen Identität, die für Christliche Nationalisten so untrennbar mit der amerikanischen Identität verschmolzen ist. So verständlich es auch ist, dass progressive Christen sich von dieser antidemokratischen Bewegung abgrenzen wollen und das auch tun, ist es dennoch problematisch, Christliche Nationalisten als «falsche Christen» zu *framen*. Der Religionswissenschaftler Bradley Onishi erläutert: «Als Wissenschaftler muss ich sagen: Natürlich sind das Christen. Sie sagen mir, sie sind Christen, sie verwenden christliche Texte, sie benutzen christliche Symbole.»[13] Sie beziehen sich genauso auf die Bibel wie andere, und die Religionsgeschichte lehrt uns, dass es keine «reine» Interpretation eines religiösen Textes gibt. Deshalb ist es umso wichtiger, den größeren Kontext des Christlichen Nationalismus zu betrachten. Nur wenn die Mischung von *White Supremacy*, entfesseltem Kapitalismus, *Gender*, Sexualität, dem Streben nach politischer Macht, autoritären und teils faschistischen Tendenzen analysiert wird, ist es möglich, die Bewegung nicht einfach als angebliche Randerscheinung der extremen Religiösen Rechten abzutun.

An dieser Stelle ist es trotzdem wichtig, klarzustellen: Christlicher Nationalismus und amerikanisches Christentum sind nicht dasselbe. Im Gegenteil: Vermehrt melden sich Vertreterinnen und Vertreter verschiedenster Glaubensgemeinschaften zu Wort, etwa die Initiative *Christians Against Christian Nationalism*: «Christlicher Nationalismus zielt darauf ab, christliche und amerikanische Identitäten zu vereinen, und so sowohl den christlichen Glauben, als auch Amerikas konstitutionelle Demokratie zu verfälschen», ist auf ihrer Website zu lesen. Außerdem benennt das Bündnis die Gefahren des Christlichen Nationalismus: Allzu oft «überschneidet er sich mit und bildet Schutz für *White Supremacy* und rassistische Unterdrückung.» Ihr Urteil ist eindeutig: «Als Christen müssen wir mit einer Stimme sprechen und Christlichen Nationalismus verurteilen als Verzerrung der Lehren Jesu und als Bedrohung für die amerikanische Demokratie.»[14] Zu den Unterzeichnern gehören Pastorinnen und Pastoren sowie Bischöfe aus unterschiedlichen Glaubensgemeinschaften.

Ein Weißer Evangelikaler ist nicht automatisch auch Anhänger des Christlichen Nationalismus. Es gibt jedoch häufig Korrelationen, etwa ein lang gehegter Groll gegenüber allem, was in den Augen vieler Evangelikaler für eine neue, permissive und dekadente Gesellschaft steht – die Bürgerrechtsbewegung, Feminismus, LGBTQIA*-Rechte*, säkularer Humanismus, Verhütung und Abtreibung.

Es wird oft argumentiert, Christlicher Nationalismus sei die Reaktion auf gesellschaftliche Neuerungen – eine rückwärtsgewandte Sehnsucht nach einem «alten Amerika», das es in dieser Form nie gegeben hat. Doch hierbei handelt es sich um einen Trugschluss. Der heutige Christliche Nationalismus ist nicht als Gegenbewegung zu gesellschaftlichen Errungenschaften der Moderne entstanden, sondern stattdessen von Grund auf so konzipiert, dass er ein ständiges Feindbild braucht, das angeblich seine Existenz bedroht. Die Bewegung *brauchte* die Neuerungen, um in ihrer inneren Logik zu funktionieren.

Ihr Ziel ist sehr weltlicher Natur: Es geht um Macht, und zwar in erster Linie um politische Macht. Viele Anhänger neigen laut den Ergebnissen von Perry und Whitehead beispielsweise eher dazu, autoritäre Kontrollmechanismen wie staatliche Gewalt zu verteidigen, besonders, wenn sich diese gegen Minderheiten richtet.[15] Zu sehen ist das in der Ablehnung vieler einflussreicher Akteure und Akteurinnen gegenüber den Forderungen für ein Ende der Polizeigewalt gegenüber BPoC, wie sie unter anderen die *Black Lives Matter*-Bewegung vertritt.

Wie durch Trumps Äußerungen zu Beginn des Kapitels ver-

* Die Abkürzung steht für ***L**esbian* (lesbisch), ***G**ay* (schwul), ***B**isexual* (bisexuell), ***T**rans* (transsexuell), ***Q**ueer*, ***I**ntersexual* (Intersexuell), ***A**sexual/**A**gender* (Asexuell), das Sternchen ist ein Platzhalter für weitere Geschlechtsidentitäten.

deutlicht, sehen sich Christliche Nationalisten oft selbst als Opfer: Christen seien die eigentlich Verfolgten und würden von dem, was sie als «Religion» des Humanismus bezeichnen, massiv diskriminiert.[16] Dieses Opfernarrativ ist ein zentrales Merkmal der Bewegung und dient als einer ihrer größten Motivatoren. Auch wenn Christliche Nationalisten oft auf die Religionsfreiheit verweisen, ist eindeutig, dass ihre Form des Christentums gegenüber andersgläubigen Amerikanerinnen und Amerikanern bevorzugt behandelt werden soll. Das geschieht nicht nur in Randbereichen der amerikanischen Gesellschaft, sondern zieht sich bis ins Amt des Präsidenten. So sagte George W. Bush der *Washington Times* im Jahr 2005, dass Religionsfreiheit zwar elementar für die USA sei, er aber «auf der anderen Seite nicht wisse, wie man Präsident sein könne, [...] ohne eine Beziehung zum Herrn zu haben».[17]

Gleichzeitig wäre es ein Fehler, die Ablehnung von Christlichem Nationalismus mit fehlender Religiosität oder Atheismus gleichzusetzen. Perrys und Whiteheads Analysen zeigen, dass die Hälfte der *«Rejecters»* an eine höhere Macht glaubt. Dabei identifiziert sich ein Drittel der Befragten dezidiert als christlich und ein Drittel als atheistisch. Bei den *«Resisters»* bezeichnen sich sogar zwei Drittel selbst als christlich[18] – daraus lässt sich schließen, dass die Ablehnung von Christlichem Nationalismus keinesfalls gleichzusetzen ist mit der Ablehnung von Religion im Allgemeinen.

Perrys und Whiteheads Untersuchungen zu den vier Gruppen machen deutlich, wie heterogen Christlicher Nationalismus ist. Trotzdem lässt sich, was den Faktor *race* angeht, eine deutliche Tendenz feststellen: 70 Prozent der *«Ambassadors»*, also der uneingeschränkten Unterstützer des Christlichen Nationalismus, sind Weiß, nur elf Prozent Schwarz und elf Prozent *Hispanic*. Sie sind diejenigen, die am häufigsten zur Kirche gehen und die Bibel lesen. Auch politisch sind die *«Ambassadors»* homogener als *«Accomodators»* und *«Resisters»* – zwei Drittel von ihnen bezeichnen sich als konservativ, 56 Prozent bezeichnen sich als Republikaner.

Allerdings gibt es, wenn auch in deutlich geringerer Anzahl, auch Christliche Nationalisten im liberalen Spektrum.[19]

Gleichzeitig ist «Christlicher Nationalismus» keine Eigenbezeichnung der Gruppe selbst, sondern vielmehr eine Beschreibung durch externe Beobachter. Es gibt kein «Hauptquartier» der Christlichen Nationalisten in den USA, keinen offiziellen Sprecher, der einheitliche Botschaften verlauten lässt. Daher ist es auch einfach für Mitglieder der Religiösen Rechten, sich von dem Begriff zu distanzieren. Christlicher Nationalismus beinhaltet die Verschmelzung einer bestimmten religiösen Identität mit einer nationalen. Kreuz und Flagge werden vereint.

Ein Mythos ist ebenfalls, dass sich Christlicher Nationalismus nur in sozial benachteiligten Landstrichen mit vergleichsweise niedrigem Bildungsgrad findet. Zwar ist es richtig, dass die meisten derer, die die Bewegung strikt ablehnen, einen Masterabschluss oder einen höheren akademischen Grad haben, trotzdem kann aus den Ergebnissen noch nicht geschlossen werden, dass hier ein kausaler Zusammenhang besteht. Denn auch Menschen mit hohem akademischem Abschluss finden sich, wenn auch in geringerer Zahl, unter *«Ambassadors»* und *«Accomodators»*. Christlicher Nationalismus hat, so Perry und Whitehead, unabhängig von Kategorien wie regionaler Herkunft, Bildungsgrad, Parteizugehörigkeit oder Denomination 2016 die Wahl zugunsten von Trump beeinflusst. Je höher Wählerinnen und Wähler auf der Skala lagen, desto eher haben sie für Trump gestimmt. Für die Wahl 2020 gibt es noch keine vergleichbaren Zahlen.[20]

Heute sind nach dem *2020 Census of American Religion* des *Pew Research Centers* 70 Prozent der USA christlich, davon sind 22 Prozent katholisch und 27 Prozent protestantisch (nicht-evangelikal). Vier von zehn Amerikanern identifizieren sich als Weiße Christen (44 Prozent), das schließt Weiße Evangelikale mit ein (14 Prozent). Insgesamt lässt sich ein leichter Aufwärtstrend in dem seit Jahren sinkenden Anteil Weißer Christen in den USA beobachten. Es ist das erste Mal seit Jahren, dass die Gruppe der Weißen *Mainline*-Protestanten mit 16 Prozent größer ist als die Weißer Evangelikaler – eine Entwicklung, die sowohl auf das hohe Durchschnittsalter Weißer Evangelikaler als auch auf Abwanderungsbewegungen innerhalb der Denomination zurückzuführen sein kann. Mehr als ein Viertel der amerikanischen Bevölkerung sind Christen und BPoC.[21] Dem Christlichen Nationalismus gehören nicht nur Evangelikale an, sondern auch Anhänger anderer christlicher Konfessionen und Juden. Unter Mormonen in Utah sind laut einer Umfrage aus dem Jahr 2020 beispielsweise 76 Prozent überzeugt von Christlichem Nationalismus oder stehen ihm zumindest positiv gegenüber.[22] Trotzdem ist die Geschichte des Christlichen Nationalismus im 20. und 21. Jahrhundert vor allem mit bestimmten Formen des Evangelikalismus verknüpft, die deshalb auch einer der Fokuspunkte dieses Buches sind.

Sich gegen Christlichen Nationalismus auszusprechen oder davor zu warnen, sollte nicht damit verwechselt werden, dass hier Christen abgesprochen wird, sich politisch zu engagieren. Doch es besteht ein gewaltiger Unterschied darin, ob man sich aus einer persönlichen religiösen Überzeugung heraus politisch engagiert, oder ob man sich für eine Bewegung einsetzt, die zum Ziel hat, die eigene Religion in eine gesellschaftliche Vormachtstellung zu bringen und andere Gruppen zu diskriminieren.

DIE ERFINDUNG DER GESCHICHTE

«Ich denke wir sind vom rechten Weg abgekommen, als wir vergessen haben, dass Gott diese Nation geschaffen hat, dass er die Verfassung geschrieben hat, dass sie auf biblischen Prinzipien beruht.»[1] – *Tom DeLay, früherer House Majority Speaker der Republikanischen Partei (2003–2005)*

Kneel for the Lord, stand for the Flag» («Kniet nieder für den Herrn, steht auf für die Flagge») steht auf einem Schild, das man in einer der über 900 *Hobby-Lobby*-Filialen in den USA kaufen kann. Besitzer der Kette ist die Familie Green, die zu den Großspendern der Religiösen Rechten gehört. 2014 klagte *Hobby Lobby* erfolgreich vor dem Obersten Gerichtshof dagegen, im Rahmen einer Krankenversicherung für seine Angestellten die Kosten für Verhütungsmittel übernehmen zu müssen.[2]

Begründet wurde die Ablehnung mit der religiösen Überzeugung der Unternehmerfamilie. Die Greens sind Christliche Nationalisten, und das spiegelt sich auch im Sortiment ihrer Filialen wider. Hier wird beispielsweise eine amerikanische Flagge mit einer dünnen blauen Linie verkauft, das Symbol der Gegenbewegung zu *«Black Lives Matter»* – *«Blue Lives Matter»*, geschmückt mit Bibelversen. Ein weiterer Spruch auf einem Deko-Objekt: *«God, Guns & Guts Made America Free – Let's Keep It That Way»*. Kreuz und Flagge, Gott und Waffen, Amerika als christliche Nation – wem diese Kombinationen gefallen, der wird in *Hobby-Lobby*-Geschäften fündig werden. Es werden sogar Holzkreuze mit dem aufgemalten Muster der amerikanischen Flagge verkauft.

Das Herzstück des Christlichen Nationalismus, der sich auch in den profanen Objekten der *Hobby-Lobby*-Geschäfte präsentiert, ist sein Geschichtsrevisionismus, der den Mythos eines Weißen, christlichen Amerikas kreiert. Er findet sich auch in Form von Sonderausgaben der Bibel, in denen die Gründungstexte der Vereinigten Staaten zusammen mit dem biblischen Text abgedruckt sind, um zu betonen, dass sie gleichermaßen von Gott inspiriert seien.[3] Die jüngste Variante dieser «patriotischen» Bibeln ist die *«God Bless the USA Bible»*: Das lederne Cover ziert die Aufschrift «Die heilige Bibel», darunter «Gott segne die USA» und eine wallende amerikanische Flagge.[4] Empfohlen wird sie für «jeden, der Amerika liebt», Haushalte, in denen Kinder zu Hause unterrichtet werden, Angehörige des Militärs, Bräute und «Befürworter von Glauben und Werten». Neben dem Bibeltext kann man darin den *Pledge of Allegiance*, die Verfassung, die Unabhängigkeitserklärung und die *Bill of Rights* nachlesen.[5]

Tatsächlich ist die Geschichte des Christlichen Nationalismus eng mit der Amerikas verbunden. Schon die Puritaner in Neuengland sahen sich als die neuen Israeliten, Gottes neues, auserwähltes Volk. Der indigenen Bevölkerung des Landes wiesen sie die Rolle der Kanaaniter zu. So rechtfertigten die Puritaner ihre kolonialen Eroberungskriege als den Beginn der biblischen apokalyptischen Eröffnungsschlacht, schreibt der Soziologe Philip Gorski.[6]

Im 19. Jahrhundert kam mit *«Manifest Destiny»* die Vorstellung eines göttlichen Auftrags an das amerikanische Volk auf, den ganzen Kontinent zu erobern, die sich bis zu heutigen Formen des Amerikanischen Exzeptionalismus, in dem Gott für Amerika eine besondere Rolle in der Welt vorgesehen hat, fortsetzt. Besonders in Zeiten großer Migrationsbewegungen hat Christlicher Nationalismus Konjunktur, aber auch militärische Konflikte dienen ihm als Zündstoff – so beispielsweise in den 1920er Jahren und während des Kalten Krieges. Die Entwicklung unter und nach Trump ist die neue Version eines alten Topos mit angepassten Feindbildern. Wandte sich der Weiße Christliche Nationalismus der 1920er Jahre noch explizit gegen Katholiken, finden sich heute viele konservative Katholiken in der Bewegung der Religiösen Rechten, ebenso wie einige orthodoxe Juden und Mormonen. Das aktuelle Feindbild wird mit Muslimen, Atheisten, Linken, säkularen Humanisten und LGBTQIA*-Menschen besetzt.

Nach Ansicht Christlicher Nationalisten wurden die USA explizit als christliche Nation gegründet. Die Trennung von Kirche und Staat sei von den Gründervätern nie vorgesehen gewesen, sondern eine satanische Lüge, die «Humanisten» und Linke verbreiteten, um das amerikanische Volk vom rechten Weg abzubringen. Mit dieser Behauptung bauen Anhänger des Christlichen Nationalismus jedoch selbst auf einer Lüge auf. Die USA wurden explizit *nicht* als christliche Nation gegründet. Im Gegenteil: Keine Religion sollte vom Staat gegenüber einer anderen bevorzugt werden. Thomas Jefferson (1743–1826), einer der Gründerväter der Vereinigten Staaten, war der Überzeugung, der erste Artikel der Verfassung errichte «einen Trennwall zwischen Kirche und Staat».[7] Im Vertrag von Tripolis aus dem Jahr 1796 steht geschrieben: «Die Regierung der Vereinigten Staaten ist in keiner Weise auf der christlichen Religion begründet.»[8]

Das Märchen von den USA als christlicher – gemeint ist hier meist «Weißer» – Nation hat es bis in den politischen *Mainstream* geschafft. Dabei werden die Kultur der indigenen Bevölkerung und deren Genozid ausgeblendet. Rick Santorum, ehemaliger Senator und Bewerber um die Präsidentschaftskandidatur, anschließend Kommentator bei CNN, sagte im April 2021: «Wir haben eine Nation aus dem Nichts geboren. [...] Gut, es waren einheimische Amerikaner hier, aber, um ehrlich zu sein, war nichts Amerikanisches an der Kultur der einheimischen Amerikaner.»[9] Santorum wurde nach dem öffentlichen Aufschrei, der dieser Äußerung folgte, von CNN gefeuert.[10]

Eine der bekanntesten Figuren der Religiösen Rechten, die diese falsche Version der amerikanischen Geschichte propagieren, ist

David Barton, ein evangelikaler Prediger und politischer Aktivist aus Texas. Bartons Aufstieg ist ein Beispiel dafür, wie weit das Gedankengut christlicher *Hardliner* in den konservativen *Mainstream* eingesickert ist und sich in der Popkultur auch über die extremen Ränder der Bewegung hinaus verbreitet hat. Bereits in den 1990er Jahren hatte Barton, der über keinerlei geschichtswissenschaftliche Ausbildung verfügt, es zum selbsternannten «Star-Historiker» der Religiösen Rechten gebracht. Er erwarb an der evangelikalen *Oral Roberts University* einen Bachelor in *Religious Studies,* gegenwärtig hält er einen Ehrendoktortitel des *Pensacola Christian College* in Florida. Doch Barton blickt nicht wissenschaftlich auf die Geschichte, Methodik und Objektivität sind für ihn keine Maßstäbe. Im Gegenteil – auch Geschichte ist für ihn ein Akt des Glaubens: «Wenn man nicht die göttliche Hand sieht, die hinter den Kulissen der Geschichte wirkt, wird Geschichte ein unverständliches Rätsel bleiben.»[11]

Seine Organisation *WallBuilders* ist heute maßgeblich für die Verbreitung der geschichtsrevisionistischen Version eines Weißen, christlichen Amerikas verantwortlich. Der Name ist Programm: Wie die Israeliten im Buch Nehemia die Stadtmauern Jerusalems erneut errichten und zum wahren Glauben zurückkehren, so müsse Amerika wieder auf die christliche Basis des Landes aufbauen.[12] Bartons Argumentation für den angeblich inhärent «christlichen» Ursprung Amerikas wird nahezu von allen führenden Vertretern der Religiösen und Politischen Rechten übernommen, auch wenn sein Name nicht immer erwähnt wird: Sein Einfluss findet sich etwa beim ehemaligen Vizepräsidenten Mike Pence, bei Tony Perkins (Präsident des *Family Research Councils*) und dem rechtskonservativen Radiomoderator Rush Limbaugh.[13] Auch der ehemalige Republikanische Präsidentschaftsanwärter Mike Huckabee macht keinen Hehl aus seiner Bewunderung für Bartons Wirken. 2011 sagte er: «Ich wünschte fast [...], es gebe eine gleichzeitige Ausstrahlung (*Telecast*) und alle Amerikaner würden gezwungen – und zwar mit vorgehaltener Waffe gezwungen, jeder Botschaft von David Barton zu lauschen.»[14]

David Barton ist der vielleicht einflussreichste Multiplikator der falschen Geschichte von den USA als explizit christlicher Nation und ein Anhänger des *Seven Mountains Dominionism*, auf den später noch eingegangen wird (siehe Kapitel *«To Rule Them All»*).

Teil seines Geschichtsrevisionismus sind auch objektiv falsche Ansichten zum Thema Sklaverei, die er von dem christlichen Theologen Rushdoony übernommen hat, dessen Einfluss auf die Religiöse Rechte auch heute noch groß ist (siehe Kapitel *«To Rule Them All»*). Dieser Ansatz verfolgt vor allem zwei Ziele: Zum einen geht es darum, die Gründerväter der USA von ihrer Beteiligung am System der Sklaverei freizusprechen, zum anderen soll die heutige Demokratische Partei als die eigentlich rassistische Partei, die Sklaverei unterstützt hat, diffamiert werden. Die Mehrheit der Gründerväter, so Barton, sei gegen Sklaverei gewesen und habe sie als «unbiblisch» angesehen[15] – eine Behauptung, der Historikerinnen und Historiker widersprechen. Eine dieser Stimmen ist Diana Butler Bass: «Es war beinahe universell von weißen, christlichen Männern akzeptiert, dass die Bibel Sklaverei lehrte, unterstützte oder bewarb, und es war selten, einen führenden amerikanischen Intellektuellen – christlich oder nicht – zu finden, der die Praxis auf der Basis in Frage stellte, dass sie ‹unbiblisch› sei.»[16] Als Gegner der Sklaverei begannen, mit der Bibel gegen sie zu argumentieren, stieß das vor allem auf Widerstand: «Man befand sie für radikal. Und oft wurden sie als Ungläubige angesehen, denn wie konnten sie sagen, dass Gott gegen Sklaverei sei, wenn doch so offensichtlich in der Bibel dargestellt wurde, dass er das nicht war?», sagt auch der evangelikale Historiker Mark Noll.[17]

Bartons Narrativ der historischen Demokraten als Partei der Sklaverei ist dagegen in Teilen zutreffend – das macht es so effektiv. Er verschweigt dabei jedoch den Wandel in der Demokratischen Partei, der mit der Unterstützung der Bürgerrechtsbewegung begann. Stattdessen zieht Barton eine direkte Linie von den rassistischen Südstaaten-Demokraten zur heutigen Demokratischen Partei – eine Taktik, die Sachverhalte schlichtweg verfälscht. Seiner Darstellung nach sind die Republikaner die Anti-Sklaverei-Partei, schließlich habe der erste Republikanische Präsident, Abraham Lincoln, mit der *Emancipation Proclamation* (1863) und dem dreizehnten sowie dem vierzehnten Zusatzartikel zur Verfassung Meilensteine für die Gleichberechtigung gesetzt. Barton ignoriert jedoch, dass die Republikaner in dem Moment, als sich die Demokraten der Bürgerrechtsbewegung zuwendeten, damit begannen, verärgerte, rassistische Südstaaten-Demokraten abzuwerben – mittels der sogenannten *Southern Strategy* (mehr dazu im Kapitel «Von irdischen Herren»), die besonders auf rassistische Vorurteile abzielte. Diese Strategie bildet, wie die Autorin Julie Ingersoll feststellt, auch die Grundlage für die Rhetorik der *States' Rights*, die bestimmte Macht für Bundesstaaten reservieren will und die bis heute im konservativen *Mainstream* und in der rechtspopulistischen *Tea-Party*-Bewegung beliebt ist.[18] Stattdessen betont Barton, man dürfe nicht alle Südstaatler pauschal als Rassisten abstempeln, und wälzt die alleinige Schuld auf die Demokratische Partei ab: «Um ein korrektes Bild Schwarzer Geschichte darzustellen, müssen Unterschiede zwischen verschiedenen Typen von Weißen gemacht werden. Daher [wäre es] sehr viel historisch korrekter – wenn auch ‹politisch inkorrekter›, wenn es hieße: ‹Demokratische Gesetzgeber im Süden etablierten, dass in Vorwahlen nur Weiße wählen durften.›»[19]

Das *Framing* der heutigen Demokraten als der eigentlich rassistischen Partei, die Sklaverei unterstützte, findet sich auch bei anderen Aktivisten der Religiösen und Politischen Rechten. Dinesh D'Souzas Dokumentarfilm *Death of a Nation* (2018) – konstruiert als Pendant zu dem rassistischen Kassenschlager *The Birth of a Nation* (1915) – greift dieses Narrativ auf und versucht, Mitglieder der heutigen Demokratischen Partei als Erben von Sklavenhaltern, Nationalsozialisten und Kommunisten darzustellen, vereint im Kampf gegen ein redliches, christliches Amerika. Dennoch ist diese Argumentation ein Drahtseilakt, schließlich müssen Barton und seine Mitstreiter die Bibelstellen, in denen Sklaverei befürwortet wird, rechtfertigen. Dazu bedienen sie sich ganz offen der Theologie Rushdoonys. In einem Artikel von Stephen McDowell, dem Präsidenten der *Providence Foundation* auf Bartons *WallBuilders*-Website, wird dies eindrücklich demonstriert.[20] Tatsächlich, so McDowell, erlaube die Bibel zwei Versionen der Sklaverei: die, in der Sklaven gut behandelt würden und im Tausch für ihre Arbeit Schutz, Kost und Logis erhielten, und jene, in der kriminelle Sklaven als Wiedergutmachung für ihre Taten verkauft werden könnten. Außerdem ist McDowell der Meinung, dass «Heiden», damit sind alle Nicht-Christen gemeint, dauerhaft versklavt werden können – eine Ansicht, die David Barton in Bezug auf die Rechte von «Heiden» unter dem ersten Zusatzartikel der Verfassung teilt, so Julie Ingersoll in ihrem Buch *Building God's Kingdom.*[21]

Amerikanische Sklaverei sei zwar nicht mit der Bibel begründet worden, aber die Institution der Sklaverei wird auf *WallBuilders* trotzdem verteidigt. McDowell argumentiert in seinem Essay, Sklaverei sei auch nicht der «zentrale Auslöser» für den Bürgerkrieg gewesen, sondern vor allem Steuerstreitigkeiten und Übergriffigkeit des Nordens in lokale, südstaatliche Angelegenheiten – eine Blaupause des *States' Rights*-Narrativs der *Tea Party.*[22]

Barton muss das in seinen eigenen Texten relativieren, da sein Narrativ der Demokraten als rassistische Partei damit steht und fällt, dass diese als gesetzgebende Gewalt in den Südstaaten Sklaverei legitimiert hätte. Trotzdem folgt er Rushdoony und McDowell darin, dass bestimmte Formen der Sklaverei durchaus biblisch gedeckt seien. Diese seien durch den Sündenfall bedingt und ursprünglich nicht Teil von Gottes Plan gewesen.[23] Außerdem hätten Sklaven wählen können zwischen der Sicherheit, die ihre Herren ihnen gewähren würden, oder der Freiheit. Beides sei nicht möglich gewesen.

Diese Darstellung impliziert, dass versklavte Menschen ihre Situation hätten ändern können, wenn sie es denn nur gewollt hätten. Unverhohlen wird das zutiefst rassistische Vorurteil reproduziert, dass BPoC nicht imstande oder zu faul seien, für sich selbst zu sorgen. Mit diesem geschichtsrevisionistischen Bild der Sklaverei schlägt Barton die Brücke zur Gegenwart. «Weil der sündige Mensch dazu neigt, in Gefangenschaft zu leben, haben andere Formen der Sklaverei das offensichtlichere System früherer Jahrhunderte ersetzt.» Was früher Sklavenhalter gewesen seien, sei heute der moderne Staat mit seinen liberalen Sozialhilfe-Geschenken: «Der Staat hat für viele die Rolle des Herren angenommen und übt damit mehr und mehr Kontrolle über diejenigen aus, die nicht in der Lage sind, sich zu beschützen.»[24]

Ganz im Sinne Rushdoonys (siehe Kapitel *«To Rule Them All»*), der illegale Einwanderung und «offene Grenzen» ablehnte, hat Barton eine Bibelstelle parat: Er zitiert das Buch Deuteronomium 32,8: «Als der Höchste den Völkern Land zuteilte und der Menschen Kinder voneinander schied, da setzte er die Grenzen der Völker.»[25] Barton schließt daraus: «Nationale Grenzen sind von Gott gegeben; er ist derjenige, der die Linien für die Nationen gezogen hat. Wenn man offene Grenzen hat, sagt man damit: ‹Gott, du hast es alles falsch gemacht.›»[26] In derselben Episode von *WallBuilders Live* behauptete William Gheen 2010, dass Einwanderer mit Hilfe Obamas die wahren Amerikaner ersetzen wollten, indem sie zahlreiche Kinder zeugten – ein Echo des rassistischen Verschwörungsmythos vom *«Great Replacement»* oder der «Umvolkung», wie sie in deutschen rechten Kreisen genannt wird.

Randall Balmer, selbst evangelikaler Christ, ist einer der zahlreichen Historiker und Historikerinnen, die Bartons Auslegung der Geschichte vehement widersprechen: «David Barton hat die Lüge verbreitet, dass die Gründerväter beabsichtigt hätten, dass

Amerika eine christliche Nation sei. Er war sehr effektiv. Aber die Logik ist absolut verrückt. Er sagt, der Ausdruck, ‹Trennung von Kirche und Staat› sei nicht in der Verfassung enthalten. Da hat er recht. Aber damit dieses Argument funktioniert, müsste man behaupten, dass der Satz keine genaue Zusammenfassung des Ersten Verfassungszusatzes ist. Und Thomas Jefferson, der ihn geschrieben hat, war der Meinung, dass das der Fall sei.»[27]

Auch unter anderen evangelikalen und konservativen Historikern gab es kritische Stimmen, vor allem zu Bartons 2012 erschienenem Buch *The Jefferson Lies*, das es bis auf die Bestseller-Liste der *New York Times* schaffte.[28] Die Kritik war vernichtend – Andrew L. Seidel, ein Verfassungsrechtler, war nur einer von vielen Fachleuten, die Bartons Buch auseinandernahmen. Tatsächlich fanden sich darin so viele Unwahrheiten und Fehler, dass die konservativen Historiker Warren Throckmorton und Michael Coulter, die beide an einem christlichen *College* lehren, als Reaktion selbst ein Buch über Bartons Geschichtsrevisionismus am Beispiel Jeffersons schrieben. In *Getting Jefferson Right: Fact Checking Claims about Our Third President* (2012) wurde Bartons Pseudo-Geschichtswissenschaft mit deutlichen Worten und klaren Fakten bloßgestellt. Dieser zeigte sich wenig beeindruckt: Die christlichen Wissenschaftlerinnen und Wissenschaftler, die ihn kritisierten, seien von «heidnischen Professoren» dazu indoktriniert worden, Gott zu hassen. Allein das sei der Grund für ihre Missbilligung seines Buches.[29]

Nach dieser Blamage erhofften sich einige den Rückzug Bartons von der öffentlichen Bühne, doch das war nicht der Fall, zu wertvoll waren seine Märchenerzählungen für Christliche Nationalisten. Denn es ging Barton und seinen Verteidigern nie um historische Fakten oder Erkenntnisgewinn. Für ihn ist Geschichte nur ein Werkzeug im Kampf gegen Linke, «Humanisten» und sämtliche Gottlosen, die Amerika durch ihren Un- oder Irrglauben ins Verderben stürzen wollen.[30]

Bartons Einfluss darf auch jenseits der extremen Ränder nicht unterschätzt werden, denn seine Ideen haben längst ihren Weg in den konservativen *Mainstream* und sogar in staatliche Schulen gefunden. Er wurde als Experte und Zeuge am Obersten Gerichtshof gehört, pflegt beste Beziehungen nach Washington und spricht regelmäßig bei Abgeordneten vor. 2004 redete er im Auftrag des *Republican National Committee* in Ohio in Kirchen mit Gläubigen über die anstehende Wahl.[31] Er ist außerdem der *Chief Advisor* des *National Council on Bible Curriculum in Public Schools* (NCBCPS), einer Organisation, die von anderen großen Institutionen der Christlichen Rechten unterstützt wird, darunter von der *American Family Association*, dem *American Center for Law and Justice*, dem *Center for Reclaiming America*, *Concerned Women for America*, den *WallBuilders*, dem *Conservative Caucus* und dem *Mayflower Institute*.[32] Der NCBCPS verbreitet eine christlich-nationalistisch aufgeladene Version der Geschichte Amerikas, in der die Zehn Gebote als Grundlage für das amerikanische Rechtssystem propagiert werden, die Unabhängigkeitserklärung und Verfassung beide primär auf der Bibel aufbauen und die Heilige Schrift auch die Basis für das amerikanische Bildungssystem ist.[33]

2005 beauftragte Bill Frist, der damalige Republikanische Mehrheitsführer im Senat, Barton damit, eine *Spiritual Heritage Tour*, also eine Tour zum geistlichen Erbe, in Washington zu leiten.[34] Die Religionswissenschaftlerin Lauren R. Kerby forscht zu christlich-nationalistischer Pseudo-Geschichtsschreibung und beschreibt die Narrative, die bis heute auf *Christian Heritage Tours* in Washington als Echo der Botschaft David Bartons verbreitet werden. Sie betont die Verbindung von *White Supremacy* mit dem Gedanken eines «christlichen» Amerikas: «[E]ines der markantesten Merkmale von Touren zum christlichen Erbe ist die Art und Weise, wie dort Weiße Christen in der amerikanischen Geschichte hervorgehoben und alle anderen ausgeschlossen werden. [...] Wenn die Touristen [auf diesen Touren] ‹christliches Amerika› sagen, meinen sie das Weiße, evangelikale Amerika. Es hat eine viel engere Bedeutung, als es zunächst scheint.»[35]

2009 wurde Barton als «Experte» in das *Texas State School Board of Education* berufen, das die Curricula für staatliche Schulen festlegt. Sein Gedankengut ist mittlerweile in Schulbüchern in ganz Amerika zu finden – in Unterrichtsmaterialien, die von christlichen *Homeschooling*-Organisationen verbreitet werden, aber auch in Schulbüchern für staatliche Schulen in Texas.[36] Der Bundesstaat ist der größte Abnehmer für Schulbücher – weshalb Verlage sich nach den Vorgaben aus Texas richten, um möglichst viel verkaufen zu können. Bildungsstandards in diesem Staat haben also Einfluss auf das gesamte Land.[37]

Bartons Organisation *WallBuilders* schickt zudem eigene Gesetzentwürfe an Abgeordnete, um auf Bundesstaatsebene die Grenze zwischen Kirche und Staat weiter zu verwischen. In diesen Entwürfen zeigt sich deutlich die Auffassung der Organisation, dass staatliche Bildung und Wohltätigkeit «unbiblisch» seien und diese Aufgaben den Familien und der Kirche zufallen sollten. Hier gibt es, wie bei Rushdoony, Überschneidungen mit neoliberalen Ansichten (siehe Kapitel *«To Rule Them All»*). Der Staat führe im Falle der Bildung und der Wohlfahrt illegitime Funktionen aus, die dazu erhobenen Steuern seien «legalisierter Diebstahl».[38] Diese Rhetorik findet sich später auch bei der rechtspopulistischen *Tea Party*. Es ist nicht verwunderlich, dass Barton zum *Darling* der *Tea Party* wurde, die 2013 gar versuchte, ihn davon zu überzeugen, sich für einen Senatssitz zu bewerben.[39] Für Barton ist illegale Einwanderung ein Verstoß gegen das biblische Mandat des Staates, das Eigentum seiner Bürgerinnen und Bürger zu schützen, während Gesetze, die zum Umweltschutz beitragen und beispielsweise globale Erwärmung eindämmen sollen, für ihn Verstöße gegen das Recht auf Herrschaft *(Dominion)* darstellen, das Gott den Menschen über die Erde erteilt habe.[40] Bartons Ansichten verdeutlichen zudem, dass hinter dem Kampf für «Religionsfreiheit» alles andere als ein pluralistischer Ansatz steckt, denn seine Definition von «Religion» ist exklusiv auf das Christentum gemünzt. In einer Stellungnahme vor Gericht schrieb er: «[...] ob dieses Gericht darin übereinstimmt, dass ‹Religion› Monotheismus meint oder ob es glaubt, dass damit ‹Christentum› gemeint ist ... es ist klar, dass Atheismus, Heidentum und Paganismus nicht Bestandteil der Definition von ‹Religion› waren.» Den Islam zählt Barton ebenfalls nicht als Religion.[41] Hier ist, wie so oft im Christlichen Nationalismus, mit ‹Religion› vor allem ein Weißes, konservatives Christentum gemeint, höchstens das Judentum wird mitgezählt.[42]

Auch in der Trump-Regierung musste man nicht lange nach Unterstützern von David Barton suchen. Sam Brownback, von Trump zum US-Botschafter für internationale Religionsfreiheit ernannt, ist ein dezidierter Fan des selbsternannten «Star-Historikers».[43] Menschenrechtsorganisationen hatten sich gegen die Ernennung ausgesprochen. Die Wahl im Senat war knapp, die entscheidende Stimme gab Mike Pence ab, der als Senatsvorsitzender bei einem Patt die Wahl entscheiden konnte. Brownback nannte Barton in einem Radioprogramm der *WallBuilders* «einen meiner Helden».[44] Seine Ernennung zum Botschafter wurde in der Religiösen Rechten mit Freuden aufgenommen.[45] Aber auch Michelle Bachmann, eine rechtskonservative Republikanerin, und Ted Cruz, Republikanischer Senator aus Texas, äußern sich lobend über Barton. Cruz verdankt ihm die Unterstützung seiner Präsidentschaftskandidatur 2016 durch sein finanzstarkes *Super PAC* (*Political Action Committee* – eine mächtige Lobbygruppe) namens *Keep the Promise PAC*. Wer Weiße evangelikale Stimmen will, braucht Bartons Unterstützung, und so hat er viele prominente Politiker auf seiner Seite, darunter auch Newt Gingrich. 2004 half er George W. Bush, Evangelikale in Texas an die Wahlurne zu bringen. Dort war er von 1997 bis 2006 der stellvertretende Vorsitzende der Republikanischen Partei.[46]

Barton vertritt auch sonst extreme Ansichten: Er ist ein entschiedener Gegner des sogenannten *Johnson Amendments*, einer Ergänzung des Bundessteuergesetzes, eingebracht 1954 vom späteren US-Präsidenten Lyndon B. Johnson. Es sieht vor, dass sich als gemeinnützig anerkannte Organisationen und Verbände, so auch Kirchen, politisch nicht engagieren und bestimmte Kandidatinnen und Kandidaten nicht durch Spenden unterstützen dürfen. Damit sollte verhindert werden, dass steuerbegünstigte Spenden an Kirchen oder andere Organisationen an Wahlkampf-Fonds weitergereicht werden können.[47]

Den Vertretern und Vertreterinnen der Religiösen Rechten ist das *Johnson Amendment* schon lange ein Dorn im Auge. Donald Trump traf einen Nerv, als er im Februar 2017 beim *National Prayer Breakfast* seinem Publikum verkündete: «Ich werde das *Johnson Amendment* loswerden und total zerstören, damit unsere Glaubensführer frei und ohne Angst vor Vergeltung sprechen können.»[48] Er hatte schon 2016 mit diesem Versprechen Wahlkampf gemacht und unterzeichnete 2017 eine *Executive Order* (Durchführungsverordnung), die sich mit «Religionsfreiheit» befasste, aber das *Johnson Amendment* nicht außer Kraft setzte. Trotzdem hat Trump seitdem mehrfach behauptet, er habe das Gesetz abgeschafft.[49]

Barton wechselte bereits 2016, nachdem klar war, dass nicht der Evangelikale Ted Cruz, sondern Trump die Republikanische Nominierung zum Präsidentschaftskandidaten gewinnen würde, ins Trump-Lager und machte massiv für ihn Wahlkampf. Es sei die Verpflichtung eines jeden Christen, sagte Barton bei einem Teleforum von *My Faith Votes*, entsprechend dem Willen Gottes zu wählen. Wer dagegen verstoße, müsse nach seinem Tod beim Schöpfer dafür geradestehen. Trump sei «Gottes Kerl», so Barton. Auch für Trumps lasterhafte Umtriebe hatte er ein passendes Gleichnis parat: «Und ich kann nicht den falschen Standard anwenden, dass ich jemanden [als Kandidaten] haben muss, der perfekt ist, weil es niemanden gibt, der perfekt ist, außer Jesus; und als er auf Erden war, dachten sie übrigens nicht, dass er perfekt war. Wir denken nur, dass er jetzt perfekt ist. Damals nannten sie ihn einen Trinker und einen Vielfraß; es gab alle möglichen Kampagnen gegen ihn.»[50]

Christlicher Geschichtsrevisionismus findet sich auch in säkularen Räumen und ist oft mit Implikationen bezüglich *race* verbunden. Die Religionswissenschaftlerin Ruth Bernstein macht dies deutlich, indem sie die beiden dominanten Erzählungen von Amerika als christlicher Nation herausstellt: Das erste Narrativ ist offen rassistisch, Amerika wird als ursprünglich Weiße, christliche Nation beschrieben – eine Version, die besonders unter *White Supremacists* beliebt ist. Strukturell ähnlich im Aufbau, aber durch eine Codierung nicht offen rassistisch, ist das zweite Narrativ vom farbenblinden «jüdisch-christlichen» Amerika. Die Bezugnahme auf «jüdisch-christliche» Werte findet sich nicht nur im rechtsextremen Milieu, nicht einmal ausschließlich in konservativen Kreisen. Populär machte die Bezeichnung Franklin D. Roosevelt mit dem Versuch, die Amerikaner gegenüber der Bedrohung durch die Nationalsozialisten zu vereinen. Während des Kalten Krieges wurde daraus schnell ein Codewort für «religiös» als Abgrenzungsfolie gegen den atheistischen Kommunismus.[51] Seitdem wird «jüdisch-christlich» von der Religiösen Rechten verwendet, um Vorwürfe des Antisemitismus und Rassismus abzuwehren. Doch oft wird der Begriff genutzt, um sich speziell von muslimischen und nicht-gläubigen Menschen abzugrenzen, etwa im Kontext der Ablehnung von muslimischen Einwanderern. Außerdem verschließt man mit dieser Bezeichnung bewusst die Augen davor, dass jüdische Menschen in den Ländern, die sich heute gern als «jüdisch-christlich» bezeichnen, historisch ausgegrenzt und verfolgt wurden.[52]

Während also das Narrativ vom explizit Weißen, christlichen Amerika am Rand des politisch rechten Spektrums existiert und nur in Ausnahmefällen wie bei der *Unite the Right-Rally* 2017 in Charlottesville, Virginia, in das öffentliche Bewusstsein vordringt, ist das «farbenblinde» Narrativ im konservativen *Mainstream* und auch darüber hinaus sehr beliebt. Braunstein bezeichnet die strukturelle Ähnlichkeit der beiden Narrative gar als «symbolische Brücke zwischen dem *Mainstream*-Konservatismus und der rassistischen / antisemitischen Extremen Rechten.»[53] Das bedeutet, dass rechte Gruppen, je nach Publikum, zwischen den beiden Narrativen hin- und herspringen können.[54] Der Begriff «Christentum» bezeichnet hier also eine ethnische Identität.[55]

Apologeten des Christlichen Nationalismus behaupten vielfach, dass Geschichtsrevisionismus in ihren Reihen nicht existiere und lediglich ein erfundenes Konzept linker Christen und säkularer Aktivisten sei. Ein Beispiel dafür ist ein Artikel von Bill Donohue, dem Vorsitzenden der *Catholic League.* Der vielleicht absurdeste Einwand, den er vorbringt, ist der, dass es Christlichen Nationalismus gar nicht gebe, schließlich könne man kein «Hauptquartier» der Bewegung finden: «[W]enn wir nicht herausfinden können, wo der Böse sich versteckt, ist es dann nicht möglich, dass er nicht existiert? Immerhin konnte man Kommunisten zuverlässig im Hauptquartier der Kommunistischen Partei herumhängen sehen.»[56] Hierbei handelt es sich um ein Strohmann-Argument, denn natürlich muss eine Bewegung keine organisierte Parteistruktur haben, um zu existieren.

Christlicher Nationalismus ist eine kulturelle und politische Bewegung, deren Grenzen fließend sind. Gerade weil Aspekte ihrer Ideologie mittlerweile Teil des *Mainstream*-Diskurses geworden sind, ist es manchmal schwer, sie zu erkennen und abzugrenzen. Doch Donohue zeigt mit seinem nächsten «Gegenargument», dass diejenigen, die die Existenz einer Bewegung wie des Christlichen Nationalismus abstreiten, unter Umständen selbst zu ihren Anhängern zählen. Donohue nennt zwar niemanden namentlich, aber er adressiert seine Rede offensichtlich an eine vage Gruppe in der Annahme, dass sich viele angesprochen fühlen werden: «Wenn jemand glaubt, dass die Unabhängigkeitserklärung und die Verfassung göttlich inspiriert sind, macht ihn das zu einem Christlichen Nationalisten?»[57] Es ist eine rhetorische Frage. Denn der Glaube daran, dass Verfassung und Unabhängigkeitserklärung göttlich inspiriert sind und sich damit in der Bedeutungshierarchie auf dem gleichen Level befinden wie die Bibel, ist einer der Grundpfeiler des Christlichen Nationalismus.

Ferner behauptet Donohue in seinem Artikel, dass nach dieser Definition auch Thomas Jefferson ein Christlicher Nationalist gewesen sei, ein klassisches Beispiel der Geschichtsklitterung. Was nicht überraschend ist, wenn man bedenkt, dass Donohue 2005 auf einer *Justice Sunday Rally* sagte: «[...] [D]iese Leute der säkularen Linken, sie halten euch nun für eine Bedrohung. Und wisst ihr was? Sie haben recht.»[58]

Christliche Nationalisten setzen zudem auf Lücken in der historischen Bildung ihres Publikums. Denn steht nicht auf amerikanischen Geldscheinen *«In God We Trust»*? Sicher – doch dabei handelt es sich nicht um eine altehrwürdige Tradition, die auf die Gründerväter zurückgeht, wie Christliche Nationalisten gern behaupten. Tatsächlich geht die Popularisierung dieses Mottos auf die 1930er und 1940er Jahre zurück, in denen fundamentalistische Pastoren und Geschäftsleute eine Allianz aus Christentum und Kapitalismus gegen Roosevelts Serie von Wirtschafts- und Sozialreformen, den *New Deal*, bildeten, um «eine Nation unter Gott» zu forcieren.[59]

Die massive Kampagne war erfolgreich: Religion, speziell das Christentum, hielt verstärkt Einzug in den öffentlichen Raum. 1952 forderte der Fernseh-Prediger Billy Graham (1918–2018), einer der großen evangelikalen Prediger seiner Zeit, einen *«National Day of Prayer»*, was prompt umgesetzt wurde. 1953 wurde zum ersten Mal das *National Prayer Breakfast* abgehalten, das seitdem jährlich in Anwesenheit des Präsidenten, damals Dwight

D. Eisenhower, stattfindet. Veranstaltet wird es von einer geheimniskrämerischen, christlich-nationalistischen Organisation, die auch als *The Family* bekannt ist (auf die im Kapitel «Wolfskönige» eingegangen wird). 1954 fügt der Kongress *«In God We Trust»* dem *«Pledge of Allegiance»* («Treuegelöbnis») hinzu, den Kinder täglich in Schulen aufsagen. Nur ein Jahr später unterschrieb Eisenhower ein Gesetz, durch das *«In God We Trust»* auf alle Geldscheine gedruckt wurde. 1956 wurde es als nationales Motto übernommen.[60] Die Etablierung von *«In God We Trust»* war das Ergebnis einer gewaltigen PR-Aktion, getrieben von Fundamentalisten und Geschäftsleuten, das sich politisch hervorragend als Statement gegen den gottlosen Kommunismus nutzen ließ.

Der Ausspruch *«God Bless America»*, mit dem amerikanische Präsidenten ihre Reden einleiten oder beenden, ist ebenfalls keineswegs ein Relikt der Gründerväter, sondern geht auf Richard Nixon zurück, der damit versuchte, vom *Watergate*-Skandal abzulenken, indem er seine erste Rede an das amerikanische Volk, nachdem der Skandal öffentlich geworden war, mit «Gott segne Amerika und Gott segne jeden Einzelnen von euch» beendete.[61] Ronald Reagan nahm Nixons Strategie auf – anders als Ford und Carter vor ihm – und begann seine Antrittsrede als Republikanischer Präsidentschaftskandidat mit einem Gebet und «Gott segne Amerika».[62]

Die Bestrebungen, die amerikanische Geschichte umzuschreiben, haben im Washington, D. C., der Gegenwart währenddessen Form angenommen: die eines Gebäudes. Dort hat der Unternehmer Steve Green (wir kennen seine Familie bereits als Besitzer der *Hobby-Lobby*-Kette) zusammen mit dem Kreationisten Ken Ham im November 2017 das *Museum of the Bible* eröffnet – mit dem Ziel, Amerika als rein christliche Nation zu präsentieren. Zielgruppe für das Museum sind nicht nur Schulklassen und Familien, sondern auch explizit gewählte Volksvertreter in Washington, die an den Hebeln der Macht sitzen. «Wir glauben, dass der Kongress das Fundament der Nation, die er heute regieren will, kennen sollte», sagte Green in einem Interview mit dem Nachrichtenmagazin *Time.*[63] Seine Familie hatte den Großteil der benötigten 500 Millionen Dollar gespendet, die zum Aufbau des Bibel-Museums nötig gewesen waren. Ein Teil des Geldes kam von der *National Christian Foundation (NFC)*, die vor allem Unternehmungen und Organisationen unterstützt und die alles andere als politisch neutral ist: Die *Non-Profit*-Organisation (die dementsprechend auch keine Steuern zahlen muss) hat allein zwischen 2015 und 2017 56,1 Millionen Dollar im Auftrag ihrer Klienten an 23 weitere Non-Profit-Organisationen gespendet, die das *Southern Poverty Law Center* als *«Hate Groups»* («Hassgruppen») definiert.[64] Da ein Teil der Spenden an das Bibel-Museum durch die NCF fließt, kann das Museum sich eine öffentliche Wohltätigkeitsorganisation nennen, was weitere steuerliche Vorteile mit sich bringt. Denn Spenden, die durch eine Organisation wie die NCF gemacht werden, gelten automatisch als «öffentliche Zuwendungen». Das Personal des Museumsvorstands besteht fast ausschließlich aus Weißen, evangelikalen Männern, darunter auch Gregory S. Baylor, der gleichzeitig für *Alliance Defending Freedom* (ADF) arbeitet,[65] die ebenfalls als *«Hate Group»* charakterisiert wird. Die ADF ist eng eingebunden in das Netzwerk aus Organisationen der Religiösen und Politischen Rechten, die vor Gericht für ihre Interessen kämpfen.[66]

Obwohl das Museum behauptet, keine besondere Religion zu bewerben, wird dort, wenn man seinem Gründer Green Glauben schenkt, eine andere Geschichte erzählt: «Unsere Religionsfreiheit und viele der Prinzipien, auf denen unsere Nation aufgebaut wurde, entstammen der Bibel.»[67] Die Eröffnungsgala des Museums, das sich als unpolitisch bezeichnet, fand im Trump Hotel in Washington statt. Geladen war das *Who is Who* der Religiösen Rechten. Die Preise für Tickets variierten – von 2500 Dollar für eine Einzelperson bis zu 25 000 Dollar für einen Zehnertisch. Es gab exklusive Extras für Spender, die bis zu 250 000 Dollar springen ließen. Gleichzeitig konnten Gäste Zimmer im Trump Hotel in Kombination mit ihren Tickets für 524 bis 5699 Dollar pro Nacht erstehen.[68]

Green hat in seinem Museum eine der größten Kollektionen von Artefakten mit angeblichem Bezug zur Bibel weltweit ausgestellt. Noch vor seiner Eröffnung hatten die Greens über 40 000 biblische Ausstellungsstücke (oder was sie dafür hielten) angesammelt.[69] Das Museum ist seit seiner Gründung immer wieder in die Schlagzeilen geraten – meist, weil sich Objekte, die dort ausgestellt waren, als Fälschungen entpuppten oder weil unklar war, wem sie eigentlich gehörten. 2020 verkündete Green, dass er 11 500 zuvor erstandene Exponate an den Irak und Ägypten zurückgeben werde, weil die Besitzverhältnisse nicht eindeutig geklärt seien – eine Reaktion auf die massive Kritik von Historikerinnen und Archäologen.[70]

Unter Donald Trumps Regierung hatten die Geschichtsrevisionisten der Christlichen Rechten viel zu feiern. Der Präsident behauptete öffentlich, was sie seit Jahrzehnten auf Konferenzen und in Predigten verbreitet hatten: Die säkulare Linke versuche, Kinder in «Staatsschulen» mit antiamerikanischer Propaganda zu indoktrinieren. Geschichtsunterricht, der keinen Amerikanischen Exzeptionalismus lehre, sondern stattdessen das Erbe von Sklaverei und *White Supremacy* sowie die Errungenschaften von BPoC in der amerikanischen Geschichte hervorhebe und aufarbeite, werde amerikanischen Kindern und Jugendlichen beibringen, «ihr Land zu hassen».[71]

Trumps Aufstellung einer *1776 Commission* war die Antwort der Christlichen Rechten auf das *1619 Project* der *New York Times*, das strukturellen Rassismus und die oft vernachlässigten Leistungen von BPoC in der amerikanischen Geschichte darstellt und untersucht. Hier zeigen sich im Geschichtsverständnis der Christlichen Rechten faschistische Tendenzen: Wenn die eigene

Ideologie und das politische Weltbild auf einem mythischen, vergangenen Zeitalter aufbauen, zu dem man zurück will, bröckelt das Fundament, sobald das Märchen von der herrlichen Vergangenheit Risse bekommt. Deswegen sind Stimmen von Wissenschaftlerinnen und Wissenschaftlern, die kritische Geschichtsforschung betreiben, unerwünscht. Der Mythos der USA als dem von Gott auserwählten Land soll aufrechterhalten werden. Erinnerung an Sklaverei, Unterdrückung von BPoC und die Tatsache, dass struktureller Rassismus und *White Privilege* auch heute noch existieren, würde eine Auseinandersetzung mit der eigenen Ideologie, Theologie und (religiösen) Geschichte bedeuten. Denn in der amerikanischen Geschichte gibt es enge Verbindungen zwischen einzelnen religiösen Traditionen und *White Supremacy* (siehe Kapitel: «Von irdischen Herren»). Und so ist es nicht verwunderlich, dass in der *1776 Commission* kein einziger Historiker saß, wohl aber Vertreter des Geschichtsrevisionismus der Christlichen Rechten. Joe Biden hat die Kommission mittlerweile aufgelöst, doch das Geschichtsbild, das sie vertritt, existiert bereits in den Köpfen von Millionen Amerikanerinnen und Amerikanern sowie in zahlreichen Schulbüchern, um landesweit neue Generationen im Christlichen Nationalismus zu erziehen.

DIE SUCHE NACH DER AGENDA

«Während die Demokraten für Spätabtreibungen und Kindsmord und eine Kultur des Todes stehen, verspreche ich euch, dass dieser Präsident, diese Partei und die Bewegung immer für die Ungeborenen einstehen werden. Wir werden immer das unveräußerliche Recht auf Leben verteidigen.» – *Mike Pence*

Es war ein historischer Moment, als Donald Trump am 24. Januar 2020 seine Rede auf dem *March for Life*, einer Demonstration von Abtreibungsgegnern, begann: Er war der erste amtierende Präsident, der eine *Rally* der Abtreibungsgegner besuchte und dort sprach. «Die extreme Linke arbeitet aktiv daran, unsere gottgegebenen Rechte auszumerzen», sagte Trump und behauptete, dass sie «die Amerikaner, die an die Heiligkeit des Lebens glauben, zum Schweigen bringen wollen». Die «radikale Linke» – gemeint waren die Demokraten – seien dafür, «ein Baby nach der Geburt hinzurichten», rief er der empörten Menge zu.[1]

Die heutige Christliche Rechte ist synonym geworden mit der Ablehnung von Abtreibung. *«Pro-Life»* nennt sich die Bewegung, die keine Ausnahmen für das von ihr angestrebte Abtreibungsverbot vorsieht, teils nicht einmal dann, wenn das Leben der Mutter in Gefahr ist. Die Republikaner bewerben sich als «die Partei des Lebens» und können sich der Stimmen derjenigen sicher sein, für die Abtreibung das einzige wahlentscheidende Thema ist – sogenannte *Single Issue Voters.* Es gibt heute kaum noch prominente Republikanische Politikerinnen oder Politiker, die das Recht auf Abtreibung verteidigen.

Sowohl Politiker als auch Vertreterinnen der Christlichen Rechten verweisen oft auf das Urteil des Obersten Gerichtshofs im Fall *Roe v. Wade* aus dem Jahr 1973. In dieser Grundsatzentscheidung wurde unter Berufung auf den 14. Zusatzartikel der Verfassung der USA festgestellt, dass durch die damals in den meisten Bundesstaaten und auf Bundesebene existierenden Gesetze zum Schwangerschaftsabbruch das Recht auf Privatsphäre verletzt werde. Eine Abtreibung galt infolgedessen als Privatsache. Dieses Urteil, beteuern Anhänger der Christlichen Rechten, hätte die Bewegung, darunter vor allem die Weißen Evangelikalen, aus ihrem politischen Winterschlaf geweckt und zurück auf die öffentliche Bühne gebracht. Seither würden sich rechtschaffene Christen mobilisieren, um dem «massenhaften Mord an unschuldigen Babys» den Kampf anzusagen – ein Kreuzzug zum «Schutz ungeborenen Lebens».

Diese Geschichte lässt sich gut vermarkten, doch es war nicht die Liberalisierung des Abtreibungsrechts, die Weiße evangelikale Christen zurück in die politische Arena führte. Für die politische Aktivierung Christlicher Nationalisten Mitte des letzten Jahrhunderts war ein anderes Thema zentral.

Seit der zweiten Hälfte des 19. Jahrhunderts entwickelten sich die USA rasant in Richtung Moderne, mit der fortschreitenden Industrialisierung kam es zu gesellschaftlichen Veränderungen. Ein Ausdruck dieser Veränderungen war beispielsweise der Kampf für das Frauenwahlrecht und andere feministische Bewegungen, die den Status Weißer männlicher Evangelikaler herausforderten und das traditionelle christliche Familienbild in Frage stellten. In Darwins Evolutionstheorie sahen fromme Christen zudem die biblische Schöpfungsgeschichte in Frage gestellt. Und auch in den Gelehrtenstuben des Landes tat sich an der Schwelle zum 20. Jahrhundert ebenfalls etwas: Eine neue universitäre Disziplin formte sich, die sogenannten *Biblical Studies*. Ihre Vertreterinnen und Vertreter lasen und interpretierten die Bibel zum ersten Mal als historischen, nicht als göttlichen Text, was maßgeblich zur Spaltung der amerikanischen Protestanten Anfang des 20. Jahrhunderts in zwei große Strömungen beitrug. Auf der einen Seite fanden sich diejenigen, die *Mainline*-Protestanten genannt werden oder später auch «Modernisten». Sie waren lange die am schnellsten schrumpfende christliche Religionsgemeinschaft in den USA, ihr Anteil an der Gesamtbevölkerung sank von 18 Prozent im Jahr 2007 auf nur noch 14,1 Prozent im Jahr 2014.[2] 2020 stieg ihre Zahl wieder auf 16 Prozent an und überholte somit Weiße Evangelikale – ein Grund dafür könnte sein, dass Menschen, die evangelikale Gemeinden verlassen, sich *Mainline*-Kirchen anschließen.[3] *Mainline* bezieht sich hier auf die moderate Ausrichtung dieser Gläubigen. Sie ließen sich auf die neuen Verhältnisse ein, waren nicht wissenschaftsfeindlich eingestellt und meist offen für die sozialen Aspekte der biblischen Lehre. Für sie waren die Errungenschaften der Moderne und der christliche Glaube kein Widerspruch.

Die andere Strömung lehnte all diese Neuerungen ab und tut dies weitgehend bis heute. Über die Zeit haben sich verschiedene Bezeichnungen für sie etabliert, da es sich nicht um eine homogene Gruppe handelt. Die Strömung wurde zunächst unter dem Begriff «Fundamentalisten» gefasst, und ihre Vertreter nannten sich auch selbst so, weil sie sich an der strikten, wörtlichen Auslegung der Bibel orientierten. Später gingen sie zunehmend als «Evangelikale» in die amerikanische Geschichte ein, auch wenn es hier wichtig ist zu differenzieren: Innerhalb des Evangelikalismus gibt es auch moderater ausgerichtete Strömungen, die sich sozialer Gerechtigkeit, der Hilfe für benachteiligte Gesellschaftsgruppen und *racial justice* verschrieben haben – das ist allerdings nicht die Mehrheit. Anders als die *Mainline*-Protestanten sahen die Vertreter dieser Richtung von rechten Evangelikalen die Aufgabe der biblischen Botschaft nicht darin, die Gesellschaft zu bessern und gerechter zu machen. Stattdessen ist diese Strömung extrem individualistisch geprägt. Es geht um persönliche Heilsfindung, aber auch um die Etablierung von Feindbildern. Für die Fundamentalisten waren Wissenschaft und die sich bildende moderne

Gesellschaft eine Bedrohung. Sie waren nicht zu Kompromissen bereit – Akademiker- und Wissenschaftsfeindlichkeit sind auch bei großen Teilen der heutigen konservativen Evangelikalen zu finden. In diesem Spannungsfeld entwickelte sich zwischen den beiden Strömungen zu Beginn des 20. Jahrhunderts eine Art Kulturkampf um die amerikanische Seele, dessen Ausgang ungewiss schien.[4]

Den vorläufigen Höhepunkt erreichte die Auseinandersetzung 1925 vor Gericht mit dem sogenannten *Scopes-Monkey-Trial*, in dem dieser Konflikt stellvertretend auf einer nationalen Bühne ausgefochten wurde. Ein Lehrer in Tennessee namens John Scopes war angezeigt worden, weil er verbotenerweise Evolutionstheorie unterrichtet hatte – ein für Fundamentalisten verhasstes Konzept, da es die wortwörtliche Auslegung der biblischen Schöpfungsgeschichte in Frage stellte. Der Fall wurde zum Medienspektakel. Das lag unter anderem auch an der Star-Besetzung der Anwaltsteams beider Seiten: Der beschuldigte Lehrer wurde von Clarence Darrow vertreten, einem mondänen, weltgewandten Akademiker, der vermutlich von Trump-Anhängern heute als Teil der «Küstenelite» beschrieben worden wäre. Auf der anderen Seite stand William Jennings Bryan, ein strenggläubiger Evangelikaler, ehemaliger Außenminister unter Woodrow Wilson und Demokratischer Präsidentschaftskandidat. Er sah sich als Verteidiger des konservativen Amerikas, als Repräsentant der frommen, arbeitenden Landbevölkerung, die sich gegen die unchristlichen, säkularen Einflüsse der Moderne wehrte. Obwohl Bryan den Gerichtsstreit gewann, markierte dieses Verfahren den Anfang einer Rückzugsperiode des Fundamentalismus aus dem öffentlichen Leben der USA. Denn es handelte sich bei dem juristischen Triumph um einen klassischen Fall von «die Schlacht gewinnen, aber den Krieg verlieren». Zwar bekamen die Fundamentalisten vom Gericht recht, weil Scopes eindeutig gegen geltendes Recht in Tennessee verstoßen hatte – er musste ein Bußgeld zahlen. Doch die Außenwirkung des Verfahrens war desaströs. Bryan selbst wurde vom Anwalt des Beklagten als Bibelexperte in den Zeugenstand gerufen und blamierte sich mit seiner wörtlichen Auslegung massiv. Der Fall wuchs sich zu einer nationalen Peinlichkeit für die fundamentalistischen Christen aus. Die *Baltimore Evening Sun* schrieb, der Fall sei «eine bemerkenswerte Offenbarung des fundamentalistischen Geistes in all seiner Oberflächlichkeit und engstirnigen Arroganz» gewesen.[5]

In der Geschichtswissenschaft besteht Uneinigkeit darüber, welche Folgen die Blamage nach sich zog. Während einige Fundamentalisten Bryan nach Prozessende als Märtyrer feierten (er starb kurz danach an einem Herzinfarkt), war der Image-Schaden in der breiten Öffentlichkeit immens. Die These, Evangelikale hätten sich nach der Blamage zurückgezogen, und zwar für mehrere Jahrzehnte, gehört mittlerweile zum historischen Kanon. Auch evangelikale Historiker unterstützen dieses Narrativ zu großen Teilen.[6] Andere geschichtswissenschaftliche Stimmen, wie etwa Matthew Avery Sutton, stellen diese Lesart der Geschichte in Frage. Der *Scopes*-Prozess habe keinen Rückzug eingeleitet, aber dafür eine neue Definition von «Fundamentalismus» geprägt. War der Begriff vor dem Prozess eine wertfreie Bezeichnung einer kleinen, radikal apokalyptischen Gruppierung innerhalb des Protestantismus gewesen, stand er jetzt für Wissenschaftsfeindlichkeit, Rückständigkeit, Verbohrtheit und einen Mangel an Intellektualität. Das Label «Fundamentalisten» war nicht mehr zu retten, weshalb Anhänger der Bewegung schließlich begannen, sich als «Evangelikale» zu bezeichnen.[7]

In den Jahren nach dem Prozess urteilte der *Supreme Court* in mehreren Fällen nicht wie von den Evangelikalen erhofft. Beispielsweise hob er 1954 die Segregation an Schulen auf und lehnte 1962 verpflichtendes Beten an öffentlichen Schulen ab. Die Urteile des Obersten Gerichts sollten die Trennung von Kirche und Staat sichern. Doch Gegner des Säkularismus benutzten sie, angeführt unter anderem von dem fundamentalistischen Baptisten-Pastor Robert J. Billings (1927–1995), um Verschwörungsmythen zu verbreiten. Billings befeuerte Ängste, indem er behauptete, Urteile wie diese seien möglicherweise kommunistisch beeinflusst, um den säkularen Humanismus in den amerikanischen Schulen zu zementieren und somit das christliche Amerika zu zerstören.[8]

Ein Siegeszug der Religiösen Rechten, wie er heute zu beobachten ist, schien zeitgenössischen Berichterstattern lange unwahrscheinlich. Bis Ende der 50er Jahre zogen sich Evangelikale ins Private zurück und wurden von der amerikanischen Öffentlichkeit weitestgehend vergessen. Innerhalb ihrer eigenen Blase blieben sie hingegen sehr aktiv. In der Folge ihres Rückzugs entwickelten sie parallele Strukturen und grenzten sich zunehmend von den *Mainline*-Protestanten ab. So kam es in den 60er und 70er Jahren vermehrt zur Gründung von *«Segregation Academies»*, Weißen christlichen Privatschulen, die bis heute existieren, aber auch zur Gründung christlicher Universitäten wie der fundamentalistischen *Liberty University* (1971).[9] Zudem bildete die Religiöse Rechte in dieser Zeit ein unabhängiges Netzwerk aus medialen Institutionen aus, deren Entstehung noch genauer beleuchtet wird (siehe Kapitel «Eine disziplinierte Armee»). Sie gründeten Zeitungen, Radio- und Fernsehsender, die in evangelikalen Kreisen ein breites Publikum fanden. Doch die Trennung zwischen der Religiösen Rechten und der *Mainstream*-Öffentlichkeit blieb nicht bestehen, auch wenn evangelikale Führungspersönlichkeiten ihre Anhängerinnen und Anhänger zunächst vor politischem Engagement warnten, das die gesellschaftlichen Strukturen verändern würde.

Jerry Falwell (1933–2007), ein baptistisch-fundamentalistischer Pastor und Fernsehprediger aus Virginia, war einer der wichtigsten Köpfe der evangelikalen Bewegung zu der Zeit, in der sich gleichzeitig die Bürgerrechtsbewegung um Martin Luther King formierte. Von dieser wollte Falwell jedoch nichts wissen.

Seine wohl wichtigste Rede mit dem Titel *«Ministers and Marches»* («Von Predigern und Märschen») hielt er im Jahr 1965 vor seiner Gemeinde, während Martin Luther King und seine Mitstreiterinnen und Mitstreiter von Montgomery nach Selma marschierten. Falwell sah die Aufgabe gläubiger Christen nicht in solchen Bestrebungen: «Wir zahlen unsere Steuern, wir geben entsprechend der Verantwortung unserer Bürgerschaft unsere Stimmen ab, richten uns nach den Gesetzen und anderen Dingen, die die Gesellschaft, in der wir leben, von uns verlangt. Aber gleichzeitig sind wir uns bewusst, dass unsere einzige Bestimmung auf dieser Erde ist, Christus zu kennen und Ihn bekannt zu machen. Ich glaube an die Bibel, und ich würde es unmöglich finden, aufzuhören, die reine und rettende Botschaft Jesus Christus zu predigen, und anzufangen, irgendetwas anderes zu tun – inklusive, gegen den Kommunismus zu kämpfen oder an Bürgerrechtsreformen teilzunehmen», so Falwell.[10] Überhaupt zweifelten Weiße Evangelikale an Martin Luther Kings Glauben, den er in seinen Reden oft ansprach.[11]

Wie bereits erwähnt, wird von der heutigen Religiösen Rechten behauptet, die Entstehung ihrer Bewegung sei mit der Legalisierung von Abtreibung durch den Obersten Gerichtshof 1973 verknüpft gewesen. Jerry Falwell Senior trug selbst zur Verbreitung dieses Mythos bei. 2005 schrieb er über diesen schicksalträchtigen Moment: «Ich lasse es normalerweise nicht zu, dass die Zeitung das Frühstück mit meiner Familie unterbricht. Doch an diesem Tag wurde mein Kaffee kalt, und meine Familie aß allein. Ich saß da und starrte auf die *Roe v. Wade*-Geschichte und meine Angst vor den Konsequenzen der Entscheidung des Obersten Gerichtshofs wuchs, und ich fragte mich, weshalb sich so wenige Stimmen dagegen erhoben hatten.» Seine Kinder hätten ihn schließlich dazu bewogen, die Organisation der Evangelikalen gegen dieses Urteil voranzutreiben. «Jonathan war erst sieben Jahre alt, aber seine Augen füllten sich mit Tränen, als ich die Bedeutung von

Abtreibung erklärte und die Auswirkungen auf die Ungeborenen und die Mütter. Jeannie war neun. Sie wurde sichtbar wütend, als sie von dem Leid hörte.»[12]

Dieses Narrativ ist weitgehend von den Medien übernommen worden und hält sich bis heute hartnäckig. In einem Nachruf auf Falwell hieß es in der *New York Times*: «[…] Falwell sagte, dass das Urteil von 1973 durch den Obersten Gerichtshof einen gewaltigen Wandel in ihm produzierte. Bald begann er gegen das Urteil zu predigen und rief Christen dazu auf, sich politisch zu involvieren.»[13] Die historische Realität sah anders aus. Erst drei Jahre nach dem Urteil nahm Falwell Abtreibung in eine Liste «amerikanischer Sünden» auf, aber nur als ein Vergehen unter vielen. Und erst 1978 äußerte Falwell sich dezidiert gegen Abtreibung als Amerikas große Sünde.[14]

Es war Musik in den Ohren konservativer Christen, als Donald Trump während des TV-Duells mit Hillary Clinton 2016 sagte, er sei «Pro-Leben» und werde «Pro-Leben»-Richter ernennen – auch für den Obersten Gerichtshof. Als Moderator Chris Wallace nach der Außerkraftsetzung der Entscheidung im Fall *Roe v. Wade* fragte, war Trumps Antwort: «[…] [E]s wird meiner Meinung nach automatisch passieren, weil ich *Pro-Life*-Richter ernennen werde.»[15] Als die *Supreme Court*-Richterin und prominente Frauenrechtlerin Ruth Bader Ginsburg im September 2020 im Alter von 87 Jahren verstarb, ergriff Trump die Gelegenheit, sein Versprechen an die christliche Basis in die Tat umzusetzen, und nominierte die erzkatholische Richterin Amy Coney Barrett, um den vakanten Platz im *Supreme Court* zu füllen. Mit ihrer Nominierung, sagte er am 27. September 2020, sei es möglich, *Roe v. Wade* zu kippen.[16]

Doch die Ablehnung von Abtreibung war entgegen den heutigen Bekundungen nicht von vornherein ein Mobilisierungsgrund in evangelikalen Kreisen. Der Blick in die Beschlüsse der einflussreichen *Southern Baptist Convention* (SBC), der größten protestantischen Denomination in den USA, in den Jahren vor *Roe v.*

Wade zeigt eindeutig: Evangelikale unterstützten legale Abtreibungen oder standen ihnen höchstens ambivalent gegenüber.[17] Das sollte sich erst später ändern. Noch 1976 bekundete die SBC ihre «Überzeugung bezüglich der begrenzten Rolle der Regierung, wenn es um Dinge wie Abtreibung geht, und die Unterstützung für das Recht der werdenden Mutter auf die volle Bandbreite der medizinischen Leistungen und persönliche Beratung zur Bewahrung von Leben und Gesundheit.»[18]

Evangelikale, die heute zu den vehementesten Abtreibungsgegnern gehören, waren damals deutlich liberaler eingestellt. Die Gegnerschaft zur Abtreibung war zunächst primär eine katholische Angelegenheit gewesen.[19] Noch 1968 sagte Billy Graham, dessen «Kreuzzüge» ganze Stadien füllten und im Fernsehen ein Millionenpublikum erreichten: «Ich glaube an *Planned Parenthood*» – die Kliniken, die in den USA medizinische Versorgung von Frauen anbieten, darunter Abtreibungen.

Heute werden diese Einrichtungen von der Religiösen Rechten dämonisiert.[20] Einer der ersten Evangelikalen, der auf den Anti-Abtreibungs-Zug aufsprang, war Francis Schaeffer, ein Pastor und Theologe aus Pennsylvania und eine intellektuelle Größe des evangelikalen Establishments. In *Whatever Happened to the Human Race?* (1979) argumentierten Schaeffer und sein Koautor Dr. C. Everett Koop, der später unter Ronald Reagan Karriere im Gesundheitsministerium machte, dass mit Abtreibung in Amerika Kindstötung praktiziert werde. Sie behaupteten sogar, amerikanische Ärztinnen und Ärzte, die Abtreibungen durchführten, folgten derselben Ideologie wie nationalsozialistische Mediziner im Holocaust.[21]

Schaeffers Argumentation, die sich auch in seinem Bestseller *A Christian Manifesto* findet, ist für viele Anti-Abtreibungs-Aktivisten der Religiösen Rechten heute noch ein Grundlagentext. Als das Buch 1983 erschien, ein Jahr nach Reagans Wahl zum Präsidenten, verkaufte es sich prompt 250 000 Mal.[22] Sein Einfluss reichte von der Mitte der Bewegung bis in die radikalsten Ecken: Randall Terry, der Gründer von *Operation Rescue*, einer Organisation, die sich durch Gegnerschaft zu Abtreibung sowie Islam- und LGBTQIA*-Feindlichkeit auszeichnet, sagte Mitte der 1990er Jahre: «Man muss Schaeffers *Christian Manifesto* gelesen haben, um *Operation Rescue* zu verstehen.»[23] Terry wie auch andere Mitglieder der Organisation sind wegen illegaler Aktivitäten bei Protesten gegen Abtreibungskliniken mehrfach verhaftet worden.

1984 löste der Film *The Silent Scream* breite Diskussionen aus. In blutrünstiger Weise wird gezeigt, was angeblich bei Abtreibungen vor sich geht. Der Höhepunkt der Inszenierung war der titelgebende «stumme Schrei» des Fötus, der, so die Erzählerstimme von Dr. Bernard Nathanson, «Gefahr in seinem Heiligtum» verspüre und sich im Todeskampf befinde. Nathanson, einst ein *«Pro-Choice»*-Aktivist, der selbst nach eigenen Angaben zahlreiche Abtreibungen durchgeführt hatte, war ins andere Lager gewechselt. Er wird von Abtreibungsgegnern gern damit zitiert, dass er Abtreibung als «den grauenhaftesten Holocaust in Amerikas Geschichte» bezeichnete.[24]

Allerdings handelte es sich bei den gezeigten Szenen nicht um einen «stummen Schrei», wie Nathanson aus dem Off behauptet. Vielmehr ist eine Reflexhandlung des Fötus zu beobachten, der im Alter von zwölf Wochen noch keinen Schmerz empfinden kann, da der Cortex noch nicht ausgebildet ist. Hier liegt eine geschickte Manipulation der Bilder vor. *CBS Morning News* lud eine Gruppe von Gynäkologinnen und Gynäkologen ein, die das bestätigten.[25] Doch die Verbreitung von medizinischen Falschinformationen tat dem Erfolg des Films, der einen ikonischen Status in der *«Pro-Life»*-Bewegung innehat, keinen Abbruch: «Richtig oder nicht, der 28-minütige Film – übersetzt in sechs Sprachen und von Millionen Menschen in Nachrichtensendungen im Fernsehen, religiösen Shows und in privaten *Screenings* vor Schul- und Kirchengruppen gesehen – hat den langen Kampf um Abtreibung intensiviert und ihn in einen *Hightech*-Propaganda-Kampf verwandelt», urteilte 1985 die *Los Angeles Times*.[26]

Die Rhetorik der Abtreibungsgegner ist rau im Ton und hat teilweise sogar tödliche Folgen. Nachdem 2009 der Abtreibungsarzt Dr. George Tiller von einem Anti-Abtreibungs-Fanatiker in seiner Kirche in Kansas erschossen worden war, kommentierte der oben genannte Randall Terry lapidar, der Getötete habe «geerntet, was er gesät hat», und nannte den getöteten Arzt einen Massenmörder.[27] Trotz solcher Vorfälle haben Abtreibungsgegner ihre Rhetorik nicht angepasst. Weiterhin werden Ärztinnen und Ärzte, die Abtreibungen durchführen, als geldgierige und blutrünstige Massenmörder dargestellt.

Das hatte Folgen: Der Film *Unplanned* (2019), eine fiktive Nacherzählung der angeblich «wahren Geschichte» von Abby Johnson, einer ehemaligen Mitarbeiterin einer *Planned Parenthood*-Klinik, bekam von der *Motion Picture Association of America* (MPAA) die Altersbeschränkung «R» (=*Restricted*) verpasst, was bedeutet, dass Kinder und Jugendliche unter 17 ihn nur in Begleitung von Erwachsenen sehen dürfen. Es war das erste Mal, dass einem *Pure-Flix*-Film – dem evangelikalen *Netflix*-Äquivalent – diese Altersbeschränkung auferlegt wurde. Der Grund: die unglaublich blutigen und brutalen Abtreibungsszenen. Der Aufschrei der Christlichen Rechten war groß, man befürchtete säkulare «Sabotage» des Films.[28] In einem offenen Brief wandten sich bekannte Persönlichkeiten an die Gemeinden des Landes, um sie zu ermutigen, den Film im Familienkreis trotzdem anzusehen. Zu den Unterzeichnern gehörten auch Schauspieler wie Kevin Sorbo und andere Prominente wie der Moderator Glenn Beck. Auch Abby Johnson selbst, auf deren zweifelhaften Memoiren der Film basiert, wandte sich in einem Brief an christliche Eltern und versuchte, die gezeigten Bilder zu relativieren: «Unsere Kinder sind die Generation, die an Abtreibung verloren geht. [...] Sie sehen wahrscheinlich deutlich drastischere Bilder im Biologieunterricht!»[29] Die Ermutigungen zeigten Wirkung: *Unplanned* lag bei seiner Premiere auf Platz 4 der Kino-Charts in den USA und spielte trotz Altersbeschränkung 21 Millionen Dollar ein.[30] Johnson ist heute eine gern gesehene Rednerin auf konservativen Konferenzen, zuletzt trat sie 2020 auf der *Republican National Convention* auf.

2005 polterte James Dobson, eine der führenden Figuren der Religiösen Rechten (mehr über ihn im Kapitel «Eine disziplinierte Armee»), auf einer *Justice Sunday Rally*, der Oberste Gerichtshof sei durch die Legalisierung von Abtreibung verantwortlich für «den größten Holocaust in der Geschichte der Menschheit».[31] Vergleiche mit dem Holocaust gehören mittlerweile zum rhetorischen Standard-Repertoire der Religiösen Rechten. In einem Gesetzentwurf in Alabama aus dem Jahr 2019, der Abtreibung nahezu komplett verbieten würde, erklärten zwei Abgeordnete:

> «Schätzungsweise 6 000 000 jüdische Menschen wurden im Zweiten Weltkrieg in deutschen Konzentrationslagern ermordet; 3 000 000 Menschen wurden von Joseph Stalins Regime in sowjetischen Gulags hingerichtet; 2 500 000 Menschen wurden 1958 während des Chinesischen *Great Leap Forward* ermordet; 1 500 000 bis 3 000 000 Menschen wurden in den 1970er Jahren von den Roten Khmer in Kambodscha ermordet, und schätzungsweise 1 000 000 Menschen wurden während des Genozids in Ruanda ermordet. All diese [Ereignisse] sind allgemein als Verbrechen gegen die Menschlichkeit bekannt. Im Vergleich: 50 Millionen Babys wurden in den Vereinigten Staaten seit dem *Roe v. Wade*-Urteil 1973 abgetrieben, mehr als drei Mal so viel wie in deutschen Konzentrationslagern, bei chinesischen Säuberungen, in Stalins Gulags und den kambodschanischen *Killing Fields* und im Ruanda-Genozid zusammengenommen getötet wurden.»[32]

Der Entwurf sah keine Ausnahmen für Fälle von Vergewaltigung und Inzest vor, lediglich, wenn das Leben der Mutter in Gefahr sei. Wer trotzdem eine Abtreibung durchführe, würde bis zu 99 Jahre Haft riskieren. Der Senat von Alabama verabschiedete das Gesetz mit 25 zu sechs Stimmen, es wurde jedoch von einem Bundesrichter gestoppt. In Georgia unterschrieb Gouverneur Brian Kemp 2019 ein Gesetz, das Frauen, die sechs Wochen nach Beginn der Schwangerschaft abtreiben, mit einer lebenslänglichen Haftstrafe droht.[33] Solche sogenannten «Herzschlag-Gesetze» wurden bereits in verschiedenen Staaten verabschiedet. Sie kommen einem Abtreibungsverbot gleich, da sie einen Schwangerschaftsabbruch bereits zu einem Zeitpunkt verbieten, zu dem die meisten Frauen noch gar nicht wissen, dass sie schwanger sind. Die Bezeichnung «Herzschlag-Gesetz», obwohl sehr populär geworden, ist zudem irreführend. Korrekt wäre «*cardiac activity*-Gesetz», denn ein Fötus im Alter von sechs Wochen hat noch kein ausgewachsenes Herz.[34]

Bisher wurden solche Gesetze von Bundesrichtern blockiert. Doch immer wieder werden ähnliche Gesetzentwürfe verabschiedet – so etwa jüngst in South Carolina. In Arizona träumen einige Republikaner wie der Abgeordnete Walter Blackman derweil davon, Frauen und Abtreibungsärzte für Mord strafrechtlich verfolgen zu können, und auch in Florida und North Dakota werden ähnliche Bemühungen auf den Weg gebracht.[35] In Texas können Abtreibungsanbieter ab September 2021 von Privatpersonen verklagt werden. Galten die sogenannten «Herzschlag-Gesetze» einst als radikales Randphänomen, sind sie heute im republikanischen *Mainstream* angekommen. Und mit einer konservativen 6:3-Mehrheit im Obersten Gerichtshof, die der damalige republikanische Mehrheitsführer im Senat Mitch McConnell und Präsident Trump orchestriert haben, besteht nun eine reale Chance für die Religiöse Rechte, ihren Traum zu verwirklichen: das Außerkraftsetzen oder die Aushöhlung der Grundsatzentscheidung von *Roe v. Wade.* Damit wäre die Gesetzgebung wieder den Bundesstaaten überlassen, die Abtreibungsverbote verabschieden könnten.

Dass derartige Vorstöße bisher von Bundesrichtern geblockt wurden, darf nicht mit einem Scheitern der Religiösen Rechten verwechselt werden. Vielmehr ermöglichen diese juristischen Niederlagen, sich an ein jeweils höheres Gericht zu wenden, um am Ende beim Obersten Gerichtshof zu landen, der jetzt zu ihrem Vorteil gewichtet ist. Eine Studie des *Pew Research Centers* von 2019 zeigt, dass die Einstellung zur Legalität von Abtreibung stark an religiöse Überzeugungen geknüpft ist. Während 83 Prozent derer, die sich keiner bestimmten religiösen Tradition zuordnen, das Recht auf Abtreibung unterstützen, und 60 Prozent Weißer *Mainline*-Protestanten sowie 64 Prozent Schwarzer Protestanten ihnen beipflichten, sind 77 Prozent Weißer Evangelikaler der Überzeugung, dass Abtreibung in allen oder den meisten Fällen illegal sein sollte. Derselben Meinung sind 42 Prozent der Katholiken.[36]

Von solcher Begeisterung für das Thema Abtreibung konnte Paul Weyrich (1942–2008), einer der «Architekten» der Neuen Rechten, in den 1960er und frühen 1970er Jahren nur träumen. Er hatte lange versucht, Weiße Evangelikale dafür zu gewinnen – ohne Erfolg. Abtreibung galt als «katholisches Thema», und vor dem Hintergrund einer langen Geschichte von Katholizismus-Feindlichkeit unter amerikanischen Protestanten wollte man damit keine Anhänger verprellen. Weyrich hatte es auch mit anderen Themen versucht, darunter mit dem Verbot von Schulgebeten sowie mit Pornographie und Feminismus. Nichts hatte funktioniert.[37]

Erfolg hatte Weyrich erst, als er die Bewahrung des christlichen Amerikas ins Zentrum rückte. Dabei griff er die rassistisch begründete Angst vieler Weißer Christen auf, das «Weiße Amerika» könne irgendwann verschwinden. Ein Ereignis, das diese Angst schürte, war die Entscheidung des Obersten Gerichtshofs im Fall

Brown v. Board of Education (1954). Oliver Brown hatte gegen die Schulbehörde in Topeca, Kansas, geklagt, nachdem seine Schwarze Tochter an Schulen abgelehnt worden war, die ausschließlich Weißen vorbehalten waren. Der Oberste Gerichtshof erklärte in seinem Urteil die Segregation an öffentlichen amerikanischen Schulen für verfassungswidrig. Der Aufschrei unter konservativen Christen war groß, ihre Reaktion heftig. Es kam zu den bereits erwähnten Gründungen von *Segregation Academies* in den Jahren nach 1954, die zum Teil, vor allem im Süden des Landes, bis heute existieren. Diese privaten christlichen Bildungsinstitute boten Weißen Eltern die Möglichkeit, ihre Kinder nicht auf «gemischte» öffentliche Schulen zu schicken, da das Urteil sich nur auf staatliche Schulen bezog. Private Schulen gelten in den USA als *Non-Profit*-Organisationen und sind nicht steuerpflichtig. In Holmes County, Mississippi, waren die Folgen des Urteils im Fall *Brown v. Board of Education* deutlich zu spüren – wenn auch nicht so, wie vom Obersten Gerichtshof beabsichtigt. Ein Jahr nach dem Urteil sank die Zahl von Weißen Schülerinnen und Schülern an den staatlichen Schulen von Holmes County von 771 auf 28, zwei Jahre später war die Zahl weiter auf null gesunken.[38]

Das Urteil zur Aufhebung der Segregation an Schulen beflügelte die Bürgerrechtsbewegung, die Evangelikale zunehmend als Bedrohung für ihr Weißes, christliches Amerika wahrnahmen. Der Tropfen, der das Fass zum Überlaufen brachte, war der Fall *Green v. Kennedy*, der 1970 entschieden wurde. Hier klagten BPoC-Eltern gegen den steuerfreien Status von neu geschaffenen, nur für Weiße zugelassenen *Segregation Academies*. Die Kläger konnten eine Einstweilige Verfügung erwirken, durch die der steuerliche Anerkennungsprozess der Privatschulen vorerst auf Eis gelegt wurde. Die Nixon-Regierung beschloss daraufhin, dass auf diskriminatorischen Prinzipien wie Segregation aufbauende Schulen nicht als wohltätige Organisationen gelten könnten und ihren steuerfreien Status verlieren würden.[39]

Die Botschaft der Religiösen Rechten, keine christliche Schule sei vor den gierigen, säkularen Fingern des Staates sicher, schien sich nun für Evangelikale zu bestätigen: 1976 urteilte der *United States District Court for the District of Columbia* im Fall *Green v. Connally*, dass private Bildungseinrichtungen nicht mehr aufgrund der Hautfarbe von Schülern diskriminieren dürfen.[40] Sollten sie sich daran nicht halten, würden sie ihren steuerfreien Status verlieren. Diese Entscheidung verschaffte der christlich-nationalistischen Bewegung Auftrieb. Pastor Robert J. Billings malte den Teufel an die Wand: Es könne in der Konsequenz möglicherweise zur Besteuerung von Kirchen kommen, «mit denen die Regierung nicht einer Meinung ist» und letzten Endes drohe «nichts Geringeres [als] die Zerstörung der Religionsfreiheit in den Vereinigten Staaten.»[41] In seinen Augen habe die amerikanische Steuerbehörde (IRS) in der Folge «mehr getan, um Christen zusammenzubringen als irgendein Mensch seit dem Apostel Paulus».[42] Billings hatte 1977 *Christian School in Action* gegründet, und Weyrich behauptete derweil, der IRS benutze die Entscheidung zur Aufhebung der Segregation als Vorwand, um private Schulen zu zerstören.[43]

Jerry Falwell, der uns schon begegnet ist, sah in Billings den notwendigen Mobilisator des pastoralen Netzwerks, und Billings nutzte die Chance, sich auf der nationalen politischen Bühne zu profilieren.[44] Er etablierte sich in den folgenden Jahren erfolgreich als Koryphäe auf dem Gebiet der «christlichen Pädagogik». Dabei setzte er auf strenge Disziplin, körperliche Züchtigung und zeigte offene Verachtung gegenüber Minderheiten. In einem Brief aus dem April 1969 schrieb er an den Herausgeber der Lokalzeitung von Hagerstown, wo Billings als Administrator der neu geschaffenen, zutiefst rassistischen *Heritage Academy* fungierte: Er bekomme «Ohrenschmerzen davon, den verwöhnten Minderheiten zuzuhören, die schrien: ‹Wir wollen unsere Rechte!› Hat nicht der Rest von uns auch Rechte?»[45] Gleichzeitig propagierte er das bis heute nachwirkende, tiefe Misstrauen der Religiösen Rechten gegen alles Staatliche, auch gegen öffentliche Schulen als Horte «säkularer Indoktrination».

Nicht die Liberalisierung von Abtreibung, sondern die Aufhebung der Segregation war also der wesentliche Treiber für die Neuformierung der Religiösen Rechten. Diese Fokussierung hat historische Wurzeln. Innerhalb der evangelikalen Rechten war Glaube oft mit weißer Hautfarbe verbunden, und das schon seit ihren Anfängen. So begründete beispielsweise Bob Jones Senior, selbst ein reformierter Protestant, seine Unterstützung für Segregation biblisch. Die von ihm gegründete, streng religiöse *Bob Jones University* (BJU) nahm keine Schwarzen Studenten auf. Das Gründungsjahr der BJU war 1920 – und die Auseinandersetzung zwischen Modernisten und Fundamentalisten innerhalb des amerikanischen Protestantismus auf ihrem Höhepunkt.

Nachdem nun in den 1970er Jahren allmählich begonnen wurde, staatlich unterstützte Privatschulen zu überprüfen – auch dahingehend, ob sie sich verfassungsgemäß verhielten, wandten sich Weyrich und seine Mitstreiter direkt an die Eltern. Sie konnten bereits auf die Unterstützung derer setzen, die ohnehin das Narrativ der subversiven, säkularen Schulen, die versuchten, ihre Kinder zu korrumpieren, angenommen hatten. Doch nun ging es darum, jene Eltern auf ihre Seite zu ziehen, die ihre Kinder immer noch auf staatliche Schulen schickten. Dabei zielte Weyrichs Taktik auf die Aufrechterhaltung der Segregation ab, doch das war nicht auf den ersten Blick ersichtlich. Zwei Themen, mit denen (teils erfolgreich) versucht wurde, Eltern auf die Barrikaden zu bringen, waren Schulbücher und *Busing*. Letzteres bezeichnete den Bus-Transport von Schülerinnen und Schülern zu Schulen, die mitunter außerhalb ihres eigenen Schulbezirks lagen, um die Schülerschaft diverser zu gestalten. Diese Praxis und auch die Verwendung von Schulbüchern im Unterricht, die die multiethnische Geschichte der USA betonen und die Lebensrealität von

BPoC im Verlauf der Geschichte thematisieren sollten, stießen teils auf heftigen Widerstand.

Das prominenteste Beispiel ist die sogenannte «*Kanawha-County*-Schulbuch-Kontroverse» im Jahr 1974. Die dortige Schulbehörde traf sich im Frühjahr, um die Schulbuchauswahl zu besprechen, die multiethnische Inhalte in den Schulunterricht einführen sollte. Nur eine Person, Alice Moore, stellte sich dagegen, nannte die vorgeschlagenen Bücher «unamerikanisch» – obwohl sie sie selbst nicht gelesen hatte – und äußerte die Besorgnis, Kinder könnten dadurch «Ghetto-Dialekt» lernen.[46] Moore gelang es bis zum Sommer tausende Demonstrantinnen und Demonstranten zu mobilisieren, die vereint waren in der Überzeugung, mit Büchern von Eldridge Cleaver, George Orwell und Arthur Miller hielten Kommunismus, «unamerikanische» Werte und die Herabsetzung von Jesus Einzug in die Klassenzimmer.

Die Proteste dauerten bis ins neue Schuljahr, das im September begann, und eskalierten zu Gewalt. Schüsse fielen, Todesdrohungen wurden ausgesprochen, es kam zu Fällen von Brandstiftung und Bombenlegung in Schulen. Im Dezember mischte sich auch der rassistische Ku-Klux-Klan (ausführlich behandelt im Kapitel «Von irdischen Herren») unter diejenigen, die gegen die in ihren Augen «gottlosen» und «dreckigen» Bücher protestierten. Ein von der Schulbehörde einberufener Ausschuss bescherte den Fundamentalisten einen Teilsieg: Von 325 zur Wahl stehenden Büchern wurden 35 nicht empfohlen – gefordert hatten die Demonstranten um Alice Moore das bei 180. Diese 35 «kontroversesten» Bücher durften nur mit Erlaubnis der Eltern aus der Schulbibliothek ausgeliehen werden.[47]

Alice Moore, von ihren Bewunderern *Sweet Alice* genannt, verkörperte als Leitfigur der Proteste eine neue Generation Aktivistinnen, die aus der passiven Rolle der konservativen, frommen Frau heraustraten und halfen, den Übergang der rechten Bewegung in ein neues Zeitalter zu markieren – die *Old Right* wurde zu *New Right*-Bewegung. Attraktiv und feminin in ihrem Auftreten war sie als Weiße Frau das ideale Gesicht der Proteste gegen «gottlose» Schulbücher, wobei sich rassistische Ansichten hinter der Sorge um Kinder und einer Angst vor «übergriffiger» Säkularisierung verstecken ließen. Carol Mason beschreibt den Prozess folgendermaßen: «Die Argumente, die von ‹*Sweet Alice*› vorgebracht wurden, kleideten die Ängste der *Old Right* vor sich verschwörenden Kommunisten und ‹*racial*› Integrationisten um und ersetzten sie durch eine neue Verschwörung des säkularen Humanismus, der als mobilisierendes Narrativ der *Southern Strategy* diente, das die Neue Rechte an die Macht brachte und die *Culture Wars* [die Kulturkämpfe] einläutete.»[48]

1979 hatte Paul Weyrich in einem Gespräch mit Jerry Falwell gesagt, es gebe in den USA eine «moralische Mehrheit», die für traditionelle christliche Werte einstehe. Falwell nahm diese Äußerung auf und machte sie zur Geburtsstunde einer der einflussreichsten konservativen Bewegungen in den USA: der *Moral Majority*.[49] Sie verband das Netzwerk aus Falwells fundamentalistischen Pastoren mit den politischen Strategen Weyrichs und konnte so enorm viele konservative Wählerinnen und Wähler mobilisieren. Schnell wurde deutlich, dass Pastoren erheblichen politischen Einfluss auf die Gemeinden ausüben konnten, indem sie dazu aufforderten, «biblisch» – sprich: Republikanisch – zu wählen. Doch Weyrich und Falwell wussten, dass sie die christliche amerikanische Öffentlichkeit allein mit einem Kreuzzug gegen die Aufhebung der Segregation an Schulen nicht für ihre Sache würden gewinnen können. Denn auch wenn der Widerstand an Schulen und Universitäten innerhalb der Religiösen Rechten groß war, musste ein Anliegen her, das weniger kontrovers war, um die gesamte christliche Basis im Land zu mobilisieren.

Dabei fiel ganze sechs Jahre nach der Entscheidung im Fall *Roe v. Wade* die Wahl auf das Thema Abtreibung, schreibt der Historiker

Randall Balmer: «Warum? Weil der Kreuzzug gegen Abtreibung attraktiver war als die wahren Motive der Religiösen Rechten: Segregation in Schulen.»[50] Außerdem bot dieses neue *Framing* zynischerweise die Möglichkeit, nach Stimmen von BPoC zu fischen, indem Abtreibung als *«Black Genocide»* dargestellt wurde, ein Narrativ, das bis heute benutzt wird, um *«Pro-Life»-African Americans* auf die Seite der Religiösen Rechten zu ziehen.[51]

Weyrich, Falwell und Billings nutzten das neu gefundene Thema zur Mobilisierung Weißer Frauen. Heute ist es nicht mehr denkbar, dass ein Republikanischer Politiker Erfolg haben könnte, der sich nicht vehement gegen Abtreibung ausspricht. Weder der beliebte Pastor Billy Graham noch der konservative Politiker und langjährige Senator für Arizona Barry Goldwater oder Ronald Reagan waren schon immer gegen Abtreibung gewesen. Doch sie alle nutzten das Thema als Chance, die Religiöse Rechte auszuweiten und Christen landesweit zu mobilisieren – nicht nur in den Kirchen, sondern auch an den Wahlurnen. Es sollte noch bis zur Mitte der 1990er Jahre dauern, bis die letzten Reste der *«Pro-Choice»*-Bewegung in den Republikanischen Reihen erloschen waren.[52]

Noch heute kämpft eine Reihe von Organisationen der Religiösen Rechten an vorderster Front gegen Abtreibung, darunter *Focus on the Family*, der *Family Research Council*, die *American Family Association*, *Concerned Women for America*, die *Alliance Defending Freedom* (ursprünglich der *Alliance Defense Fund*), um nur ein paar zu nennen. Die Geldgeber sind superreiche Großspender. Große Teile der Geldströme können aufgrund des Wohltätigkeits-Status der Organisationen gar nicht zurückverfolgt werden – diese müssen ihre Spenderinnen und Spender nicht offenlegen, weswegen man in diesem Zusammenhang auch von *«Dark Money»* spricht.[53]

Auch Donald Trump sprang auf den Zug auf. Seine (recht neue) Gegnerschaft zur Abtreibung, verbreitet durch zahllose konservative Medienkanäle, war eines der Argumente, mit denen Mike

Pence 2016 für seinen Mitstreiter um das Weiße Haus warb. Er bezeichnete Trump als den Kandidaten, der so *«Pro-Life»* sei wie kein anderer – eine Behauptung, die er zur Begeisterung seines jeweiligen Publikums mehrfach wiederholte.[54] Diese Reaktion verwundert wenig, denn sie passt zu den Ergebnissen der Umfrage von Perry und Whitehead: *«Ambassadors»* und *«Accomodators»* des Christlichen Nationalismus setzen eine «christliche Gesellschaft» gleich mit einer Gesellschaft, in der Abtreibung verboten ist.[55] Dementsprechend sahen auch die Ergebnisse der *Exit Polls* (Nachwahlbefragung) der Wahl von 2016 aus: Mehr Trump-Wähler als Clinton-Wähler nannten die Ernennung von Richtern für den Obersten Gerichtshof als wichtigsten Faktor in ihrer Entscheidung für oder gegen einen Kandidaten.[56]

Trump lieferte, was er und Pence der Religiösen Rechten vor der Wahl 2016 versprochen hatten: Er trat als erster Präsident auf einem *«Pro-Life»*-Marsch auf, erzählte immer wieder Schauermärchen von Demokraten und Ärztinnen, die «Babys» bis kurz vor der Geburt «töten» wollten – «und manchmal sogar nach der Geburt».[57] Kurz nach seiner Wahl 2016 nominierte er Neil Gorsuch für den Obersten Gerichtshof – er sollte den Platz einnehmen, der nach Antonin Scalias Tod, noch während Obamas Präsidentschaft, frei geworden war. Gorsuch war ein Favorit der Religiösen Rechten, den die erzkonservative *Federalist Society*, ein einflussreicher *Think Tank*, für Scalias Nachfolge vorgeschlagen hatte. Tony Perkins, Chef des *Family Research Councils* (dazu mehr im Kapitel «Eine disziplinierte Armee») ließ sogar verlauten, dass die Ernennung Gorsuchs beinahe so wichtig sei wie Trumps Wahl zum Präsidenten.[58] Nachdem 2018 Anthony Kennedy, der von Ronald Reagan an den Obersten Gerichtshof berufen worden war, seinen Ruhestand angekündigt hatte, konnte Trump seiner christlich-nationalistischen Basis einen weiteren Richterplatz präsentieren. Diesmal nominierte er Brett Kavanaugh, ebenfalls auf Empfehlung der *Federalist Society*.[59] Und auch Amy Coney

Barrett, die den Traum vieler Republikaner, *Roe v. Wade* abzuschaffen, wahr werden lassen könnte, kam mit Empfehlungen der *Federalist Society* (siehe Kapitel «Eine disziplinierte Armee»).

Ursprünglich ein Strohmann-Thema, um rassistische Motivationen zu verschleiern, ist das Label *«Pro-Life»* heute Teil des Markenkerns der Religiösen und Politischen Rechten. Es ist eine Geschichte, die heldenhaft klingt – wer ist schon «anti-*life*»? – und die durch eine geschickte PR-Strategie nicht nur die eigene Motivation als moralisch unantastbar präsentiert, sondern die Gegenseite im Umkehrschluss als Befürworter von Tod und Mord an unschuldigen Babys diffamiert.

Wie wenig es tatsächlich um die Reduzierung von Abtreibungen geht, zeigt ein Blick auf die Zahlen: Statistiken zeigen, dass die Beschränkung von Abtreibungsrechten oder gar ihr Verbot die Zahl der Schwangerschaftsabbrüche nicht senkt, sondern sie nur gefährlicher macht. Andere Statistiken belegen, dass eine Legalisierung von Abtreibung der effektivste Weg ist, um Abtreibungszahlen so gering wie möglich zu halten.[60] Die große Mehrheit der Religiösen Rechten schenkt mittlerweile der eigenen Rhetorik durchaus Glauben und lehnt Abtreibung und das Recht darauf kategorisch ab. Wenn die Anhängerschaft darauf eingestellt ist, «säkularen Wissenschaftlern» nicht zu vertrauen und Demokraten – Babymördern! – ohnehin nicht, dann ist es auch kein Problem, dass die Wissenschaft die eigenen Behauptungen widerlegt. Eines hat sich seit den Gründungsjahren der neuen Religiösen Rechten in den 1970er Jahren nicht geändert: Der Kampf gegen Abtreibung ist nach wie vor ein Deckmantel für den Griff nach politischer Macht einer radikalen Gruppe mit einer hochmotivierten Basis.

Donald Trump hat verstanden, diese Basis für sich zu nutzen. Auf dem *«March for Life»* 2020 rief er der begeisterten Menge aus Anti-Abtreibungsgruppen und Delegationen Religiöser Schulen zu: «Nie hatten ungeborene Kinder einen stärkeren Verteidiger im Weißen Haus.»[61] Dass er selbst noch 1999 in einem Interview gesagt hatte, er sei *«Pro-Choice»*, also für das Recht einer Frau auf Abtreibung, spielte keine Rolle.[62] Doch während oft als Argument angeführt wird, Trumps plötzliche Ablehnung der Abtreibung sei einer, wenn nicht *der* wichtigste Grund für seine Unterstützung durch die Religiöse Rechte, greift diese Erklärung zu kurz. Umfrageergebnisse des *Pew Research Forum*s zeigen, dass nur 52 Prozent der Weißen evangelikalen Wähler 2016 Abtreibung als entscheidendes Thema für ihre Wahlentscheidung ansahen – die wichtigsten Themen waren für sie Terrorismus (89 Prozent), Wirtschaft (87 Prozent) sowie Migration und Außenpolitik (je 78 Prozent).[63] 2020 war Abtreibung in einer Studie des *Public Religion Research Institutes* (PRRI) wieder in den Top 3 der Themen für Weiße Evangelikale – zusammen mit der «Fairness von Präsidentschaftswahlen» und der Terrorismusabwehr.[64]

Der alleinige Fokus auf die Gegnerschaft zur Abtreibung verstellt den Blick auf die rassistische Motivation, die die Religiöse und die Politische Rechte vereint, wenn es beispielsweise um Gesetzgebung zur Beschränkung von Immigration geht, wie in jüngster Vergangenheit Trumps *«Muslim-Ban»*. Die Entstehungsgeschichte der Religiösen Rechten ist nicht allein als Bewegung gegen Abtreibung zu verstehen, sondern nur vor dem Hintergrund der dezidierten Ablehnung der USA als multikultureller und multireligiöser Gesellschaft.

Außerdem schützt es die Religiöse Rechte davor, sich für ihre Unterstützung Trumps moralisch rechtfertigen zu müssen, denn dieses Narrativ suggeriert, dass Trump *trotz* seines Charakters und Verhaltens und möglicherweise nicht genau *deswegen* unterstützt wird. Dennoch ist die Position Trumps und der Republikaner in Sachen Abtreibung insgesamt die logische Konsequenz aus einer sich immer mehr radikalisierenden Republikanischen Partei, die seit Mitte der 1990er Jahre keine moderaten Positionen bezüglich Abtreibung mehr in ihren Reihen toleriert. Die Republikanische Partei ist synonym geworden mit der *«Party of Life»*. Die andere Partei, die Demokraten, muss innerhalb dieses Schwarz-Weiß-Denkens logischerweise die *«Party of Death»* sein. Und mit Mördern diskutiert man nicht. Wer gegen Abtreibung ist, muss Republikanisch wählen.

Das Fazit des evangelikalen Historikers Randall Balmer zur Strategie der Religiösen Rechten fiel vernichtend aus: Die Wahl Donald Trumps 2016 habe gezeigt, dass die Religiöse Rechte «einen Zirkelschluss» vollzogen habe und zu ihren «Wurzeln im Rassismus zurückgekehrt» sei und «endlich die Fiktion aufgegeben habe, dass sie um Abtreibung oder ‹Familienwerte› besorgt sei».[65] Eine Einschätzung, die man nach den Wahlergebnissen 2020 nur erneut unterstreichen kann.

GOTTESKRIEGER IM WEISSEN HAUS

«Ich bin ein Christ, ein Konservativer und ein Republikaner, in dieser Reihenfolge.»
– *Mike Pence*[1]

Heute ist die Religiöse Rechte ein nicht mehr wegzudenkender Bestandteil der Republikanischen Partei. Wer Republikanischer Präsidentschaftskandidat werden will, muss um ihre Unterstützung buhlen, ihre Stimmen können Wahlen entscheiden. Die Frage lautet nicht mehr, ob sie bei der nächsten Wahl Demokratisch oder Republikanisch wählen, sondern lediglich, welchen der Republikanischen Kandidaten sie mehrheitlich unterstützen werden. Doch die Bewegung der Religiösen Rechten war nicht immer synonym mit der *«Grand Old Party»*.

1976 war die neue evangelikale Bewegung auf dem Siegeszug: Es war ein Präsidentschaftswahljahr, und Jimmy Carter ließ hoffen, dass zum ersten Mal «einer von ihnen» das höchste Amt im Land bekleiden könnte. Der Demokrat Carter schien in vielerlei Hinsicht der ideale Kandidat zu sein: Er war ein *Southern Baptist*, Sonntagsschullehrer, stammte aus einer Farmer-Familie in Georgia und repräsentierte so das südliche, ländliche Amerika. Tatsächlich wurde Carter mit der Unterstützung Weißer Evangelikaler zum ersten evangelikalen Präsidenten der USA gewählt. Das katapultierte die Evangelikalen und mit ihnen auch die Religiöse Rechte ins Zentrum der politischen Macht. Das Magazin *Newsweek* ernannte 1976 zum «Jahr der Evangelikalen».[2]

Doch was ein Triumph hätte sein sollen, stellte sich rasch als große Enttäuschung heraus. Denn Carter gehörte einer Minderheit von progressiven Evangelikalen an: Er wollte die Trennung zwischen Kirche und Staat bewahren, unterstützte das *Equal Rights Amendment* (den Verfassungszusatz, der Frauen gleiche Rechte gewähren sollte) und agierte weniger aggressiv gegenüber der Sowjetunion als erhofft. Ausgeblieben war auch die erwartete massenhafte Ernennung von Evangelikalen in Regierungspositionen – stattdessen stellte Carter mehr Frauen und Vertreter von Minderheiten ein als irgendein Präsident vor ihm.[3] Er war zudem kein Gegner der Bürgerrechtsbewegung, sondern begründete seine Unterstützung derselben vielmehr mit der Bibel.[4] Der kurze Flirt der Religiösen Rechten mit dem progressiven Evangelikalismus fand ein jähes Ende.

Neben dem Widerstand gegen die Aufhebung der Segregation wurde zu dieser Zeit die Ideologie des Christlichen Nationalismus immer zentraler für die Bewegung. Jerry Falwell rief 1975 eine massentaugliche Verkörperung dieses Geistes ins Leben. Der erfolgreiche Pastor erreichte mit seiner Radio- und Fernsehshow *The Old-Time Gospel-Hour* regelmäßig bis zu 50 Millionen Zuschauerinnen und Zuschauer, wollte nun auch auf Tournee gehen.[5] Allerdings nicht mit seiner Show, sondern mit einem neuen Format, das er *«I love America»-Rallies* nannte. Die Inszenierung folgte ihrem Namen: Auf Bühnen voller amerikanischer Fahnen sangen Kirchenchöre, während Redner vom Amerikanischen Exzeptionalismus schwärmten. Amerika sei Gottes auserwähltes Volk. Großes sei für das Amerika von morgen geplant, doch die goldene Zukunft sei in Gefahr, weil sich das Land von Gott abkehre. Um Schlimmeres zu verhindern, müssten die amerikanischen Bürgerinnen und Bürger sich wieder Gott zuwenden, und zwar auch im öffentlichen Raum, aus dem man ihn vertrieben habe. In diesem Heiligen Krieg stehe nichts Geringeres als die Seele des Landes auf dem Spiel. Gleichzeitig müssten die USA selbstbewusst auftreten, dürften sich nicht von der Sowjetunion einschüchtern lassen. Nationalismus gepaart mit aggressiver Außenpolitik und Amerikanischem Exzeptionalismus bildeten so eine weitere Säule dieser Auflage des Christlichen Nationalismus.[6]

Noch in den 1940er Jahren stand die Mehrheit der Evangelikalen dem Militär ablehnend gegenüber. Es erschien ihnen als Ort der Sünde, der Exzesse von Sex und Gewalt. Doch in den nächsten Jahren wandelte sich die skeptische Haltung zum begeisterten Militarismus. Eine große Rolle spielte dabei der Vietnamkrieg (1965–1975). Der Kommunismus wurde in evangelikalen Kreisen als Bedrohung wahrgenommen, auf die Amerika notfalls mit voller militärischer Stärke reagieren musste. Das war in den Augen vieler Konservativer nur möglich, indem eine aggressive und militante Männlichkeit glorifiziert wurde – «echte Kerle» waren in den Schützengräben nötig, keine Hippies, die freie Liebe proklamierten und auf der Gitarre klampften.

Doch noch ein weiterer Aspekt verstärkte die Beziehung der Evangelikalen zum Militär: die Verbreitung des Wortes Gottes. Mehr und mehr Missionare meldeten sich, um «göttliche Werte» und die «frohe Botschaft» zu predigen.[7] In der Armee nahm man die Männer Gottes bereitwillig auf, witterte man doch eine Möglichkeit, durch sie mehr Disziplin und Moral durchzusetzen. Gleichzeitig stieg das Bedürfnis nach einem Präsidenten, der einen strengen Militarismus auch glaubwürdig verkörpern konnte.

Als Jimmy Carter 1980 gegen Ronald Reagan für eine zweite Amtszeit antrat, rechneten viele Beobachterinnen und Beobachter mit der Unterstützung Carters durch die Evangelikalen – vor allem in einem Rennen gegen Reagan, der so ziemlich alles verkörperte, was Evangelikale eigentlich verabscheuten. Als ehemaliger Schauspieler war er bestens vertraut mit Hollywood – in konservativ-religiösen Kreisen als Sündenpfuhl verschrien. Er war kein typischer «Familienmann», keine präsente Vaterfigur für seine Kinder und zudem geschieden. Auch an der Frömmigkeit haperte es – anders als Carter hatte Reagan eher selten eine Kirche von innen gesehen. Als Gouverneur von Kalifornien in den Jahren

1967 bis 1975 hatte er zudem eines der damals progressivsten Abtreibungsgesetze auf den Weg gebracht.[8]

Allerdings nutzte Reagan eine völlig andere Rhetorik, er sprach nicht von Selbstreflexion, Mäßigung und Deeskalation, sondern von nationalem Stolz und aggressiver Außenpolitik. Er war zudem optisch das Gegenteil von Carter. Während dieser wie der Sonntagsschullehrer aussah, der er ja auch war, besaß Reagan ein cowboyhaftes Auftreten, samt kantigem Kinn und Filmstar-Gesicht. Ihm traute man zu, die Bösen fertigzumachen, anstatt nur mit ihnen zu reden. Und so war es auch ein Ergebnis der Entwicklung innerhalb der eigenen Bewegung, die dazu führte, dass Evangelikale sich gegen Carter entschieden, der ihnen zu pazifistisch anmutete.[9] Sie wählten mehrheitlich den Ex-Schauspieler, nicht den gottesfürchtigen Kandidaten aus den eigenen Reihen, und schockierten so die politische Berichterstattung.

Es ist kein Zufall, dass uns diese Geschichte heute bekannt vorkommt – Vergleiche mit Trump und gottesfürchtigeren Kandidaten in den Republikanischen Vorwahlen drängen sich geradezu auf. Denn 1980 wie auch 2016 stand die Religiöse Rechte an einem Scheideweg. Sie musste wählen zwischen Identität und Ideologie, zwischen einem von ihnen, der aus dem «richtigen» Umfeld kam, dessen Frömmigkeit und Glaube nicht angezweifelt werden konnte, und einem Kandidaten, der ihren Wertvorstellungen zwar nicht entsprach, der aber eine von ihnen gewünschte Politik durchsetzen würde.

Reagan war sich des Einflusses dieser Wählerschaft von Anfang an bewusst und hatte vor seiner Wahl gezielt um ihre Unterstützung gebuhlt. Er traf zunächst auf Skepsis. Als er sich aber im August 1980 beim Treffen des *Religious Roundtable National Affairs Briefings* in Dallas, Texas, an 15 000 versammelte Pastoren und religiöse Aktivisten wandte, war er vorbereitet: Er offenbarte seine Zweifel an der Evolutionstheorie und beteuerte, dass er nur die Bibel auf eine einsame Insel mitnehmen würde. Dann sprach er den Satz aus, der als Wendepunkt in die Geschichtsbücher eingehen und der ihm die Gunst konservativer Evangelikaler sichern sollte: «Ich weiß, dass ihr mich nicht öffentlich unterstützen könnt, aber [...] ich unterstütze euch öffentlich.» Am Ende seiner Rede gab es stehende Ovationen. Für Mike Huckabee war es das erste Mal, dass er Reagan persönlich sah: «Niemand hatte jemals den Evangelikalen so viel Aufmerksamkeit geschenkt oder Respekt gezollt. Es war magisch und ein großer Faktor für Reagans Sieg», sagte er 2015.[10]

Wie kam es dazu? Reagan hatte bereits in seinem Wahlkampf begonnen, nicht nur Evangelikale direkt anzusprechen, sondern auch ihr Vokabular zu verwenden. Zudem griff er ihre Themen konkret auf. Während einer Wahlkampfrede an der *Bob Jones University* sagte er: «Man verändert den bösen Charakter von *race*-bezogenen Quoten (*«racial quotas»*) nicht, indem man die Farbe des davon Profitierenden ändert.»[11] Es war ein deutliches Zeichen an diejenigen, die sich gegen die Aufhebung der Segregation gewehrt hatten und die jetzt für den steuerfreien Status der *Segregation Academies* kämpften. Die These vom «umgekehrten Rassismus» findet sich auch heute noch in der Religiösen und Politischen Rechten. Dabei wird die Aufhebung der Privilegierung Weißer als neue Form der Diskriminierung *geframed* und auf eine Stufe mit der Behandlung gestellt, die BPoC Jahrhunderte lang ertragen mussten. Carter, der die Verabschiedung des *Equal Rights Amendments* unterstützt hatte, war nicht auf Linie innerhalb seiner eigenen Denomination, den *Southern Baptists*. Eine Zeitenwende stand bevor.

Bei der jährlichen Mitgliederversammlung 1979 sahen die konservativen Kräfte der SBC ihre Gelegenheit gekommen. Zuvor hatten sie Mitglieder für die Teilnahme an der Konferenz rekrutiert, die bei der Abstimmung zum Präsidentenamt der SBC ihren Kandidaten unterstützen würden. Der Plan ging auf: Die 15 000 versammelten Gläubigen wählten knapp den erzkonservativen Adrian Rogers. Das Ziel war damit jedoch noch nicht erreicht, angestrebt wurde die komplette Kontrolle der SBC: «Der neue Präsident würde wiederum nur Konservative nominieren, um in den Aufsichtsbehörden von Bildungsanstalten und in anderen Ämtern mitzuwirken. Und dann, sobald Konservative eine Mehrheit dieser Gremien kontrollierten, würden sie liberale Führungspersonen des *Establishments* durch konservative Fußsoldaten ersetzen», schrieb Jonathan Merritt im *Atlantic*.[12] Innerhalb kurzer Zeit waren die liberalen Stimmen innerhalb der SBC überwiegend verstummt.

Währenddessen konfrontierte Jimmy Carter das amerikanische Volk auch mit den Schattenseiten des amerikanischen Mythos. In seiner Rede *A Crisis of Confidence* (Eine Krise des Selbstvertrauens) von 1979[13] warnte er vor einer Krise der Nation und des Kapitalismus, mahnte Egoismus und die Fragmentierung der Gesellschaft an. Carters Rede, die er im Kontext einer Energiekrise hielt, liest sich rückblickend als geradezu prophetisch. Die wahre Gefahr, so Carter an einer Stelle, liege noch im Verborgenen und beträfe auch die amerikanische Demokratie: «Wir können die Krise im wachsenden Zweifel an der Bedeutung unserer eigenen Leben und dem Verlust einer einheitlichen Zielsetzung für unsere Nation sehen [...] Unser Volk verliert den Glauben, nicht nur an die Regierung selbst, sondern an die Fähigkeit der Bürger, als die eigentlichen Herrscher und Gestalter unseres Landes zu dienen.»[14] Auch wenn Carter heute rückblickend oft vorgeworfen wird, mit seiner Rede den Puls der Zeit nicht getroffen zu haben, reagierte die zeitgenössische Öffentlichkeit anfangs durchaus positiv auf seine Warnung.[15]

Doch davon wollten Christliche Nationalisten nichts hören. Reagan propagierte eine weitaus angenehmere Version der amerikanischen Gegenwart und stellte vor allem Absolution in Aussicht. Statt einer selbstkritischen Analyse warb er für Nationalstolz und amerikanisches Selbstbewusstsein. In seinem letzten Appell an das amerikanische Volk vor der Wahl 1980 verkündete

Reagan, es gebe keine «nationale *Malaise*», es stimme alles mit den Amerikanern.[16] Stattdessen versprach er die Rückkehr zu einem mythischen goldenen Zeitalter unter dem uns heute wohlbekannten Motto *«Let's Make America Great Again!»* Trump war sich nach eigener Aussage nicht bewusst, dass Reagan den Slogan bereits 1980 verwendet hatte – «Er hat ihn nicht als Marke registriert», sagte er der *Washington Post.*[17] Den Geist dieses Slogans nahm auch Jerry Falwell im Wahlkampf 1980 auf, der mit seiner kurz zuvor gegründeten *Moral Majority* erheblich zu Reagans Popularität unter Anhängern der Christlichen Rechten beitrug: «Wir kämpfen einen Heiligen Krieg. In Amerika herrschen die Bösen. Wir müssen die Nation zurück zu der moralischen Haltung führen, die Amerika großartig gemacht hat.»[18]

Und so fiel die Wahl 1980 auf Reagan statt auf Carter. Damit hatten viele Weiße Evangelikale eine folgenschwere Entscheidung getroffen: Es war nicht mehr wichtig, all die Ideale selbst zu verkörpern, die eine christliche Bewegung hochhielt, solange bestimmte politische Inhalte eindeutig vertreten wurden. Sie hatten Ideologie statt Identität gewählt.

Einer von ihnen war Mike Pence (geb. 1959). Als College-Student war er ein überzeugter Anhänger von Jimmy Carter, noch 1980 sah er die Wahl zwischen Carter und Reagan als die zwischen einem «guten Christen» und einem «oberflächlichen Filmstar». Pence, damals noch Katholik, stimmte für Carter. Und doch schaffte Reagan es mit der Zeit, Pence von sich zu überzeugen, bis dieser sich nach dessen Wahl hinter ihn stellte.[19] Rückblickend kann das wie eine Blaupause für den US-Wahlkampf 2015 gesehen werden, an dem Pence selbst als politischer Akteur beteiligt war: Wie schon in den 80er Jahren unterstützte er einen oberflächlichen Entertainer, der mit Glauben und christlichen Werten wenig am Hut hatte. Pence zog die Parallele zu Reagan selbst in einer Rede 2016, als er über Trump sagte: «Ich habe ein Gespür für diesen Mann. Ich habe ein Gespür für sein Herz. Ich habe ein Gefühl für seine zupackende Art und Führungskraft, und, um alles in der Welt, erinnert er mich an Ronald Reagan – Ronald Reagan hat großartige Dinge in seiner Karriere erreicht, ein Filmstar, eine Berühmtheit, Gouverneur von Kalifornien. Aber er hat nie seine Volksnähe verloren, nicht wahr?»[20] Pence begann seine Zeit als Vizepräsident unter Donald Trump mit einer symbolischen Geste: Zur Vereidigung schwor er auf Reagans Familienbibel. Eine weitere Hommage an den Mann, der die Evangelikalen und die Christliche Rechte zum ersten Mal gezielt mit ins politische Boot geholt hatte.[21]

Reagan pflegte enge Beziehungen zur evangelikalen Elite: Mit Robert J. Billings holte er den ehemaligen geschäftsführenden Direktor der *Moral Majority* als Verbindungsperson zu religiösen Gruppen ins Weiße Haus – und Falwell selbst hielt dem Präsidenten ebenfalls die Treue, auch wenn dieser die Erwartungen der Religiösen Rechten enttäuscht hatte, was Gesetzgebung betraf. Die Religiöse Rechte war auf dem Radar der Republikaner als wirkungsmächtiger und verlässlicher Wählerblock erschienen, den man umgarnen musste. Diese Entwicklung wurde maßgeblich durch Falwells Nähe zu Reagan begünstigt. Während die *Moral Majority* Reagan 1980 einen entscheidenden *Push* zum Sieg verschafft hatte, war er bei der nächsten Wahl 1984 in der breiten Bevölkerung bereits etabliert und siegte mit etwa 60 Prozent der Stimmen.[22]

Unterdessen hatte sich der Republikaner George H. W. Bush, der der Episkopalkirche angehörte, zum nächsten Auserwählten der Religiösen Rechten gemausert. Das überrascht zunächst, hatte er sich doch als Reagans Vize noch verächtlich über die christlichen Hardliner geäußert, als Falwell ihm nahelegte, er solle ihren Wünschen folgen. Bushs wütende Antwort: «Ich lasse mich nicht von denen einschüchtern, die suggerieren, ich solle auf Linie bleiben. Zur Hölle mit denen.»[23] Die Bush-Familie hatte zudem zum Aufbau von *Planned Parenthood* beigetragen, was Bush

Senior den Spitznamen «*Rubbers*» (Kondome) einbrachte.[24] Das machte ihn für die Religiöse Rechte schon moralisch zweifelhaft, zudem wurden weitere Gerüchte gestreut: Laut dem Anti-Abtreibungs-Newsletter *International Life News* habe Bush der Ältere einst zu einem Anti-Abtreibungs-Aktivisten «*Go fuck yourself*» gesagt.[25]

Doch Bush änderte seine Strategie, sobald er selbst als Präsidentschaftsbewerber ins Weiße Haus einziehen wollte. Es war eine einfache Rechnung: Er musste sich innerhalb der Republikanischen Partei gegen Jack Kemp und Pat Robertson durchsetzen, die beide um die Stimmen religiöser Konservativer kämpfen würden. Dazu brauchte er die Unterstützung von Jerry Falwell und seiner *Moral Majority*. Dass diese sich tatsächlich mehrheitlich hinter Bush stellten und nicht etwa hinter den prominenten Televangelisten Robertson, der eine etablierte Figur innerhalb der Religiösen Rechten war, scheint zunächst verwunderlich. Doch die Unterstützung des einflussreichen Kandidaten Bush war eine kalkulierte strategische Entscheidung der *Moral Majority*, die damit ihre Rolle im *Mainstream* der Republikanischen Partei festigen wollte.[26] Bush hatte keine Berührungsängste, und so buhlte er 1988 offen um die Gunst rechter, christlicher Wählerinnen und Wähler. 1992 war er zu Gast in Rush Limbaughs Radioshow und lud den extrem rechten und einflussreichen Radiomoderator ins Weiße Haus ein – wo er ihm eigenhändig die Taschen ins Gästezimmer trug.[27] 1992 setzte Bush sich zwar innerhalb der GOP gegen den rechtsradikalen Pat Buchanan durch, doch er verlor die Wahl gegen den Demokraten Bill Clinton, der sogar einige Republikanische Hochburgen im Süden gewinnen konnte.

Clinton wurde der 42. Präsident der USA. Wie schon Carter war er ein *Southern Baptist*, aber seine liberalen Ansichten passten nicht zur Agenda der Religiösen Rechten. Während Clintons Präsidentschaft begann der Aufstieg der *Christian Coalition of America* (CCA oder CC), gegründet von Pat Robertson und Ralph

Reed und finanziert mit den Spenden aus Robertsons gescheiterter Präsidentschaftskandidatur, zu einem *Powerplayer* in Washington. Nachdem der Einfluss von Falwells *Moral Majority* über die Jahre geschwunden war, trat die CC jetzt ihr Erbe an. Bereits 1992 war sie untrennbar mit der Republikanischen Partei verbunden und verfügte über ein Budget von 8,5 Millionen Dollar.[28] In diesem Jahr verteilte die *Coalition* 40 Millionen Wahlempfehlungsbroschüren im ganzen Land, auch für Wahlkämpfe auf der Bundesstaatsebene (mehr zu lokaler Lobbyarbeit im Kapitel «Eine disziplinierte Armee»). Offiziell unterstützte die CC weder Republikaner noch Demokraten. Vielmehr stellte sich die Organisation, wie es auch die *Moral Majority* getan hatte, als Advokatin für «familienfreundliche» Politiker dar – meinte damit jedoch ausschließlich Republikaner. Zudem traten viele Mitglieder der *Coalition* Republikanischen Wahlkampfteams bei oder nahmen gar Parteiposten an. «Letzten Endes verschmolzen die Anführer der CC, indem sie das Gesetz umgingen, die Christliche Rechte mit der Republikanischen Partei in einer Art und Weise, wie es die *Moral Majority* nie getan hatte», analysiert Frances FitzGerald.[29]

Nach eigenen Angaben mobilisierte die *Coalition* unter der Führung von Ralph Reed in den *Midterms*, zwei Jahre nach Beginn von Clintons Präsidentschaft, vier Millionen Wählerinnen und Wähler und half den Republikanern so, das Repräsentantenhaus zurückzugewinnen.[30] Clintons Politik machte ihn zu einer Zielscheibe der Religiösen Rechten. Schon im Wahlkampf hatte er beispielsweise versprochen, das Verbot von Homosexualität im Militär aufzuheben. Da ein entsprechendes Gesetz im Kongress scheiterte, setzte der Präsident die Tolerierung von Homosexualiät im Militär per Erlass durch. Dieser wurde unter dem Namen *«Don't Ask, Don't Tell»* bekannt – «Wir fragen nicht und du sagst nichts». In der Praxis sollte das bedeuten, dass Soldaten bei der Einstellung nicht nach ihrer sexuellen Orientierung gefragt werden durften, dass sie aber ihrerseits auch nicht über ihre Sexualität reden, geschweige denn sie offen ausleben sollten. Die Christliche Rechte konnte unter anderem in Abgrenzung gegen die Politik Clintons einige ihrer größten Erfolge feiern. Mit Hilfe der *Christian Coalition* gelang es ihr, die Basisränge der Republikanischen Partei und der Parteistruktur mit Fußsoldaten der Religiösen Rechten zu besetzen.[31]

Mit George W. Bush zog 2001 ein Cowboy-Stiefel tragender Methodist ins Weiße Haus ein, der wie kein anderer vor ihm der Religiösen Rechten zuarbeitete. Er hatte bereits in den Vorwahlen seinen tiefen Glauben als Trumpfkarte ausgespielt. Sein Lieblingsphilosoph sei «Jesus Christus, weil er dein Herz verändern kann». Diese Wortwahl implizierte eine persönliche Beziehung zu Gott – damit konnten Evangelikale etwas anfangen. Es war die Christliche Rechte, die Bush Junior half, sich in einem Kopf-an-Kopf-Rennen gegen John McCain durchzusetzen und Kandidat der Republikanischen Partei zu werden – unter anderem auch wegen seines Versprechens, staatliche Mittel zunächst religiösen Organisationen zur Verfügung zu stellen, die Armut, Sucht und Obdachlosigkeit bekämpften. Diese Haltung spiegelte die politische Leitlinie wider, die er bereits als Gouverneur von Texas verfolgt hatte. Schon dort hatte er ein religiöses Gefängnis-Projekt unterstützt, bei dem sich die Insassen regelmäßig zum Bibelstudium trafen. Jerry Falwell verglich Bush Junior gar mit dem großen Republikanischen Vorbild: Er werde «überwältigend von dieser Klientel [*Anm. d. Autorin: der Religiösen Rechten*] unterstützt werden, ganz wie es bei Ronald Reagan 1984 der Fall war.»[32]

Bush war zwar ein Methodist, aber er hatte enge Beziehungen zu den *Southern Baptists*. In einer Rede im Juni 2002 feierte Bush sie als «*Champions* des Glaubens» und betonte, dass er bei sozialen Themen vollkommen mit ihren Ansichten übereinstimme: «Wir glauben daran, eine Kultur des Lebens zu fördern und dass die Ehe und die Familie heilige Institutionen sind, die bewahrt und gestärkt werden sollten.»[33] Der damalige Präsident der *Southern*

Baptist Convention (SBC), James Merritt, war begeistert von Bushs Auftritt: «Er ist das, was einem *Southern Baptist* [Präsidenten] am nächsten kommt.»[34]

Bush wusste genau, wer ihm den Weg ins Weiße Haus geebnet hatte. Gleich an seinem ersten Tag als Präsident setzte er eine *«Gag Rule»* (Maulkorberlass) wieder ein, die unter Reagan eingeführt worden war. Sie untersagte die finanzielle Unterstützung für internationale Organisationen, die Abtreibungen durchführten (außer bei Vergewaltigung, Inzest oder wenn das Leben der Mutter in Gefahr war) und die Beratung zu dem Thema anboten.[35]

Trotzdem war Bush noch weit entfernt von der extremen Rhetorik eines Donald Trump. Sein Markenzeichen war ein «mitfühlender Konservatismus». Was sanft klingt, fußt jedoch auf einer radikalen Annahme. Der Begriff wurde geprägt von Marvin Olasky, der eine Wandlung vom überzeugten Atheisten und Kommunisten hin zu einem fundamentalistischen Christen vollzogen hatte. 1950 in eine russisch-jüdische Familie an der Ostküste geboren, konvertierte Olasky schließlich zum Christentum und wurde zu einem Vordenker der heutigen Christlichen Rechten. Er vertrat etwa die Überzeugung, dass staatliche Sozialprogramme nur scheitern, weil die Menschen allein durch Gottes Gnade gerettet werden könnten. Olaskys «mitfühlender Konservatismus» bedeutet letzten Endes: Wohltätigkeit ist gut, wenn sie von religiösen Einrichtungen geleistet wird, der Staat hat in der Sozialhilfe nichts zu suchen.[36]

Diese Botschaft fand bei Bush Anklang, der selbst von sich sagte, er habe seinen Kampf gegen den Alkoholismus nur dank Gottes Hilfe gewonnen.[37] Schon während seines Wahlkampfs stellte sich Bush klar hinter die These Olaskys: «Die Regierung kann Geld verteilen [...], was unsere Regierung nicht tun kann, ist, Hoffnung in unseren Herzen zu platzieren oder unserem Leben einen Sinn zu geben. Das kann in Kirchen und Synagogen und Moscheen und wohltätigen Organisationen gefunden werden.»[38]

Als Präsident verfügte Bush, dass Steuergelder auch an religiöse wohltätige Organisationen fließen konnten, die sich in sozialen Bereichen engagierten. Er gründete die *White House Office of Faith-Based and Community Initiative* (OFBCI) mit Zentren in elf Ministerien und lenkte so Milliarden Dollar in die Kassen religiöser, wohltätiger Organisationen. Allein 2005 waren es laut dem *Government Accountability Office* 2,1 Milliarden Dollar.[39] Dies geschah unter Protest von Aktivistinnen und Aktivisten, die um die Trennung von Kirche und Staat besorgt waren. Das Personal für seine Initiative rekrutierte Bush in Teilen aus den Reihen der Religiösen Rechten, darunter der *Christian Coalition* (David Kuo) und dem *Family Research Council* (Deanna Carlson).[40] Denn trotz der Unterstützung durch Steuergelder konnten religiöse Wohltätigkeitsorganisationen weiter Mitarbeiterinnen und Mitarbeiter auf Basis ihres Glaubens oder ihrer Sexualität einstellen oder ablehnen.[41] Der Demokratische Abgeordnete Chet Edwards formulierte die Sorge in deutlichen Worten: Er wolle nicht, dass «die *Bob Jones University* Steuergelder für ein Alkoholentzugsprogramm in die Hand nehmen kann, um dann ein Schild aufzustellen, das besagt, dass keine Katholiken oder Juden sich auf einen mit Steuergeldern finanzierten Job bewerben dürfen.»[42] Tatsächlich floss der Großteil der Steuergelder von Bushs neu gegründeter OFBCI an christliche Wohltätigkeitsorganisationen.[43] Zuvor hatten Stimmen der Religiösen Rechten wie Pat Robertson in seinem *The 700 Club* noch die Besorgnis geäußert, dass mit Steuergeldern auch «nicht-westliche» oder «neue Religionen» gefördert werden könnten.[44]

Olaskys Einfluss auf die amerikanische Politik der Bush-Jahre ist daher kaum zu überschätzen. Und wie viele Vertreter der Religiösen Rechten hatte auch er für die sogenannten «*Mainstream*-Medien» nicht viel übrig, lange bevor Trump von «*Fake News*» redete. Für den Journalismus-Professor Olasky waren «liberale», also nicht-christliche Journalisten, Propagandisten des humanistischen Säkularismus: «Jetzt, wie auch in der Vergangenheit, brauchen Christen, die sich angegriffen fühlen, unbedingt gute Magazine und Zeitungen, genau wie die Kolonisten, die vor der Amerikanischen Revolution angegriffen wurden, *Committees of Correspondence* benötigten», so Olasky. Sein Ziel war es deshalb, christliche Journalistinnen und Journalisten auszubilden, die Nachrichten aus religiöser Sicht darstellten.[45] Olaskys Buch *The Tragedy of American Compassion* (1992) übte nicht nur einen enormen Einfluss auf Bush aus, sondern auch auf den damaligen Sprecher des Repräsentantenhauses Newt Gingrich, der in seiner ersten Ansprache an die Nation aus seiner Bewunderung keinen Hehl machte: «Unsere Vorbilder sind Alexis de Tocqueville und Marvin Olasky. Wir werden ‹Mitgefühl› neu definieren und zurückerobern.»[46]

Unter Bushs Präsidentschaft fand zudem eine Politisierung von Wissenschaft statt. Wissenschaftsfeindliche Positionen der Religiösen Rechten wurden in einem Ausmaß gefördert, das die *Union of Concerned Scientists* 2004 dazu veranlasste, einen offenen Brief an die Regierung zu veröffentlichen, den viertausend Wissenschaftlerinnen und Wissenschaftler unterschrieben hatten. Dort warfen sie der Regierung vor, «Menschen, die nicht qualifiziert sind, auf offizielle Posten zu berufen; existierende beratende Komitees aufzulösen; Berichte der regierungsseitig beauftragten Wissenschaftlerinnen und Wissenschaftler zu zensieren und zu unterdrücken; und keinen unabhängigen, wissenschaftlichen Rat zu suchen».[47]

Unter Bush konnte die Christliche Rechte wichtige Posten in der Politik besetzen und so politischen Auftrieb erfahren. Aber schon die 1990er Jahre waren eine Zeit gewesen, in der sich vor allem Weiße Evangelikale inhaltlich neu ausrichten mussten. Die Abgrenzung zum Kommunismus hatte in der Konstruktion der Identität Weißer Evangelikaler eine entscheidende Rolle gespielt und somit auch die Bewegung der Christlichen Rechten tief geprägt. Mit dem Zerfall der Sowjetunion schwebte dieses Konstrukt auf einmal im leeren Raum.[48] Viele Vertreterinnen und Vertreter der Christlichen Rechten empfanden Bushs Vision eines «mitfühlenden Konservatismus» vor diesem Hintergrund als nicht aggressiv genug – schließlich befand man sich mitten im Kampf gegen säkulare Kräfte, die die USA ins Verderben führen würden.

Doch die Terroranschläge vom 11. September 2001 sollten Bushs Präsidentschaft und das Land unwiderruflich verändern. Die Religiöse Rechte sah in ihnen den Angriff eines neuen Feindes, des Islams, der das Weiße, christliche Amerika in seinem Kern bedrohte. Somit konnte das Vakuum, das nach dem Kalten Krieg entstanden war, gefüllt werden. Jerry Falwell nannte Mohammed 2002 im Fernsehen einen «Terroristen»[49] – eine Äußerung, die einen diplomatischen Eklat auslöste und sogar zu Ausschreitungen in Indien führte, bei denen fünf Menschen starben.[50] Falwell entschuldigte sich schließlich. Franklin Graham, der Sohn des Predigers Billy Graham, nannte den Islam eine «böse» und «teuflische» Religion, Pat Robertson sagte im Bezug auf den Islam: «Das hier ist schlimmer als die Nazis».[51] Islamfeindlichkeit ist auch heute noch in Weißen, evangelikalen Kreisen zu finden.

9/11 führte dazu, dass George W. Bush sich vom «sanften» Konservativen zum Kreuzzügler gegen den Terror wandelte. Er sprach von Gut und Böse, von Krieg und Opferbereitschaft. Einige Tage nach den Anschlägen sagte er, die Welt müsse «vom Bösen gereinigt» werden und warnte: «Dieser Kreuzzug, dieser Krieg gegen den Terrorismus, wird eine Weile dauern.»[52] Die Referenz zu «Kreuzzügen» mag salopp gewesen sein, wie er später selbst zugab, als sich Widerstand gegen seine Formulierung regte, doch die Wortwahl war entlarvend: Für Bush war der Krieg gegen den Terror ein Krieg in Gottes Auftrag. Damit gab Bush den folgenden Kriegen in Afghanistan und dem Irak eine Art göttliche Legitimation, deren Kompromisslosigkeit er auf politischer Ebene verdeutlichte, indem er seinem Verteidigungsminister Donald Rumsfeld auf beiden Kriegsschauplätzen fast komplett freie Hand ließ. Der Cowboy-Präsident, der vielen Weißen Evangelikalen zu *soft* gewesen war, erfüllte damit schließlich die Erwartungen der Christlichen Rechten.

Barack Obama, der 2008 der Demokratische Präsidentschaftskandidat wurde, war für die Religiöse Rechte dagegen ein Schreckgespenst. Schon sein zweiter Vorname, Hussein, sorgte für Empörung. Obama selbst war zwar ein gläubiger Christ, doch eindeutig kein Christlicher Nationalist. Mehr noch: Die Tradition Schwarzer Christen in den USA ist aus der Bürgerrechtsbewegung heraus eng mit sozialen Anliegen verbunden – und läuft somit dem strikt kapitalistisch-individualistischen Charakter der Christlichen Rechten komplett entgegen. Konservative Schwarze Christen tendieren daher mehrheitlich eher zur Demokratischen Partei.[53] Obama unterstützte das Recht von Frauen auf Abtreibung, wollte mehr Sozialleistungen und ein staatliches Gesundheitswesen etablieren.

Die Republikanische Partei nominierte als Gegenkandidaten den Kriegsveteranen John McCain (1936–2018), Senator für Arizona und ein politisches Urgestein. Er hatte sich zunächst gegen Sarah Palin, Gouverneurin von Alaska, als Kandidatin für das Amt der Vizepräsidentin gewehrt und somit indirekt auch die Evangelikalen verärgert, die sich durch Palin repräsentiert sahen. Schlussendlich stimmte McCain dieser Personalie doch zu – als Akt der Besänftigung für diese wichtige Wählergruppe. Denn auch McCain, ein notorischer *Maverick* (Alleingänger) und Gegner der klassischen Kulturkampf-Rhetorik, brauchte die Unterstützung der Bewegung, um sich realistische Chancen auszurechnen. Noch im Wahlkampf 2000 hatte er Männer wie Falwell und Robertson «Agenten der Intoleranz» genannt, einer von vielen Gründen, weshalb die Religiöse Rechte nicht von ihm überzeugt war.[54] Mit der überraschenden Wahl Palins als Vizepräsidentschaftskandidatin zeigte McCain, dass es ihm ernst war – mit Erfolg. Hatte beispielsweise James Dobson zunächst 2008 noch verkündet, er werde niemals für McCain stimmen, weil dieser kein wahrer Konservativer sei, gab er dem Duo McCain / Palin später seine volle Unterstützung.[55]

Palin entpuppte sich innerhalb der Religiösen Rechten als perfekte Kandidatin. Sie war eine gläubige Christin, entstammte einer pfingstkirchlichen Gemeinde und gehörte seit 2002 zu einer *non-denominational* «Bibel-Kirche». Sie war Mutter von fünf Kindern und positionierte sich eindeutig gegen Abtreibung. Die ehemalige Schönheitskönigin ließ sich gern mit Waffen abbilden, trug dabei viel *Make-up* und erfüllte so das Ideal der konservativen Frau: aggressiv in ihrer Verteidigung des Weißen Amerikas, Mutter, aber mit Sex-Appeal, zudem noch Kreationistin.[56] Ihre diversen Fehltritte wurden von ihrer Fanbasis als «erfrischend» angesehen, Palin würde sich eben nicht der *Political Correctness* ergeben, sondern frei von der Leber weg sprechen. Palin hatte nur einen Makel: Sie war eine Frau, und somit war für sie eigentlich keine tragende politische Rolle innerhalb der rechten, christlichen Führungsriege vorgesehen. Der einflussreiche Evangelikale John Piper argumentierte jedoch, dass letztendlich aufgrund der Bedrohung durch Obama in Palins Fall eine Ausnahme gemacht werden könne.[57]

Weiße Evangelikale bissen also die Zähne zusammen und unterstützten McCain. Als Barack Obama 2008 zum Präsidenten gewählt wurde, war das für die Religiöse Rechte die Bestätigung dafür, dass McCain nicht der richtige Kandidat gewesen sei. Und tatsächlich hatte Obama im Wahlkampf 2008 jungen progressiven Evangelikalen besondere Aufmerksamkeit geschenkt – wohl wissend, dass McCain im evangelikalen Lager nicht sehr beliebt war.[58] Bei jungen Evangelikalen sah Obama eine Chance, denn viele von ihnen wollten die immer extremeren Ansichten der tonangebenden älteren Generation nicht übernehmen. Doch als

Kandidat, der gleichgeschlechtliche Ehe und das Recht auf Abtreibung unterstützte, hatte es Obama von Anfang an schwer bei dieser Wählergruppe. Hinzu kam seine Nähe zu dem USA-kritischen Pastor Jeremiah Wright.[59] Gleichzeitig machte die rassistische *Birther*-Verschwörungserzählung (Obama sei nicht in den USA geboren) die Runde, und es verbreiteten sich auch weitere haltlose Gerüchte: Obama sei in Wahrheit ein Muslim, der seinen christlichen Glauben nur vorschütze. Rassistische Ressentiments, die im Folgenden noch näher erläutert werden (siehe Kapitel «Von irdischen Herren»), spielten hier zumindest auch bei einem Teil der Wählerinnen und Wähler eine Rolle. Auf der Website von David Bartons *WallBuilders* findet sich eine Liste über Obamas «Vergehen gegen die Bibel» und über eine angebliche «Vorzugsbehandlung», die er dem Islam gewährt habe. Die Liste ist lang, und am Ende heißt es: «Präsident Obama steht wie kein anderer amerikanischer Präsident vor ihm dem biblischen Glauben und Werten feindlich gegenüber.»[60]

McCains Niederlage gegen Obama schien zu bestätigen, was viele Evangelikale ohnehin geglaubt hatten: Sie brauchten einen aggressiven Gegenkandidaten, der den Demokraten und vor allem dem ersten Schwarzen Präsidenten der USA etwas entgegensetzen konnte. Umso größer war ihre Enttäuschung, als sich in den Vorwahlen 2012 ausgerechnet Mitt Romney durchsetzen konnte, ein moderater Republikaner und gläubiger Mormone. Romney fehlte, anders als Reagan, die Bereitschaft, radikale Forderungen zu unterstützen. Es schien also mehr als fraglich, ob die Evangelikalen auch 2012 einen Kompromiss eingehen würden. Noch im Oktober 2011 hatte Robert James Jeffress, ein Pastor und Moderator, davor gewarnt, Romney zu unterstützen, weil dessen Mormonentum ein «Kult» und Romney selbst «kein kompetenter Christ» sei. Er sprach dabei für viele Evangelikale, die das Mormonentum als häretische Bewegung sahen. Romneys Wahlkampfteam war sich des Problems bewusst und baute Verbindungen zu evangelikalen Kreisen auf.[61] Schon in den Republikanischen Vorwahlen hatte Romney geschwächelt: Nur ein Drittel der Evangelikalen stimmte für ihn – und das, obwohl ihre Stimmen die Hälfte der insgesamt abgegebenen ausmachten. Romneys Bemühungen, den Kontakt mit den Evangelikalen zu intensivieren, führten, verbunden mit einer eindeutigen Position beim Thema Abtreibung, schließlich zur gewünschten Unterstützung.[62] 2012 stimmten 95 Prozent Schwarzer Protestanten für Obama, 79 Prozent Weißer Evangelikaler für den Mormonen Mitt Romney.[63] Romney unterlag Obama – und der nächste Republikanische Kandidat sollte aus einem ganz anderen Holz geschnitzt sein.

Mit der Wahl Donald Trumps wiederholte sich 2016, wenn auch in extremerer Form, die Entscheidungsfindung der Religiösen Rechten, die schon 1980 bei Ronald Reagan stattgefunden hatte. Und doch überraschte viele Kommentatorinnen und Kommentatoren die Begeisterung, mit der die Religiöse Rechte den dreimal verheirateten *Reality-TV-Star* in ihre Arme schloss. Für viele Vertreter der Bewegung war Trump alternativlos, und sie stellten sich vehement gegen seine Kritiker. Pastor Robert Jeffress, einer der vehementesten Trump-Fürsprecher, sagte über dessen evangelikale Gegner: «Diese ‹Niemals-Trump›-Evangelikalen sind Idioten. Sie sind absolut rückgratlose Idioten, und sie können nicht zugeben, dass sie falsch lagen. Das ist eine Angelegenheit von Leben und Tod. Es ist Schwarz und Weiß, Gut gegen Böse.» Christen, die Donald Trump nicht unterstützten, seien genau wie Christen im Nationalsozialismus, die sich nicht gegen Adolf Hitler gewandt hätten.[64] Neben diesem ungeheuerlichen Vergleich stellte sich auch hier die Frage: Wie konnten gläubige Christen, vor allem konservative evangelikale Christen einen Mann hofieren, der ihre viel gelobten Werte von «Familie» und «Glauben» immer wieder mit Füßen trat?

Die Antwort ist vielschichtig. Schon die Unterstützung Reagans hatte gezeigt, dass konservative Evangelikale flexibel gegenüber einem Anführer sein konnten, der den von ihnen propagierten Charaktereigenschaften nicht entsprach. Doch für Trump sprach neben der Aussicht auf die Ernennung konservativer Richter auch, dass er einer bestimmten Konstruktion von Männlichkeit entsprach, die in christlich-nationalistischen Kreisen seit Jahren populär ist (siehe dazu Kapitel «Jesus ist ein *Navy Seal*»). Doch selbst vor dem Hintergrund toxischer Männlichkeit erstaunt es zunächst, dass die Christliche Rechte einen Mann bedingungslos unterstützte, der weder praktizierender Christ ist, noch sich die Mühe macht, die religiösen *Basics* zu lernen, um zumindest den Anschein von Frömmigkeit zu wahren. Als Trump im Wahlkampf 2016 nach seinem Lieblings-Bibelvers gefragt wurde – eine absolute *Softball*-Frage für jeden aussichtsreichen Republikanischen Präsidentschaftskandidaten –, weigerte er sich mehrfach zu antworten, indem er erwiderte, das sei privat. Da im amerikanischen Wahlkampf der private Glauben der Kandidaten traditionell als integraler Bestandteil der Selbstdarstellung abgefragt wird, schien das vielen politischen Kommentatorinnen und Kommentatoren vielmehr als Eingeständnis, dass Trump noch nie eine Bibel aufgeschlagen hatte.[65]

Acht Monate später baute Trump eine biblische Lieblingsstelle in seine Rhetorik ein – «Auge um Auge» –, auch hier erntete er Kritik für seine fehlerhafte Interpretation.[66] Und als Trump vor Studenten der *Liberty University* von *«Two Corinthians»* (Zwei Korinther) anstatt von *«Second Corinthians»* (zweiter Brief an die Korinther) sprach, hagelte es Spott. Die Frauen, die Protzerei, der raue Ton – es schien nicht plausibel, dass die Religiöse Rechte einen solchen Kandidaten ins Weiße Haus wählen würde.[67]

James Dobson fand als einer der Ersten einen Ansatz, der als Erklärung für den offensichtlichen Widerspruch herhalten sollte. Er nannte Trump einen *«Baby Christian»*, einen Menschen, der erst ganz am Anfang seiner spirituellen Entwicklung stehe.[68] Grundlage für diese Deutung lieferte ihm die Bibel. Es ist die Geschichte von einem Sünder als Werkzeug Gottes. Auch Mike Pompeo, Trumps Außenminister, hielt seinen Präsidenten für von Gott auserwählt. In einem Interview mit dem *Christian Broadcasting Network* wurde Pompeo gefragt, ob er es für möglich halte, dass Trump für «Zeiten wie diese» eingesetzt worden sei, «genau wie Königin Esther, um zu helfen, das Jüdische Volk von der iranischen Bedrohung zu retten.» Pompeo erwiderte, «als Christ» halte er das «sicherlich für möglich» – er sei der Überzeugung, «dass Gott hier am Werk sei».[69]

Trump, so das Narrativ, sei ein Instrument, durch das Gott seinen Willen auf Erden kundtue und umsetzen lasse. Und dafür müsse er kein guter oder frommer Mensch sein. Trumps Energieminister Rick Perry, früherer Gouverneur von Texas und ein Anhänger der evangelikalen *Lake Hills Church*, sagte in einem Interview mit *Fox News*: «Gott hat in der Geschichte immer schon unvollkommene Menschen benutzt. König David war nicht perfekt, Saul war nicht perfekt, Salomon war nicht perfekt.» Er selbst habe den Präsidenten über diese biblischen Figuren informiert. Perry erwähnte dann, dass Trump sich selbst als «Auserwählten» Gottes bezeichnet habe. Er habe ihn in dieser Ansicht bekräftigt.[70]

Perry ist nicht der Einzige, der diese Theorie vertritt. Auch der damalige israelische Premierminister Benjamin Netanjahu und der Prediger Lance Wallnau haben den Vergleich gezogen.[71] Der Moderator Sean Hannity versuchte, die Affäre Trumps mit dem Pornostar Stormy Daniels, die kurz nach der Geburt von Barron Trump stattgefunden hatte und durch eine Schweigegeld-Zahlung vertuscht werden sollte, als harmlose Petitesse abzutun, verglichen mit dem Sexleben eines anderen von Gott Auserwählten: «König David hatte 500 Konkubinen, Herrgott noch mal» – also habe Trump sich im Vergleich noch in vornehmer Zurückhaltung geübt.[72] Der biblische König David war alles andere als ein guter Mann. Er begehrte Batseba, die Frau eines seiner Soldaten, und ließ ihren Mann ermorden, um mit ihr zu schlafen. Und doch habe Gott ihn unabhängig von seinem Charakter und seinen Taten auserwählt. So war allein seine Rolle als Werkzeug Gottes entscheidend.

In der Netflix-Dokumentation *The Family* (2019), basierend auf dem gleichnamigen Buch von Jeff Sharlet, wird diese Argumentation so treffend wie erschreckend aufgegriffen. Die Serie beruht auf Erfahrungen, die Sharlet in der *Fellowship Foundation*, auch bekannt als *The Family* – einer mächtigen religiösen Lobbygruppe im Herzen von Washington – gemacht hat. In einer nachgestellten Szene wird das Gespräch einer Bibelgruppe gezeigt. Ein älteres Mitglied der *Family* beschreibt seinen jüngeren «Brüdern» Davids sündhaftes Handeln und fragt mit gespieltem Entsetzen: «Und dieser Typ soll einer unserer Helden sein? Warum?» Einige der «Brüder» versuchen sich an einer Antwort. «Weil er das Richtige tun wollte? Weil er bereut hat?» Doch die Antwort wird von dem Schauspieler gegeben, der Sharlets jüngeres Ich verkörpert: «Weil er auserwählt war.»[73]

Der Kern des König-David-Arguments ist so autoritär wie totalitär: Wer von Gott auserwählt ist, kann nicht unentschuldbar handeln. Kein Verbrechen ist zu groß, keine Abscheulichkeit zu schrecklich, als dass sie nicht durch diesen Status entkräftet werden könnte. Unter diesem Gesichtspunkt ist jedes Verbrechen zu rechtfertigen – und es erscheint plötzlich nicht mehr so seltsam, dass Christliche Nationalisten, die diese Argumentation unterstützen, rassistische und quasi-faschistische Tendenzen innerhalb ihrer Bewegung tolerieren. Jerry Falwell Junior zeigt diese moralische Flexibilität ganz offen, als er 2016 in einem Interview seine Unterstützung für Trump formulierte: «Gott hat König David einen Mann in Gottes Sinne genannt, obwohl er ein Ehebrecher und Mörder war. [...] Man muss den Anführer auswählen, der den besten König oder Präsidenten abgibt, und nicht notwendigerweise den, der ein guter Pastor wäre. Wir stimmen nicht für einen Pastor-*In-Chief*.»[74] Noch beliebter ist die Analogie zu dem persischen König Kyros. Im Buch Esra (1,1-11) nutzt der Gott der Israeliten

Kyros, um sein Volk aus dem babylonischen Exil zu befreien. Trump mit Kyros zu vergleichen, erlaubt eine noch drastischere Schlussfolgerung: Ein Präsident, der nach Gottes Willen handelt, muss nicht einmal zwingend ein gläubiger Christ sein.

Eine Gruppe Trump-Fans wurde 2019 in einem CNN-Interview gefragt, wie sie reagieren würden, wenn Trump jemanden umgebracht hätte. Man müsse erst einmal wissen, weshalb der Mord passiert sei, lautete die prompte Antwort.[75] Wer glaubt, dass der Herrscher von Gott eingesetzt ist, bewegt sich aus dem Politischen ins Religiöse. Politik ist nicht mehr die Diskussion unter Menschen mit unterschiedlicher Meinung, sondern die zwischen Gläubigen und Nicht-Gläubigen, zwischen Rechtgläubigen und Ketzern, Häretikern oder Ungläubigen. Gewalt, die der Herrscher anordnet, braucht keine moralische Rechtfertigung mehr, denn sie ist bereits durch Gott geheiligt. Bedeutet: Wer Trump, dem von Gott eingesetzten Anführer, nicht folgt – der stellt sich direkt gegen Gottes Willen.[76]

Die über lange Zeit gewachsenen Verbindungen der Religiösen Rechten ins Weiße Haus endeten mit der Wahl Trumps in einer fulminanten Machtdemonstration. Trump vertrat nicht nur ihre Politik, sondern er holte auch zahlreiche Vertreter der Bewegung wie Betsy DeVos, Ben Carson, Rick Perry und Mike Pompeo in die höchsten Regierungsämter.

Auch die Nummer zwei nach dem Präsidenten war ganz im Sinne der Religiösen Rechten besetzt: Vizepräsident Mike Pence. Während Trump sich mit aller Kraft für die politische Agenda einsetzen würde, war Pence das öffentliche Gesicht der Bewegung im Weißen Haus. Pences Vergangenheit als Gouverneur von Indiana hatte ihn bereits zu einem Liebling der Religiösen Rechten gemacht. Auf seiner politischen Agenda standen die Beschneidung von LGBTQIA*-Grundrechten und des Rechts auf Abtreibung, die Ablehnung von Wissenschaft und die Unterstützung kreationistischer Ideen für den Schulunterricht.

Ist Pence ein Theokrat? Einige würden das verneinen. In *Piety & Power* zeichnet der Journalist Tom LoBianco das Bild eines frommen Evangelikalen, dessen Wille zu politischer Macht sich mit Opportunismus verbindet. Auch wenn es aus Pences Umfeld heißt, er hasse homosexuelle Menschen nicht und praktiziere das «Liebe den Sünder, hasse die Sünde»-Prinzip, hatten seine politischen Entscheidungen die Diskriminierung von LGBTQIA*-Menschen zur Folge. Beobachterinnen und Beobachter scheinen sich einig zu sein, dass Pence tatsächlich an die Inhalte glaubt, die er predigt. Er ist ein Verfechter der Interessen von Großindustriellen und Ölfirmen, mit engen Beziehungen zu den Großspender-Familien Prince und DeVos[77] und befürwortet Steuersenkungen für Reiche und die Beschneidung von Arbeitnehmerrechten.[78] Zudem ist er ein überzeugter Christlicher Nationalist. In seiner Rede auf der *Republican National Convention* 2020 demonstrierte er das eindrücklich – zumindest für diejenigen, die bibelfest sind. Er ersetzte Jesus in einem Bibelzitat durch die amerikanische Flagge.[79]

Und doch ist Pence in seiner Rhetorik sanfter, als etwa Jerry Falwell oder Pat Robertson es waren. Er vertritt Positionen, die auch im Dominionismus (siehe Kapitel *«To Rule Them All»*) populär sind, ob er sich selbst in der Tradition dieser Bewegung sieht, bleibt bisher sein Geheimnis. Eines ist sicher: Er hat kein Problem damit, im Gegenzug für ihre Unterstützung an Dominionisten zu appellieren. Eines seiner Kernanliegen ist die Aufhebung der Trennung von Kirche und Staat. 2004 unterstützte er einen Gesetzesentwurf des ehemaligen Obersten Richters von Alabama, Roy Moore, der die Beschränkung des Urteilsrechts des Obersten Gerichtshofs der USA für Fälle, die die Trennung von Kirche und Staat betreffen, vorsah. Im selben Jahr stellte sich Pence hinter ein Gesetzespaket, vorgelegt durch den damaligen Republikanischen Mehrheitsführer im Repräsentantenhaus Tom DeLay, das eine ähnliche Beschränkung für Bundesgerichte vorgesehen hätte. Ein Jahr zuvor hatte Pence bereits den *Ten Commandments Defense*

Act unterstützt, der es Bundesgerichten verboten hätte, in Fällen zu urteilen, in denen die Darstellung der Zehn Gebote in Regierungsgebäuden angefochten wurde.[80]

Mit Pence hatte Trump den Posten seines Vizepräsidenten sehr klug besetzt. Pence gilt als Musterbeispiel evangelikaler Rechtschaffenheit. Er verbürgte sich für die religiösen Überzeugungen des Kandidaten Trump und fungierte als sein «spiritueller Beschützer».[81] Seine langjährige Beziehung zur Christlichen Rechten hatte ihm die Glaubwürdigkeit verliehen, die Trumps Wahlkampfteam dringend brauchte. Schon 2010 hatte Pence verkündet: «Unsere Krise ist nicht nur wirtschaftlich und politisch, sondern spirituell.» Pence ist der Überzeugung, dass Feinde des Christentums Gott aus dem öffentlichen Leben verdrängen wollen und so den moralischen Verfall des Landes befördern würden. Er unterstützt das Narrativ von der angeblichen Verfolgung von Christen in Amerika und instrumentalisiert es, um der Diskriminierung von Minderheiten aufgrund religiöser Überzeugungen eine juristische Basis zu schaffen.[82]

Es ist keine Überraschung, dass Pence ein vehementer Abtreibungsgegner ist. Schon als Gouverneur von Indiana erließ er eines der drakonischsten Anti-Abtreibungs-Gesetze im ganzen Land: Frauen müssen Wartezeiten über sich ergehen lassen, die Bauvorschriften für bestehende Kliniken, in denen Abtreibungen durchgeführt werden können, wurden verschärft und der Embryo muss nach der Abtreibung formell begraben werden.[83] Erst in letzter Minute stoppte ein Bundesrichter das verfassungswidrige Gesetz. Doch Pence war überzeugt, dass sich die Vertreter der Religiösen Rechten auf lange Sicht durchsetzen würden: «Wir werden erleben, wie *Roe v. Wade* auf den Aschehaufen der Geschichte gebracht wird, wo es hingehört», sagte er.[84] Pence ist der Ansicht, dass ein Embryo eine Person ist, die dieselben Rechte habe wie ein bereits geborener Mensch. Er hat im Kongress dafür gestimmt, dass Ärztinnen und Ärzte, die Abtreibungen durchführen – oder, wie Pence es formuliert, «einen menschlichen Fötus töten» – für bis zu zwei Jahre ins Gefängnis wandern können.[85] Das Ganze wurde «Teil-Geburt Abtreibungsverbot» genannt – und bezieht sich auf ein Phänomen, das nicht existiert.[86]

Pences Verhältnis zu Frauen ist zudem geprägt vom Sexismus der *Purity Culture* (mehr dazu im Kapitel «Die reine Nation»). Er hält die sogenannte «Billy-Graham-Regel» ein – das bedeutet, er ist nie mit einer Frau allein und geht nicht ohne seine Ehefrau auf Abendveranstaltungen, auf denen Alkohol serviert wird.[87] Die Billy-Graham-Regel sieht Frauen nicht als gleichberechtigt an, sondern unterstellt jedem Treffen eine sexuelle Komponente – eine zutiefst sexistische Ansicht, die zu einer enormen Benachteiligung von Frauen in Pences Arbeitsumfeld führt. Pence gab als Vizepräsident stets den ruhigen und lächelnden *Sidekick.* Selbst als ein von Trump aufgehetzter Mob einen Galgen vor dem Kapitol errichtete und «Hängt Mike Pence!» skandierte, während dieser nur wenige Meter von der tödlichen Gefahr entfernt in Sicherheit gebracht wurde, änderte sich daran nichts. Pence äußerte sich weder zu den Vorkommnissen, noch distanzierte er sich von dem Mann, der auch sein eigenes Leben in Gefahr gebracht hatte, indem er den Mob aufstachelte. Stattdessen bedankte sich Pence einige Tage später bei Trump.[88]

Pence war einer von zahlreichen Vertretern der Religiösen Rechten in Trumps Regierung – was sie während seiner Amtszeit angerichtet haben, ist weithin bekannt. Ben Carson und Betsy DeVos machten Schlagzeilen mit trans-feindlicher Politik, DeVos' Unterwanderung des staatlichen Bildungssystems wird im Kapitel «Kleine Soldaten» näher behandelt. Mit Rick Perry und Scott Pruitt besetzten zwei weitere religiöse Hardliner das Energie- und das Umweltministerium (siehe Kapitel «Ströme von Blut: Der Kulturkampf»), Jeff Sessions (siehe Kapitel «Von irdischen Herren») und Bill Barr wüteten im Justizministerium. Barr, ein erzkonservativer Katholik, zeigte im letzten Jahr von

Trumps Präsidentschaft wieder und wieder, dass für ihn Kirche und Staat nicht zu trennen sind. In einer Rede vor Studenten der katholischen *Notre Dame University* verkündete er, «militante Säkularisten» führten eine Kampagne, «um die traditionelle moralische Ordnung zu zerstören».[89] Diese Äußerungen sorgten bei liberalen Katholiken für Empörung, sie sahen in Barrs Rede eine Bedrohung der Demokratie.[90] Barr stärkte in seiner Amtszeit die Exekutive massiv, gebärdete sich eher wie Trumps persönlicher Anwalt anstatt wie ein *Attorney General* und räumte dem Präsidenten nahezu unbegrenzte Macht ein.[91] Ein weiterer selbsternannter Krieger im Namen Gottes war Mark Meadows, Trumps ehemaliger *Chief of Staff*. Als Kongressabgeordneter für North Carolina glaubte Meadows, sich in einem «spirituellen Krieg für das Himmelreich» zu befinden. Gläubige müssten, wie Nehemia in der Bibel, in der einen Hand die Waffe halten und mit der anderen die «spirituellen Mauern der Nation wieder aufbauen, damit wir wieder eine Nation unter Gott werden».[92]

Trump hatte mit Pence und den anderen religiösen Hardlinern die Allianz aus Wirtschaftsliberalismus und Christlichem Nationalismus ins Zentrum der Macht getragen, etwas, wovon die Religiöse Rechte seit Jahrzehnten träumte. Die Gotteskrieger im Heiligen Krieg für die Wiedergeburt eines Weißen christlichen Amerikas hatten es erneut ins Weiße Haus geschafft.

VON IRDISCHEN HERREN

«Ihr Sklaven, gehorcht euren irdischen Herren mit Furcht und Zittern und mit aufrichtigem Herzen, als wäre es Christus. Arbeitet nicht nur, um euch bei den Menschen einzuschmeicheln und ihnen zu gefallen, sondern erfüllt als Sklaven Christi von Herzen den Willen Gottes! Dient freudig, als dientet ihr dem Herrn und nicht den Menschen.» – *Brief an die Epheser, 6,5-7*

Trump kokettierte besonders durch seine rassistische Einwanderungspolitik mit der Religiösen Rechten. Perry und Whitehead zeigen, dass eine hohe Übereinstimmung mit dem Christlichen Nationalismus die Wahrscheinlichkeit ansteigen ließ, dass Probanden die Aussage «Flüchtlinge aus dem Mittleren Osten stellen ein Terrorrisiko dar» bejahten.[1] Weitere Studien bestätigen die Verbindung von Christlichem Nationalismus und der Wahrnehmung von Migrantinnen und Migranten als Bedrohung.[2] Eine Umfrage des *Pew Research Centers* ergab, dass 68 Prozent Weißer Evangelikaler nicht der Meinung sind, dass Amerika eine Verpflichtung habe, Flüchtlinge aufzunehmen – 50 Prozent der Weißen *Mainline*-Protestanten und 45 Prozent der Katholiken stimmen darin mit ihnen überein.[3] Es besteht ebenfalls ein statistischer Zusammenhang zwischen negativen Ansichten gegenüber Muslimen und Christlichem Nationalismus – allein die religiöse Selbstidentifikation (z. B. als evangelikal) erklärt diesen Zusammenhang nicht.[4]

Die Ursache für diese Ergebnisse liegt in einem tiefen Rassismus begründet, der sich in breiter politischer Unterstützung Christlicher Nationalisten für Maßnahmen wie Trumps *«Muslim-Ban»* äußerte. Das Einreiseverbot für Menschen aus muslimischen Ländern versuchten prominente Vertreter der Religiösen Rechten oft mit Bedrohungsszenarien zu rechtfertigen. So sagte etwa Franklin Graham während des Präsidentschaftswahlkampfs 2015: «Wir werden zu Hause und im Ausland von Muslimen angegriffen. Wir sollten alle Einwanderung von Muslimen in die Vereinigten Staaten stoppen, bis diese Bedrohung mit (*sic*) dem Islam beigelegt ist.»[5]

Rassismus war, wie bereits gezeigt wurde, ausschlaggebend für die Mobilisierung der Religiösen Rechten ab den 1960er Jahren, aber die Wurzeln dafür liegen weit davor. Schon die Sklavenhalter der Südstaaten legitimierten die Ausbeutung Schwarzer mit der Bibel. Die dazu am häufigsten zitierten Verse waren Genesis 9,18–27 und der Brief an die Epheser 6,5–7. In dem Abschnitt aus der Genesis wird von Noah und seinen drei Söhnen erzählt, von denen später die Völker der Erde abstammen sollten. Seinen Sohn Ham verfluchte Noah, weil dieser ihn nackt gesehen und davon berichtet hatte. Noah sagte zu ihm: «Der niedrigste Knecht sei er seinen Brüdern.» Amerikanische Sklavenhalter und Pro-Sklaverei-Theologen sahen in Ham den Urvater der Afrikaner und damit ein biblisches Mandat für die Versklavung Schwarzer Menschen. Ihre Hautfarbe markiere sie als verflucht, sie seien dazu verdammt, in Knechtschaft zu leben. Tatsächlich waren sich die Befürworter der Sklaverei bewusst, dass die Bibel in den Händen von Sklaven, sollten sie mehr als ausgewählte Stellen lesen, ein Instrument des Widerstands werden könnte. Sklaven in Amerika war es untersagt zu lesen, und Pastoren ließen in ihren Predigten aufrührerische Passagen aus der Bibel einfach weg.[6]

Trumps erster Justizminister, Jeff Sessions, stellte sich noch in jüngster Vergangenheit in diese Tradition. Sessions verteidigte die Praxis des Justizministeriums, Kinder und Eltern, die versuchten, illegal in die USA einzureisen, an der Grenze voneinander zu trennen. Er berief sich dabei auf eine Bibelpassage: «Ich zitiere Ihnen den Apostel Paulus und seinen klaren und weisen Befehl in Römer 13, den Gesetzen der Regierung zu gehorchen, weil Gott die Regierung für seine Zwecke eingesetzt hat.»[7] Der Verweis auf

Römer 13, um den politischen Status quo biblisch zu verteidigen, findet sich schon deutlich früher: Vor dem Bürgerkrieg beriefen sich Gegner der Amerikanischen Revolution auf diese Stelle, die Sklavenhalter der Südstaaten verwiesen darauf, um die Versklavung Schwarzer Menschen zu rechtfertigen.[8]

Evangelikale des 19. Jahrhunderts wie Theodore Parker (1810–1860) spielten zwar in der Anti-Sklaverei-Bewegung eine wichtige Rolle, doch zu lange ist die Geschichte Weißer Evangelikaler auch aus der Sicht Weißer Evangelikaler geschrieben worden. Das Narrativ des Weißen Evangelikalismus als Unterstützer der Sklaverei-Gegner und später der Bürgerrechtsbewegung ist bestenfalls unvollständig, schlimmstenfalls *whitewashed* (weiß gewaschen). Denn neben einzelnen christlichen Akteuren, die sich durchaus engagierten, gab es eine große Mehrheit, die sich gegen die Abschaffung der Sklaverei wehrte. Der Streit über die Sklaverei war so grundlegend, dass Methodisten, Presbyterianer und Baptisten sich im 19. Jahrhundert spalteten – unter anderem gingen daraus die *Southern Baptists* hervor.

Weiße Evangelikale vermischten im 19. Jahrhundert rassistische Vorurteile gegenüber Schwarzen mit religiösen Moralvorstellungen: Im Süden sah man Weiße Frauen nicht nur als «rein» und «gut» an, sondern als *das* Symbol einer Gesellschaft, die wirtschaftlich durch Sklaverei florierte. Weiße Weiblichkeit wurde dem angeblich gewaltvollen Sexualtrieb Schwarzer Männer entgegengestellt. Nach diesem Muster wurden im 19. und auch im 20. Jahrhundert Ängste geweckt und rassistischer Hass geschürt. Als Folge wurden viele Schwarze Männer gelyncht, nachdem ihnen oft vollkommen haltlose Vorwürfe von sexuellen Übergriffen gemacht wurden. Die gottesfürchtige Weiße Frau, die es vor Schwarzen Männern zu beschützen galt, bot ein anheimelndes Bild, das noch heute im Mythos des *«Lost Cause»* sein Echo findet. (Auf diese Ideologie wird im Kapitel «Die neue Dolchstoßlegende» näher eingegangen.)

Auf der anderen Seite wurden Schwarze Frauen oft als promiskuitiv und sexuell ungehemmt – also als moralisch zweifelhaft – dargestellt, sexueller Missbrauch Schwarzer Frauen durch ihre Sklavenhalter wurde gar nicht erst thematisiert.[9] Auch nach der Abschaffung der Sklaverei blieb *White Supremacy* ein fester Bestandteil, wenn nicht sogar das Gerüst der Gesellschaft. Sie wurde in restriktiven Gesetzen festgeschrieben: Die *«Black Codes»* der 1860er Jahre ermöglichten die systematische Benachteiligung und wirtschaftliche Ausbeutung von Schwarzen als unbezahlte Strafarbeiter in Gefängnissen, die *Jim Crow*-Gesetze zementierten die Segregation und können als Erbe der Sklavenhalter angesehen werden. Doch Rassismus und die systemische Benachteiligung von BPoC waren kein reines Südstaaten-Phänomen.[10]

Eine zentrale Rolle spielte der *Ku Klux Klan* (KKK) – eine rassistische Vereinigung, die in der amerikanischen Geschichte in verschiedenen Generationen oder Wellen auftaucht. So machte der Klan der Rekonstruktions-Ära (1861–1877) vor allem durch Terroraktionen von sich reden. Besonders relevant im Hinblick auf die Verbindung zwischen christlichem Glauben und Weißem Nationalismus ist der sogenannte «zweite Klan», dessen Hochphase in den 1920er Jahren lag und der christlichen Glauben und eine nationale Weiße Identität miteinander verband: Als guter Amerikaner musste man Weißer Protestant sein. Klansmänner gehörten zu dieser Zeit oft dem Mittelstand an – Anwälte, Polizisten, Lehrer.

Präsident Woodrow Wilson ließ bereits 1915 den zutiefst rassistischen Film *The Birth of a Nation* von Wark Griffith im Weißen Haus aufführen – als ersten Film, der je im Weißen Haus gezeigt wurde. Der Film basiert auf dem Roman und Theaterstück *The Clansman* (1905) des Baptisten-Pastors Thomas Dixon Junior, der den Text als Antwort auf *Uncle Tom's Cabin* geschrieben hatte. Dixon, den der Historiker Mark Benbow als «professionellen Rassisten» bezeichnet, war ein alter Bekannter Wilsons. Die Handlung des Films spielt zur Zeit des amerikanischen Bürgerkriegs und zeigt die angebliche Überlegenheit der Weißen.[11] Dabei verherrlicht er den historischen KKK. BPoC werden als gewalttätige, animalische Bedrohung für Weiße Frauen und die Ordnung der Gesellschaft dargestellt. *The Birth of a Nation* war ein absoluter Kassenschlager und spielte zwischen 13 und 18 Millionen Dollar ein (das entspricht heute 300–450 Millionen Dollar). Präsident Wilson zeigte sich beeindruckt: Der Film würde «Geschichte durch einen Blitzschlag lehren».[12] Das brennende Kreuz – heute ein Symbol des KKK-Terrors gegen Schwarze – stammt aus der Bildsprache von *The Birth of a Nation*, aus dem auch William Simmons, der *Grand-Wizard* (Hexenmeister) des Klans der 1920er Jahre, seine Inspiration zog. Auch die weißen Roben der Klanmitglieder waren im ersten KKK noch nicht die «Uniform», zu der Simmons sie, inspiriert durch den Film, machte.[13] Das brennende Kreuz sollte Angst und Schrecken unter Schwarzen verbreiten und zugleich den göttlichen Segen für die Sache des KKK illustrieren.

Die Verbindung von gewachsenem Rassismus und Christlichem Nationalismus bot *White Supremacists* wie dem KKK Anknüpfungspunkte im Weißen Bürgertum. Der Klan der 1920er Jahre traf auf eine Stimmung im Land, die ohnehin fremdenfeindlich aufgeladen war. Während dieser Zeit wurden etwa die Einwanderungsbestimmungen stark verschärft. Für den Klan war das Weiße Christentum das Herzstück seiner vermeintlichen Überlegenheit. Rassismus und Religion gingen hier Hand in Hand.

1925 war der KKK zudem nicht mehr nur auf den Süden der USA beschränkt, sondern bereits in 48 Staaten vertreten. Das *Rebranding* des zweiten KKKs von einer Terrororganisation hin zum massentauglichen Sammelbecken für rassistische religiöse Weiße war erfolgreich: 1924 zählte der Klan etwa vier bis sechs Millionen Mitglieder in den gesamten USA. Damit spielte er, was die Mitgliederzahlen anging, in derselben Liga wie die größte Gewerkschaft zu dieser Zeit. Und auch im Klerus, vor allem von protestantischen, pfingstkirchlichen und charismatischen Kirchen, wurde rekrutiert. 1924 trugen ganze 30 000 Pastoren die weiße Robe.[14] Der Klan pflegte Beziehungen zu Evangelikalen, die vor allem ihre Ansichten zur Weißen, protestantischen Identität Amerikas teilten.[15] Damit war der Klan in der Mitte der Gesellschaft angekommen und hatte seine Aktivitäten der neuen massentauglichen Ausrichtung angeglichen, wie Historikerin Kelly J. Baker erklärt: «Es gab Picknicke, die Leute gingen auf Märsche, die Frauen trafen sich zu Nähzirkeln – das ist genauso Teil des Klans wie das Verbrennen von Kreuzen. [...] *White Supremacists* können auch Khakis mit Bügelfalte tragen.»[15]

Die Angehörigen des KKK sahen sich als Helden, die Amerikas Weiße, protestantische Identität beschützten. Dazu gehörte auch der Schutz Weißer Frauen vor Übergriffen Schwarzer Männer. Ebenso zentral war die komplette Ablehnung des Katholizismus. Eine helle Hautfarbe und der christliche Glaube allein genügten nicht, um in den Reihen des KKK akzeptiert zu werden. «Weiß» wurde als spezifisch protestantische Identität verstanden. Hier zeigt sich, wie eng Religion und ethnische Zugehörigkeit zu einer fiktiven *race* im Klan der 1920er Jahre verbunden wurden. Doch diese Ansicht beschränkte sich nicht nur auf den Klan, sondern war unter Weißen, protestantischen Amerikanern zu dieser Zeit weit verbreitet, was sich auch in der Gesetzgebung zeigt: Der *Immigration Act* von 1924 ist zutiefst rassistisch und legt Quoten für einzelne «Ethnien» fest. Der Klan und ein erheblicher Teil der amerikanischen Gesellschaft nahmen beispielsweise irisch- oder italienisch-stämmige Einwanderer, die zum Großteil katholisch waren, nicht als ethnisch «Weiß» wahr, was diese Bevölkerungsgruppen vielfach zum Ziel von Verfolgung und Lynchjustiz machte.[17]

Das ideale Mitglied stellte für den zweiten KKK Jesus dar – was einiges an mentaler Gymnastik erfordert. Denn wieso sollte eine Organisation, die *White Supremacy* predigt und inhärent antisemitisch ist, sich einen Juden als Vorbild wählen? Die absurde Argumentation lautete, Jesus sei zwar jüdisch gewesen, aber genau deswegen hätte er *White Supremacy* unterstützt: Sowohl das Judentum als auch der Klan wollten unter sich bleiben.[18] Die Definition von «*Whiteness*» und auf wen es zutrifft, hat sich in der gegenwärtigen Wahrnehmung der Gesellschaft geändert und ist nicht mehr an eine bestimmte Denomination geknüpft. Dennoch ist der Christliche Nationalismus immer noch stark geprägt durch die Vorstellung einer Weißen, protestantischen Identität unter dem Label «amerikanisch».

Dieser amerikanische religiöse Nationalismus wird laut dem Soziologen Philip Gorski vor allem durch eine zentrale Metapher gespeist, die unter anderem auf das sogenannte «Eroberungs-Narrativ» aus dem Alten Testament zurückgeht, in dem die Israeliten ihre Nation durch Gewalt formen: «Es ist die Metapher des Blutes, das die alchemistische Verwandlung von religiösen Grenzen in Grenzen entlang von *race* und somit eine Synthese von religiösem und ethnischem Nationalismus möglich macht.»[19] Blut verbindet in der Vorstellung Christlicher Nationalisten also Religion und Nation – und es muss rein gehalten werden, wenn man diese Werte bewahren will.

Dieser Zusammenhang zeigt sich, wenn die Vertreterinnen und Vertreter der Bewegung bis heute sogenannte «Familien-Werte» verteidigen, zu denen auch die «Kernfamilie» gehört. Sie werden aus einer patriarchalischen, meist protestantisch geprägten Gesellschaftsordnung abgeleitet.[20] Statistische Auswertungen stützen außerdem die These, dass «religiöses Erbe» für Weiße Gläubige eine explizite *racial*-Komponente hat und dass sie Verbindungen ihrer Kinder mit Nicht-Weißen tendenziell skeptisch gegenüberstehen.[21] Eine Untersuchung speziell zur Rolle des Christlichen Nationalismus bei der Zustimmung oder Ablehnung einer *interracial*-Heirat der Kinder zeigt, «dass Christliche Nationalisten nicht nur politisch konservativ sind oder nur religiöse

Exklusivität anstreben [...] Stattdessen beeinflusst Christlicher Nationalismus die Verteidigung von rassistischen Begrenzungen durch Weiße Amerikaner [...] über den Effekt von politischem Konservatismus und Religiosität im Einzelnen.»[22]

Im Christlichen Nationalismus wurde *White Supremacy* in codierten Begriffen kommuniziert – ein Phänomen, das auch heute noch auftritt. Dem KKK gelang es, diese Rhetorik im amerikanischen *Mainstream* zu verankern und so den Erfolg des Christlichen Nationalismus unter Protagonisten wie Jerry Falwell vorzubereiten.[23] Die Verwendung codierter Sprache nennt man auch *Dog-Whistles* (Hundepfeifen). Hierbei werden versteckte Aussagen in einen Text oder eine Rede eingebaut, die nur Eingeweihte verstehen. Codierte *White-Supremacy*-Rhetorik hat es über die Jahrzehnte bis in die Sprache von Präsidentschaftskandidaten geschafft. Mehr noch: Die Rhetorik Trumps im Wahlkampf 2015 und 2016 habe der des Klans geähnelt, so die Historikern Kelly J. Baker.[24]

Politiker der Republikanischen Partei haben schon früh verstanden, wie gut sich mit Angst Politik machen lässt – etwa in den 1960er Jahren mit der sogenannten *Southern Strategy*. Diese baute auf den rassistischen Vorurteilen ehemaliger Demokratischer Wähler in den Südstaaten auf, die sich von der Partei abwandten, weil diese die Bürgerrechtsbewegung unterstützte. Die Strategie war simpel: Rassistische Vorurteile dieser Wählergruppe befeuern, Angst vor und Wut auf Schwarze Amerikanerinnen und Amerikaner schüren. Auch unter Ronald Reagan wurde diese Taktik angewandt, wenn auch in codierter Form, die Lee Atwater, politischer Stratege und Mitglied der Reagan-Regierung, folgendermaßen beschrieb: «Man startet 1954 damit, N—, N—, N—* zu

* Im Originalzitat steht an dieser Stelle ein rassistisches Schimpfwort. Um dieses nicht zu reproduzieren, wird es nicht ausgeschrieben. Dasselbe gilt für die nachfolgenden Zitate, in denen der rassistische Ausdruck ebenfalls verwendet wird.

sagen […] 1968 kann man nicht mehr N– sagen […] also sagt man *forced busing, states' rights.*»[25] Statt Rassismus offen zu zeigen, wurde er hinter scheinbar nicht verwandten politischen Themen versteckt. Die Verwendung bestimmter Begriffe implizierte dabei eine Ablehnung bestimmter ethnischer Gruppen: Das sogenannte *«busing»* wurde von Kritikern etwa *«forced busing»* (aufgezwungenes *busing*) genannt, die *«states' rights»*-Kontroverse bedient ein Narrativ, das uns bereits aus dem Kapitel «Die Erfindung der Geschichte» bekannt ist – der Bürgerkrieg sei nicht geführt worden, um die Sklaverei zu beenden, sondern um die Südstaaten ihrer Rechte zu berauben. Auch im Bezug auf Menschen wurde diese codierte Kommunikation genutzt. So wurden etwa *«welfare queens»* («Wohlfahrtsköniginnen»), womit Schwarze Frauen gemeint waren, die über längere Zeit Sozialleistungen erhielten, gegenüber *«hard working Americans»* (Weißen, «hart arbeitenden Amerikanern») abgegrenzt.

Apologeten des amerikanischen Evangelikalismus zitieren oft Billy Grahams Unterstützung für die Bürgerrechtsbewegung der 1960er und 1970er Jahre sowie die wachsende Integration von BPoC in evangelikale Gemeinden zu dieser Zeit als Beweise dafür, dass *White Supremacy* in der jüngeren Geschichte des Evangelikalismus keine Rolle mehr spiele und Donald Trump ein «Ausreißer» sei. Doch auch Billy Graham hatte Martin Luther King zwar eingeladen, um am 18. Juli 1957 auf seiner Veranstaltung im *Madison Square Garden* zu sprechen, es blieb jedoch bei leeren Gesten. Denn Graham war nicht bereit, die Bürgerrechtsbewegung aktiv zu unterstützen, und weigerte sich, Kings Bitte nachzukommen, die Bühne nicht mehr mit denen zu teilen, die *Segregation* propagierten. Graham verkörperte den bereits aus dem Kapitel «Die Erfindung der Geschichte» bekannten «farbenblinden» Evangelikalismus.[26] Viele Evangelikale standen Rassismus und *White Supremacy* zwar kritisch gegenüber, hielten diese Phänomene aber nur für individuelle Sünden. In der Folge sahen sie keine Notwendigkeit für eine strukturelle gesellschaftliche Änderung, die sie aus ihrer eigenen Machtposition entfernt hätte.

Als die *Southern Baptist Convention* sich 1995 für *White Supremacy* entschuldigte, enthielt der Text keinerlei Ansätze für konkrete Konsequenzen.[27] Stattdessen fand sich immer wieder der Hinweis, dass man schon in den Jahrzehnten zuvor gerade in urbanen *Megachurches* die Integration von BPoC begrüßt habe. Zudem bot die Anwesenheit Schwarzer Gemeindemitglieder einen vortrefflichen Schild gegen Rassismusvorwürfe. Und tatsächlich stieg die Mitgliederzahl von BPoC in evangelikalen Gemeinden mit den Erfolgen der Bürgerrechtsbewegung. Die Praktiken blieben jedoch «Weiß», erklärt Religionswissenschaftlerin Anthea Butler in ihrem Buch *White Evangelical Racism.* Von Schwarzen Gemeindemitgliedern sei erwartet worden, dass sie sich in ihrem Verhalten, ihrer Sprache und in ihrem Gebetsstil den Weißen Gemeindemitgliedern anpassten. «Wer sagt, er sei farbenblind, meint, dass die Standard-Farbe weiß ist», so Butler.

Und so bildete sich neben einem vor allem in extrem rechten Kreisen offen unterstützten Narrativ der *White Supremacy* auch eine verschlüsselte Version des Christlichen Nationalismus heraus, die sehr viel häufiger in der Öffentlichkeit anzutreffen ist. Neben «farbenblind» werden in dieser gedämpften Version häufig auch Formulierungen wie «jüdisch-christliche Werte» als Fundament des Landes betont. So hofft man, sich von dem Antisemitismus offener *White Supremacists* abzugrenzen, aber trotzdem eine kulturell Weiße Identität zu transportieren. Zumal einige Theologen wie der jüdisch-orthodoxe Eliezer Berkovits argumentieren, dass das «jüdisch» in «jüdisch-christliche Werte» oft nur als Beiwerk genutzt werde, da sich die beiden Religionen eigentlich gegenseitig ausschließen würden.[28]

Außerdem ist die Erzählung einer christlichen Nation oft verbunden mit der expliziten Unterstützung des israelischen Siedlungsbaus auf den Golan-Höhen und einer Ein-Staaten-Lösung im Konflikt zwischen Israel und Palästina. Sogenannte Pre-Milleniaristen glauben, dass Jerusalem – manche meinen auch, das gesamte «Heilige Land» – in jüdischer Hand sein müsse, damit Jesus auf die Erde zurückkehren könne. Mit Sympathie für jüdische Menschen hat das wenig zu tun: Sobald Jesus zurückkehrt, werden nach diesem Glauben alle Juden sterben, die nicht konvertieren. So wird der scheinbare Widerspruch aufgelöst, dass Vertreterinnen und Vertreter einer Bewegung, die sich auf «jüdisch-christliche Werte» berufen, trotzdem auch antisemitisch sein können. Es überrascht daher auch nicht, dass Trumps antisemitische Ausfälle seine christlich-nationalistische Basis nicht weiter gestört haben. Für Historiker wie Baker ist das nicht verwunderlich: «Wir leben im Amerika des Klans. Sie haben gewonnen. Ihre Ideen sind weit verbreitet im *Mainstream* politischer und bürgerlicher Kultur.»[29]

Rassistische Narrative und *White Supremacy* wurden auch von Personen wie William F. Buckley, der zu den intellektuellen Vordenkern der Modernen Rechten der USA zählt, verbreitet und befördert. Buckley gründete 1955 die konservative politische Zeitschrift *National Review* mit dem Ziel, Stimmung gegen die Sozial- und Wirtschaftsreformen des *New Deal* zu machen. Außerdem versuchte er mit anderen Gleichgesinnten, demokratische Anhänger der Segregation und konservative Republikaner, die gegen staatliche Regulierungen der Wirtschaft waren, miteinander zu verbinden.[30] Heute wird Buckley als intellektuelles Schwergewicht der Republikanischen Partei verehrt – doch, wie der ehemalige Republikanische Stratege Stuart Stevens es formuliert: «Die Leute vergessen, dass Buckley ein eiskalter Rassist war, als er seine Karriere begann.»[31] Buckley schrieb 1957 in einem Editorial, das sich gegen das Stimmrecht für BPoC aussprach: «Der Süden will dem N– nicht die Stimme verwehren, nur um ihm die Stimme zu verwehren. In einigen Teilen des Südens will sich die Weiße Gemeinschaft nur durchsetzen – das ist alles. Das bedeutet, sich in allen Fragen durchzusetzen, in denen zwischen dem N– und dem Weißen Meinungsverschiedenheiten bestehen. Die Weiße Gemeinschaft wird alle notwendigen Maßnahmen ergreifen, um sicherzustellen, dass sie ihren Weg findet. [...] Die zentrale Frage, die sich stellt, ist, ob die Weiße Gemeinschaft im Süden berechtigt ist, die Maßnahmen zu ergreifen, die notwendig sind, um sich politisch und kulturell in Bereichen durchzusetzen, in denen sie zahlenmäßig nicht vorherrscht.» Buckleys Antwort fiel eindeutig aus: «Die ernüchternde Antwort lautet Ja – die Weiße Gemeinschaft ist dazu berechtigt, weil sie vorerst die fortgeschrittene Rasse ist. [...] Für jede Gemeinde auf der ganzen Welt ist es wichtiger, sich zu zivilisierten Maßstäben zu bekennen und nach ihnen zu leben, als sich den Forderungen der zahlenmäßigen Mehrheit zu beugen.»[32]

Und auch wenn Buckley sich später von seinen Äußerungen distanzierte, sind seine Texte aus den 1950er Jahren bezeichnend dafür, wie tief *White Supremacy* in der neuen Republikanischen Partei, oder zumindest einem Teil von ihr, verwurzelt war.[33] Und so ist es nicht verwunderlich, dass auch Trumps *«America First»*-Slogan, dem sich die Republikaner auch nach seiner Wahlniederlage 2020 verschrieben haben, zurückgeht auf die gleichnamige rassistische, isolationistische und mit den Nationalsozialisten sympathisierende Bewegung während der 1930er Jahre.[34]

Der Mythos einer christlichen Gesellschaft, die von allen Seiten bedroht wird – von einem säkularen Staat, von anderen Religionen –, hat es durch die Netzwerke der Neuen Rechten, die in den 1960er und 1970er Jahren entstanden, in den amerikanischen konservativen *Mainstream* geschafft. Alle Jahre wieder spielt *Fox News* die Litanei des *«War on Christmas»* ab – die fiktive Vorstellung, dass es dem christlichen Amerika untersagt werde, ein religiös geprägtes Weihnachtsfest zu feiern. Als «Beweisstücke» werden unter anderem inklusive Botschaften wie «Frohe Feiertage» statt «Frohe Weihnachten» herangezogen. Jahr für Jahr wird zum Boykott von Firmen aufgerufen, wenn diese den «christlichen

Kern» des Weihnachtsfestes und die religiöse Botschaft nicht ausreichend bewerben. Doch auch diese Erzählung basiert auf christlich geprägter *White Supremacy.*

Die Wahl von Barack Obama zum ersten Schwarzen amerikanischen Präsidenten, die vielerorts als der Anfang vom Ende des Rassismus in Amerika gefeiert wurde, hatte nicht etwa Versöhnung und wachsende Toleranz zur Folge, sondern eine Radikalisierung: Das *Southern Poverty Law Center* (SPLC) verzeichnete einen enormen Anstieg von *«Hate Groups»* und *Militias* (paramilitärischen Gruppierungen), bei denen sich apokalyptische *Prepper* und *White Supremacists* die Hand geben. Nach der Wahl Obamas zum Präsidenten 2008 verdreifachte sich die Zahl bewaffneter *Militias* innerhalb eines Jahres. Noch 2008 zählte das SPLC rund 149 selbsternannte *«Patriot Groups»*, darunter 42 *Militias*, 2010 waren es 512, 127 davon *Militias.*[35] Auch die Entstehung der *Tea Party* zur gleichen Zeit, einer erzkonservativen Splittergruppe innerhalb der Republikanischen Partei, wurde durch die Christliche Rechte unterstützt, vor allem durch Weiße Evangelikale.[36] Ein großer Teil der *Tea-Party*-Anhänger war im Süden des Landes zu finden – dieser Teil war noch stärker von rassistischen Vorurteilen geprägt als der Norden. Die südliche *Tea Party* war mehrheitlich weiblich und wenig gebildet – ein weiteres Beispiel dafür, wie wichtig Weiße Frauen in erzkonservativen Bewegungen der USA sind (siehe Kapitel «Jesus ist ein *Navy Seal*»).[37]

Mit der *Tea Party* fand der historisch vor allem – aber nicht nur – in den Südstaaten verankerte Rassismus vieler Anhänger ein Sprachrohr. Die *Tea Party* und die Religiöse Rechte überschneiden sich in einigen thematischen Schwerpunkten, etwa in der «[...]Feindseligkeit gegenüber der Regierung, die als amoralisch, sozialistisch und als Feind der Freiheit und des Glaubens an die amerikanische Gründung als göttlich bestimmtes Gefäß des Amerikanischen Exzeptionalismus [gilt].»[38]

Gleichzeitig sahen Vertreterinnen und Vertreter der Religiösen

Rechten in der *Tea Party* auch eine potenzielle Konkurrenz, die ihr innerhalb der Republikanischen Partei den Rang abzulaufen drohte. Um ihre Relevanz zu betonen, stellten die Wortführer der Religiösen Rechten daher drei Punkte in den Vordergrund. Zunächst ging es um die historisch belegte These, dass weder die Republikaner noch die *Tea Party* ohne die *«grassroots activists»* (Basis-Aktivisten) der Christlichen Rechten überleben würden – ein Punkt, der im Kapitel «Eine diszplinierte Armee» noch näher analysiert wird. Zum Zweiten sahen sie die Notwendigkeit, sozialen und wirtschaftlichen Konservativismus rhetorisch miteinander zu verbinden. Zum Dritten sollte christlichen Konservativen durch codierte Sprache auch öffentlich versichert werden, dass man unter dem Deckmantel dieser Wirtschaftsziele auch weiterhin gegen Abtreibung und Homosexualität kämpfen würde.[39]

Die Religiöse Rechte hieß die neue Bewegung mit offenen Armen willkommen – nicht trotz, sondern gerade wegen ihrer rassistischen Rhetorik. Der Moderator Glenn Beck, selbst konvertierter Mormone, warf Obama in der Talkshow *Fox and Friends* vor, er trage «einen tief sitzenden Hass für weiße Menschen oder die weiße Kultur in sich».[40] Und während die *Tea Party* zumindest unter diesem Namen keine politische Bewegung mehr ist, hat sie doch eines erreicht: Sie griff die unter der Oberfläche schlummernden rassistischen Vorurteile auf, vermählte sie mit libertären Ansichten und einem populistischen, aggressiven und rhetorisch ungehobelten Politikstil – drei Charakteristika, die man sowohl in der Republikanischen Partei unter Trump als auch in der heutigen Religiösen Rechten wiederfindet. Die *Tea Party* hat den Rassismus nicht in die Politik gebracht, dort war er in der Tradition Reagans und Nixons schon vorher etabliert – aber sie hat ihm ein neues Image verliehen und einen Tonfall in Washington eingeführt, der sie selbst überdauert hat.[41]

Auch in der Medienwelt ist rassistische Berichterstattung bei einigen Sendern, die vornehmlich Anhänger der Religiösen Rechten zu ihrem Publikum zählen, zum Standard geworden – und das zeigt Wirkung. Es ist beispielsweise statistisch belegt, dass diese Zuschauerinnen und Zuschauer *Black Lives Matter* sowie eine Reform der Polizeikräfte vehementer ablehnen als andere. Die 40 Prozent der Republikaner, die *Fox News* als die Nachrichtenquelle angaben, der sie am meisten vertrauen, gehen öfter in die Kirche als der Rest des Landes. Sie sind zu 90 Prozent der Meinung, dass die jüngsten Fälle von Polizeigewalt gegen Schwarze Amerikaner isolierte Einzelvorkommnisse seien – unter Republikanern, die nicht *Fox-News* als Nachrichtenquelle angaben, glauben das 72 Prozent (gegenüber nur 43 Prozent aller Amerikaner).

Die *2020 American Values Survey* des PRRI zeigte außerdem, wie die Erwähnung von *race* die Wahrnehmung von Demonstrantinnen und Demonstranten beeinflusste. 47 Prozent der *Fox News* konsumierenden Republikaner stimmten dem Satz «Wenn Amerikaner demonstrieren, macht es das Land besser» zu, während nur zehn Prozent von ihnen dem Satz «Wenn Schwarze Amerikaner demonstrieren, macht es das Land besser» zustimmten. Unter den übrigen Republikanern stimmten 51 Prozent der Aussage zu, wenn *race* nicht erwähnt wird, nur 32 Prozent taten das, wenn explizit Schwarze Demonstranten erwähnt wurden. Unter Demokraten besteht dieser Unterschied nicht: 71 Prozent von ihnen stimmten beiden Versionen des Satzes zu.[42] Der Historiker Robert P. Jones betont zudem, dass Rassismus kein singulär evangelikales Problem sei, sondern eines Weißer Christen im Allgemeinen, und nicht nur im Süden des Landes. Weiterhin stellt er fest: «Vor allem widerlegen statistische Modelle die Annahme, dass der regelmäßige Kirchgang Weiße Christen weniger rassistisch macht. Unter Weißen Evangelikalen ist sogar das Gegenteil der Fall: Die Beziehung zwischen rassistischen Ansichten und einer Weißen, christlichen Identität ist tatsächlich stärker unter denen, die häufiger zur Kirche gehen.»[43] Mehr noch, die Geschichte des Weißen, amerikanischen Christentums sei untrennbar mit *White Supremacy* verbunden, so Jones.[44]

In der *White Supremacy*-Bewegung, die sich laut eines ihrer stärksten Befürworter, des Neonazis Nathanael Strickland, in der Tradition des Christlichen Rekonstruktionismus (siehe Kapitel *«To Rule Them All»*) sieht, haben Teile der Religiösen Rechten und die extremistische *Alt-Right* zusammengefunden. So gibt es beispielsweise eine Nähe zwischen der *«Christian Identity»*-Bewegung, die bis ins 19. Jahrhundert zurückgeht, und dem Kinismus, einer Interpretation des Christentums im Sinne der *White Supremacy*. Beide Ausprägungen gehen von einer nativistischen Form Weißer Überlegenheit aus, die sie in der kulturellen Identität des Christentums begründen.[45] Sowohl der Kinismus als auch die *«Christian Identity»*-Bewegung sind der sogenannten Neonazi-Theologie zuzuordnen und damit vom «klassischen» Christlichen Nationalismus abzugrenzen. Doch auch abseits dieser extremen Beispiele lässt sich die Verbindung von Rassismus und Religiöser Rechter nachweisen. *Race* scheint dabei sogar eine größere Rolle zu spielen als die Zugehörigkeit zum Christentum.

Im Januar 2021 trat der Demokratische Reverend Raphael Warnock, ein Schwarzer Pastor, in einer Stichwahl für einen Senatssitz in Georgia gegen die Republikanerin Kelly Loeffler an. In den Wochen vor der Wahl verfolgten die Republikaner die eindeutige Strategie, den Glauben Warnocks als nicht wirklich christlich zu diskreditieren. Der frisch gewählte Kongressabgeordnete Madison Cawthorn, selbst ein konservativer Evangelikaler, sagte bei *Fox News*: «Er sagt, er ist ein Pastor, aber es geht ihm nur um Abtreibung. Das ist jemand, der nicht das repräsentiert, was echte Amerikaner glauben.»[46] Tucker Carlson nannte Warnock in seiner Show auf *Fox* einen «falschen Pastor mit steuerfreiem Status»,[47] während ein Werbespot von Loeffler behauptete, Warnock verbreite «antiamerikanischen Hass», weil er sich positiv über Barack Obamas früheren Pastor Jeremiah Wright geäußert hatte.[48] Sie befanden sich damit in guter konservativer Gesellschaft. *Fox*-Gastmoderator Gregg Jarrett hatte über Wright gesagt, er verwende «antiweiße und antiamerikanische» Rhetorik, und reihte sich damit in Äußerungen von konservativen Stars wie Fernsehmoderator Bill O'Reilly ein.[49] Hier griff eine bekannte Taktik: Das Thema Abtreibung wird vorgeschoben und politische Gegner werden als Feinde einer Weißen christlichen Nation dargestellt.

Unter Trump zeigte sich eine deutliche Eskalation rassistischer Rhetorik. Er hatte 2020 dem Konzept der *«Critical Race Theory»* (CRT) den Krieg erklärt und ihre «Lehre» in Bundesbehörden per Memo untersagt.[50] Die CRT entstand in den 1970er Jahren in der Rechtswissenschaft. Sie untersucht systemischen Rassismus und wie dieser sich in Institutionen und Gesetzgebung manifestiert hat. Rechte Meinungsmacher begannen, CRT synonym für jegliche Thematisierung von systemischem Rassismus oder kritischer Geschichtsschreibung zu verwenden. Sie attackierten antirassistische Forschung und Initiativen an Universitäten,[51] aber sie gingen noch weiter, indem sie behaupteten, Kindern würde in Schulen durch CRT beigebracht, ihr Land zu hassen. Dabei warfen sie den Forscherinnen und Forschern umgekehrten Rassismus gegen Weiße vor – ein klassisches Strohmann-Argument von rechter Seite.[52] CRT wird in keiner Schule Amerikas gelehrt, sondern ist eine relativ unbekannte akademische Theorie. Trump jedoch verkündete, er wolle «patriotische Erziehung» zurück in die Schulen bringen. Jason Stanley, Philosophie-Professor an der *Yale University*, beobachtet, dass die Republikanische Partei zur Verteufelung der CRT übergegangen ist: «Die Republikanische Propaganda-Kampagne verbindet essenzielle Konzepte für kritisches Denken über die soziale Realität wie strukturellen Rassismus mit Verrat. Ihr Ziel ist es, diejenigen, die diesen Konzepten begegnen, so wütend zu machen, dass sie des klaren Denkens nicht mehr fähig und so leicht zu kontrollieren sind.»[53]

Louie Giglio, Pastor der *Megachurch Passion City Church* in

Atlanta, machte im Sommer 2020 Schlagzeilen, als er bei einem Treffen mit HipHop-Künstler Lecrae Moore und Dan Cathy, dem Chef der Fast-Food-Kette *Chick-fil-A*, die Sklaverei relativierte: «Wir verstehen den Fluch, den die Sklaverei dargestellt hat, Weiße Menschen verstehen das. Und wir sagen, dass es schlecht war. Aber wir vergessen den Segen der Sklaverei, der eigentlich den Rahmen für die Welt errichtet hat, in der Weiße Menschen leben.» Nach Meinung der Religionswissenschaftlerin Anthea Butler war Giglios Wortwahl kein Zufall: «Es ist eine schlechte Theologie, die seit dem Beginn des Sklavenhandels existiert hat. Giglio hat gesagt, was für ihn und für viele Evangelikale wahr ist, aber das macht es nicht richtig», sagte sie der *Washington Post*.[54]

Heute stellen sich Vertreterinnen und Vertreter der Christlichen Rechten in den USA gerne in die Tradition derjenigen, die gegen die Sklaverei gekämpft haben. So berufen sich selbst Abtreibungsgegner auf ihre Mission als Bürgerrechtler. Mit der Realität hat das nicht viel zu tun, wie die Journalistin Katherine Stewart schreibt: «Die Wahrheit ist, dass der heutige Christliche Nationalismus nicht aus der religiösen Bewegung, die sich gegen rigide Hierarchien *[Anm. der Autorin: gemeint ist Sklaverei]* stellte, entstanden ist. Er entstand aus der [religiösen Bewegung], die genau das bewarb – mit der Bibel in der einen und der Peitsche in der anderen Hand.»[55]

Etwa einen Monat nach der Wahl von Joe Biden zum 46. Präsidenten der USA schrieb Beth Moore, eine bekannte evangelikale Bibellehrerin, öffentlich auf Twitter: «Dieser Christliche Nationalismus kommt nicht von Gott».[56] Zu wenig zu spät, lautete die Kritik von Anthea Butler. Indem Moore eines der Grundprobleme der Bewegung – nämlich den tiefsitzenden Rassismus – nicht offen anspreche, sei ihre Aussage letzten Endes ineffektiv. Donald Trumps *White Supremacy* komme bei rechten Evangelikalen so gut an, weil *White Supremacy* eng verbunden sei mit der Geschichte des Weißen, amerikanischen Evangelikalismus, so Butler.[57] Beth Moore legte einige Monate später nach, als sie ihren endgültigen Bruch mit der *Southern Baptist Convention* verkündete.

Ohne die Verflechtungen von Christlichem Nationalismus und Rassismus kann man die Unterstützung der Christlichen Rechten für Trump nicht verstehen. Und während Republikaner in den 1990er Jahren – zumindest in Washington – noch auf Abstand zu offenen Rassisten gingen, hatten die Gründerväter der Neuen Rechten weniger Berührungsängste. Als David Duke, ein ehemaliger Imperialer Hexenmeister (*Grand Wizard*) des Ku Klux Klans, 1990 in Louisiana für den Senat kandidierte, konnte Paul Weyrich dessen Unterstützer verstehen, spreche dieser doch «wichtige Themen wie fundamentale Fairness und Farbenblindheit bei den Themen wie *interracial*-Beziehungen, Sozialleistungen, die Zerstörung von Familien und ungezähmtes Verbrechen» an.[58] «Evangelikale haben Ronald Reagans biblisch inspirierte Darstellung von Amerika als ‹glänzende Stadt auf einem Hügel› eingetauscht für Donald Trumps düstere Vision eines ‹amerikanischen Gemetzels›», schreibt Sarah Posner.[59]

Damit ist die Neue Christliche Rechte der USA bei ihrem Geburtsmoment in den 1950er Jahren angekommen, dem Widerstand gegen die Aufhebung der Rassentrennung an Schulen. Der evangelikale Historiker Balmer schreibt: «Die überwältigende Unterstützung für Trump verkündet den Zirkelschluss der Religiösen Rechten, ihre rassistischen Wurzeln bereitwillig aufzugreifen. Der Durchbruch bei der Wahl 2016 liegt in der Tatsache begründet, dass die Religiöse Rechte durch ihre Unterstützung eines dreimal verheirateten, selbsterklärten sexuellen Raubtiers, endlich mit der Fiktion aufräumte, dass sie besorgt sei um Abtreibung oder ‹Familien-Werte›».[60]

Trumps Wahlniederlage 2020 gibt bisher wenig Hoffnung darauf, dass die Republikanische Partei, die mittlerweile mit der Religiösen Rechten synonym geworden ist, Rassismus und Nativismus als Wahlkampfstrategie hinter sich lässt. Als Marjorie Taylor Greene und einige andere Abgeordnete im April 2021 einen *«America First Caucus»* gründen wollten, der das «angelsächsische Erbe» der Vereinigten Staaten verteidigen sollte und dessen *Policy Platform* sich auch sonst wie ein KKK-Flugblatt las,[61] war das für das Republikanische Establishment doch ein Schritt zu weit. Kevin McCarthy, der *Minority Leader* im Repräsentantenhaus, ließ verlauten, dass «nativistische *Dog-Whistles*» keinen Platz in der Republikanischen Partei hätten – allerdings ohne den *«America First Caucus»* namentlich zu erwähnen.[62] Und auch Greene ruderte zurück und behauptete, bei dem geleakten Dokument habe es sich um einen nicht-autorisierten Entwurf gehandelt. Dass dieses Programm abgelehnt wurde, ist jedoch alles andere als Grund zum Jubel, wenn man bedenkt, aus welcher Tradition der Bezug auf das angeblich «angelsächsische Erbe» herrührt. Im *Atlantic* fasste es der Journalist Adam Serwer so zusammen: «‹Angelsächsisch› sagt man, wenn man findet, dass ‹Nur für Weiße› zu inklusiv ist.»[63]

Sarah Posner hat in den letzten Jahren die Herausbildung einer neuen ideologischen Ausrichtung innerhalb der Religiösen Rechten beobachtet, die an ihre rassistischen Wurzeln anknüpft: die christliche *Alt-Right.* Sie beziehe ihre Thesen der Weißen Überlegenheit aus der Bibel. Auch wenn unklar sei, wie viele Menschen in den USA sich selbst als *Alt-Right*-Christen bezeichnen würden, so Posner, komme der Bewegung zugute, dass Weiße Evangelikale sich besonders von ihren Ideen angesprochen fühlten.

Der systematische Rassismus, den die Republikanische Partei in den letzten sechs Jahren offen zur Schau gestellt hat, ihre Bereitwilligkeit, rassistische Angst und Vorurteile zu schüren, um ihre Anhängerinnen und Anhänger gegen Minderheiten aufzuhetzen, ist für den Philosophieprofessor Jason Stanley, ein Kind von Holocaust-Überlebenden, mehr als Grund zur Sorge. So schrieb er 2019: «Keine politische Partei in den Vereinigten Staaten kann heute gerechtfertigt mit den Nationalsozialisten verglichen werden. Aber die Republikanische Partei, unter der Führung Trumps, versucht politische Macht zu erhalten, indem sie essenzielle Elemente ihrer Ideologie und Taktik borgen.»[64]

Die USA befinden sich nach der Wahlniederlage Trumps 2020 an einer historischen Weggabelung. Die Richtung, in die das Land sich in den nächsten Jahren bewegt, wird über die Zukunft der amerikanischen Demokratie, über das Bestehen einer pluralistischen Gesellschaft entscheiden. Der Soziologe Philip Gorski formuliert es so: «Ein Weg führt nach vorne, in Richtung einer multi-*racial* Demokratie, einer Nation der Nationen und einem Volk der Völker. Ein anderer führt zurück zu einer Herrenvolk-Demokratie: eine Nation von Nativisten und Weißen Menschen.»[65]

Aber wie kann das Christentum, das für so viele Menschen synonym ist mit der Lehre der Nächstenliebe, Nährboden für eine solche rassistische Ideologie sein? Zunächst einmal hängt die Beantwortung dieser Frage davon ab, wie man «Liebe» definiert. Im Christlichen Nationalismus liegen Liebe und Hass oft nah beieinander, auch in der oft sehr aggressiven Rhetorik. Carl McIntire, ein Pastor von Jerry Falwells Schlag, erklärte, seine Form des Glaubens «[...] beinhaltet eine harte, zermürbende Kontroverse. Er beinhaltet Angriffe, persönliche Angriffe, sogar gewaltvolle Angriffe [...] Der Satan predigt brüderliche Liebe, um die Menschen in Apostasie festzuhalten.» Aggression sei daher ein «Ausdruck christlicher Liebe».[66] So lässt sich hetzende Rhetorik mit einer angeblichen Botschaft von Liebe und Zusammenhalt vereinen – man muss nur Liebe neu definieren.

TO RULE THEM ALL

«Christen haben eine Verpflichtung, ein Mandat, einen Auftrag, eine heilige Verantwortung, das Land für Jesus Christus zurückzuerobern – um die Herrschaft in den zivilen Strukturen zu haben, genauso wie in jedem anderen Aspekt des Lebens und der Frömmigkeit [...] Aber es ist Herrschaft, nach der wir streben. [...] Welteroberung.» – *George Grant (ehemaliger Geschäftsführer von Coral Ridge Ministries)*[1]

In den 1950er und 1960er Jahren drängte eine neue Denkschule innerhalb des Christlichen Nationalismus ins öffentliche Leben, aber auch in das Privatleben vieler Amerikaner: Sie wurde von R. J. Rushdoony (1916–2001) begründet und nennt sich «Christlicher Rekonstruktionismus». Rushdoony war der Sohn armenischer Einwanderer, die 1915 während des Ersten Weltkriegs vor dem Genozid geflohen waren. Rushdoonys Sohn würde diese Erfahrung seines Vaters später als prägend für dessen gesamte Weltsicht bezeichnen.[2] «In Armenien gibt es keinen neutralen Boden zwischen Islam und Christentum. Und ich habe verstanden, dass es nirgendwo neutralen Boden gibt», schrieb Rushdoony 1997.[3]

Die Theologieprofessorin Julie Ingersoll nennt Rushdoony «die wichtigste zeitgenössische Person, von der du noch nie gehört hast».[4] Der Name mag sogar vielen amerikanischen Evangelikalen nichts sagen, was daran liegt, dass seine Thesen so offen rassistisch und brutal sind, dass auch viele führende Christliche Nationalisten den direkten Bezug zu ihm meiden.

Nach Rushdoonys Ansicht sollte «unerziehbaren» Jugendlichen, «Hexen», Gotteslästerern und Ehebrechern die Todesstrafe drohen. In seinem Amerika sollten Menschen nicht-christlichen Glaubens hingerichtet werden.[5] Trotzdem finden sich Echos seiner Ideen im modernen Christlichen Nationalismus.[6] Gary North, selbst ein Anhänger des Christlichen Rekonstruktionismus und späterer Schwiegersohn Rushdoonys, schrieb: «Rushdoonys Schriften sind die Quelle für so viele Ideen im Herzen der Neuen Christlichen Rechten, eines Wählerblockes, dessen unvorhergesehene Ankunft in der amerikanischen Politik die Medien überraschte [...] Sie haben nie herausgefunden, woher diese Ideen kamen.»[7] Heute findet sich Rushdoonys Einfluss besonders deutlich in extremen Formen des Evangelikalismus, beispielsweise in der *Quiverfull*-Bewegung. Dort werden Frauen unter anderem dazu angehalten, möglichst viele Kinder («einen Köcher voll») zu gebären,[8] um genug «rechtgläubige» Christen aufzuziehen, die dann wichtige Stellen in der Gesellschaft besetzen können.

Rushdoony forderte in seinen Schriften eine theokratische Regierung, die sich an «biblische Gesetze» halte. Das beinhalte die Kriminalisierung von Homosexualität mit der Möglichkeit der Todesstrafe sowie die Abschaffung jeglicher Regulierung bezüglich der Bildung und Erziehung von Kindern. Letzteres machte Rushdoony zu einer zentralen Figur der *Homeschool*-Bewegung in den USA.[9] Für ihn war staatlich gelenkte Bildung ein Auswuchs des Bösen. Seiner Auslegung nach fordere die Bibel von Christen, sich die Welt untertan zu machen. In der öffentlichen Sphäre bedeute dies, dass die Menschen von einer Art spirituellen, christlichen Aristokratie regiert werden sollten.[10]

In Rushdoonys Ausführungen zeigt sich ein tiefsitzender Antisemitismus. So versuchte er beispielsweise, den Holocaust zu relativieren. Er stritt ab, dass sechs Millionen Juden im Holocaust ermordet wurden, und behauptete, dass viele von ihnen an Krankheiten starben.[11] Dazu gesellt sich ein ausgesprochener Antifeminismus: Eine Frau habe sich ihrem Mann zu unterwerfen, wie er sich Gott zu unterwerfen habe.[12] Der Fernsehprediger Pat Robertson griff diese Ansicht auf, wenn er seinen Zuschauerinnen im *700 Club* riet: «Ich weiß, es ist schmerzhaft für die Damen, das zu hören, aber wenn ihr heiratet, dann akzeptiert ihr die oberste Leitung eines Mannes, eures Ehemannes. Christus ist der Kopf des Haushalts, und der Ehemann ist der Kopf der Ehefrau, und so ist es eben, Punkt.»[13]

In *The Institutes of Biblical Law*, seinem Hauptwerk von 1973, nennt Rushdoony die Demokratie eine Häresie, betont, dass vor Gott *nicht* alle Menschen gleich seien und schreibt über die Sklaverei: «Der Umzug von Afrika nach Amerika bedeutete eine große Ausweitung der Freiheit für den N—, materiell und spirituell sowie persönlich.»[14] Hier findet sich auch seine Behauptung der natürlichen Ungleichheit und Minderwertigkeit bestimmter Personengruppen: «Manche Menschen sind von Natur aus Sklaven und werden es immer sein.» Der Sklave müsse außerdem seine niedere Position anerkennen und huldvoll akzeptieren.[15]

Rushdoony bewegte sich damit auf den Pfaden konföderierter Theologen des 19. Jahrhunderts wie Robert Lewis Dabney, A. A. Hodge und James Henley Thornwell. Hier kamen biblischer Literalismus und die Forderung nach der Unterordnung gegenüber Autorität zusammen, sei es des Menschen gegenüber Gott, des Schwarzen Mannes gegenüber dem Weißen Mann oder der Frau gegenüber dem Mann. Die *Antebellum*-Verteidiger der Konföderation – die der Zeit vor dem Sezessionskrieg nachtrauerten, in der die Südstaaten durch Sklaverei großen Wohlstand angehäuft hatten – sahen darin eine göttliche Institution, deren Infragestellung einen Aufstand gegen die von Gott bestimmte Gesellschaftsordnung bedeutete. Robert Louis Dabney (1820–1898) formulierte es ganz deutlich. Die Ablehnung von Sklaverei war für ihn «gleichbedeutend mit der Ablehnung des Christentums».[16] Für ihn – und Rushdoony stimmte ihm später zu – war der Sieg der Unionisten synonym mit der Niederlage der «christlichen Orthodoxie». Dabneys Ansichten wirken bis heute nach. Die evangelikalen Pastoren Steven Wilkins und Doug Wilson legten 1996 das Buch *Southern Slavery, As It Was* vor, eine flammende Verteidigung der Sklaverei: «Die Sklaverei, wie sie im Süden existierte […] war eine Beziehung, die auf gegenseitiger Zuneigung und Zuversicht beruhte», und weiter: «Das Sklavenleben war für sie [Sklaven] ein Leben voller Fülle, einfacher Freuden, Essen, Kleidung und guter medizinischer Versorgung.»[17] Wilson und Wilkins geben hier die von Dabney und später Rushdoony aufgenommene Legende vom gottesfürchtigen und moralisch guten Süden wieder, in dem der überlegene Weiße den Schwarzen Sklaven wohlwollend in die zivilisierte Welt aufnimmt und für ihn sorgt, weil dieser der Aufgabe nicht gewachsen ist.

Auch in den Feindbildern der Christlichen Rechten sind Echos ihrer Vordenker erkennbar. Thornwell schrieb etwa: «Die Parteien in diesem Konflikt sind nicht nur Gegner der Sklaverei und Sklavenhalter; sie sind Atheisten, Sozialisten, Kommunisten, Rote Republikaner, Jakobiner auf der einen Seite, die Freunde der Ordnung und regulierter Freiheit auf der anderen. In einem Wort, wenn die Welt der Kriegsschauplatz ist, [dann sind] Christentum und Atheismus die Kombattanten und der Fortschritt der Menschheit steht auf dem Spiel.»[18] Dabney sprach sich zudem vehement gegen staatlich geförderte Kindererziehung aus. Diese Gegnerschaft war rassistisch begründet: Er sah die staatliche Erziehung von «den Blagen Schwarzer Armer» als ungerechte Besteuerung der «unterdrückten» Weißen. Rushdoony trat in Dabneys Fußstapfen: «Vom Staat unterstützte und kontrollierte Erziehung ist Diebstahl.»[19]

Hier zeigt sich, wie sich in Rushdoonys Schriften neoliberale Ansichten vom «schlanken Staat» – möglichst wenig Einmischung und Regulierung – mit einer Weißen, patriarchalischen und fundamentalistisch begründeten Vorstellung von Gesellschaft verbinden – eine Kombination, die noch heute im Christlichen Nationalismus fortwirkt. Ihre Bemühungen der Deregulierung des Staates dienten dabei nicht nur dem Ziel, die USA endlich wieder von Gott regieren zu lassen. Sie verfolgen durchaus auch wirtschaftliche Ziele und nutzen die Bewegung entsprechend dafür aus. Rushdoony war der Meinung, der Kapitalismus sei «vor allem ein Produkt des Christentums» – und damit ein System, das nicht nur nicht in Frage gestellt werden durfte, sondern zu seiner größtmöglichen Entfaltung getrieben werden sollte.[20] Den Gedanken Rushdoonys zur freien Marktwirtschaft, einem Hyper-Calvinismus gepaart mit Hyper-Kapitalismus, hatte der Christliche Nationalismus seine finanzielle Zukunft zu verdanken: «Amerikas Plutokraten verstanden, dass sie in der Christlichen Rechten einen Freund hatten», so Katherine Stewart.[21] Die Glorifizierung von Turbo-Kapitalismus ist zudem ein Grund dafür, weshalb es für viele Christliche Nationalisten so attraktiv klang, dass mit Trump ein Geschäftsmann ins Weiße Haus einziehen sollte. Er wolle die USA wie eine Firma leiten – das klang in ihren Ohren nicht weltlich oder bedrohlich, sondern kam ihnen bekannt vor.

Rushdoonys Einfluss war immens: «Die Idee, dass die USA eine ‹christliche Nation› sind – nicht nur in dem Sinn, dass ihre Bevölkerung ursprünglich vor allem christlich war, sondern dass sie als Teil einer christlichen Weltordnung fungieren sollte – war Rushdoonys zentraler Beitrag zur Religiösen Rechten», analysiert Katherine Stewart treffend.[22]

Die Liste von Rushdoony-Fans ist lang und voller prominenter Namen. David Barton stützt sich auf seine Ideen ebenso wie Pat Robertson, der Gründer des *Christian Broadcasting Networks* und der *Christian Coalition*, wie auch Ralph Drollinger von *Capitol Hill Ministries*. Robertson drückte seinen Glauben an *Christian Supremacy* ganz offen aus: «Es wird nie Frieden auf der Welt geben, bis Gottes Haus und Gottes Volk ihren rechtmäßigen Platz an der Spitze der Welt eingenommen haben.»[23]

2005 schlug D. James Kennedy, früherer Pastor von *Coral Ridge Ministries* und eine einflussreiche Stimme in der Religiösen Rechten, in die gleiche Kerbe: «Es ist unsere Aufgabe, Amerika für Christus wiederzugewinnen, um jeden Preis. Als die Vize-

Regenten Gottes sollen wir göttliche Herrschaft ausüben […] über jeden Aspekt und jede Institution der menschlichen Gesellschaft.»[24] Und auch Paul Weyrich glaubte an die Herrschaft der Christen in Amerika und wollte das Evangelium in einem politischen Kontext verbreiten.[25] Weyrich und Rushdoony hatten darüber hinaus ähnliche Ansichten, was demokratische Wahlen betraf. Während Weyrich der Meinung war, es sei am besten für die Republikaner, wenn möglichst wenige Menschen wählen gingen, schrieb Rushdoony: «Die Geschichte wurde noch nie von Mehrheiten dominiert, sondern nur von engagierten Minderheiten, die bedingungslos zu ihrem Glauben stehen.»[26]

Die Gefahr, die von den Lehren des Christlichen Rekonstruktionismus ausgeht, ist nicht zu unterschätzen. In der Geschichte des Christentums haben Gläubige die Beziehung des Alten und Neuen Testaments zueinander unterschiedlich ausgelegt, um ihre theologischen Ansichten zu begründen. Heute gibt es in den USA viele Christen, die das Neue Testament gewissermaßen als Ersatz für das Alte Testament sehen. Diese Lesart geht oft mit anti-judaistischen Untertönen einher, die den Gott des Alten Testaments als rachsüchtig und brutal darstellen, während der Gott des Neuen Testaments liebend und vergebend sei. Für Christliche Rekonstruktionisten sind die verschiedenen Seiten Gottes in der Bibel kein Gegensatz. Sie sehen das Alte und Neue Testament als einen kontinuierlichen Text, die Gesetze der Bibel sollen ihrer Ansicht nach auch heute noch für die säkularen Gesellschaften dieser Welt gelten.

David Barton macht aus seiner Bewunderung für Rushdoony und dessen Haltung zur Sklaverei keinen Hehl. Im Gegenteil, in dem Artikel mit der Überschrift *The Bible, Slavery, and America's Founders* auf Bartons *WallBuilders*-Website wird Rushdoony offen zitiert. «Da der sündige Mensch dazu neigt, in Knechtschaft zu leben, haben verschiedene Formen der Sklaverei das offensichtlichere System der vergangenen Jahrhunderte ersetzt», schreibt Stephen McDowell und schlägt damit in dieselbe Kerbe wie Rushdoony – die Knechtschaft des Staates als moderne Sklaverei, gegen die aufbegehrt werden muss.[27] Seine Alternative: ein Weißes, christlich geführtes Amerika. Die Kombination aus rassistischem Nationalismus und Religion begründete nicht nur die Existenz des menschenverachtenden Wirtschaftssystems der Sklaverei mit der Bibel, sondern gleichzeitig die Herrschaft des Weißen Mannes über alle Lebensbereiche.[28]

Rushdoony schaffte es bis ins Weiße Haus – zumindest als Gast eines Präsidenten: Als die Religiöse Rechte, allen voran die Weißen Evangelikalen, Reagan 1981 ins Weiße Haus verholfen hatten, wurde Rushdoony zusammen mit Howard Phillips und Paul Weyrich von Reagan dorthin eingeladen. Rushdoony sprach sich bei dem Treffen dafür aus, dass Schulen, in denen *Segregation* betrieben werde, ihren steuerfreien Status behalten dürften.[29] In Jerry Falwells *Liberty University* und Pat Robertson *Regent University* gehörten Rushdoonys Texte zum Standard-Curriculum,[30] nicht zuletzt deshalb, weil sie eine Wirtschaftstheorie enthalten, die sich mit jener der modernen Religiösen Rechten deckt. Im Christlichen Rekonstruktionismus gibt es zwar einen Staat, doch dieser soll nur das Allernötigste tun. Es solle keine Gewerkschaften geben, kein Arbeitslosengeld, keine Sozialversicherung. Stattdessen regiert der Markt. Religiöse Rechtfertigungen für neolibertäre Politik sind längst im Republikanischen *Mainstream* angekommen, Abgeordnete zitieren für die Streichung von Sozialleistungen gelegentlich aus der Bibel, besonders den zweiten Brief an die Thessalonicher (2 Thess 3,10): «Wer nicht arbeiten will, soll auch nicht essen.»[31]

Ein weiteres Thema Rushdoonys war die Forderung, staatliche Schulen zu schließen. Stattdessen sollten Eltern ihre Kinder zu Hause unterrichten. Jerry Falwell Senior drückte es so aus: «Ich hoffe den Tag zu erleben, wenn wir, wie in den frühen Tagen unseres Jahrhunderts, keine öffentlichen Schulen mehr haben. Die

Kirchen werden sie übernommen haben, und die Christen werden sie leiten.»[32]

Im Christlichen Rekonstruktionismus *beeinflusst* Religion Politik nicht nur, schreibt der Journalist John Sugg, sondern Religion *ist* Politik.[33] Politische Begriffe würden hier umgedeutet: Tyrannei bedeute die Herrschaft der Mehrheit, Demokratie gelte als Häresie – und Freiheit habe nichts mit den Rechten des Individuums zu tun. Das sei auch einer der Fehler in der Debatte um Modernisten und Fundamentalisten, sagt Julie Ingersoll. Fundamentalisten dem Begriff Modernisten gegenüberzustellen impliziere, dass Fundamentalismus nicht modern sei, doch das Gegenteil sei der Fall. Ein rhetorischer Kniff, den die Gruppe längst berücksichtigt: Unter dem Begriff *«Intelligent Design»* hat die Religiöse Rechte Kreationismus – also die Vorstellung, dass die Welt buchstäblich so entstanden ist, wie das Alte Testament es vorgibt – als «Wissenschaft» getarnt.[34]

Eine einflussreiche Strömung des Christlichen Rekonstruktionismus ist der «Dominionismus». Entstanden aus einem radikalen Calvinismus, ist ein zentraler Gedanke dieser Strömung der Auftrag an die Menschen, das Königreich Gottes auf Erden zu erbauen. Für die Dominionisten in den USA bedeutet dies konkret die Errichtung eines theokratischen Amerikas, in dem Gott in allen Lebensbereichen präsent ist. Zudem glauben sie an die Überlegenheit amerikanischer Christen über alle anderen Menschen. Damit sind auch hier nur die nach dem Dominionismus «rechtgläubigen» Christen gemeint, denn jeder, der sich dieser radikalen Deutung entgegenstellt, wird zwangsläufig als mit dem Teufel im Bunde angesehen.[35] Zudem ist der Dominionismus inhärent antijudaistisch. Laut dieser Lehre haben die Juden ihren Platz als auserwähltes Volk Gottes verwirkt. An ihre Stelle seien die Christen getreten. Diese als Substitutionstheologie bezeichnete Ansicht ist allerdings auch in *Mainstream*-Denominationen zu finden.

Neuere Formen des Rekonstruktionismus verbinden verschiedene Glaubensrichtungen innerhalb des christlichen Spektrums, die scheinbar unvereinbar sind. Der Rekonstruktionismus ist postmilleniaristisch geprägt, das bedeutet, Gläubige gehen davon aus, Jesus kehre erst nach einer 1000-jährigen Herrschaft von Christen auf die Erde zurück. Daraus leitet sich die Aufgabe ab, Gottes Königreich in der Gegenwart zu errichten. Viele amerikanische Evangelikale sind jedoch Anhänger des Prämilleniarismus, also des Glaubens daran, dass die Welt sich im Verfall befindet und Jesus zur Errichtung seines Königreichs auf die Erde zurückkehrt und in der *«Rapture»* («Entrückung») die rechtgläubigen Christen in den Himmel holen wird. In manchen Versionen geschieht das zu Beginn, während oder am Ende der *«Tribulations»* («Leiden»).[36]

Die Journalistin Michelle Goldberg, die seit über 15 Jahren über den Aufstieg des Christlichen Nationalismus berichtet, schreibt, dass durch die Politisierung des Prämilleniarismus in den 1970er Jahren Allianzen zwischen Prämilleniaristen und Vertretern des Christlichen Rekonstruktionismus geknüpft wurden. In dieser Zeit erfuhr auch die Bewegung der neuen Religiösen Rechten einen Aufschwung. Die Theologieprofessorin Julie Ingersoll analysiert zudem, dass der gesellschaftliche Zugang von Post- und Prämilleniaristen sich nicht wesentlich unterscheide, beide fokussierten sich auf *«Dominion»*, also die Herrschaft Gottes in allen Lebensbereichen.[37]

Wie eng diese beiden Strömungen heute verknüpft sind, wird beispielsweise in den *Left Behind*-Thrillern deutlich, die der evangelikale Pastor Tim LaHaye zusammen mit Jerry Jenkins verfasst hat und die mit heute 65 Millionen verkauften Exemplaren zur popkulturellen Sensation wurden.[38] Das gemeinsame Ziel, das christliche *«Dominion»* über die Welt zu erlangen, verband die beiden theologischen Lager und zeigt auch hier, wie verbreitet Christlicher Nationalismus über die Grenzen von Denominationen hinweg ist.[39]

LaHaye nannte den evangelikalen Theologen Francis Schaeffer (1912–1984) als einen seiner größten Einflüsse. Dessen Arbeit wiederum basiert in Teilen auf den Schriften Rushdoonys. Schaeffers Beispiel zeigt exemplarisch, wie einige von Rushdoonys Ideen es in den evangelikalen *Mainstream* schafften: Anders als etwa Jerry Falwell war Schaeffer in evangelikalen intellektuellen Zirkeln respektiert. Zwar nahm er Rushdoonys Ausführungen über «biblische Gesetze» nicht ernst und distanzierte sich von einer reinen Theokratie, doch andere Ansätze entwickelte er durchaus weiter. Sein Sohn Frank Schaeffer sagte über seinen Vater in einem Interview im Jahr 2009: «Hier hatte man einen Kerl, der mit dem Präsidenten zu Mittag isst und zum Umsturz der US-Regierung aufruft, und er wird einfach zum Nachmittagstee eingeladen. Niemand sagt ein Wort.»[40]

Gegen Aussagen wie diese regt sich meist Empörung in den Kreisen der Religiösen Rechten, denn man ist sich durchaus bewusst, dass Rushdoony keine gute PR bringt. Und tatsächlich distanzierte sich Schaeffer an einigen Stellen in seinem Buch *A Christian Manifesto* von Rushdoony: «Wir müssen es deutlich machen, dass wir auf keinen Fall über eine Art Theokratie sprechen. Lasst mich das mit großer Betonung sagen.» Die Gründerväter hätten keine Theokratie für die USA im Sinn gehabt, schrieb Schaeffer und legte nach: «Wir sollten das Christentum nicht in unsere nationale Flagge hüllen.»[41]

Während sich solche Sätze zunächst wie eine Absage an den Christlichen Nationalismus lesen, sind Schaeffers Ausführungen im weiteren Verlauf weniger trennscharf. An anderen Stellen schließt er, ganz auf Linie mit Rushdoony, die Gründerväter hätten nicht die Absicht gehabt, Religion aus dem Staat herauszuhalten. Die Verfassung sei kein säkulares Dokument, sondern leite sich aus der Reformation ab, die sich wiederum auf die Bibel beziehe.[42] «Heute wird die Trennung von Kirche und Staat benutzt, um die Kirche zum Schweigen zu bringen», klagte er.[43]

Schaeffer sah vor allem zwei Ursachen für diesen Zustand,

analysiert die Historikerin Frances FitzGerald: Die erste war «die Ankunft von Immigranten mit Ansichten, die nicht von der Reformation beeinflusst waren (also Katholiken und Juden), sowie die Einführung des Konzepts des ‹Pluralismus›. Die zweite war der ‹säkulare Humanismus›, der Schaeffers Ansicht nach eine totalitäre Weltsicht ist, ohne jegliche Moral, die in der Tyrannei des Staates enden würde.»[44]

So sprach sich Schaeffer zwar gegen eine Theokratie aus, andererseits sprach er positiv von den Religionskriegen des 16. Jahrhunderts, lehnte alle Weltsichten, die sich nicht aus der Reformation ableiteten, strikt ab und schrieb: «Wir sind konfrontiert mit einer Totalität [...] Es ist nicht zu stark formuliert zu sagen, dass wir uns im Krieg befinden, und es gibt keine neutralen Parteien in diesem Kampf.»[45] Da Schaeffer die Gegenwart mit der Amerikanischen Revolution verglich, ist die Frage, was er als legitime Basis für den Einsatz von Gewalt gegen die Regierung ansah, nicht ungerechtfertigt. Seine Ausführungen sollten in den folgenden Jahren von der Religiösen Rechten, aber auch vom evangelikalen *Mainstream* aufgegriffen werden: Schaeffers Verteufelung des «säkularen Humanismus» sollte bald zum Schlachtruf in einem Heiligen Krieg um die Seele Amerikas werden, den die Religiöse Rechte noch heute ausficht.

Besonderen Einfluss hatte Schaeffers Film *Whatever happened to the Human Race* (1979), ein brutaler Anti-Abtreibungsfilm, der half, die Religiöse Rechte davon zu überzeugen, dass der Widerstand gegen Abtreibung keine rein katholische Angelegenheit sein sollte. LaHaye übernahm Schaeffers Schauergeschichten über den Humanismus und popularisierte sie in seinem Bestseller *The Battle for the Mind* (1980) als Verschwörung gegen amerikanische Christen. Humanismus, betonte LaHaye, sei nicht vereinbar mit christlichem Glauben. Schaeffers Darstellung von Humanismus als totalitäre Bedrohung eines christlichen Amerikas sollte in den darauffolgenden Jahren zu einem populären Motiv der Religiösen

Rechten werden, das in Literatur und Filmen wieder und wieder thematisiert werden sollte.

Auch Marvin Olasky (siehe Kapitel «Gotteskrieger im Weißen Haus») pflegte Verbindungen zu den Rekonstruktionisten. In den 2000er Jahren bildete sich, aufbauend auf Rushdoonys Schriften, die Strömung des *Seven Mountains Dominionism* heraus. Der Name leitet sich aus Jesaja 2,2 ab: «Am Ende der Tage wird es geschehen: Der Berg mit dem Haus des Herrn steht fest gegründet als höchster der Berge; er überragt alle Hügel. Zu ihm strömen alle Völker.» Zu den Vertretern gehören unter anderem Rafael Cruz, Vater des Senators Ted Cruz, und David Barton. Laut dieser Theologie sollen Christen sich die sieben Lebensbereiche untertan machen: Familie, Religion, Bildung, Medien, Entertainment, Business und Regierung.[46]

Der Aufstieg dieser Form des Rekonstruktionismus ging einher mit der Entstehung einer neuen religiösen Bewegung: der *New Apostolic Reformation*. Ihr Ziel ist eine Gesellschaft, die im Sinne des Christlichen Nationalismus kreiert wird. Andersgläubige und diejenigen ohne jeglichen Glauben haben in ihr keinen Platz. Ihre Anhängerinnen und Anhänger, wie der selbsternannte Trump-Prophet Lance Wallnau, sind sich bewusst, wie die Erklärung von «*Dominion*» als Ziel nach außen wirken könnte. Daher solle man lieber von «Einfluss» sprechen, weil «säkulare Journalisten» sonst denken würden, dass Christen die Welt regieren wollten.[47] Der Dominionismus bietet eine Lösung an, wie man dem angeblichen moralischen Niedergang der Nation entgegentreten kann. Katherine Stewart schreibt dazu: «Unter Rushdoonys Nachfolgern sollte deutlich werden, dass das, was sie eigentlich ablehnen, lediglich eine säkulare, demokratische Regierung ist, während sie eine religiöse oder theokratische Regierung unterstützen.»[48]

Und auch heutige Organisationen des Christlichen Nationalismus haben den Dominionismus nicht hinter sich gelassen, ganz im Gegenteil: Die *Watchmen on the Wall* des einflussreichen

Family Research Council (FRC), geleitet von Tony Perkins, sind ein Netzwerk aus nach eigenen Angaben 28 000 Pastoren (Stand 2014). In einem ihrer Blogs zitieren sie noch 2018 ganz offen aus Rushdoonys *Institutes of Biblical Law*. Rushdoony selbst wird in dem Blogbeitrag als «starker Befürworter für die christliche und *Homeschool*-Bewegung in den USA» genannt. Er habe die «christlichen Anführer seiner Zeit dazu herausgefordert, in der Öffentlichkeit auf der biblischen Wahrheit zu stehen».[49]

Dominionistische Ansichten sind auch in einigen *Homeschool*-Materialien zu finden. 1984 wurde die *Coalition for Revival* (COR) gegründet, die eine fundamentalistische, totalitäre Auslegung der Bibel für das tägliche Leben des amerikanischen Volkes forderte. Zu ihrem Lenkungsausschuss zählten u. a. Rushdoony, Tim LaHaye, D. James Kennedy, Gary North und Reverend Donald Wildmon (*American Family Association*). Die COR stellt zudem Unterrichtsmaterialien zur Verfügung, die gerade in *Homeschooling*-Kreisen genutzt werden und die eine «christliche Weltsicht» vermitteln.[50]

Das Argument, dass Bildung und Erziehung in der Hand der Eltern bleiben müssen und durch die Religionsfreiheit geschützt sind, hat juristisch in den USA Erfolg gehabt. Es gibt heute kaum Regulierungen für christliche Eltern, die ihre Kinder zu Hause unterrichten. Das Plädoyer für die Autonomie in Bildungsfragen ist tief im Christlichen Rekonstruktionismus verankert, denn auch wenn sie christliche Schulen staatlichen vorziehen, um die Kinder vor «säkularem» Einfluss und Humanismus zu «schützen», lehnen Rekonstruktionisten eigentlich jede Form von organisierter Bildung ab. Nicht ohne Grund schrieb Rushdoony: «Die Grundannahme des Rationalismus ist böse.»[51]

Presuppositionalismus, die Überzeugung, dass allein biblisches Denken gut sein kann und die Grundlage für alle Moral liefert, ist auch heute noch an vielen christlichen Schulen in den USA zu finden. Das ist keine Erfindung Rushdoonys, und doch ist es das eigentliche Anliegen der Rekonstruktionisten und Dominionisten, Bildung und Erziehung ganz in die private Sphäre der Familie zurückzubringen. Rushdoonys Form des Presuppositionalismus bietet auch Erklärungsansätze für die zeitgenössische christlich-nationalistische Auseinandersetzung mit Themen wie Geschichte, Medizin und Politik.

Christlicher Rekonstruktionismus und Dominionismus sind in Medienberichten oft als obskure Randphänomene abgetan worden.[52] Doch auch wenn die Bewegungen sich am theologischen Rand befinden, keine große nominelle Gefolgschaft haben und die meisten Christlichen Nationalisten nicht mit Forderungen wie der Steinigung von Ehebrechern und Homosexuellen übereinstimmen,[53] findet sich die Handschrift beider Denkschulen heute in der Agenda der Religiösen Rechten und damit im Republikanischen *Mainstream*, den sie übernommen hat.

Noch 2006 wurden Warnungen vor dem wachsenden Einfluss solcher Strömungen von konservativen Autoren wie Ross Douthat als «paranoid» abgetan. Er schrieb damals: «Die Angst vor der Theokratie ist zur definierenden Panik der Bush-Ära geworden.»[54] Doch zunächst kommt es auf die Definition von Theokratie an. Die meisten Dominionisten und Christlichen Rekonstruktionisten wollen keine Regierungsform, in der Ämter nur von Angehörigen einer Amtskirche ausgeführt werden, sondern genau genommen eine Theonomie, also eine Gesellschaft, die auf biblischen Gesetzen beruht und von einer Art christlicher Aristokratie regiert wird. Das bedeutet, dass die exakte theologische Ausrichtung der Anhängerinnen und Anhänger nicht relevant ist – wie im Christlichen Nationalismus. Wenn Theokratie interpretiert wird als eine Gesellschaft unter «Gottes Herrschaft», dann wollen Dominionisten durchaus eine Theokratie. Ebenfalls irreführend ist der Fokus auf ein viel zu kleines Zeitfenster. Douthat schrieb zwei Jahre nach der Wahl von George W. Bush, dass die Theokratie nicht eingetreten sei. Das ist richtig, aber es verkennt, dass Dominionisten in ganz anderen Zeitspannen denken. Sie denken nicht in Jahren, teils nicht einmal in Jahrzehnten – sondern eher in Jahrhunderten. Ihr Vorgehen ist nur dann zu erkennen, wenn man ihr *long game* betrachtet, das langsame Einsickern dieser Gedanken in den Republikanischen *Mainstream*.

Während der *Seven Mountains Dominionism* die Gesellschaft von oben nach unten wieder auf den Pfad Gottes bringen will, gibt es auch Stimmen im Rekonstruktionismus, die das Gegenteil fordern. Für sie muss die Umstrukturierung der Gesellschaft von unten nach oben geschehen. Deswegen sind die Schulen in ihrer Argumentation so wichtig: Es geht darum, eine neue Generation von gottesfürchtigen Amerikanerinnen und Amerikanern heranzuziehen, die das biblische Recht und die göttliche Gesellschaftsordnung wiederherstellen werden.[55]

Trump hat deutliche Signale an Christliche Dominionisten gesendet: Die Organisation *Evangelicals for Trump* hat ihr erstes Event in einer Kirche veranstaltet, die zur *New Apostolic Reformation* gehört und dem *Seven Mountains Dominionism* folgt.[56] Aber auch große Namen der Republikanischen Partei haben sich in der Vergangenheit in einer Art geäußert, die den Glauben an einige Grundideen des Christlichen Rekonstruktionismus nahelegen. Die Republikanische Politikerin Michele Bachmann sprach sich in der Dokumentation der *Truth in Action Ministries* mit dem Titel *Socialism: A Clear and Present Danger* dafür aus, dass Bürgerinnen und Bürger einen maximalen Steuersatz von zehn Prozent an den Staat entrichten sollten. Das ist eine Referenz auf den Zehnten, eine Abgabe, den Gläubige laut der Bibel an die Kirche zahlen sollen. Während ihrer Senatskampagne 2001 empfahl sie ein Buch, dessen Co-Autor George Grant von *Truth in Action Ministries* war. Der Titel lautete *Call of Duty: The Sterling Nobility of Robert E. Lee.* Darin stellt Grant die Südstaaten-Sklaverei als gütige Institution dar und interpretiert den Bürgerkrieg als Kampf zwischen dem frommen Süden und dem gottlosen Norden. Bachmann nennt zudem den uns bekannten Francis Schaeffer und John Eidsmoe, Professor an der *Oral Roberts University*, als prägend für ihr eigenes Denken. Eidsmoe ist ein Rekonstruktionist.[57]

Und auch die Ansichten von Mike Pence und Betsy DeVos bezüglich staatlicher Bildung sind dominionistisch geprägt.[58] Justizminister Bill Barr vertrat sogar recht offen dominionistische Positionen.[59] In einer Rede an der katholischen *University of Notre Dame* sagte Barr: «Wir haben die stetige Erosion unseres traditionellen jüdisch-christlichen Moralsystems gesehen und das umfassende Bemühen, es aus der Öffentlichkeit zu vertreiben [...] Wir sehen stetigen Aufstieg von Säkularismus und moralischen Relativismus.» Barr verwendet hier typische Bilder – ein christlich gegründetes Amerika, das bedroht wird von um sich greifender Gottlosigkeit, verkörpert durch die Trennung von Kirche und Staat und den Humanismus.[60] Der Prediger Rafael Cruz ist ein Anhänger des *Seven Mountains Dominionism*, sein Sohn Ted Cruz trat 2016 in den Republikanischen Vorwahlen gegen Donald Trump an. Ted Cruz' Wahlkampfrhetorik war ähnlich geprägt, auch wenn er sich klugerweise nie öffentlich für oder gegen Dominionismus ausgesprochen hat.[61]

Der Einfluss Christlicher Rekonstruktionisten auf die heutige Religiöse Rechte ist nur zu verstehen, wenn diese theologische Strömung nicht als Randbewegung verharmlost wird. Julie Ingersoll formulierte es dem Nachrichtenportal *Salon* gegenüber 2015 so: «Christliche Schulen, *Home-Schooling*, Kreationismus, der wirtschaftliche Ansatz, das sind die Dinge, die ich für viel wichtiger halte. [...] Die Kämpfe, die wir gerade sehen, die über Religionsfreiheit und die von der Verfassung geschützte Gleichheit für LGBTQIA*-Menschen ausgefochten werden, wie diese Dinge zusammenpassen oder auch nicht – dieser Kampf wurde von dem Theologen Rousas John Rushdoony in den 60er Jahren vorgezeichnet. Nicht unbedingt im Hinblick auf LGBTQIA*, sondern im Bezug auf die Erweiterung von Bürgerrechten – es ging um Bürgerrechte. Er sagte nicht explizit auf *race* basierte Bürgerrechte, aber genau darüber sprach er zu dieser Zeit.»[62]

Rushdoony lieferte der Religiösen Rechten mit seiner rassistischen Auslegung der Bibel eine Art Blaupause für ihre aktuelle juristische Strategie, um gegen den Schutz von LGTBQIA*-Menschen vor Diskriminierung zu kämpfen. In einem christlich-rekonstruktionistischen Amerika seien nicht alle gleich, weil Gott nicht für jeden Menschen dieselben Rechte vorgesehen habe, so Rushdoony. Damit lässt sich für Diskriminierung unter dem Mantel der Religionsfreiheit vor Gericht argumentieren – und das mit Erfolg. Trumps Justizminister Jeff Sessions gründete zudem 2018 eine *Religious Liberty Task Force* innerhalb des Justizministeriums, die letztlich die Diskriminierung anderer mit Religionsfreiheit begründete.[63]

Doch Religionsfreiheit ist hier nur ein Mittel zum Zweck. Gary North formulierte es 1982 ganz deutlich: «Wir müssen die Doktrin der Religionsfreiheit nutzen [...], bis wir eine Generation von Menschen heranziehen, die wissen, dass es keine religiöse Neutralität, keine neutrale Gesetzgebung, keine neutrale Bildung und keine neutrale Zivilregierung gibt. Dann werden wir uns daran machen, eine Bibel-basierte soziale, politische und religiöse Ordnung aufzubauen, die endlich den Feinden Gottes die Religionsfreiheit verweigert.»[64]

Dominionismus und Rekonstruktionismus sind politische Bewegungen, auch wenn ihre Anhängerinnen und Anhänger das abstreiten würden. Das liegt daran, dass ihr Ziel jenseits des geltenden demokratisch-pluralistischen Systems liegt. Deswegen verstehen sich Dominionisten selbst nicht als politisch, denn ihrer Ansicht nach würde das implizieren, dass sie die Absicht hätten, im demokratischen System zu verweilen. Mit diesem rhetorischen Kniff können sich Dominionisten leicht herausreden, was ihr politisches Engagement angeht, und es stattdessen als rein religiös *framen.*

Auch wenn Teile der Christlichen Rechten in den USA sich nicht als Dominionisten bezeichnen würden, ist ihr Selbstverständnis wesentlich von dieser Strömung geprägt. Das bedeutet keineswegs, dass Dominionisten die Republikanische Partei übernommen haben. Aber sie haben das ideologische Fundament für die Übernahme der Republikanischen Plattform durch Fundamentalisten und rechte Ideologen geliefert.[65] Dass ihr Einfluss jahrzehntelang mit sehr wenigen Ausnahmen von etablierten Medienhäusern unterschätzt wurde, hat dazu geführt, dass sie bisher weitgehend ungestört operieren konnten.

Der Dominionismus ist jedoch keine Lehre, die sich im Geheimen entfaltet hat – die Literatur und Videos ihrer Repräsentanten sind öffentlich zugänglich, die Ziele sind dort klar benannt. Die Macht des Dominionismus liegt darin, wie tief die Ideen der Bewegung den konservativen *Mainstream* der USA bereits durchdrungen haben.

EINE DISZIPLINIERTE ARMEE

«Die Gemeinde sollte eine disziplinierte, angreifende Armee sein [...] Christen, wie Sklaven und Soldaten, stellen keine Fragen.» – *Jerry Falwell*[1]

Um zu verstehen, wie die Religiöse und Politische Rechte in den USA operieren, genügt es nicht, die Verbindungen zu den von ihnen unterstützten Präsidentschaftskandidaten zu analysieren. Noch wichtiger ist der Blick hinter die Kulissen, auf das engmaschige Netzwerk aus Organisationen, *Think Tanks*, Medien und *Policy*-Gruppierungen, das die Bewegung 2016 schließlich ins Weiße Haus geführt hat. Dieses Netzwerk wird nach Trumps Niederlage gegen Biden nicht verschwinden, und es wird auch noch bestehen, falls Trump sich dagegen entscheiden sollte, 2024 erneut zu kandidieren.

Die Neue Rechte und damit auch die neue Religiöse Rechte der USA entstand aus einer politischen Enttäuschung heraus. Im Präsidentschaftswahlkampf 1964 hatten die Hoffnungen der Republikanischen Partei auf den Schultern von Barry Goldwater (1909–1998) geruht. Goldwater hatte extreme Ansichten: Sozialleistungen sollten nicht Aufgabe des Staates sein, generell sollte sich die Regierung aus wirtschaftlichen und sozialen Angelegenheiten heraushalten. Er stimmte 1964 gegen den *Civil Rights Act*, und seine Ernennung zum Präsidentschaftskandidaten entsetzte den moderaten Flügel der Republikaner.[2] Außerdem verteidigte er die rechtsextreme *John Birch Society* gegen Kritiker: «Sie glauben an die Verfassung, sie glauben an Gott, sie glauben an Freiheit», sagte er im März 1964, um im April noch eine Schippe draufzulegen: «Ich halte die *John Birch Society* nicht für extremistisch.» In seiner Antrittsrede, nachdem er die Präsidentschaftskandidatur der Republikanischen Partei gewonnen hatte, verkündete er: «Extremismus bei der Verteidigung der Freiheit ist keine Sünde.» Es waren solche Äußerungen, die dazu führten, dass er Lyndon B. Johnson (1908–1973) unterlag.[3] Goldwater verlor die Wahl deutlich, und doch sollte sein Wahlkampf, oder vielmehr diejenigen, die ihn betrieben, die politische Landschaft der USA in den nächsten Jahrzehnten radikal verändern – auch wenn dies weitgehend unter dem Radar der breiten Öffentlichkeit geschah. Goldwater wurde unter anderem von drei jungen Männern unterstützt: Paul Weyrich, Richard Viguerie und Morton Blackwell. Aus Goldwaters Niederlage zogen sie ihre eigenen Schlüsse: Für sie war sein Scheitern die Motivation, Amerika für Gott zurückzugewinnen.

Der bereits mehrfach erwähnte Paul Weyrich, geboren in Wisconsin, war ein erzkonservativer Katholik, der der Überzeugung war, dass eine Neue Rechte es den Demokraten gleichtun müsse, was den Aufbau von Strukturen und Organisationen anging, die das politische Wirken unterstützten – nur so würde man in Zukunft Wahlen gewinnen können. Weyrich war zudem der Ansicht, das konservative Establishment habe sich zu sehr auf Wirtschaftspolitik versteift und zu wenig auf «moralische» Themen gesetzt, mit denen man den Kulturkampf bestreiten könne.[4] Ein neues Netzwerk aus Stiftungen und *Think Tanks* sollte entstehen, kombiniert mit der Organisationskraft der Basis auf Ebene der Bundesstaaten. Kirchen und politische Funktionäre sollten die Infrastruktur schaffen für das eigentliche Ziel, nämlich die Eigenheiten der amerikanischen Demokratie für sich auszunutzen. Im amerikanischen Wahlsystem sind besonders im Senat und im *Electoral College* (Wahlkollegium), aber auch im Repräsentantenhaus, ländliche, dünn besiedelte Landstriche überproportional zu ihrem Bevölkerungsanteil vertreten – eine Tatsache, die auf die Zeit vor dem Amerikanischen Bürgerkrieg zurückgeht. Sklavenhalter-Staaten war es so möglich, die Politik des Landes erheblich zu beeinflussen, auch wenn die Bevölkerung ihrer Staaten kleiner war. Weyrich und Co. hatten begriffen, dass diese Besonderheit einen bisher ungenutzten Hebel zur Macht darstellte. Es war eine ebenso einfache wie raffinierte, aber legale Strategie, um als Minderheit Macht zu gewinnen und zu halten und so die eigene Politik durchzusetzen – und den Staat in seinem Kern zu verändern. Die Strategie war für die Republikaner höchst erfolgreich: Seit 1988 haben sie nur einmal die Mehrheit der Stimmen in einer Präsidentschaftswahl gewonnen, aber fast die Hälfte der Zeit das Land regiert. 2021 vertraten die 50 Demokratischen Senatoren 40 Millionen mehr Amerikanerinnen und Amerikaner als die 50 Republikanischen. Auch die drei *Supreme Court*-Richterinnen und -Richter, die den Republikanern die absolute Mehrheit am höchsten Gericht verschafften, wurden von einem Präsidenten ernannt, der nicht die Mehrheit der Stimmen erhalten hatte, analysieren die Harvard-Politikprofessoren Steven Levitsky und Daniel Ziblatt.[5]

Der Texaner Richard Viguerie, ebenfalls ein Katholik, der ursprünglich im Bereich des *Gospel-Radios* gearbeitet hatte, lieferte Weyrich das entscheidende Werkzeug für die massenhafte Mobilisierung religiöser konservativer Wählerinnen und Wähler. Viguerie hatte für den Radio-Evangelisten Billy James Hargis gearbeitet, einen glühenden Anhänger der Segregation, und dieser hatte schließlich die zündende Idee: Jede Wahlkampfspende über 50 Dollar musste vom Schriftführer des Repräsentantenhauses aufgenommen werden. Viguerie wollte diesen Umstand nutzen, um sich Zugang zu hunderttausenden konservativen Haushalten zu verschaffen. Die Mobilisierung dieser wertvollen Stimmen könnte die nächste Wahl zugunsten seines Kandidaten entscheiden. So ließ er sich vom Schriftführer die Liste der Spender der Goldwater-Wahlkampfkampagne aushändigen – und bemerkte schnell, dass er auf eine Marketing-Goldgrube gestoßen war.

Dasselbe wiederholte er landesweit.[6] Es war das erste Mal, dass jemand Massen-*Mailings* in der Politik angewendet hatte. Viguerjes Listen legten einen unbezahlbaren Grundstein für den Aufbau der Neuen Rechten. Durch sie generierte er eine «Armee von Spendern», die neben den Großspendern das finanzielle Rückgrat für die neue politische Bewegung bilden würden.[7]

Während Viguerie und Weyrich für Marketing und die politische Agenda zuständig waren, rekrutierte Morton Blackwell die nächste Generation. Blackwell war Anglikaner und arbeitete später im Bereich Öffentlichkeitsarbeit für das Weiße Haus unter Ronald Reagan. Er war sich bewusst, dass es nicht nur darum ging, junge Konservative zu gewinnen, sondern dass diese auch geschult werden mussten, um effektiv auf Stimmenfang gehen zu können und eine homogene politische Botschaft zu kommunizieren. Im *Leadership Institute* (LI, gegründet 1979) in Arlington, Virginia, lernte der konservative Nachwuchs Wahlkampfstrategie, *Fundraising*, Organisation von lokalen Initiativen und Medienarbeit. Das Praktikumsprogramm und die *Blackwell Scholarships* verfolgten das Ziel, möglichst viele junge Absolventen in Büros von Abgeordneten und Senatoren auf den *Capitol Hill* oder gar ins Weiße Haus zu bringen. Namhafte Absolventen dieser Kaderschmiede sind unter anderem Mike Pence und Mitch McConnell. Das LI behauptet von sich selbst, mehr als 200 000 rechte politische Organisatoren und Aktivisten ausgebildet zu haben.

Mit Reagan hatten Weyrich, Viguerie und Blackwell einen Kandidaten gefunden, in dem sie den Geist Barry Goldwaters wiedererkannten, der aber eine bessere Öffentlichkeitswirkung hatte und weniger radikal wirkte. Dennoch stand fest: Wenn sie auf lange Sicht Wahlen gewinnen wollten, mussten sie nicht nur besser organisiert sein als die Demokraten, sondern auch eine politische Infrastruktur aus dem Boden stampfen.

Zum besseren Überblick lässt sich das Dickicht aus den Organisationen, die sich in dieser Zeit bildeten, in vier Blöcke einteilen:

1) Netzwerke, die sich auf die Rekrutierung und Organisation von neuen Anhängerinnen und Anhängern konzentrieren.
2) Organisationen und Netzwerke auf der legislativen Ebene.
3) Organisationen und Netzwerke auf der judikativen Ebene.
4) Organisationen in der Medienwelt.

Beginnen wir mit dem ersten Block. Für die Inhalte, die man kommunizieren wollte, die *Policy*, war die 1973 von Weyrich und Edwin Feulner gegründete *Heritage Foundation* zuständig. Sie verfolgt auch heute noch das Ziel, «konservative *public policies* zu formulieren und zu bewerben, basierend auf den Prinzipien freien Unternehmertums, begrenztem staatlichem Einfluss, individueller Freiheit, traditionellen amerikanischen Werten und einer starken nationalen Verteidigung».[8] Im Kongress ist das *Republican Study Committee (RSC)* derzeit der größte konservative Ausschuss, gegründet wurde es 1973 von Weyrich und seinen Mitstreitern, um Augen und Ohren im Kapitol zu haben und im Kongress an Einfluss zu gewinnen.

Jerry Falwells *Moral Majority*, seine Pastoren und ihre Gemeinden, bildete ein weiteres Puzzleteil innerhalb der neuen Infrastruktur, die Weyrich plante.[9] Er hatte erkannt, welche politische Macht in den Gemeinden schlummerte. Seine Mission formulierte er so: «Menschen erretten; Nummer zwei, sie taufen zu lassen; Nummer drei, sie zum Wählen zu bewegen.»[10] Und Falwell war genau der richtige Mann für diese Aufgabe: Er hatte die Kontakte zu fundamentalistischen Pastoren, die Weyrich brauchte, um diese potenzielle Wählerbasis anzuzapfen. Sie waren der Zugang zu ihren Gemeinden und damit zu unzähligen, nicht registrierten möglichen Wählerinnen und Wählern. Für Falwell und seine Pastoren stand ebenfalls viel auf dem Spiel: Sie wollten ihren steuerfreien Status nicht verlieren, aber ihre *Segregation Academies* beibehalten. Es ging also auch um eine Menge Geld – Motivation genug, um mit den wirtschaftlichen Konservativen und der extremen Rechten in ein Boot zu steigen. Falwell war sich bewusst, dass auf lange Sicht eine der politischen Gegenseite überlegene Organisation entscheidend sein würde. Ihm schwebte dabei ein militärischer Geist im Namen Jesu vor: «Die örtliche Gemeinde ist eine organisierte Armee, die für den Kampf ausgerüstet und bereit ist, den Feind anzugreifen. Die Sonntagsschule ist die Angriffsgruppe.»[11] Weyrich und die übrigen Gründerväter der Neuen Rechten hatten erkannt, dass sich Wahlen gewinnen ließen, wenn man das System der *Electoral Colleges* auszunutzen wusste. Was sie zusammenbrachte, war nicht eine gemeinsame Glaubensrichtung, sondern Christlicher Nationalismus. Die Fusion von Weyrichs politischer Maschinerie mit Falwells Netzwerk aus Pastoren, verbunden durch Vigueries Massenmarketing per Post, war zudem ein geniales Konzept.

Trotzdem brauchte die sich formierende Neue Rechte eine Art Dachorganisation, die die Lenkung übernehmen und vor allem Geld sammeln würde, um die neue politische Maschinerie geschmeidig am Laufen zu halten. Deshalb gründete Paul Weyrich 1981 zusammen mit dem bereits genannten evangelikalen Autor und Prediger Tim LaHaye und einigen anderen den *Council for National Policy* (CNP), die vielleicht wichtigste, aber bis heute in der Öffentlichkeit weitgehend unbekannte Organisation der Neuen Rechten in den USA. Auch bei der Zusammensetzung des CNP wird deutlich, dass die Gemeinsamkeit der Akteure nicht etwa in der Theologie lag, sondern in der gemeinsamen Vorstellung eines nahezu theokratischen Amerikas, in dem Weiße, wohlhabende Männer die Geschicke des Landes bestimmten.

Eine Expertin für diese Organisation ist die Historikerin und Journalistin Anne Nelson, die sich in ihrem Buch *Shadow Network* (2019) dem Aufbau des halb im Verborgenen agierenden Netzes widmet, allen voran dem einflussreichen *Council for National Policy*. Er fungiert als eine Art Vermittlerzentrale, über die die anderen Organisationen kommunizieren. Einer der größten

Unterschiede zwischen der Funktionsweise rechter und linker Organisationen sei die innere Kultur, sagt Nelson. «Die Linken kann man sich als Leute vorstellen, die Jura studiert haben. Sie schätzen die interne Debatte, sind der Ansicht, dass durch Diskussion das beste Ergebnis erzielt wird. Gleichzeitig verlangsamt das die Prozesse. Die Rechten denken dagegen wie Absolventen einer *Business School*: Man stellt den CEO nicht in Frage. Es gibt klare Hierarchien, Anweisungen, die von oben nach unten durchgegeben und ausgeführt werden, eine firmen-ähnliche Struktur.»[12] Das macht die Organisation weniger demokratisch, aber effektiver. Es gibt eine zentrale Strategie, hinter der sich die einzelnen Teile des Netzwerkes einordnen: Alles wird dem gemeinsamen Ziel untergeordnet, Amerika für Gott zu zurückzuerobern. Der CNP brachte die konservativen Größen aus Medien, Politik, Business und dem Geldadel zusammen. Das bedeutete vor allem: Er schaffte einen Marktplatz für Ideen zur radikalen Umstrukturierung des Landes.

Ein Mitglied beschrieb es gegenüber der *Baton Rouge State Times* 1987 folgendermaßen: «[...] der *Council* war ein Vehikel für Menschen, die Ressourcen brauchten, um andere Menschen zu treffen, die über Ressourcen verfügten.» Einer derer, die nach Geld suchten, war der Anführer der nicaraguanischen Rebellengruppe *Contras*, Adolfo Calero (1931–2012), der im CNP Oliver North traf. Dieser war eine Schlüsselfigur in der Iran-Contra-Affäre, bei der Erlöse aus illegalen Waffenverkäufen an iranische Rebellen in die Kassen der Contras gelenkt wurden. «Es ist klar, dass der *Council for National Policy* enge Verbindungen zur Reagan-Regierung hat und zu vielen von Reagans stärksten konservativen Unterstützern», hieß es weiter in der *Baton Rouge State Times.* Die Mitgliedschaft war exklusiv und geheim, man blieb unter sich: «Mögliche zukünftige *Council*-Mitglieder werden von einem Komitee überprüft, Mitgliedschaft erfolgt nur auf Einladung.»[13]

Obwohl der CNP seine Mitgliederlisten vor den Augen der

Öffentlichkeit zu verbergen versuchte, sickerten immer wieder Informationen durch. 1998 veröffentlichte das *Institute for First Amendment Studies* ein Namensverzeichnis. Darunter fanden sich Paul Weyrich, Richard Viguerie und Morton Blackwell als politische Aktivisten sowie Elizabeth Ridenour vom *National Council on Bible Curriculum in Public Schools*, Gary Bauer (Präsident des *Family Research Council*), Phyllis Schlafly (*Eagle Forum*) und Beverly LaHaye von *Concerned Women For America*. Aus dem Einflussbereich der Gerichte war Edmund B. Meyer, der Präsident der mächtigen *Federalist Society*, mit von der Partie.

Das Camp der religiösen Hardliner bildeten R. J. Rushdoony (*Chalcedon Foundation*), Tim LaHaye und Pat Robertson, während Mitglieder wie der Geschäftsmann und Milliardär Richard DeVos (*Amway*) und Familienmitglieder der superreichen Bier-Dynastie Coor für einen stetigen Geldstrom sorgten. Gleichzeitig tummelten sich auf der Liste diverse Vertreter und Eigentümer von Medienunternehmen, darunter Edward Atsinger und Stuart Epperson von *Salem News* (von denen später noch die Rede sein wird).[14] Die Mitgliedschaft ist nicht umsonst – je mehr Einfluss, desto höher die Gebühr. «*Gold Circle*»-Mitglieder zahlen 10 000 Dollar jährlich, einfache Mitglieder 1750 Dollar und Mitglieder unter dreißig 100 Dollar.[15] 2008 spielte der CNP eine entscheidende Rolle bei der Wahl Sarah Palins als Vizepräsidentschaftskandidatin für John McCain.[16]

Auch heute existiert der CNP noch, seine Reihen sind gefüllt mit den Vordenkern der Rechten: Das *Southern Poverty Law Center* veröffentlichte 2014 die aktuelle Mitgliederliste. Dort fanden sich bekannte Namen: Steve Bannon, der ehemalige *Breitbart*-Chef, der 2016 Donald Trumps Wahlkampf leiten würde, die Anti-Abtreibungs-Aktivistin Phyllis Schlafly und weitere führende Köpfe des rechten christlichen Spektrums wie James Dobson.[17] In seinen Steuerunterlagen heißt es im Jahr 2000, der CNP stelle «weiterbildende Konferenzen und Seminare für nationale Führungspersonen in den Bereichen *Business*, Regierung, Religion und Wissenschaft» bereit, gelistet wurden damals 732 000 Dollar als jährliche Einnahmen.[18] Unbezahlbar dürften aber die Kontakte sein, die Mitglieder des CNP bei den Zusammenkünften knüpfen – denn diese bedeuteten sichere Finanzströme, solange man die richtigen politischen Positionen vertrat.

Neben dem Geldadel in den eigenen Reihen, wie den Familien Prince und DeVos, pflegt der CNP auch enge Beziehungen zu neoliberalen Geldgebern wie Charles Koch. Die Allianz zwischen Neoliberalen und religiösen Hardlinern scheint auf den ersten Blick widersinnig. Doch die ungewöhnliche Koalition fußt auf einem gemeinsamen Interesse. Während die Sozial-Konservativen die patriarchale Kernfamilie als den identitären Kern eines christlichen Amerikas sahen, war die Propagierung der heterosexuellen «Kernfamilie» ebenso im Interesse der Neoliberalen. Denn für diese Gruppe bedeutete die «Kernfamilie» wirtschaftliche Stabilität durch klare Arbeitsteilung. Das Aufbegehren von Minderheiten, die für ihre Rechte kämpften – Frauen, BPoC oder gar beide Gruppen zusammen –, gefährdete diese Struktur. Die steigende Zahl von Scheidungen und alleinerziehenden Müttern verband Neoliberale und Konservative in der Rhetorik der «Familienwerte», wie die Soziologin Melinda Cooper zeigt – wobei die Familie die Rolle des Sozialstaates einnehmen sollte.[19]

Die Religiöse Rechte fördert zudem, Hand in Hand mit libertären *Think Tanks* wie dem *Heartland Institute*, unter anderem finanziert vom Koch-Netzwerk und ExxonMobil, die Verbreitung von Falschinformation zum Thema Klimawandel.[20] Es unterhält ebenfalls enge Verbindungen zum CNP.[21]

2015 sprachen fünf Kandidaten für die Präsidentschaftsnominierung der Republikaner beim CNP vor, darunter auch Donald Trump. Laut Informationen der konservativen Zeitschrift *National Review* bekam jeder Kandidat eine halbe Stunde Redezeit, gefolgt von einer ebenfalls halbstündigen Frage-und-Antwort-Runde. Trump bekam stehende Ovationen.[22] Am 5. Oktober 2019 twitterte Mike Pence: «Der *Council for National Policy* ist eine der ältesten und effektivsten Organisationen in der Geschichte der konservativen Bewegung. Danke, [...] dass ihr für die Prinzipien kämpft, die unser Land großartig gemacht haben!»[23] Neben Steve Bannon war auch Trump-Beraterin Kellyanne Conway, die seinen Wahlkampf leitete, Mitglied des CNP.

Das von Anne Nelson benannte *«Shadow Network»*, das unter der Führung des CNP die Politische und Religiöse Rechte erfolgreich miteinander vereint, basiert auf vier Säulen: Lobbyarbeit in den Bereichen Legislative, Exekutive und Judikative, den weitschweifigen Netzwerken fundamentalistischer Christen, straff organisiertem Basis-Aktivismus und einem scheinbar nie endenden Geldstrom von industriellen Großspendern.

Eine große Rolle spielt dabei James Dobsons *Family Research Council* (FRC, gegründet 1983) und das dazugehörige Medienimperium *Focus on the Family.* 1988 begann Dobson, *Family Policy Councils* auch in den einzelnen Bundesstaaten zu etablieren – 2019 existierten sie in 40 der 50 Staaten.[24] Der legislative Arm der Organisation ist das 1992 gegründete PAC (*Political Action Committee*) namens *Family Research Council Action,*[25] es gilt als gemeinnützige Organisation und genießt dadurch steuerfreien Status. Seine Mission ist es, laut eigener Aussage, «[...] gewählte Volksvertreter auf dem *Capitol Hill* und in den Bundesstaaten aufzuklären und zu beeinflussen, unser Basisnetzwerk zu aktivieren und *Values Voters* (Wertewähler) im Namen des Glaubens, der Familie und der Freiheit zu mobilisieren».[26]

Der *Family Research Council*, der seit 2003 von Tony Perkins geleitet wird, ist ebenso aktiv in der Wählermobilisierung – vor allem mit der Organisation *Watchmen on the Wall* (Wächter auf der Mauer), eine direkte Referenz zur Bibelstelle Jesaja 62,6: «Auf deine Mauern, Jerusalem, stellte ich Wächter. Weder bei Tag noch bei Nacht dürfen sie schweigen. Ihr, die ihr den Herrn [an Zion] erinnern sollt, gönnt euch keine Ruhe!» *Watchmen on the Wall* stellt Materialien zur Wählermobilisierung für die Pastoren zur Verfügung, produziert vom *Family Research Council, Focus on the Family* und der *Ethics and Religious Liberty Commission.*[27] Darin enthalten sind unter anderem «druckreife Werbematerialien», «eine patriotische Predigt», «ein Pult mit 50 Bögen zur Wählerregistrierung», «*How To*-Informationen, um ein Event zur Wählerregistrierung abzuhalten», «juristische *Do's* und *Don'ts* für Kirchen und Pastoren» sowie einen «Ressourcen-*Guide* für Wähler».[28] In Anbetracht der demographischen Situation in den USA sind Organisationen wie die *Watchmen on the Wall* ein essenzielles Werkzeug für konservative Christen, um möglichst viele konservative Gläubige zum Wahlgang zu motivieren – denn in diesen Zeiten ist die Wahlbeteiligung entscheidend. Die absolute Anzahl konservativer Weißer Christen in den USA mag zwar zurückgehen, aber dafür gehen viel mehr von ihnen zur Wahl als ihre politischen Gegner.

Perkins' *Watchmen* pflegen enge Beziehungen nach Washington. Mike Pence trat 2018 auf einer Veranstaltung der *Watchmen* auf – ein Termin, der nicht in seinem offiziellen Terminkalender als Vizepräsident vermerkt wurde.[29] Begrüßt wurde der Überraschungsgast mit tosendem Applaus in einem Saal voller Pastoren, die «USA, USA!» skandierten. Pence betonte in seiner Rede die enge Beziehung der Trump-Regierung zu Perkins und seiner Organisation: «Dieser Präsident, dieser Vizepräsident, unsere gesamte Regierung könnten nicht dankbarer sein für Tony Perkins' unbeugsame Führung in Washington, D. C.»[30] In seiner Rede feierte er Trump als einen «Champion des Glaubens» und verkündete, dass das *Johnson Amendment* (siehe Kapitel «Die Erfindung der Geschichte») unter Trumps Regierung nicht mehr durchgesetzt werden solle.

Die Verteilung von *Voter Guides*, angeblich «unparteiischen»

Wahlanleitungen mit Informationen über die politische Positionierung von Kandidaten, war zentral für die erfolgreiche Neuorganisation der Religiösen und Politischen Rechten in den letzten Jahrzehnten. Diese Materialien sollten den Wählerinnen und Wählern dabei helfen, «biblisch» zu wählen, und wurden über sorgsam erstellte Mailinglisten und direkt innerhalb der Gemeinden verbreitet. Der Zugang zu diesen Mailinglisten, die potenzielle Wähler erreichen konnten, machte die Chefs von Organisationen wie *Focus on the Family* zu politischen Schwergewichten in Washington, um deren Gunst Politiker ringen mussten – mit direkten Auswirkungen auf die Gesetzgebung.

Um konservativen Kandidaten am rechten Rand im Wahlkampf zu helfen, gründete Paul Weyrich 1974 das *Committee for the Survival of a Free Congress* (CFSFC), das Kandidatinnen und Kandidaten anhand einer 100-Punkte-Skala beurteilte[31] und später als *Free Congress Foundation* (FCF) bekannt wurde.[32] Die FCF unter Leitung von Paul Weyrich, Michael Lind und Jim Gilmore verbreitete etwa den Verschwörungsmythos vom «kulturellen Marxismus», der unter anderem den Rechtsterroristen A. Breivik beeinflusste, der 2011 auf der norwegischen Insel Utøya ein Massaker anrichtete.[33]

Während Falwells *Moral Majority* in der Reagan-Ära vor allem Geistliche rekrutiert und so die Netzwerke von Gemeinden angezapft hatte, konzentrierte sich die *Christian Coalition*, die Pat Robertson 1989 ins Leben rief, auf die Gläubigen selbst. Robertson wählte sich als Geschäftsführenden Direktor Ralph Reed aus, einen Absolventen des *Leadership Institutes* von Morton Blackwell. Dort hatte Reed, wie so viele politische Akteure nach ihm, gelernt, wie man effektiv Wahlkampf macht, Spenden sammelt und vor allem, wie man dabei wenig öffentliche Aufmerksamkeit erregte. Reed bediente sich einer militärischen Sprache, sodass es mitunter so klang, als spreche er von einer verdeckten Operation: «Ich will unsichtbar sein. Ich betreibe Guerilla-Kriegsführung. Ich bemale mein Gesicht und reise bei Nacht. Du weißt nicht, dass es vorbei ist, bis du dich in einem Leichensack befindest.»[34] Auch heute arbeiten Netzwerke der Religiösen Rechten daran, Pastoren für dominionistische, politische Zwecke zu mobilisieren. Neben Bartons *WallBuilders* zählt dazu beispielsweise die Initiative *Reclaiming America for Christ*, deren Ziel es ist, «Pastoren im ganzen Land dabei zu helfen, ihre eigenen Staaten für Christus und die Christliche Freiheit, auf der unsere Gründerväter dieses großartige Land gebaut haben, zurückzugewinnen.»[35]

Der zweite Block von Organisationen ist auf der legislativen Ebene aktiv. Weyrich war davon überzeugt, dass der Wandel auf lokaler Ebene beginnen musste. Deswegen gründete er 1973 den *American Legislative Exchange Council* (ALEC), der unter anderem Gesetzesentwürfe für lokale Politiker produzierte. Dadurch würden die einzelnen Bundesstaaten von ähnlichen Gesetzesinitiativen überschwemmt werden – die Basis für die Durchsetzung entsprechender Gesetze auch auf Bundesebene.

ALEC war in den letzten Jahren besonders umtriebig, seine Leiterin Lisa Nelson ist ebenfalls Mitglied des CNP. ALEC wendet sich an konservative, unternehmerfreundliche Abgeordnete in Staaten, in denen die Republikaner die Legislative kontrollieren, und stattet sie mit Modellgesetzgebung aus, die im Sinne des CNP ist, erklärt Anne Nelson.[36] Während ALEC sich aktuell vor allem mit der Beschränkung von Wählerrechten beschäftigt, hatte die Organisation in der Vergangenheit effektiv an der Beschneidung der Rechte von Gewerkschaften mitgewirkt. In Michigan wurde etwa 2012 ein *«Right to Work»*-Gesetz verabschiedet, das wortwörtlich aus einer ALEC-Modellgesetzgebung entnommen war. Der Entwurf sah vor, die traditionell starken Gewerkschaften in Michigan in ihrer Handlungsfähigkeit massiv zu begrenzen. Unterstützt wurde dieses Unterfangen durch Großspenden der Familie DeVos, die ebenfalls aus Michigan stammt.[37]

Project Blitz ist derzeit eine der wichtigsten Lobby-Gruppen landesweit. Auf Bundestaatsebene leitet sie Vorschläge für die Gesetzgebung an die entsprechenden Abgeordneten weiter. Die Absicht dieser 2015 gegründeten Organisation besteht darin, die Legislativen in den Bundesstaaten mit einer Lawine an christlich-nationalistischer Gesetzgebung zu überschwemmen – möglichst viel und möglichst schnell. So soll die Trennung von Kirche und Staat schrittweise unterwandert werden: «Es handelt sich um eine *Christian Supremacist*-Agenda, um die Idee, dass Gott Christen befiehlt, die Vereinigten Staaten anzuführen und für ihre religiöse Vision zu kontrollieren, und für die politischen Implikationen, die daraus folgen», so der Journalist Frederick Clarkson, der 2018 als Erster über *Project Blitz* berichtete. «Wenn du ein liberaler Christ bist, ein Jude, Muslim oder an gar nichts glaubst, oder was auch immer, bist du bestenfalls ein Bürger zweiter Klasse.»[38] Hinter *Project Blitz* steckt eine Allianz der *Congressional Prayer Caucus Foundation* (CPCF), David Bartons *WallBuilders* und der *National Legal Foundation* (NLF). Die CPFC ermuntert Gesetzgeber in allen Bundesstaaten dazu, sich zu *Prayer Caucuses* (Gebetsfraktionen) zusammenzuschließen – dort wird jedoch nicht bloß gemeinsam gebetet, sondern die vom *Project Blitz* vorgeschlagene Gesetzgebung in den Bundesstaaten vorangetrieben, zum Beispiel zur Diskriminierung von LGBTQIA*-Menschen.[39]

Um es der Legislative leichter zu machen, hat die CPCF Handbücher veröffentlicht, in denen Modellgesetzgebung zu verschiedenen Themen angelegt ist. Dabei werden die Vorlagen in drei Level eingeteilt, von «leicht» zu verabschieden bis «schwer»: Unter die Kategorie *«Our Country's Religious Heritage»* fallen Gesetze, die es beispielsweise verpflichtend machen würden, den Slogan *«In God We Trust»* in Klassenzimmern abzubilden. Das *2017-Manual* argumentiert, derartige Vorschläge seien ein guter Einstiegspunkt, da sie «auf den geringsten Widerstand» stoßen würden. Selbst wenn das Gesetz nicht verabschiedet würde, könne es «die

Grundlage für eine spätere Unterstützung anderer staatlicher Stellen zur Verbreitung religiöser Darstellungen bilden».[40]

Die zweite Kategorie bezieht sich auf Maßnahmen, die die USA als «christliche Nation» präsentieren sollen, wie etwa die Einführung einer Woche, in der das christliche Erbe der USA gewürdigt werden soll. Auch hier heißt es im Handbuch, Kritik gegenüber diesen Vorschlägen sei in der Öffentlichkeit unpopulär – eine Abstimmung über das Gesetz sei also schon ein Erfolg für sich.[41] Das Handbuch verkündet: «Wir stehen Ihnen zur Seite und unterstützen Ihre Bemühungen im Gebet und mit Ressourcen. Dazu gehören in der Verfassung geschulte Anwälte, die Ihnen bei der Ausarbeitung der Gesetzentwürfe helfen können und bei der Verteidigung, sollten die Gesetze in Frage gestellt werden. Wir entwickeln auch eine Datenbank mit Experten, die für die Gesetze aussagen können.»[42]

Die dritte Kategorie beinhaltet Gesetze, die religiöse Diskriminierung beispielsweise bei Adoptionen erlauben soll sowie gegen LGBTQIA*-Menschen und das Recht für Schulen und Lehrer, religiöse Inhalte an ihre Schüler weiterzugeben.[43] *Project Blitz* kann erhebliche Erfolge verzeichnen: In Louisiana, Arkansas, Tennessee, Florida, Alabama und Arizona müssen staatliche Schulen jetzt den Schriftzug *«In God We Trust»* tragen.[44] Das investigative Projekt *Blitzwatch* berichtet, dass 2018 in drei Staaten Gesetze erlassen wurden, die religiöse Diskriminierung bei Adoptionen ermöglichen.[45]

Hinter *Project Blitz* steckt die dominionistische Weltsicht, die im letzten Kapitel dargestellt wurde. Werden ihre Vertreterinnen und Vertreter darauf angesprochen, wird oft abgewunken, es gehe lediglich um die Gefolgschaft Gottes. Doch was harmlos klingt, verbirgt eine theokratische Agenda: «[...]Was ‹Jüngerschaft› für diese Leute tatsächlich bedeutet, ist, nicht nur das eigene Leben – sondern die Nation – unter die Herrschaft von Jesus Christus zu bringen», so der Theologieprofessor André Gagné.[46]

Das Handbuch von *Project Blitz* aus dem Jahr 2018 beinhaltet außerdem Modellgesetzgebung zur Verteidigung von Konversionstherapie und zur Verhinderung eines bürgerrechtlich geschützten Status von «sexueller Orientierung» und «*Gender*-Identität».[47] Der Journalist Frederick Clarkson sorgte 2018 durch seine kritische Berichterstattung dafür, dass *Project Blitz* sich plötzlich im Scheinwerferlicht negativer nationaler Aufmerksamkeit befand. In einem geleakten Strategiegespräch sagte Lea Carawan, *Executive Director* der CPCF: «Sie haben angefangen, über *Project Blitz* zu reden. Und sobald wir verstanden hatten, dass sie wussten, was wir vorhatten, haben wir den Namen geändert; haben Dinge ein bisschen umgeräumt, [...] wir haben den Namen geändert und machen weiter.»[48]

Die Handbücher der Organisation für 2019/20 und 2020/21 wurden im Juli 2021 geleakt[49] – an der Strategie hat sich nichts geändert, doch nach der öffentlichen Aufmerksamkeit, die *Project Blitz* nach Medienberichten 2018 erfuhr, haben sie ihre Sprache angepasst. Während die neuen Handbücher betonen, dass man keine «Theokratie» anstrebe, ist das angesichts der enthaltenen Modellgesetzgebung mehr als fragwürdig, schreibt Clarkson: «[...] die Inklusion des *The Ten Commandment Display Act* macht das nicht sehr überzeugend. Sie betonen außerdem, dass die Modellgesetze ‹religiöse Toleranz› bewerben und dass sie ‹niemandem Religion aufzwingen›, und doch fordert der *National Motto Display Act*, dass der christliche religiöse Slogan ‹In God We Trust› an den Gebäuden staatlicher Schulen und staatlichen Gebäuden angebracht wird.»[50] Nachdem es 2020 aufgrund der Corona-Pandemie eher ruhig um *Project Blitz* war, erwarten Beobachterinnen und Beobachter der Organisation eine Welle von Gesetzen im Jahr 2021. Von 74 eingebrachten Gesetzen, die die Vorlagen von *Project Blitz* verwenden, wurden bis Juli 2021 14 verabschiedet.[51] Eine neue Ergänzung und Ausweitung des Einflusses von *Project Blitz* stellt der *Public Libraries Parental Review Act* dar, der in den neuen Handbüchern zu finden ist und der die elterliche Zensur erlauben würde: «‹[E]lterliche Überprüfungsgremien›» haben danach die Befugnis, «öffentliche Anhörungen einzuberufen […] und den Zugang zu allem einzuschränken, was sie als ‹altersunangemessenes sexuelles Material erachteten›». Ihre Entscheidungen wären nicht nur «endgültig», sondern der Gesetzentwurf sieht auch Geldstrafen oder Gefängnisstrafen für Bibliothekare vor, die gegen diese Vorstandsbeschlüsse verstoßen. Den Bibliotheken könnten auf dieser Grundlage auch staatliche Fördermittel entzogen werden.[52]

Die Handbücher von *Project Blitz* verdeutlichen erneut, dass die Religiöse Rechte über einen langen Atem verfügt. Für sie ist es nicht zwingend notwendig, in der nächsten Legislaturperiode die gewünschten Gesetze durchzudrücken. David Barton, der Mitglied des *Steering Committees* ist, beschreibt den Effekt von *Project Blitz* als «Whac-a-Mole *[Anm. d. Autorin: «Schlag den Maulwurf», ein beliebtes Jahrmarktspiel]* für die andere Seite; es wird sie verrückt machen, dass sie ihre Ressourcen aufteilen müssen, um dagegen anzukämpfen.»[53] Niederlagen sind Teil des Plans, sie werden als notwendige Schritte auf dem Weg zum Ziel gesehen: «[…] der Aufstieg Christlicher Amerikanisten zur Macht bedeutet möglicherweise keinen sofortigen Übergang zur konservativen christlichen Theokratie. Stattdessen könnte die Trennung von Kirche und Staat und die Religionsfreiheit einen Tod durch tausend kleine Schnitte sterben», schreibt der Theologe David R. Brockmann.[54]

Auch das *ProFamily Legislation Network*, hinter dem David Bartons *WallBuilder*s stehen, bietet Abgeordneten landesweit ein Reservoir von gleichgesinnten Gesetzgebern und Experten, Ressourcen und Anleitungen zur Verteidigung der bereits erwähnten «Familienwerte»: «Lernt, welche Gesetzgebung in anderen Staaten funktioniert und welche Handlungen jetzt die größte Wirkung erzielen; tauscht Ideen […] aus, um die Fallstricke und Fehler zu umgehen, die schon von anderen gemacht wurden.»[55] Die Religiöse Rechte hat außerdem erkannt, dass unterschiedliche Organisationen unterschiedliche Gruppen ansprechen müssen. Während Jerry Falwell und James Dobson sich mit ihrer populistischen Form des Gospels an die Massen wandten, nahm die bereits erwähnte *Fellowship*, auch *The Family* genannt, gezielt die Mächtigen des Landes in den Blick, die politische Ziele konkret umsetzen können: Kongressabgeordnete, Senatoren, Richter, Gouverneure, Präsidenten.

Die Mächtigen sind ebenfalls die Zielgruppe von Ralph Drollingers *Capitol Ministries.* Drollinger, ein ehemaliger Basketballprofi und Geistlicher, predigt im Herzen Washingtons. In seinen Bibelkreisen lehrt er, wie man «biblische» Gesetze schreibt. Während Trumps Amtszeit nahmen nach Drollingers Aussage zwölf Mitglieder des Kabinetts an seinen Veranstaltungen teil, darunter Mike Pence, Außenminister (davor CIA-Chef) Mike Pompeo, der Minister für Wohnungsbau und Stadtentwicklung Ben Carson, *Chief of Staff* Mark Meadows und Bildungsministerin Betsy DeVos.[56] Für Drollinger ist die Bibel die «Blaupause» für eine perfekte Gesellschaft. Damit reiht er sich gedanklich bei den Rekonstruktionisten und Dominionisten ein. Auch hier wird deutlich: Während Rushdoony als Randfigur erscheint, haben seine Ideen den Weg ins Zentrum der politischen Macht längst gefunden. Drollinger glaubt, die Bibel sei die Vorlage für alle Fragen, mit denen sich ein Politiker konfrontiert sehe, in seinem Bibelkreis behandelt er Außenpolitik ebenso wie *Gender* und Sexualität.[57] Sein Einfluss beschränkt sich nicht auf Washington. *Capitol Ministries* hat mittlerweile mehrere Ableger in den Hauptstädten von Bundesstaaten.

Der dritte Organisationsblock der Religiösen Rechten agiert in der Judikative. Als Mitch McConnell 2015 im Republikanisch dominierten Senat die Anhörung Merrick Garlands verhinderte, der von Obama für den Obersten Gerichtshof nominiert worden war, schüttelten einige politische Kommentatorinnen und Kommentatoren die Köpfe angesichts dieses Manövers. McConnells Blockade war jedoch keine Ausnahme, sondern Teil eines Jahrzehnte andauernden Plans seitens der Republikaner. Unter dem Einfluss der Religiösen Rechten sollten nach und nach immer wichtigere Gerichte im Land mit ihnen gewogenen Richterinnen und Richtern besetzt werden, bis hoch zum Obersten Gerichtshof. Trump ernannte innerhalb seiner Amtszeit 226 Richter. Diese Zahl befindet sich unter der von Obama (320), Bush (322) und Clinton (367), allerdings beziehen sich deren Zahlen auf acht, nicht vier Jahre. Besonders wichtig waren Trumps Ernennungen an den 13 einflussreichen Berufungsgerichten des Landes: Dort ernannte er 54 Richter, nur einen weniger als Obama in ganzen acht Jahren. Dadurch konnte Trump die Mehrheit in drei Berufungsgerichten zu Gunsten der Konservativen kippen.[58] Die *Appellate Courts* befinden sich eine Stufe unter dem *Supreme Court.*

Es war ein langwieriger Prozess, der lange unbemerkt geblieben war, bis unter Trump die Früchte auf höchster Ebene geerntet werden konnten. Nicht nur hatte McConnells Blockade der Obama-Regierung einen Sitz am Obersten Gerichtshof vorenthalten, sondern Trump hat der Religiösen Rechten mit Neil Gorsuch, Brett Kavanaugh und Amy Coney Barrett drei konservative Richter geliefert, die ihm von wichtigen Organisationen der Religiösen und Politischen Rechten empfohlen worden waren. Alle drei standen auf den Namenslisten der *Federalist Society*, die die Organisation als Empfehlung ans Weiße Haus geschickt hatte.

Die *Federalist Society* wurde 1982 von einer Gruppe konservativer, libertärer Jurastudenten gegründet und hat die Bundesjustiz in den letzten Jahrzehnten mehr als jede andere Organisation beeinflusst. Alle konservativen Mitglieder des derzeitigen Obersten Gerichtshofs haben Beziehungen zur *Federalist Society*, waren oder sind selbst Mitglieder.[59] So sagte etwa Clarence Thomas, er sei «Teil der *Federalist Society*», seit er sie in den 1980er

Jahren getroffen habe, Samuel Alito war ein Mitglied von 1997–98 und John Roberts ist ein gern gesehener Redner auf Events der Organisation.[60]

Dieser *Think Tank* sollte dem liberalen Klima der meisten amerikanischen Universitäten eine konservative Elite entgegenstellen, ganz im Sinne Reagans: «Teil von Reagans Politik war es, Kräfte an Kriegsschauplätzen aufzubauen, um zu helfen, feindliche Regime zu stürzen, und ich sah uns als das Äquivalent dazu an juristischen Fakultäten», sagte Steven Calabresi, einer der Gründer.[61] Mit Hilfe der Organisation sollten Politiker Koalitionen bilden, die konservative Richter ernennen und den Einfluss des Staates begrenzen würden. Trump nutzte die *Federalist Society* bereits 2015, um seine Glaubwürdigkeit gegenüber seinen Mitbewerbern um die Präsidentschaftskandidatur zu stärken. Sein Anwalt Don McGahn, selbst Mitglied der *Federalist Society*, organisierte ein Treffen im *Trump Tower* mit dem Vizepräsidenten Leonard Leo. Leo, ein erzkonservativer Katholik, hatte bereits vor Jahren erkannt, dass Konservative zu anderen Mitteln greifen mussten, um Macht auszuüben: «[...] Abtreibung, Schwulenrechte, Verhütung – Konservative hatten keine Chance, wenn die öffentliche Meinung so bleiben würde. Deswegen mussten sie die Gerichte besetzen.»[62] Trump bat Leo um eine Liste mit von der *Society* bevorzugten Kandidatinnen und Kandidaten für die höchsten Richterämter des Landes. Leo lieferte – und Trump machte die elf empfohlenen Namen publik, auf die er im Falle seiner Wahl zurückgreifen würde. Kurze Zeit später wurden der Liste weitere Personen hinzugefügt, darunter Kavanaugh und Gorsuch, die Trump später ernennen sollte.[63] Es war ebenso effektiv wie werbewirksam, die Nominierung von Richtern an den mächtigsten konservativen *Think Tank* im Bereich der Justiz auszulagern. «Gegner von Richter-Nominierungen behaupten oft, dass der Präsident seine Auswahl von Richtern *outgesourct* hat», scherzte McGahn 2017 auf einem Treffen der *Federalist Society*. «Das ist komplett falsch. Ich bin seit meiner Universitätszeit ein Mitglied der *Federalist Society*. Bin ich immer noch. Also, ehrlich gesagt, scheint es eher, als sei es *in-gesourct* worden.»[64]

Der evangelikale Teil der Religiösen Rechten verlässt sich heute auf ebenso konservative, zum Teil katholische Richter wie Amy Coney Barrett. Doch es gibt auch Bestrebungen, selbst eine Generation junger Nachwuchskräfte heranzuziehen. Jerry Falwell sagte über die Gründung einer juristischen Fakultät an seiner *Liberty University*, sie sei dazu gedacht, «eine neue Generation von Anwälten, Richtern, Pädagogen, Politikern und Anführern weltweit» dazu auszubilden, «das Gesetz von der Perspektive einer explizit christlichen Weltsicht» aus zu betrachten und anzuwenden.[65] Ferner existiert eine Reihe juristischer Fakultäten an christlich-konservativen *Colleges* und Universitäten, die den Geist der Anwälte und Richter von morgen im Sinne der Religiösen Rechten formen sollen – darunter die *Ave Maria School of Law*, die *University of St. Thomas* und Pat Robertsons *Regent University*.[66]

Mitglieder der *Federalist Society* waren Wegbereiter für die juristischen Siege der Religiösen Rechten – darunter das *Citizens-United*-Urteil des *Supreme Courts*, mit dem 2010 die Finanzierung von Wahlkämpfen durch private Spender oder Firmen mit dem Schutz der Meinungsfreiheit begründet wurde.[67] Schon vor Trump hatten Präsidenten die Macht der *Federalist Society* zu nutzen gewusst – schließlich waren alle Bundesrichter, die von Bush Senior und Junior ernannt wurden, «entweder Mitglieder der *Society* oder wurden von Mitgliedern der *Society* unterstützt.»[68]

Auch die *Alliance Defending Freedom* (ADF, früher *Alliance Defense Fund*) hat sich der Sache der Religiösen Rechten verschrieben. Die ADF wurde 1993 unter anderem von James Dobson, D. James Kennedy (*Coral Ridge Ministries*), Donald Wildmon (*American Family Association*) und Bill Brights (*Campus Crusade*) gegründet. Als Gegenorganisation zur progressiven ACLU (*American Civil Liberties Union*) ist die ADF seitdem die prominenteste Organisation der Religiösen Rechten im Bereich des juristischen Aktivismus. Sie engagiert sich für klassische Themen der sogenannten «*Culture Wars*» (siehe Kapitel «Ströme von Blut: Der Kulturkampf»). Die ADF nutzt dabei Diskurse um Religionsfreiheit als Deckmantel, um LGBTQIA*-Menschen und Andersgläubige zu diskriminieren.

Die ADF hatte bis 2018 acht Fälle vor dem *Supreme Court* verhandelt und alle gewonnen. Einer der bekanntesten war *Masterpiece Cakeshop v. Colorado Civil Rights Commission.*[69] Dabei gab der Oberste Gerichtshof einer Bäckerei recht, die sich weigerte, einen Kuchen für die Hochzeit eines homosexuellen Paares zu backen. Die ADF hat in diesem und anderen Fällen die Berufung auf die Religionsfreiheit zur erfolgreichen Strategie gemacht. Allein 2018 verfügte sie über ein Budget von 55 Millionen Dollar und ist, wie zahlreiche andere Anti-LGBTQIA*-Organisationen der Religiösen Rechten, auch international aktiv.[70] Vor dem Europäischen Gerichtshof für Menschenrechte versuchten ADF-Anwälte 2015 vergeblich, Einfluss auf einen Prozess zu nehmen, der es Mitgliedsstaaten untersagte, eine Sterilisation von trans Menschen vor der Änderung des Geschlechtes in amtlichen Dokumenten zu fordern. In Belize war die ADF an der Kriminalisierung von Homosexualität beteiligt. Beide Fälle zitierte das *Southern Poverty Law Center* in ihrer Entscheidung, die ADF als «*Hate Group*» zu klassifizieren.[71]

Zur ADF gehört auch die *Blackstone Fellowship*, die Stipendien für christliche Jura-Studenten anbietet. Amy Coney Barrett war schon 2017 während ihrer Anhörung für einen Posten als Bundesrichterin für ihre Auftritte bei Veranstaltungen der Organisation kritisiert worden. Barrett behauptete, nichts von der Verbindung von *Blackstone* mit der ADF gewusst zu haben, auch wenn das Logo auf der damaligen Website deutlich sichtbar war. Sie bezeichnete das Label «*Hate Group*» im Bezug auf die ADF als «kontrovers».[72] Seit 2017 ist Michael Farris Präsident der ADF. Er ist einer der Anführer der *Homeschooling*-Bewegung in den USA und hat sowohl die *Homeschool Legal Defense Association* als auch das fundamentalistische *Patrick Henry College* (2000) gegründet.

Organisationen, die mit dem CNP verbunden sind, haben in den letzten Jahrzehnten eine juristische Philosophie propagiert, die lange als extrem galt: den Originalismus. Dieses Prinzip bezieht sich auf eine Lesart juristischer Dokumente, nach der Gesetzestexte exakt in der Bedeutung verstanden werden sollen, die sie zu ihrer Entstehungszeit hatten. Was zunächst simpel klingt, hat massive Folgen: In der ursprünglichen Verfassung der USA waren beispielsweise weder das Wahlrecht für BPoC noch für Frauen vorgesehen. Außerdem wird Originalismus oft kombiniert mit der Ansicht, dass es Präzedenzfälle und Super-Präzedenz-Fälle gebe – so etwa vertreten von Amy Coney Barrett. Als Super-Präzedenzfall wird dabei ein Fall bezeichnet, in dem es keinen Widerspruch mehr gegen das Urteil gibt – dieses gilt dann als unumstößlich. Das liefert Richterinnen und Richtern einen Anhaltspunkt, Urteile zu ändern, die ihrer Ansicht nach falsch gefällt wurden.[73] Amy Coney Barrett sagte beispielsweise in ihrer Anhörung im Senat, dass sie das Urteil im Fall *Roe v. Wade* nicht als Super-Präzedenzfall ansehe – und bestätigte damit, dass Trump die richtige Person ausgewählt hat, um die Interessen der Religiösen Rechten im *Supreme Court* zu vertreten.[74] Weitere Gruppen, die innerhalb dieses Netzwerks Aktivisten mobilisieren, sind Phyllis Schlaflys *Eagle Forum*, das sich vor allem «Familienwerten» verschrieben hat, die Anti-Abtreibungs-Organisation *Susan B. Anthony List* sowie die LGBTQIA*-feindlichen *Concerned Women for America* und die *American Heritage Girls*, eine Konkurrenz-Organisation zu den *Girl Scouts*. Sie sind national organisiert, aber auch auf Bundesstaatsebene, also in einem Bereich, den die Demokraten viel zu lange vernachlässigt hatten.

Gesetzgeber benutzen diese Art von «Basis-Aktivismus» oft als Argument, um auf scheinbar breite Zustimmung in der Bevölkerung zu verweisen – auch wenn deren Fundament nicht selten Großspender des CNP sind. Ein Beispiel für eine solche «*Astroturf*-Organisation» (wörtlich «Kunstrasen-Bewegungen» im Gegensatz zu echten «Graswurzel-Bewegungen») sind die 2010 gegründeten *Tea Party Patriots* unter der Führung von CNP-Mitglied Jenny Beth Martin. In den letzten Jahren haben sie wieder an Bedeutung gewonnen, zuletzt durch ihre Proteste gegen Corona-Maßnahmen in verschiedenen Bundesstaaten.[75] Die *Tea Party Patriots*, genau wie die Gruppierung *FreedomWorks*, werden nicht nur von CNP-Mitgliedern geführt, sondern unter anderem durch die reiche Industriellenfamilie Koch finanziert.[76]

Ein weiterer, nicht zu unterschätzender Powerplayer, der Richter- und Gesetzesempfehlungen ausspricht, ist die *National Rifle Association* (NRA). Deren aktuelle Präsidentin, Carolyn D. Meadows, ist ebenfalls Mitglied des CNP, genau wie der langjährige Vizepräsident Wayne LaPierre. Während die NRA heute oft als Synonym für Tarnkleidung tragende Waffennarren verwendet wird, sah das vor ein paar Jahrzehnten noch ganz anders aus. 1977 hatte die sogenannte «Cincinnati-Revolte» unter Führung von Harlon Carter (1913–1991) dafür gesorgt, dass die NRA sich von einer Art *Country Club* für Sportschützen zu einer extrem rechten politischen Lobbygruppe entwickelt hatte, deren Einfluss man auch im Kapitol registrierte.[77] Bereits 1975 organisierte Carter den Widerstand gegen ein neues Gesetz, das den Verkauf von Handwaffenmunition einschränken sollte – mit Erfolg.[78] Die NRA wuchs, und damit auch ihr Einfluss. 2018 zählte sie etwa fünf Millionen Mitglieder. Auch hier galt das Prinzip von Weyrich und seinen Mitstreitern: Selbst wenn die Mitgliederzahl relativ gesehen noch kein übermäßiges Gewicht hatte, bot das amerikanische politische System einer gut organisierten und motivierten Wählergruppe die Möglichkeit, sowohl im Senat als auch im *Electoral College* das Zünglein an der Waage zu sein.[79]

Derzeit befindet sich die NRA in der Krise – von Skandalen und finanziellen Schwierigkeiten ist die Rede. Doch lokal organisieren sich bereits dominionistisch geprägte Ortsverbände, denen die Organisation nicht radikal genug ist – angeführt von den Dorr-Brüdern, die sich besonders durch geschickten *Social-Media*-Umgang auszeichnen. Der Podcast *No Compromise*, der diese neue Form des Waffenrechts-Aktivismus aufdeckte, gewann 2021 den Pulitzer Preis.[80]

1998 drohte James Dobson den Republikanern damit, ihnen seine Unterstützung zu entziehen, wenn sie nicht zunehmend «familienfreundliche», also LGBTQIA*- und abtreibungsfeindliche Gesetzgebung vorantreiben würden – mit Erfolg.[81] CNN berichtete: «Dobson und andere Führungspersonen der Christlichen Rechten zufrieden zu stellen, ist zur zentralen Aufgabe Republikanischer Gesetzgeber geworden. Im Repräsentantenhaus ist die legislative Agenda vollgestopft mit ‹Pro-Familie›-Abstimmungen, die sich an Dobsons Publikum richten.»[82]

Seitdem ist der digitale Wandel längst auch in den Kampagnen der Religiösen Rechten angekommen. Während das Obama-Team 2008 in diesem Bereich noch die Nase vorn hatte, zog die Politische und Religiöse Rechte rasch nach: 2010 investierten die Koch-Brüder 50 Millionen Dollar in die Plattform i360, die politische Daten aus *Voting Records* (Wahlregistern) mit Konsumentendaten kombinierte. Daraus wurden laut der Journalistin Anne Nelson Wählerprofile kreiert, die den ausgewählten Republikanischen Kandidaten, denen die App zur Verfügung gestellt wurde, einen bisher nie dagewesenen Einblick in die Ansichten potenzieller Wählerinnen und Wähler bot.

Gleichzeitig lieferte die App ein maßgeschneidertes Skript für die an der jeweiligen Adresse gemeldeten Wähler: «Deine App sagt dir, ob die Person ein Mitglied der NRA ist und eine Waffe besitzt und bei ihr letztes Jahr eingebrochen wurde, und dann bekommst du ein Skript, das dazu passt: Die Demokraten wollen deine Waffen wegnehmen, du musst wählen gehen. Aber wenn nebenan eine christliche Hausfrau mit acht Kindern wohnt, die Geld an Anti-Abtreibungs-Organisationen gespendet hat, bekommst du ein komplett anderes Skript: Die Demokraten wollen deine Babys töten», sagt Nelson. Die App der Demokraten namens *«Mini Van»* hingegen habe bei den Senatsstichwahlen 2021 in Georgia den Wahlkämpfern nur Informationen darüber geliefert, wer in einem Haushalt wohnte und ob die Person bereits im Wahlregister geführt war.[83]

Der vierte Block des riesigen Organisationsnetzwerks ist das abgeriegelte Paralleluniversum christlicher und konservativer Medienimperien, welche oft im Besitz von CNP-Mitgliedern oder anderen Angehörigen der Religiösen Rechten sind. «Die Kirche des Donald», titelte *Politico* 2018: «Vergesst *Fox News* – Trumps verlässlichstes mediales Sprachrohr ist christliches Fernsehen». Die Beziehung zwischen Trump, seiner Regierung und den christlichen Fernsehsendern des Landes, so die These des Magazins, sei für alle Seiten ertragreich. Denn unter Trump erhielten Sender wie das *Christian Broadcasting Network* (CBN), gegründet 1961 von Pat Robertson, Einzug ins Weiße Haus. Rob Allmann, Vizepräsident des CBN, schrieb in einer Mail: «Die Trump-Regierung hat *CBN News* die Möglichkeit gegeben, an Orten anerkannt zu werden, an denen das für eine Christliche Nachrichtenorganisation normalerweise nicht möglich wäre».[84]

Im Gegenzug boten die Sender Trump eine massive mediale Reichweite. Mitarbeiter von CBN wurden – genau wie andere trumpfreundliche «Journalisten» – vermehrt auf Pressekonferenzen des Weißen Hauses aufgerufen – im Wissen, dass sie wohlwollende Fragen stellen würden. Die Zahlen sprechen für sich: Das *Trinity Broadcasting Network* (TBN), gegründet 1973 von Paul und Jan Crouch, ist das weltweit größte religiöse Fernsehnetzwerk, allein in den USA hat es Zugang zu 100 Millionen Haushalten.[85]

Der Siegeszug der christlich-konservativen Medien begann

1977, lange vor *Fox News*, und zwar zunächst recht leise mit der Gründung von *Salem Radio* durch Stuart Epperson und Edward Atsinger III. Beide waren Absolventen der *Bob Jones University* in South Carolina, und innerhalb der nächsten Jahrzehnte sollte sich ihre Firma *Salem Communications* zu einem christlichen Medienimperium entwickeln.[86] Ziel von *Salem Radio* war es, dem «säkularen Humanismus» ein anderes Weltbild entgegenzusetzen – eines, das Homosexualität verdammte, für «biblische» Werte eintrat und eine fundamentalistische Auslegung der Bibel verteidigte.[87] *Salem Radio* bespielte die weite Fläche – das Land zwischen den Küsten –, und mit dem Niedergang des unabhängigen Lokaljournalismus in genau diesen Regionen etablierte es sich weitgehend unbemerkt von den Medienhäusern, die meist in den Metropolen der Küstenregionen angesiedelt waren. Es war ein Informationsvakuum, das nur darauf wartete, gefüllt zu werden. Epperson und Atsinger nutzten die Gelegenheit: Der *Council for National Policy* (1981), dem auch konservative Medienschaffende angehören, und vor allem seine Partnerorganisation *United in Purpose* bewirkten, dass die Nachrichten im christlichen Radio und Fernsehen eine einheitliche Botschaft sendeten.

Andere sprangen bald auf den Zug auf. Die Show des fundamentalistischen Psychologen James Dobson, eines der frühen Mitglieder des CNP, *Focus on the Family*, war eine willkommene Ergänzung bei *Salem Radio* – und sie kam gut an. 1982, fünf Jahre später, lief sie täglich eine halbe Stunde auf fast 200 Radiosendern.[88] Das Publikum bestand mehrheitlich aus christlichen Hausfrauen, auf diese Zielgruppe war Dobsons Show ausgerichtet. Häufige Themen waren Pädagogik und Kindererziehung. Dobson, dem rechten evangelikalen *Mainstream* entsprechend, war ein großer Verfechter der körperlichen Züchtigung. «Die Schläge sollten stark genug sein, um das Kind wirklich zum Weinen zu bringen», so Dobson. Nur so könne das Kind die wahre Unterordnung unter die Autorität der Eltern lernen.[89] Dieser Akt der Unterwerfung, so Dobson weiter, würde auch für das spätere Leben von großer Relevanz sein: als Gläubige in der Kirche, im Falle von Mädchen später als Ehefrauen gegenüber ihren Ehemännern. Autorität und Unterwerfung stehen im Zentrum der christlich-nationalistischen Ideologie – im Privaten wie im Öffentlichen.

Nicht nur Hausfrauen, die daheim die Kinder erzogen, hörten tagsüber Radio und wandten sich mit Fragen und Nöten an den freundlichen Fundamentalisten von nebenan. Epperson und Atsinger hatten verstanden, welches Massenpublikum sie durch den stetigen Ausbau ihres Radio-Imperiums erreichen konnten: Jede und jeden, der im Auto zur Arbeit fuhr oder gar pendelte.[90] Auch das *American Family Radio*, der Radio-Ableger der homofeindlichen *American Family Association*, verfügt über 180 Radiostationen in 30 Bundesstaaten.

Die Abschaffung der *Fairness Doctrine* durch die Reagan-Regierung 1987 war ein Wendepunkt, der die Existenz eines parallelen Medienuniversums erst wirklich möglich machte. Bis dahin mussten politische Kommentare in ihrer Berichterstattung ausgewogen sein, nun hatte Reagan den Weg freigemacht für politischen Aktivismus über die Radiowellen, ohne dass sich Kommentatorinnen und Kommentatoren eine Gegenrede gefallen lassen mussten. Die Show *Focus on the Family* und Dobsons gleichnamige Organisation entwickelten sich zu einem eigenen Medienimperium. Der 1983 von Dobson gegründete *Family Research Council* (FRC) steht heute noch an der Spitze derer, die sich gegen Rechte für LGBTQIA*-Menschen einsetzen. Auch hier wird deutlich: «Familie» fungiert als Code für eine LGBTQIA*-feindliche Agenda, weil hier die Ehe zwischen Mann und Frau gemeint ist.

Die Medien der Neuen Religiösen Rechten arbeiten bis heute mit dem Prinzip der *Dog Whistle.* Anne Nelson entschlüsselt einige der Begriffe: «‹Fairness› und ‹Gerechtigkeit› bedeuten, die Steuern für die Reichen und Unternehmen zu senken. ‹Werte› bedeutet eine konservative evangelikale Ideologie. ‹Recht auf Arbeit› bedeutet, Gewerkschaften die Vorteile des kollektiven Verhandelns vorzuenthalten.» Währenddessen meint «Schulreform» die Schwächung staatlicher Schulen gegenüber religiösen Privatschulen.

Neben dem Radio nutzte die Religiöse Rechte auch das Fernsehen. Zu den Pionieren auf dem Feld der Fernsehprediger gehörten Jerry Falwell und, allen voran, Pat Robertson. Er gründete 1960 das *Christian Broadcasting Network* (CBN). Jerry Falwell war mit seiner *The Old-Time Gospel Hour* (1956) zwar nicht der beliebteste Televangelist im Lande, aber das Geschäft brummte trotzdem. In den 1970er Jahren fuhr er jährliche Gewinne von 30 Millionen Dollar ein.[91] Da die *Federal Communications Commission* im selben Jahr beschlossen hatte, dass die Sender jetzt auch Sendezeit verkaufen durften, bot sich hier eine Gelegenheit, einen ganz neuen Sektor innerhalb der amerikanischen Medienlandschaft zu erobern.[92]

Pat Robertsons Show *The 700 Club* (basierend darauf, dass er anfangs 700 Hörer finden musste, die zehn Dollar monatlich spendeten, um die Show produzieren zu können) besetzt auch heute noch einen festen Platz in der konservativ-religiösen Medienlandschaft mit etwa einer Million Zuschauer.[93] In den 1980er Jahren hatte Robertson eine enorme Reichweite: 1985 schauten 61 Millionen Menschen – 40 Prozent der Haushalte, die damals einen Fernseher besaßen – Robertsons Sender. Seine eigene Show *The 700 Club* wurde monatlich von 28,7 Millionen Menschen gesehen.[94] Robertson, damals ein geschniegelter, junger Prediger, war bekannt dafür, Wunderheilungen in seiner Fernsehshow zu verkünden: «Da ist eine Frau in Philadelphia, die Krebs hat – Lymphknotenkrebs. Es ist noch nicht diagnostiziert worden, aber Gott hat sie soeben geheilt!»[95]

Neben Robertson war Jerry Falwell einer der Stars am Televangelisten-Himmel der 1970er und 1980er Jahre. Falwell hatte eine simple, aber effektive Strategie. Dem Radio schrieb er in seinem Heiligen Krieg gegen die Säkularisierung Amerikas eine herausgehobene, vielleicht sogar kriegsentscheidende Rolle zu:

> «Radio wurde zur Artillerie, die mein brachliegendes Feld durchbrach und mich zum Nachdenken und Suchen brachte, aber die örtliche Kirche wurde zur Besatzungsmacht, die die Arbeit beendete und die Aufgabe erledigte, mit der die Artillerie begonnen hatte. Es ist wichtig, unser Territorium zu bombardieren, in Küstennähe vorzurücken und den Feind zu beschießen. Es ist wichtig, die Literatur auszusenden. Es ist wichtig, diese Radiosendung zu senden [...] Es ist wichtig, all diese externen Streitkräfte auf die feindliche Festung loszulassen.»[96]

Die Historikerin Frances FitzGerald merkt an, dass Falwell in der Predigt, der das Zitat entstammt, die Worte «Feind» und «feindliche Kräfte» nicht als Synonym für den Teufel verwendet, sondern damit irdische Feinde meint, nämlich die Feinde eines christlichen Amerikas, gegen die Rechtgläubige in den Krieg ziehen müssen.[97]

Donald Trump mag zwar den Begriff *«Fake News»* populär gemacht haben, doch die dahinterstehende Behauptung ist nicht neu. Schon in den späten 1970er und frühen 1980er Jahren begann sich eine religiös geprägte Echokammer herauszubilden, lange bevor diese als ein Effekt von sozialen Medien beklagt werden sollte. Televangelisten präsentierten nicht mehr nur spontane Heilungen und Predigten, sie kommentierten jetzt auch zunehmend das politische Geschehen. In Robertsons Fernsehshow und der Endzeit-Prophezeiungs-Show *Jack Van Impe Presents* sowie anderen Formaten begannen die Protagonisten, Nachrichten aus biblischer Perspektive zu betrachten. Van Impe war laut dem Religionshistoriker Randall Balmer «eine Art Pionier auf dem Gebiet des Televangelismus, jemand der tiefstes Vertrauen in seine esoterischen Interpretationen von biblischen Prophezeiungen hatte.»[98] In seiner Show las er Bibelpassagen und verkündete immer wieder das Ende aller Tage, an dem Jesus auf die Erde zurückkehren würde, aber er brachte seinen Zuschauerinnen und Zuschauern auch ideologisch und theologisch gefärbte «Nachrichten» nahe. In der letzten Sendung vor seinem Tod, ausgestrahlt im Januar 2020, verkündete Van Impe, dass der «blutigste Krieg der Welt» aufziehe und dieser vor allem zum Tod von «muslimischen Terroristen» führen werde.[99] Van Impe, Robertson und Co behaupteten, dass sie den Zuschauerinnen und Zuschauern «echte» Erklärungen lieferten, die von «*Mainstream*-Medien» und der liberalen Politik vertuscht würden. «Diese Shows bestärkten konservative Thesen als objektive Fakten», schreibt Jason C. Bivins, Professor für Religion und Politik an der *NC State University*.[100]

1980, ein Jahr, nachdem Jerry Falwell seine *Moral Majority* gegründet hatte, waren neunzig Prozent aller religiösen Fernsehprogramme kommerziell. Thematisch dominierten rechte, fundamentalistische Prediger.[101] Der Fernsehprediger und Unternehmer Jim Bakker machte wie Falwell aus seinen politischen Ambitionen keinen Hehl: «Unser Ziel ist es, alle brauchbaren [Präsidentschafts-]Kandidaten im Sinne der Themen, die der Kirche wichtig sind, zu beeinflussen. Wir wollen Antworten. Wir wollen Posten in der Regierung.»[102]

Und auch Robertson wollte sich nicht mit seiner Rolle als Televangelist begnügen. Wie bereits erwähnt, trat er 1988 gegen George W. Bush für die Republikanische Präsidentschaftskandidatur an, auch wenn er sich letzten Endes geschlagen geben musste. Robertson ist bekannt für seine LGBTQIA*-feindlichen Äußerungen, die oft mit kruden Verschwörungsmythen einhergehen – etwa die Behauptung, dass Homosexuelle absichtlich AIDS verbreiten würden: «Ich glaube, Leute in der schwulen Gemeinschaft, sie wollen Leute kriegen. Und sie haben einen Ring, und man gibt ihnen die Hand, und der Ring hat ein kleines Ding, an dem man sich seinen Finger schneidet [...] Wirklich. Es ist dieses bösartige Zeug, das das Äquivalent von Mord wäre.»[103]

In der Reihe der einflussreichsten Medienpersönlichkeiten der Religiösen Rechten darf Rush Limbaugh (1951–2021) nicht fehlen. Zwar mag er auf den ersten Blick nicht wie ein religiöser *Broadcaster* wirken, doch wäre sein Aufstieg ohne christliche Netzwerke nicht möglich gewesen. Nach Abschaffung der *Fairness Doctrine* wurde die *Rush Limbaugh Show* schnell zum Phänomen. Er war ein geborener Entertainer, der einen ganz neuen Sound ins Fernsehen brachte. Limbaugh blieb seinen Wurzeln als Radio-DJ treu, nutzte Musik, Soundeffekte und schnelle Schnitte, um sich von den traditionellen Programmen des *Talk Radios* abzusetzen. Das gelang ihm mit überwältigendem Erfolg. Limbaughs Show war zwar nicht religiös, doch sie bediente sich der Narrative der Religiösen Rechten: ihrer Verschwörungsmythen, ihrer Wut auf diejenigen, die sie das *«Establishment»* der Republikaner nannten. Limbaugh wetterte gegen Feministinnen, Frauenrechte, Abtreibung, sexuelle Selbstbestimmung, Sozialismus und Homosexualität. Sein Rassismus war unverblümt. So forderte er eine Schwarze Anruferin dazu auf, «den Knochen aus der Nase» zu nehmen.[104] Limbaugh trug seine Beleidigungen derjenigen, die er als seine politischen Gegner sah, mit demonstrativer Genüsslichkeit vor. Seine Misogynie war legendär: Er popularisierte den Begriff «Feminazis» für Feministinnen, den man auch heute noch in den unerfreulichen Ecken des Internets findet. Limbaughs Publikum wuchs schnell und erreichte eine beachtliche Größe. In Washington blieb das nicht unbemerkt, schließlich hatte er direkten Einfluss auf Millionen potenzieller Wählerinnen und Wähler. Und so hofierten die Mächtigen der Republikanischen Partei den pöbelnden Radiomoderator. Seine Unterstützung war für jeden Republikanischen Politiker mit Ambitionen unerlässlich.[105] Trump verlieh ihm 2020 mit der *Presidential Medal of Freedom* eine der höchsten zivilen Auszeichnungen der USA.[106]

Limbaugh hatte seit den 1980er Jahren gezeigt, dass man mit Emotionalisierung und provozierender Sprache ein Millionenpublikum gewinnen konnte. Genau das war das Konzept von *Fox News*. Der Sender wurde 1996 von Roger Ailes gegründet. Ailes, ein ehemaliger Nixon-Berater, wollte einen Fernsehsender etablieren, der die Republikaner in positivem Licht erscheinen lassen würde. Schon 1974 arbeitete er für *Television News Incorporated* (TVN), eine Art frühe, weniger erfolgreiche Form von *Fox News*.[107] Finanziert wurde TVN vom CNP-Großsponsor Joseph Coors. TVN produzierte Videoclips mit rechter Schlagseite, die lokale Fernsehsender – oft unterbesetzt und knapp bei Kasse – übernehmen konnten. So plante man, einen rechten Ton in den Fernseh-*Mainstream* einzuführen.[108] TVN scheiterte unter anderem, weil der Sender seine Journalistinnen und Journalisten nicht kontrollieren konnte. Ailes lernte daraus: Die Mitarbeitenden seines späteren Senders würden streng auf Linie sein. Ailes war ein Veteran des Republikanischen Wahlkampfs. Nachdem TVN gescheitert war, beriet er Reagan und Bush Senior mit großem Erfolg. Gemeinsam mit dem Medien-Mogul Rupert Murdoch machte er sich schließlich daran, einen rechten Fernsehsender zu gründen, der als Gegengewicht zu den ihrer Ansicht nach zu linken «*Mainstream*-Medien» wie CNN fungieren sollte. Aber auch wenn *Fox News* den Slogan von TVN «fair und ausgeglichen» als Sendermotto übernahm, konnte von einer Anwendung dieser Leitlinie keine Rede sein.

Das Ziel war von Anfang an der Aufbau einer Propaganda-Maschine, Nachrichten sollten emotionalisiert präsentiert werden, nicht zu abstrakt und Schlag auf Schlag. Ailes wendete hier die Taktik an, die sich schon bei seinen politischen Beratungstätigkeiten bewährt hatte: sofort zum Angriff übergehen, unter der Gürtellinie zuschlagen, keine Sekunde zögern. Diesmal sollte es auch mit der nationalen Reichweite klappen. Murdoch bezahlte Kabelsender dafür, *Fox News*-Clips zu bringen. Normalerweise funktionierte es umgekehrt. Über die Jahre gewann *Fox News* so sehr an Einfluss, dass das Machtverhältnis auf den Kopf gestellt schien.[109] Der Konservative David Frum formulierte es so: «Republikaner dachten eigentlich, dass *Fox* für uns arbeiten würde, und jetzt finden wir heraus, dass wir für *Fox* arbeiten.»[110]

Fox News gab aufstrebenden Politikern der Republikanischen Partei eine Plattform – und denen, die es werden wollten. John Kasich, der ehemalige Gouverneur von Ohio, begann seine Karriere als *Fox News*-Kommentator. Und auch nachdem Trump die Wahl 2020 verlor, war der Sender ein Auffangbecken für Ehemalige aus seiner Regierung wie Pressesprecherin Kayleigh McEnany. Sarah Huckabee Sanders, ihre Vorgängerin, bewirbt sich derzeit auf den Gouverneursposten in Arkansas und ist gleichzeitig eine bezahlte Mitarbeiterin von *Fox News*. Auch nachdem Ailes aufgrund zahlreicher Vorwürfe sexueller Belästigung gehen musste – die *Fox News*-Maschinerie läuft auch ohne ihn weiter rund. Ihr Erfolgsrezept: Angst beim Publikum schüren – vor Migrantinnen und Migranten, Nicht-Christen und LGBTQIA*-Menschen. Die Republikaner, die *Fox News* am meisten vertrauen, sehen sich als benachteiligte Bevölkerungsgruppe: Auf die Frage, welche Gruppen in den USA besonderer Diskriminierung ausgesetzt seien, antworteten 73 Prozent von ihnen «Christen» und 58 Prozent «Weiße Menschen».[111] Die *Fox News*-Redaktion in Washington DC befindet sich im gleichen Gebäude wie das Büro des CNP, dessen Mitglieder gern geladene Experten bei dem Sender sind – wie beispielsweise Jerry Boykin.[112]

Das Medienimperium der Religiösen Rechten erinnert an die mythologische Hydra: Auch wenn einzelne Figuren verschwinden wie Bill O' Reilly oder kürzlich Rush Limbaugh, es steht immer schon der nächste bereit, um ihren Platz einzunehmen. Heute ist Tucker Carlson, der Gründer des CNP-affiliierten *Daily Caller*, der Liebling der Politischen Rechten und verbreitet *White Supremacist*-Inhalte zur besten Sendezeit auf *Fox News*. Er ist bei weitem nicht der Einzige. Gemeinsam mit Laura Ingraham und Sean Hannity, um nur zwei seiner Mitstreiterinnen und Mitstreiter zu nennen, spinnt Carlson das in sich geschlossene Informations-Ökosystem der Religiösen und Politischen Rechten weiter: Eine Welt, in der Klimawandel nicht existiert und Wissenschaft nichts zählt, in der Weiße Christen verfolgt werden, in der Joe Biden den rechtschaffenen Amerikanern das rote Fleisch streichen will, in der trans Frauen in öffentlichen Toiletten kleinen Mädchen nachstellen. Nichts davon stimmt – doch das ist egal.

Auch wenn Biden die Wahl 2020 gewonnen hat: Das Netzwerk der Religiösen Rechten, von dessen Existenz die meisten Menschen gar nichts wissen, besteht weiter und formt die Lebensrealität eines großen Teils der amerikanischen Bevölkerung. Die Bewegung hat es durch dieses ausgeklügelte System aus politischen Organisationen, Medienimperien, Basis-Aktivismus und die Unterstützung von Großspendern geschafft, die Republikanische Partei zu durchdringen und schließlich zu übernehmen.[113] Die Medienpartner des CNP helfen dabei, die Botschaften der Christlichen Nationalisten zu verbreiten – einheitlich und in Endlosschleife. Digitale Werkzeuge ermöglichen es ihnen, die Wählerinnen und Wähler als Konsumenten anzusprechen und sie mit maßgeschneiderten Nachrichten zu bombardieren, die ihre bereits bestehenden Ansichten bestärken.

Zahlreiche Organisationen dieses großen Netzwerks müssen als wohltätige Verbände keine Liste ihrer Geldgeber offenlegen, und sie tauchen auch in der Analyse von politischen Wahlentscheidungen nicht auf, wenn die gesammelten Spenden der beiden Parteien gezählt werden. Somit bleiben Millionen an Spenden unter dem Radar der Presse und außerhalb der Reichweite des IRS, auch wenn damit politischer Einfluss ausgeübt wird.[114]

Die Ansichten der Religiösen Rechten werden zu Schlagzeilen in rechten Medien wie *Fox* und CNP-Partnern wie dem *Washington Examiner*, *Daily Caller* und *Newsmax* und bestimmen so den

Diskurs in erzkonservativen Kreisen. In Zeiten, in denen Nachrichten meist nur noch innerhalb der eigenen politischen Blase konsumiert werden, ist das von enormer Bedeutung: Medien wie *Fox News* trugen so entscheidend zum Einzug Trumps ins Weiße Haus bei.[115]

Das Netzwerk der Religiösen Rechten hat eine Vision von der Zukunft Amerikas, die mit einer pluralistischen Demokratie wenig zu tun hat. «Seine Moralisten haben wenig übrig für die Rechte von Minderheiten; seine Finanzierer interessieren sich nicht für Sozialleistungen; und seine Strategen haben keinen Respekt vor der Herrschaft der Mehrheit. Sollte [*Anm. d. Autorin:* ihre Vision] je voll realisiert werden, könnte ihre Kombination von Theokratie und Plutokratie in einer Dystopie für diejenigen enden, die nicht Teil ihres inneren Zirkels sind», schreibt Anne Nelson.[116]

Der CNP und sein Netzwerk haben sich von ihrer knappen Niederlage 2020 nicht einschüchtern lassen. Denn auch wenn Biden die Wahl mit sieben Millionen Stimmen Vorsprung insgesamt gewann, hatte er im *Electoral College* – und darauf, nicht auf die Mehrheitswahl kommt es an – nur 44 000 Stimmen Vorsprung in insgesamt drei Staaten. Und das trotz Trumps desaströsem Management der Corona-Pandemie, das zu diesem Zeitpunkt mehr als 237 000 Amerikanerinnen und Amerikaner getötet hatte.[117] Auch für die *Midterms* 2022 und die nächsten Präsidentschaftswahlen 2024 läuft die Maschinerie des CNP und seiner Partnerorganisationen seit Monaten wie geschmiert.[118] Man hat aus der letzten Wahl gelernt: Sie war ein Testlauf, in dem ausgelotet wurde, was geht und was nicht – beim nächsten Mal will die Religiöse Rechte besser aufgestellt, besser vorbereitet sein. Den Demokraten ist sie, zumindest was die politische Infrastruktur angeht, jedenfalls haushoch überlegen.

«SÄE UND DU WIRST ERNTEN»

> «Wo immer ich hingehe, herrscht Gott. Wenn ich über das Gelände des Weißen Hauses laufe, läuft Gott über das Gelände des Weißen Hauses. Ich habe jedes Recht und Autorität, das Weiße Haus zu heiligem Boden zu erklären, weil ich dort gestanden habe, und wo ich stehe, ist es heilig.»[1]
> – *Paula White (Trumps spirituelle Beraterin, Televangelistin)*

Als technische Neuerungen wie das Radio in den 1920er Jahren Einzug in amerikanische Wohnzimmer hielten, erkannten auch religiöse Protagonisten das Potenzial des neuen Mediums. Einer von ihnen war *Father* Charles Coughlin (1891–1979), der über die Jahre ein Publikum von bis zu dreißig Millionen Menschen dazu brachte, das Radio einzuschalten und ihm zuzuhören. Er predigte über die Gefahren des Kapitalismus und Kommunismus. Nach einer kurzen Phase, in der er Franklin Delano Roosevelt (FDR) und den *New Deal* unterstützte, wandte er sich jedoch von beidem ab und schlug in den 1930er Jahren einen zunehmend faschistischen Kurs ein. Sein ausgeprägter Antisemitismus und seine offene Sympathie für Hitler und Mussolini waren in der Summe genug Entgleisungen, um seine Karriere schließlich zu beenden.[2] Ein weiterer katholischer Priester, der die Magie des Radios für sich entdeckte, war Fulton Sheen (1895–1979). Sheens Auftritte hatten noch nichts mit den schrillen späteren Fernsehpredigern gemein und waren eher intellektuelle Vorträge. Von 1952 bis 1955 schaffte er mit seiner Show *Life is Worth Living*, die mit einem Emmy ausgezeichnet wurde, den Übergang vom Radio zum Fernsehen. Sheen ging als «Radiopriester» und «erster *Televangelist*» in die Geschichte ein und sollte eigentlich 2019 seliggesprochen werden. Stattdessen wurde der Vorgang bis heute unterbrochen, weshalb ist nicht bekannt. Der Vatikan wollte sich nicht äußern, einige Experten für Katholizismus vermuten den Umgang mit Vorwürfen zu sexuellem Missbrauch in Sheens Zeit als Bischof von Rochester als Grund für die überhastete Aussetzung.[3] Der Übergang vom Radiopastor zum TV-Star gelang in den 1950er Jahren auch Oral Roberts (1918–2009). Er war einer der ersten Evangelisten, die im Fernsehen auftraten, und eine der wichtigsten Figuren des aufstrebenden sogenannten Wohlstandsevangeliums (*Prosperity Gospel*).

Mehr als sechzig Jahre, nachdem Oral Roberts zum ersten Mal auf den Fernsehbildschirmen der USA erschienen war, irritierte Paula White viele Beobachterinnen und Beobachter, als sie 2015 zum ersten Mal auf der nationalen politischen Bühne auftauchte. White wurde 2019 von Donald Trump zu seiner offiziellen spirituellen Beraterin ernannt. Auch sie gehört dem sogenannten Wohlstandsevangelium an. Diese Glaubensrichtung wird von vielen Christen als häretische Lehre gesehen, die die eigentlichen Glaubensbotschaften des Christentums pervertiere. Das Prinzip ist so einfach wie genial: Wer der Kirche der Televangelisten Geld spendet, der «sät die Saat» seiner eigenen, vielversprechenden Zukunft – Gesundheit, Reichtum und Erfolg.

Mit Paula White ist das Wohlstandsevangelium von einer Randerscheinung im christlichen Spektrum der USA mitten ins politische Zentrum des Landes vorgedrungen. Und auch wenn große Teile der amerikanischen Christen dieser «Lehre» ablehnend gegenüberstehen, ist sie doch weit verbreitet: Von vier Amerikanern ist einer der Meinung, dass Gott wahren Glauben mit materiellen Belohnungen vergelten werde.[4] Laut einer *TIME*-Umfrage gaben 61 Prozent amerikanischer Christen an zu glauben, Gott wünsche sich Wohlstand für sie.[5]

Die Prediger des *Televangelism* stilisieren sich als spirituelle Autoritäten, die Botschaften von Gott empfangen – unabhängig von Fakten, die ihren Prophezeiungen entgegenlaufen mögen. Sie behaupten, Krankheiten heilen und Armut lindern zu können – im Austausch für regelmäßige Spenden. Dabei ist die Höhe der Spende relevant und geht meist über den üblichen «Kirchenzehnten» hinaus. Die Botschaft lautet: Je mehr du aussäst, desto mehr wirst du ernten. Televangelisten wie Paula White ermutigen ihre Anhängerinnen und Anhänger deshalb, ihre *«first fruits»* direkt an die Kirche zu spenden, noch bevor sie beispielsweise die Stromrechnung oder Kreditkartenschulden bezahlen. Es ist ein lukratives Geschäft für die Prediger. Oral Roberts ließ Augenbrauen in die Höhe schnellen, als er im Januar 1987 behauptete, Gott habe ihm gesagt, er werde sterben, wenn er nicht bis März acht Millionen Dollar einnehme. Er erreichte diesen Betrag über Spenden.[6] Roberts reiste auf «Kreuzzügen» durchs Land und behauptete, Tote zum Leben erwecken zu können. Menschen hörten in Stadien seinen Predigten zu, begierig, von ihm die Hand aufgelegt zu bekommen – in der Hoffnung auf Heilung. Der Reichtum, den er anhäufte, erlaubte es ihm, die *Oral Roberts University* zu gründen, die noch heute besteht. Kenneth Copeland, der in Deutschland zuletzt durch ein Video Aufmerksamkeit erregte, in dem er über Bidens Wahlsieg lacht, ist ein Absolvent der *Oral Roberts University*. Er ist der derzeit reichste *Televangelist* der USA und besitzt drei Privatjets – sein Vermögen wird auf 300 bis 760 Millionen Dollar geschätzt.[7]

Bei Trumps Sieg 2016 fanden zwei Ideen zueinander, die sich in ihren Grundzügen ähneln: konservativer Libertarismus und das Wohlstandsevangelium. Die Vertreterinnen und Vertreter des Libertarismus glauben, dass Individuen durch harte Arbeit zu Wohlstand, Erfüllung und Reichtum kommen können. Im Wohlstandsevangelium wird angenommen, dass Gott Gläubige mit Fähigkeiten ausstatte, die sie innerhalb eines festen gesellschaftlichen Systems durch Frömmigkeit, Arbeit und den Segen Gottes zum Erfolg führen werden. Sie vertrauen darauf, dass Gott die Gelegenheiten zum Reichtum schaffen wird. Das bedeutet auch: Es gibt keinerlei Grund, das bestehende politische oder wirtschaftliche System zu ändern.

Im *Prosperity Gospel* und großen Teilen des konservativen Evangelikalismus werden strukturelle Benachteiligungen aufgrund von Herkunft, Hautfarbe oder sozialem Hintergrund bestritten, weil deren Existenz den Grundannahmen des Glaubens zuwiderläuft.[8] Wieder spielt hier die Kombination aus Kapitalismus, freier Marktwirtschaft, Individualismus und *White Privilege* eine zentrale Rolle. Die Beziehung zwischen Libertären und Religiösen Konservativen ist über die Jahrzehnte so intensiv geworden, dass ihre Ansichten kaum mehr trennscharf voneinander abgegrenzt werden können.

Trump wurde zum ersten Mal im Jahr 2002 auf White aufmerksam, als er sie im Fernsehen sah. Zwar hat er wenig Interesse an Religion, ihn interessierte aber der kapitalistische *Business*-Sprech, gekleidet in spirituelles Vokabular, den White an den Tag legte. Wie andere Televengalisten protzte auch sie mit ihrem Reichtum. Viele Televengalisten besitzen Villen und Landsitze, private Jets, tragen kostbaren Schmuck und predigen von goldenen Thronen herab. Die Zurschaustellung von Reichtum gilt im *Prosperity Gospel* jedoch nicht als Angeberei, sondern als Manifestation von Gottes Segen auf Erden. Warum diesen Segen also nicht präsentieren? Das war eine Denkweise, der Trump, der sich am liebsten mit vergoldetem Kitsch umgab, viel abgewinnen konnte.

In den USA nahm seit den 1970er Jahren die Anzahl sogenannter *Mega-Churches* (Kirchen mit mindestens 2000 Gottesdienstbesuchern pro Woche) rasant zu. Es war die Zeit für Randerscheinungen auch im evangelikalen Bereich: Heilen durch Handauflegen, ein Aufblühen der Pfingstkirchen, in denen in «fremden Zungen» gesprochen wurde. Große Menschenmengen, die sich in religiöser Ekstase bewegen, erfüllt vom Heiligen Geist, flimmerten über die amerikanischen Fernsehbildschirme. Ihre großen Gemeinden boten den Anführenden mancher dieser Kirchen die Gelegenheit, den Glauben ihrer Anhängerinnen und Anhänger für ihre eigene finanzielle Bereicherung zu nutzen. Der calvinistische Einfluss auf den amerikanischen Protestantismus spielt hier eine nicht unbedeutende Rolle. Die Annahme, dass Gott von ihm auserwählte Menschen durch Reichtum oder Wohlstand besonders segnet, findet sich auch außerhalb des *Prosperity Gospels.*

Die Geschichte des Wohlstandsevangeliums ist eng verbunden mit dem Aufkommen von Selbsthilfe-Literatur, die «positives Denken» als Grundlage für Erfolg ansah. Auch hier lag das Bild einer Gesellschaft zugrunde, in der jeder zu Reichtum kommen kann, wenn er nur genug an seinen Erfolg glaubt. *«Name it and claim it»* – «Benenne es und es gehört dir» ist eines von vielen Mottos des *Prosperity Gospels*, das eng mit Prinzipien spiritueller Selbsthilfe-Literatur wie etwa dem Bestseller *The Secret* («Das Geheimnis») von Rhonda Byrne (2006) verwandt ist.

Für die Prediger besteht im Grunde kein Risiko bei diesem Geschäftsmodell. Wenn der Erfolg im Leben der Gläubigen ausbleibt, wurde eben nicht genug geglaubt oder zu wenig gespendet. Es ist dieselbe perfide Logik, die Heilsversprechen in Bereichen der Esoterik oder der nicht-evidenzbasierten, selbsternannten «Medizin» zugrunde liegt: Die Schuld für das Scheitern trägt immer der Patient – hier der Gläubige. Die zentrale Botschaft des *Prosperity Gospels* hat sich bis heute im Grunde nicht geändert. Aber die Art und Weise, wie dessen Botschaft kommuniziert wird, hat einen Wandel durchgemacht. Noch in den letzten Jahren waren Wohlstandsprediger eher schrille Figuren, die mit ihren extremen Forderungen und offen zur Schau getragener Gier Schlagzeilen machten. *Televangelist* Creflo Dollar tönte, er brauche dringend einen Privatjet im Wert von 70 Millionen Dollar.[9] Tammy und Jim Bakkers besaßen aufeinander abgestimmte Rolls Royces und klimatisierte Hundehütten.[10]

Während derartige Geschichten Häme und Spott nach sich zogen, hat sich mittlerweile eine neue Riege von Predigerinnen und

Predigern herausgebildet, deren Vokabular sanfter und weltlicher klingt als die pfingstkirchliche Variante. Sie ist auch unter dem Label *«Prosperity Gospel Lite»* bekannt und benutzt beinahe therapeutisch anmutende Untertöne. Die kanadische Historikerin Kate Bowler, die die Geschichte des *Prosperity Gospels* in den USA untersucht hat, beschreibt Joel Osteen, Gründer und Prediger der *Lakewood Church* in Houston, als einen Vertreter dieses gegenwärtigen Wohlstandsevangeliums. Seinen Predigten folgen wöchentlich 45 000 Menschen vor Ort, seine *Broadcasts* haben laut Aussage seiner Kirche mittlerweile 200 Millionen amerikanische Haushalte erreicht.[11]

Beim Blick auf den *Prosperity Gospel* ist es leicht, sich auf dessen Anführer zu konzentrieren, auf ihre bizarren Auftritte und die Millionen an Spendengeldern, an denen sie sich bereichern. Doch wieso geben so viele Menschen bereitwillig ihr Geld an diese Prediger? Dahinter steckt nicht etwa Geldgier, sondern das Bedürfnis nach Sicherheit und die Hoffnung auf ein besseres Leben. Sie wollen aus festgefahrenen sozialen Strukturen ausbrechen oder suchen die Erlösung von Krankheit und Leid.[12] Der *Prosperity Gospel* verspricht genau wie Formen von selbsternannter «alternativer Medizin», Esoterik und säkularer Selbsthilfe-Literatur, dass allein der persönliche Wille oder der Glaube ihr Leben in positive Bahnen lenken kann. Es gibt den Betroffenen scheinbar die Kontrolle über das eigene Schicksal zurück und kann daher zunächst als befreiend wahrgenommen werden. Doch tatsächlich hält der *Prosperity Gospel* seine Gläubigen in genau den sozialen Strukturen gefangen, aus denen sie eigentlich ausbrechen wollen. Denn gesellschaftliche Verantwortung übernimmt das Wohlstandsevangelium nicht. Armut, Krankheit und Schicksalsschläge sind stets Folgen spirituellen, persönlichen Versagens.

Das Wohlstandsevangelium erfüllt mit seinen Versprechen das menschliche Verlangen, dass alles einen Sinn hat, dass guten Menschen, die hart arbeiten und die die Hoffnung nicht verlieren, auch Gutes widerfährt. Dieser Gedanke findet sich – leicht abgewandelt – auch jenseits der gefüllten *Megachurches* von Paula White. In Deutschland basieren etwa die Anthroposophie Rudolf Steiners, Ryke Geerd Hamers «Neue Germanische Medizin» oder bestimmte Bereiche von Heilpraxis und Selbsthilfe auf diesem Prinzip. Wie sehr sie selbst diesen Versprechungen verfallen war, bemerkte die Religionshistorikerin Kate Bowler erst, als bei ihr Krebs diagnostiziert wurde. Viele Menschen, egal ob gläubig oder nicht, seien empfänglich für die Versprechungen des *Prosperity Gospels*. Ihn nur auf die Privatjets und Bentleys der Prediger zu reduzieren, blende seine schädliche Wirkung aus, die auch über finanzielle Verluste hinausgehe und psychisches und physisches Leiden mit sich bringen könne, sagt Bowler.[13]

Televangelisten behaupten, ihre Verbindung zu Gott liefe direkt über den Heiligen Geist, entsprechend einer meist charismatischen oder pfingstkirchlichen Tradition. Das hat zur Folge, dass ihre Gemeinden einen überdurchschnittlich hohen Anteil von BPoC-Mitgliedern haben – wie auch die Glaubensrichtungen, denen sie entstammen. Eine Umfrage aus dem Jahr 2018 zeigt, dass 26 Prozent amerikanischer Protestanten angaben, ihre Kirche lehre: «Um materiellen Segen von Gott zu erhalten, muss ich etwas für Gott tun.» Mehr *African-Americans* (44 Prozent) und *Hispanic Americans* (34 Prozent) geben das an als Weiße Christen[14] – ein Zeichen dafür, dass *Prosperity*-Kirchen meist integrierter sind als andere. Doch das heißt nicht, dass in diesen Kirchen nicht trotzdem «Weiße» Theologie gepredigt wird – und zwar oftmals eine, die systemische *White Supremacy* schützt. Die Journalistin Sarah Posner beobachtet den *Prosperity Gospel* seit Jahren und mahnt zur Vorsicht: «Der Pastor mag zwar mit einer *Black cadence* [Tonfall] sprechen – das ist sehr üblich unter Weißen Televangelisten, inklusive Paula White – aber das bedeutet nicht, dass sie nicht rassistisch sind – vielleicht sind sie es sogar besonders, weil sie sich das aneignen.» Für Televangelisten dient die höhere Diversität ihrer Gläubigen außerdem als Schutzschild gegen Rassismus-Vorwürfe. Man kann sich immer darauf berufen, viele BPoC in der Gemeinde zu haben. Statt also über strukturelle Ungerechtigkeit und Rassismus zu sprechen, wird versucht, eine gemeinsame politische Identität zu betonen, so Posner: «In diesen Umgebungen, wo Televangelisten versuchen, ein diverseres Publikum zu erreichen, betonen sie besonders stark antiliberale, antidemokratische Ideen. Sie schaffen damit einen Raum, in dem sie *race* zwar nicht direkt ansprechen, aber sie reden negativ über Dinge wie Bürgerrechte und Liberalismus. Und wenn sie *race* ansprechen, geschieht das mit dem Fokus auf zwischenmenschlichen Beziehungen oder nicht-systemischem Rassismus.»[15]

Das wohl bekannteste Televangelisten-Paar der 1980er Jahre waren Jim und Tammy Bakker. Ihre Sendungen zeichneten sich durch extreme Emotionalität aus. Tammy Bakker weinte manchmal, dabei lief ihr das Mascara in dicken, schwarzen Streifen das Gesicht herunter. Die Bakkers kleideten sich extravagant, trugen auffälligen Schmuck, sie stark geschminkt, er in grellen Farben. Vom Fernsehbildschirm aus versprachen sie ihren Zuschauerinnen und Zuschauern Wunder, Heilung und Reichtum, wenn sie doch nur genug Vertrauen in Gott hätten und spenden würden. Jim Bakker gehört zu den Televangelisten der 1980er Jahre, die erheblich zum Image des Berufsstandes als ausbeuterischen Verbrechern beitrugen. Die Kirchensekretärin Jessica Hahn warf ihm und seinem Freund John Wesley Fletcher vor, sie betäubt und dann vergewaltigt zu haben, er wurde schließlich verhaftet. Wegen mehrfachen Betruges verurteilte ihn ein Gericht 1989 zu 45 Jahren Gefängnis. Nachdem er fünf Jahre im Gefängnis gesessen und öffentlich Buße getan hatte, ist er derzeit wieder im Geschäft und verkauft jetzt unter anderem Eimer mit Konserven für *Prepper*.[16] Bakker ist nicht der einzige Televangelist, der für Skandale sorgte: Paula White, Benny Hinn, Eddie L. Long, Joyce Meyer, Creflo Dollar und Kenneth Copeland waren im Fokus einer von Chuck

Grassley geleiteten Senatskommission, die von 2007–2011 den steuerfreien Status der Kirchen überprüfte. Im Raum stand der Vorwurf der Steuerhinterziehung und der privaten Nutzung von Jets und luxuriösen Villen durch die Pastoren sowie mangelnde finanzielle Transparenz. Vier der sechs Kirchen weigerten sich, ihre Finanzen komplett offenzulegen und sich bei den Ermittlungen kooperativ zu zeigen. Die Verweigerung blieb folgenlos – die Ermittlungen kamen zu keinem Ergebnis.[17]

Die Televangelisten sind so etwas wie die religiösen Vorreiter des *Reality-TVs*: Sie bieten den Zuschauerinnen und Zuschauern scheinbar einen Einblick in ihr Privatleben, die Sets sehen teilweise aus wie private Wohnzimmer, sie sprechen über ihre Ehe, über Gefühle und Glaubensfragen. Sie sind jeden Tag im Fernsehen zu sehen, damit ihr Publikum eine Art persönliche Beziehung zu ihnen aufbauen kann. Televangelisten sind die Stars der Charismatiker und Pfingstkirchler, aber auch jenseits dieser Gruppen populär.

Trump selbst ist zwar kein religiöser Mensch, doch der *Prosperity Gospel* hat ihn schon in der Kindheit geprägt. Der Pastor seiner Familie sei Norman Vincent Peale gewesen, erzählte Trump auf dem *Iowa Family Leadership Summit* 2015: «Ich erinnere mich immer noch an [Peales] Predigten. Es war unglaublich. Und er brachte Situationen aus dem echten, modernen Leben in seinen Predigten unter. Man konnte ihm den ganzen Tag lang zuhören. Und wenn man die Kirche verließ, war man enttäuscht, dass es vorbei war. Er war der großartigste Kerl.» Trump ließ ihn sogar seine erste Hochzeitszeremonie durchführen.[18]

Norman Vincent Peales Buch *The Power of Positive Thinking* erschien 1952 und wurde prompt zum Bestseller, es verkaufte sich ganze fünf Millionen Mal.[19] Peale behauptete darin, jeder Mensch könne durch positive Visualisierung und Gedanken sein eigenes Glück schaffen – ein Gedanke, den Bücher wie *The Secret* später aufgreifen würden. Diese Vorstellung war keine Erfindung Peales, sondern ein Rückgriff auf die Ideen des *«New Thought»* aus dem 19. Jahrhundert, einer spirituellen Bewegung, die auf den Uhrmacher und selbsternannten Wunderheiler Phineas Quimby zurückging. In den 1860er Jahren ermunterte dieser seine Anhängerinnen und Anhänger dazu, Erfolg und Gesundheit zu «visualisieren», um sie real werden zu lassen.[20] Die *New Thought*-Bewegung sah christliche Heilsfindung nicht als «eine von Gott von oben auferlegte Handlung, sondern eine Handlung, um das Potenzial der Menschheit auszuschöpfen», schreibt Kate Bowler.[21] Quimbys Lehren beeinflussten auch Mary Baker Eddys *«Christian Science»*, die sie Ende des 19. Jahrhunderts begründete. Während Quimby der Überzeugung war, dass Krankheiten real waren, aber durch positives Denken geheilt werden könnten, stritt Eddy ab, dass Krankheiten oder der Tod überhaupt existierten, es handele sich dabei um «mentale Defekte».[22] Der Einfluss der *New Thought*-Bewegung war enorm und ist bis heute spürbar. Sie kombinierte amerikanischen Individualismus mit Spiritualität in einem christlichen *Framework*.

Nicht nur in den Kreisen der Religiösen Rechten wirkt diese Denkschule nach. Innerhalb der Demokratischen Partei ist Marianne Williamson ihre wohl prominenteste Anhängerin – sie ging in den Vorwahlen zur Präsidentschaft 2016 ins Rennen. Und während Williamsons esoterische Spiritualität eher an den Kult um *«Essential Oils»* erinnert als an Trumps *Prosperity Gospel*, gründen beide Theologien doch im selben Gedanken: dass der Mensch die Macht hat, die materielle Welt durch göttliche Hilfe zu verändern. Williamson behauptet beispielsweise, Depressionen seien keine körperliche, sondern eine «spirituelle» Krankheit.[23] Diese Ansichten hatten auch Auswirkungen auf ihre wirtschaftspolitischen Positionen. In ihrem Buch *The Law of Divine Compensation: On Work, Money and Miracles* (2012) schreibt Williamson: «Viele Menschen scheitern daran, Geld zu manifestieren, weil sie auf einem tiefen Level nicht glauben, dass sie es tun sollten.»[24]

Armut ist nach dieser Logik die Folge eines spirituellen Defizits, das nur durch das Individuum behoben werden kann. Das gilt laut Williamson auch für alles Körperliche: Menschen mit Übergewicht litten demnach an mangelnder «spiritueller Intelligenz».[25]

Damit ist Williamson argumentativ ganz nah bei Gwen Shamblin, der Gründerin der *Remnant Fellowship Church*, die durch ihren *«Weigh Down Workshop»* (1986 gegründet) bekannt wurde – ein christliches Diätprogramm. Shamblin sieht Übergewicht, beziehungsweise alles, was nicht als «dünn» gilt, als Gefahr für das Seelenheil an, als spirituellen Mangel. Aus europäischer Sicht mag Shamblin wie eine extreme Randfigur wirken, doch tatsächlich ist sie Teil einer lukrativen und populären Diät-Theologie, die christlichen Glauben eng mit dem Wunsch abzunehmen verknüpft, um einen Körper zu erlangen, der Gottes würdig sei. Die Religionswissenschaftlerin Marie Griffith von der *Princeton University*, die zu evangelikaler Diätkultur forscht, beobachtet, dass etwa vierzig Prozent aller Selbsthilfebücher in den USA religiösen Charakter haben und sich ein erheblicher Teil davon mit dem Thema Gewichtsverlust befasst.[26] Aus religiösen Praktiken wie Fasten wird eine Übung in der Unterwerfung gegenüber der göttlichen Autorität, deren Erfolg oder Scheitern daran gemessen werden kann, wie locker die Jeans sitzt. Religiöse Diätprogramme sind nur ein Beispiel dafür, wie eng Weißer Evangelikalismus in den USA mit Konsumkultur verbunden ist.

In den 1930er Jahren schmiedeten Unternehmer und konservative Prediger eine Allianz: Den Firmenbesitzern war Roosevelts *New Deal* ein Graus, die konservativen Theologen sahen in ihm den ihnen so verhassten *«Social Gospel»* gespiegelt. Mit vereinter Kraft trat man also unter anderem gegen Gewerkschaften an und argumentierte gegenüber Gläubigen, die ohnehin schon der Überzeugung waren, man könne das Seelenheil nur individuell erreichen, dass dasselbe auch für den Finanzsektor gelte. Nur aus eigener Kraft könne man wohlhabend werden, dazu brauche man keine staatlichen Hilfsprogramme. «Christlicher Libertarismus ist letzten Endes der Versuch, sich eine politische Ideologie, die entweder nichts mit Religion zu tun hatte oder ihr antithetisch gegenüberstand, zu eigen zu machen [...]», erklärt der Historiker Kevin M. Kruse.[27] Es war diese Koalition aus Predigern und Unternehmern, die den Slogan *«under God»* popularisierte, der heute amerikanische Geldscheine ziert. Eine Nation, vereint «unter Gott» anstatt unter dem Joch von Roosevelt oder dem *«Social Gospel»*.[28]

Während also Trumps Nähe zu Televangelisten wie Paula White aus europäischer Sicht befremdlich wirken mag, ist sie letztlich das Produkt einer langen Verbindung zwischen Unternehmern und Predigern, die sich seit den 1930er Jahren für gemeinsame Ziele einsetzten: die fortschreitende Individualisierung der amerikanischen Gesellschaft, möglichst wenig staatliche Einmischung, die Aufrechterhaltung eines Gesellschaftssystems, das vor allem einer kleinen Gruppe Weißer Männer Reichtum sicherte.

Der vielleicht bekannteste Evangelikale des letzten Jahrhunderts, der auch heute noch als Figur des evangelikalen *Mainstreams* gern zitiert wird, war Billy Graham. Er machte den christlichen Libertarismus so populär wie kaum ein anderer. 1954 schrieb Graham in *Nation's Business*, dem Magazin der amerikanischen Handelskammer: «Wir haben den Vorschlag aus der Heiligen Schrift selbst, dass Glaube und Geschäft, richtig vermischt, eine glückliche, gesunde und sogar gewinnbringende Mischung sein können.» Für ihn gehörten Christentum und Kapitalismus zusammen: «Weise Männer finden heraus, dass die Worte des Nazareners: ‹Sucht zuerst das Reich Gottes und seine Gerechtigkeit, und all diese Dinge werden euch hinzugefügt werden› mehr waren als das bloße Geschwätz eines populären Mystikers. Sie verkörperten eine praktische, praktikable Philosophie, die sich in Glück und Seelenfrieden auszahlt [...] Tausende Geschäftsleute haben die Befriedigung entdeckt, die es bedeutet, Gott als Arbeitspartner zu haben.»[29]

In Kombination mit der individualistischen Botschaft der *New Thought*-Bewegung wurde so lange vor Trump die Grundlage des heutigen *Prosperity Gospels* geschaffen. Die Vorstellung, dass der Glaube Menschen reale Macht verleihen könne, griff Peale aus der *New Thought*-Bewegung auf. «Peale war sehr interessiert an der Vorstellung, dass das Evangelium Macht entfesseln könnte, dass eine göttliche Beziehung zu Gott Macht in einer Person entfesseln könnte, um Erfolg zu haben», sagt Michael Hamilton, Historiker des amerikanischen Christentums an der *Seattle Pacific University* gegenüber NPR. «Und er definierte Erfolg ziemlich weit gefasst, sodass er teilweise materiellen Erfolg beinhaltete. Gott wollte nicht, dass Menschen arm sind.»[30] Nicht umsonst wurde Norman Vincent Peale bekannt als *«God's Salesman»* – «Gottes Verkäufer», denn seine Predigten richteten sich vor allem an Geschäftsleute. Selbstbewusstsein war der Kern seiner Philosophie. Man müsse nur fest genug an den eigenen Erfolg glauben, dann würde er sich durch Gottes Hilfe auch einstellen. Dazu gehörte, das Gewünschte zu beschreiben, es sich im Detail vorzustellen, um es so durch Gott zur Realität werden zu lassen.

Dieses Denken hat Trumps politischen Stil nachhaltig beeinflusst. Die Behauptung, auf seiner Amtseinführungsfeier 2016 seien so viele Zuschauerinnen und Zuschauer gewesen wie nie zuvor, obwohl Fotos das Gegenteil bewiesen, ergab vor diesem Hintergrund durchaus Sinn: Egal, was real ist – behaupte, was du haben willst, glaub fest daran, und es wird wahr werden. Peale glaubte nicht an Niederlagen – auch das hat Trump sich von ihm abgeschaut. In einem Interview aus dem Jahr 2009 erläuterte Trump, wie sehr ihn Peales Buch in dieser Hinsicht geformt habe: «Was geholfen hat, ist, dass ich mich geweigert habe, negativen Umständen nachzugeben, und ich habe nie den Glauben an mich verloren. Ich habe nie geglaubt, dass ich am Ende sei, selbst wenn die Zeitungen das behaupteten.»[31] Dabei habe Peale eine wichtige Rolle gespielt – sein Vater sei eng mit dem Pastor befreundet gewesen, und dessen Buch *The Power of Positive Thinking* habe ihn schwer beeindruckt.[32] Wenn man genauer hinschaut, finden sich in Trumps Leben viele Bezüge zu Peales Theologie. Trumps eigenes Buch *The Art of the Deal* (1987) entlehnt seinen Titel von Peales Buch *The Art of Living* aus dem Jahr 1937.[33] Doch Peales *Prosperity Gospel* war auch bei anderen US-Präsidenten beliebt: Neben Trump nahm auch Richard Nixon an Peales Begräbnisfeier teil. Peales Predigten, so Nixon, hätten ihn 1968 dazu inspiriert, sich um die Präsidentschaft zu bewerben.[34]

Der Einzug Paula Whites ins Weiße Haus 2019 markiert einen Wendepunkt in der Geschichte des Christlichen Nationalismus: Denn Paula White gehört nicht der «politischen» evangelikalen Welt an, Leute wie sie wurden vom Establishment der Szene wie Dobson oder Falwell oft als häretisch und peinlich angesehen. Der dicke Schmuck, die generelle *Flashiness* und die Protzerei wurden als geschmacklos wahrgenommen. Aber die Abneigung von Seiten des *Mainstream*-Evangelikalismus begründet sich nicht nur in Äußerlichkeiten. Es geht dabei auch um Milieu-Abgrenzungen. White entstammt einer teils charismatischen, teils pfingstkirchlichen Tradition. Während Lutheraner und Episkopale eher in der Mittelschicht verankert waren, fanden charismatische Denominationen vor allem in der Arbeiterklasse Anklang. Das lag nicht nur an dem Versprechen einer besseren, wohlhabenderen Zukunft, sondern auch an der Art und Weise zu beten und zu predigen: laut, spontan und emotional. Dämonen wurden verbannt, Menschen sprachen beseelt vom Heiligen Geist in fremden Zungen. Der Heilige Geist, der sowohl Fixpunkt der Theologie als auch wichtiger Teil des direkten spirituellen Erlebens ist, trennt White und ihre Mitgläubigen vom evangelikalen Establishment. Es war dieser demokratisierende Ansatz, dass jeder vom Heiligen Geist erfasst werden und eine göttliche Erfahrung machen könne, der für Gläubige außerhalb des bürgerlichen Evangelikalismus besonders ansprechend war. Dass Predigerinnen und Prediger wie

White keine konventionelle Ausbildung an einem Priesterseminar durchlaufen haben und keiner festen Kirchenstruktur angehören, ist für sie nebensächlich.

Paula White verkörpert also zwei Dinge, die Donald Trump interessieren: Sie ist eine populistische Figur, die vom Establishment geschmäht wurde, und sie stellt ihren Reichtum ohne Entschuldigung und ohne Verlegenheit zur Schau. In gewisser Weise ähneln sich die beiden: Auch Trump kam als Amateur, als Außenseiter in die Politik, ohne Erfahrung, ohne Ausbildung, ohne Expertise. Während Trump für sich in Anspruch nimmt, direkt für das Volk zu sprechen, ist White davon überzeugt, für Gott zu sprechen – beide Behauptungen verleihen scheinbar unmittelbare Autorität. Und so biss das Establishment der Religiösen Rechten die Zähne zusammen und ließ sich auf White ein. Innerhalb weniger Jahre war sie von einer Witzfigur am Rande der evangelikalen Bewegung zur Trump'schen Hofmarschallin geworden, die dem Präsidenten im *Oval Office* die Hände beim Beten auflegte. Sie war somit der direkte Zugang zum Weißen Haus – also blieb der «Alten Garde», die sich früher nie mit ihr hätten blicken lassen, nichts anderes übrig, als sich auf sie einzulassen. James Dobson lobte sie dafür, Trump auf den rechten Weg zu Gott geführt zu haben, sie habe ihn damit in den «Baby-Christen» verwandelt, der er jetzt sei.[35]

Die Unterstützung der Televangelisten und *Megachurches* für Trump hat sich finanziell ausgezahlt: Während der Corona-Pandemie erhielten viele von ihnen im Rahmen von Trumps *Paycheck Protection Programme* (PPP) erlassbare Darlehen vom Staat in schwindelerregenden Höhen. Für die *First Dallas Baptist Church* in Texas, geführt von Robert Jeffress, wurde ein Darlehen von zwei bis fünf Millionen Dollar freigegeben, die *Faith and Freedom Coalition Inc* in Georgia erhielt Summen zwischen 150 000 und 350 000 Dollar. Die religiösen Organisationen, die im Rahmen des PPP Corona-Hilfen erhielten, waren laut der Nachrichtenagentur Reuters überwiegend christlich.[36] Insgesamt erhielten 10 600 religiöse Organisationen mindestens drei Milliarden Dollar an Corona-Hilfen, darunter auch Jim Bakkers *Morningside Church Productions*, die 350 000 Dollar bis eine Million Dollar erhielt – Bakker hatte zwischenzeitlich ein nicht wirksames Corona-«Heilmittel» vertrieben.

Televangelisten wie Paula White gehörten zu Trumps größten Unterstützern während seiner Präsidentschaft. Schon 2015 hatte White begonnen, Trump-*Rallies* mit einem Gebet zu eröffnen, und einige Journalistinnen und Journalisten, die die Kampagne des damaligen Präsidentschaftskandidaten begleiteten, bemerkten den gottesdienstartigen Charakter dieser Veranstaltungen. White und weitere prominente evangelikale Unterstützer, darunter Robert Jeffress und Franklin Graham, trugen erheblich zum Kult um Trumps Person bei und erhoben ihn zu einem quasimessianischen Status.

Je näher das Ende von Trumps erster Amtszeit kam, desto kriegerischer wurde die Sprache der Televangelisten. Nach Trumps Wahlniederlage veranstaltete White einen Gebets-Marathon, in dem sie Gott zur «Rache» an Trumps Feinden aufrief. In charismatischen und pfingstkirchlichen Kreisen ist die Rhetorik der *«Spiritual Warfare»* («geistlicher Kriegsführung») weit verbreitet. Das Konzept entstand im Rahmen der «dritten Welle» der neucharismatischen Bewegung Ende der 1980er Jahre unter dem Einfluss von C. Peter Wagner. Dieser Vorstellung nach befinden wir uns im konstanten Kampf mit Dämonen und anderen Kräften des Bösen. Gläubige beziehen sich dabei auf die Bibelstelle Epheser 6,12, wo es heißt: «Denn wir haben nicht gegen Menschen aus Fleisch und Blut zu kämpfen, sondern gegen die Fürsten und Gewalten, gegen die Beherrscher dieser finsteren Welt, gegen die bösen Geister des himmlischen Bereichs.»[37]

Auch wenn es sich hier primär um einen spirituellen Kampf handelt, werden die Dämonen oft mit realen Personen oder gar

Institutionen in Verbindung gebracht. Das unterscheidet die «geistliche Kriegsführung» vom «klassischen» Dämonenglauben. Hier können nicht nur Menschen von Dämonen besessen sein, sondern böse Kräfte können auch Orte und Institutionen unter ihre Kontrolle bringen. Diese Verbindung eines geistlichen Kampfes mit der weltlichen Ebene birgt ein erhebliches Radikalisierungspotenzial. Dass es hier auch um territoriale Kontrolle geht, zeigt etwa das *«spiritual mapping»*, um gegen *«territorial spirits»* (Deuteronomium 32,8-9) zu kämpfen – die Vorstellung, dass die «spirituelle DNA» eines Ortes, einer Stadt oder einer Ansammlung von Menschen durch strategisches, aggressives Beten geändert werden kann.[38]

Nach Joe Bidens Wahlsieg im November 2020 verbreiteten Televangelisten wie Pat Robertson zunächst die «Große Lüge» von der gestohlenen Wahl. Doch nach und nach resignierten sie – einer der Ersten war am 11. November 2020 Robert Jeffress. Andere wie Eric Metaxas behaupten auch 2021 weiterhin, Biden habe nur durch Wahlbetrug gewonnen. Diejenigen, die das nicht glauben, nennt Metaxas «Feinde des Landes».[39] Erst im März 2021 empfahl Pastor Rick Joyner, zu Gast in Jim Bakkers Show, dem Publikum, christliche Milizen zu gründen, um sich im kommenden Bürgerkrieg zu verteidigen: «Sogar Jesus hat irgendwann gesagt ‹Ich bin nicht gekommen, um den Frieden zu bringen, sondern das Schwert.› Wir befinden uns gerade in dieser Zeit.» Es ergebe keinen Sinn, für Einigkeit zu beten, stattdessen müssten sich die Christen gegen «das Böse, das versucht, unser Land zu übernehmen», wehren: «Es gibt eine Zeit für Frieden und eine Zeit für Krieg, heißt es im Buch Kohelet (3,8). Nun, wir bewegen uns nicht auf Frieden zu, sondern auf Konflikt und Krieg.»[40]

Tatsächlich haben einige Vertreterinnen und Vertreter der Praktik des *Spiritual Warfare* seit Trumps Wahlniederlage ihre Rhetorik noch weiter verschärft. In einer von Paula Whites *Prayer Rallies* predigte Pastor Brad Knight: «Gott, jeder, der sich gegen uns erhoben hat, jeder, der sich über uns lustig macht, jeder, der Macht hat, jeder, der glaubt, er habe den Sieg erlangt, weil er intrigiert hat. Jeder Wille – auch innerhalb der Kirche –, der nicht auf dich ausgerichtet ist, Gott. Brich ihn, Gott. Hör ihre Gebete nicht einmal an und mache ihre Schreie zunichte [...] und breche sie mit einem Eisenstab. Zerschmettere sie wie ein Töpfergefäß.»[41] Rhetorik wie diese bereitet dem Religionswissenschaftler André Gagné Sorgen: «Die Eisenstange ist eindeutig ein Bild von Gewalt und gewaltsamer Unterwerfung und zielt auf jeden ab, der sich ihnen in den Weg stellt. Knight enthüllt seine gewalttätigen antidemokratischen Impulse, als er Gott bat, seine Eisenstange zu nehmen und seine angeblichen Gegner zu zerschlagen. Tatsächlich wird diese biblische Bildsprache im Kontext der theokratischen Herrschaft verwendet, in der Jesus und die Gläubigen eines Tages die Nationen mit dem ‹eisernen Zepter› regieren werden, wie auch in Offenbarung 2,26-27, 12,5 und 19,15 zu sehen ist.»

Auf derselben Veranstaltung verkündete White: «Gott, wir erklären, dass du den *POTUS* [*President of the United States*] in seinem jetzigen Zweck und seiner Position beibehalten wirst.» Dann forderte sie Gott dazu auf, «jedwede dämonische Agenda, die über dieser Wahl ausgelassen wurde» niederzuwerfen.[42] Auf Twitter hatte sie am 4. November geschrieben: «Betet inbrünstig, ohne Unterlass, für unsere Nation und die Wahlergebnisse. Es gibt die große Sorge, dass einige versuchen, diese Wahl zu stehlen. Lasst uns zu Gott beten, der alles weiß, um die Wahrheit zu offenbaren. Betet, dass die Feinde Gottes zum Schweigen gebracht und ihre Pläne gestürzt werden.»[43]

Die Popularität von Televangelisten hat zu einer Welle von selbsternannten Fernseh- und Internet-«Propheten» geführt, die vor allem durch ihren Bezug zu Trump in den letzten Jahren an Bekanntheit gewonnen haben. Einer von ihnen ist «Feuerwehrmann-Prophet» Mark Taylor, dessen «Geschichte» in dem Film *The Trump Prophecy* (2018) erzählt wurde. Schon im August 2017 hatte Taylor verkündet, er werde spirituelle Kriegsführung im «Guerilla-Stil» durchführen und so die Wahlkarte der USA beeinflussen. Dabei betonte er, wie es viele Televangelisten tun, dass sein Aktivismus keineswegs politisch sei: «Es geht nicht um Republikaner oder Demokraten, es geht um Globalismus gegen Patriotismus, es geht darum, die Neue Weltordnung zu stoppen, es geht darum, die Zeitachse des Feindes zu stoppen.» Mit dem Feind ist der Teufel gemeint. Dabei sind Taylors Äußerungen natürlich politisch – beispielsweise, wenn er deutlich macht, welche Parteifarbe Gottes Seite zuzuordnen ist und welche nicht: «Die blauen Zonen repräsentieren depressive Bereiche, die roten Zonen repräsentieren das Blut Jesu. Also wollen wir diese depressiven Bereiche sozusagen nehmen und sie in das Blut Christi verwandeln.»[44] Taylor bewegt sich damit in der klassischen Tradition der geistlichen Kriegsführung, die sich gegen «territoriale Geister» wendet, nur wendet er sie konkret auf Wahlbezirke an. Den Kern der *Spiritual Warfare* bildet der Glaube daran, dass Dämonen und andere böse Geister eine zentrale Rolle im alltäglichen Leben spielen. Dabei können sie laut dieser Vorstellung nicht nur von Menschen, sondern auch von Institutionen Besitz ergreifen. Durch Gebetsrituale sollen die Dämonen vertrieben werden. Dieser Glaube bietet ein Einfallstor für Verschwörungsmythen, wie im Kapitel «Das Ende naht – Verschwörungsglaube» noch erläutert werden wird – und bringt schlimmstenfalls Menschenleben in Gefahr, wenn das Ziel reale Gebäude, Personen und Institutionen sind.[45]

JESUS IST EIN *NAVY SEAL*

«We've been beaten down
Feminized by the culture crowd
No more nice guy, timid and ashamed ...
Grab a sword, don't be scared
*Be a man, grow a pair!»**[1]

Als Anfang Oktober 2016, kurz vor der Präsidentschaftswahl, die *«Access Hollywood»*-Aufnahme veröffentlicht wurde, auf der zu hören war, wie Donald Trump mit sexuellen Übergriffen auf Frauen prahlte, waren sich viele politische Kommentatorinnen und Kommentatoren sicher: Das war's. Jemand, der so abwertend über Frauen sprach, dabei so explizit sexuelle Sprache verwendete, musste die Unterstützung konservativer Christen verlieren, die eine monogame, heterosexuelle Ehe und sexuelle Enthaltsamkeit außerhalb der Ehe sowie «traditionelle Familienwerte» als ihre Kernideale hochhalten. Doch die Mehrheit der Religiösen Rechten hielt Trump auch nach diesem Skandal die Treue – die Aufnahme schadete ihm nicht.

Ralph Reed, der Vorsitzende der *Faith and Freedom Coalition*, erklärte kurz nach dem Skandal in einem Interview mit dem *National Public Radio* (NPR), weshalb Trumps persönliches Verhalten nicht entscheidend für konservative Christen sei. Dessen Kommentare seien zwar verletzend und unangebracht gewesen, aber «[...] gläubige, konservative Menschen wählen nach Themen wie: Wer wird ungeborenes Leben beschützen, wer wird Religionsfreiheit verteidigen, wer wird konservative Richter an den

* «Wir sind runtergemacht worden / Feminisiert von den Kulturleuten / Nichts mehr mit Mr. Nice Guy, schüchtern und verschämt / Nimm dir ein Schwert, hab keine Angst / Sei ein Mann, lass dir Eier wachsen!»

Obersten Gerichtshof berufen, wer wird die Wirtschaft wachsen lassen, Jobs schaffen und sich gegen den Nuklear-Deal mit dem Iran einsetzen [...]? Und ich glaube einfach nicht, dass, angesichts dessen, was in dieser Wahl und bei entscheidenden Themen auf dem Spiel steht, eine elf Jahre alte Tonbandaufnahme mit einem Talkshow-Moderator in einem Tourbus, für die sich der Kandidat intensiv entschuldigt hat, in der Sorgen-Hierarchie religiöser Wähler weit oben steht.»[2]

Doch Trump hatte sich keineswegs «intensiv» entschuldigt – auf entsprechende Nachfrage des Moderators Scott Simon erwiderte Reed, Trumps Kommentare spiegelten nicht sein heutiges Verhalten wider, er habe da keinerlei Bedenken.[3] Reed evozierte hier nicht nur das Bild des reumütigen Büßers, sondern suggerierte auch, dass konservative religiöse Wählerinnen und Wähler Trump primär aufgrund ihrer politischen Ansichten unterstützen würden – eine Art Zweckbündnis.

Dieses Narrativ ist jedoch nur die halbe Wahrheit. Wie zuvor gezeigt wurde, hatten konservative Christen in den republikanischen Vorwahlen eine breite Auswahl an «klassischen» Kandidaten vor sich, die ihre sozialen und politischen Ansichten teilten und glaubhaft vertreten konnten. Das angebliche «Zweckbündnis» mit Donald Trump wäre also gar nicht nötig gewesen. Außerdem hätte es moralische Grenzen haben müssen. Wer sich die Verteidigung traditioneller «Familienwerte» auf die Fahne schreibt, sollte doch auch klar dafür einstehen, anstatt einen Kandidaten zu unterstützen, der gegen die Grundüberzeugungen des konservativen Christentums wieder und wieder, ohne Reue, verstößt. Trump, der mit seinen sexuellen Eskapaden prahlte, drei Mal verheiratet war und seine Frau, die gerade erst das gemeinsame Kind geboren hatte, mit einem Pornostar betrog, passt auf den ersten Blick nicht in diese Wertvorstellung. Doch die letzten vier Jahre haben gezeigt, dass diese Logik nicht greift. Das liegt nicht zuletzt daran, dass Trumps Verhalten, gerade unter konservativen,

Weißen Evangelikalen, an ein Verständnis von Männlichkeit appelliert, das rüpelhaftes, gar sexuell übergriffiges Verhalten als Zeichen einer natürlichen Potenz begreift.

In den letzten Jahren wurde viel darüber diskutiert, warum so viele Menschen Trump *trotz* seines Auftretens unterstützten. Stattdessen war es genau umgekehrt: Christliche Nationalisten unterstützten Trump gerade *wegen* seines machohaften Auftretens. Um diese Haltung zu erklären, lohnt sich ein weiterer Blick in die Geschichte – diesmal auf die Konstruktion von Männlichkeit der amerikanischen Religiösen Rechten in den letzten Jahrzehnten. Diese hat mit der Bibel meist wenig zu tun. Aber wer, wenn nicht die biblischen Vorbilder, sind die Posterboys der Gotteskrieger?

Die «traditionellen Familienwerte», auf die die Religiöse Rechte pocht, beziehen sich auf eine bestimmte Form der Familie: eine «Kernfamilie» aus Mutter, Vater und Kindern, mit dem Vater als Oberhaupt des Haushaltes. Die Ehe wird als strikt heterosexuelles Modell verstanden. Ihr Bestand als Institution, aus der die Familie entspringt, wird im Weißen Evangelikalismus zutiefst politisiert. Die Familienstruktur selbst wird als Spiegel der Beziehung zu Gott wahrgenommen, wobei der Vater seine schützende Hand über die Frau, die damit zu seiner Helferin wird, und über seine gehorsamen Kinder hält.

So wie sich die Mitglieder der Familie der Autorität des Vaters unterwerfen, unterwirft sich der Vater der Autorität Gottes. Diese Kombination von Autorität und Unterwerfung ist nicht nur für die Vorstellung von Familie zentral, sondern verbindet diese untrennbar mit einer theologischen Dimension. Damit hebt sie das Private in die religiöse Sphäre. Die Historikerin Sophie Bjork-James sieht die heterosexuelle, patriarchale Kernfamilie als zentralen Kern des Weißen Evangelikalismus: «Da die Familie das Modell für Gott in der Welt ist, werden die heterosexuelle Ehe und Reproduktion ebenfalls Symbole für die eigene Beziehung zu Gott.»[4]

In den 1970er Jahren wurde das Bild patriarchalischer Männlichkeit in evangelikalen Kreisen besonders betont, unter anderem als Reaktion darauf, dass sich die Gesellschaft und mit ihr der Arbeitsmarkt verändert hatte. Es gab Bemühungen, die patriarchalische Struktur freundlicher wirken zu lassen. Die Historikerin Bethany Moreton nennt dieses Prinzip «Diener-Führerschaft» (*servant leadership*): ein autoritärer Vater, dem Ehefrau und Kinder untergeordnet waren, der aber ebenfalls seinen Verpflichtungen ihnen gegenüber nachkam. Moreton folgert daraus: «Durch die Diener-Führerschaft hat die Service-Industrie [...] das Patriarchat für die Post-Moderne gesichert.»[5] Während mehr und mehr Frauen vor allem in Service-Jobs arbeiteten, hatte es sich die Religiöse Rechte zur Aufgabe gemacht, diese Entwicklung als Zerbrechen einer gottgegebenen Familienstruktur darzustellen, womit ihrer Ansicht nach auch die individuelle Beziehung zu Gott in Gefahr geriet.[6] Die Familienstruktur und mit ihr die darin verwurzelten Geschlechterrollen werden durch den direkten Vergleich der Beziehung mit Gott «geheiligt», mit Folgen für die Gesellschaft: Innerhalb des Christlichen Nationalismus gilt die Weiße, heterosexuelle «Kernfamilie» als Keimzelle für das künftige christliche Amerika und muss daher um jeden Preis bewahrt werden.[7]

Unter konservativen Weißen Evangelikalen entwickelte sich in der zweiten Hälfte des letzten Jahrhunderts ein Männlichkeitsbild, das nichts mit einem sanftmütigen Jesus zu tun hat. Über Bibelstellen, die dem widersprechen, wird hinweggegangen, während andere, die einen kriegerischen Gott darstellen, betont werden. Auch wenn diese «Biblische Männlichkeit» einer Kombination aus selektivem Literalismus der Bibel und Popkultur entspringt, findet sich diese Formulierung oft in Büchern zum Thema *«Christian Living»* – ein Genre, das auch heute noch viele Leserinnen und Leser erreicht. Während vor den 1950er Jahren Bücher nur innerhalb der Denominationsgrenzen verkauft wurden und der Markt dafür daher überschaubar blieb, änderten sich die Bedingungen im Jahr 1950 mit der Gründung der *Christian Booksellers Association* (CBA) schlagartig. Anstatt beispielsweise nur Baptisten als Zielgruppe anzusprechen, wandten sich Verlage jetzt mit dem angenehm vagen Genre *«Christian Living»* allgemein an Evangelikale. Der Markt boomte: Gab es 1950 nur 270 explizit christliche Buchläden, waren es Ende der 1970er Jahre schon etwa 3000.[8] Es handelt sich hierbei nicht um ein Phänomen der Vergangenheit. Zwar mussten in den letzten Jahren aufgrund der wachsenden Konkurrenz durch Amazon viele christliche Buchläden schließen, trotzdem ist die Nachfrage nach wie vor hoch. Die *Association of American Publishers* verzeichnete im Januar 2016, dass religiöse Publikationen im Vorjahr um 6,9 Prozent gewachsen sind und 1,13 Milliarden Dollar eingebracht haben.[9]

Anfang der 2000er Jahre füllten Bücher mit Titeln wie *Act Like Men: 40 Days of Biblical Manhood*, *Manhood Restored: How the Gospel Makes Men Whole* und *The Dude's Guide to Manhood* die Regale. Zu den Büchern kommen religiöse Blogs. Auf der Website des von John Piper gegründeten *«Desiring God Ministries»* verkündet ein Blog-Beitrag, Jesus sei «unser *Navy Seal*», also ein Soldat und Kämpfer.[10] John Piper selbst ist fest im *Mainstream*-Evangelikalismus verankert. Der Logik dieses Blog-Beitrags folgend, würde Jesus heute nicht mehr Brot an die Armen verteilen, sondern mit einer AK-47 durch die Welt ziehen. Von Sanftmütigkeit, Nächstenliebe und Hilfe für die Schwachen der Gesellschaft ist dort nichts zu finden.

Das liegt darin begründet, dass seit den 1970er Jahren sowohl in fundamentalistisch-evangelikalen Zirkeln als auch im sich entfaltenden Christlichen Nationalismus plötzlich sehr weltliche Gestalten als Vorbilder für explizit christliche Männlichkeit dienten. Wir finden dort Cowboys und Krieger: John Wayne und die historische Figur des schottischen Unabhängigkeitskämpfers William Wallace – und zwar speziell verkörpert von Mel Gibson im Film *Braveheart*. Es sind hypermaskuline Haudrauf-Typen:

Sie sind muskulös, reden wenig, schlagen oft zu und liefern sich Gefechte mit ihren Feinden, sei es mit der Pistole oder mit dem Schwert. Diese Einstellung fasst der frühere Baptisten-Pastor Alan Bean bestechend simpel zusammen: «Jesus kann deine Seele retten, aber John Wayne wird deinen Arsch retten.»[11]

Das war nicht immer so. Der Machismo und Militarismus eines John Wayne und der von ihm verkörperten Figuren waren ein paar Jahrzehnte zuvor wenig populär. Noch in den 1940er und 1950er Jahren standen amerikanische Evangelikale dem Militär eher skeptisch gegenüber. Sie sahen es als Sündenpfuhl, als Ort der Verkommenheit und fehlender Moral. Der Sinneswandel zur heutigen *«Bless the Troops»*-Einstellung lässt sich nur vor dem Hintergrund des Kalten Krieges nachvollziehen. Evangelikale verstanden sich als Bastion gegen den Kommunismus, den sie als zutiefst gottlos ansahen. Billy Graham predigte 1954: «Ich glaube heute, dass der Kampf zwischen dem Kommunismus und dem Christentum stattfindet. Und ich glaube, dass der einzige Weg, wie wir den Krieg um Amerika gewinnen können, darin liegt, dass wir Amerika zu Gott zurückkehren lassen und zurück zu Christus und zur Bibel, noch in dieser Stunde!»[12] Die von der Sowjetunion ausgehende Bedrohung für die USA machte ein schlagkräftiges Militär unerlässlich. So änderte sich das Narrativ vom Militär als verachtenswertem Ort der Zügellosigkeit hin zu einem unterstützungswürdigen Schutzwall gegen den gottlosen Kommunismus.

Für viele Evangelikale war patriarchalische Männlichkeit ohnehin Teil der von Gott gegebenen, binären Geschlechterordnung. Durch den 27. Zusatzartikel der Verfassung, das *Equal Rights Amendment* (ERA), das Männern und Frauen gleiche Rechte zusprach, sahen sie diese Ordnung gefährdet. 1972 wurde der Zusatzartikel von beiden Kammern des Kongresses beschlossen. Wirksam werden konnte er jedoch erst mit der Ratifizierung von drei Vierteln der Bundesstaaten. Während Frauenrechtlerinnen den Sieg auf dem Weg zur Gleichberechtigung feierten, sahen viele konservative Evangelikale das Fundament ihrer angestrebten Gesellschaftsordnung bröckeln. Frauen würden ihre Weiblichkeit verlieren und dazu gezwungen, Männer zu sein, so die Sorge. Am Ende würden sie vielleicht sogar in der Armee dienen. Gleichzeitig sahen konservative Evangelikale in dem juristischen Sieg der Frauenrechtsbewegung einen Beweis für die angebliche Verweichlichung amerikanischer Männer.

Seit den 50er Jahren war der Stern des Televangelisten Billy Graham immer weiter aufgestiegen. Mit seinem scharfkantigen Gesicht, dem kernigen Auftreten und seinem durchtrainierten Körper wurde er für die Religiöse Rechte zum Vorbild des neuen amerikanischen Mannes: ein Krieger in Gottes Namen, der sich gegen die Verfehlungen der modernen Gesellschaft stellte. Graham war der Posterboy der Evangelikalen, aber auch sehr beliebt unter Christlichen Nationalisten insgesamt. «Mit Billy Graham als Speerspitze glaubten die Evangelikalen, dass sie eine besondere Rolle dabei spielen würden, Amerika christlich, amerikanische Familien stark und die Nation sicher zu halten. Die Geltendmachung männlicher Macht würde all diese Ziele erreichen», schreibt die Historikerin Kristin Kobes Du Mez.[13] Um der Frauenrechtsbewegung etwas entgegenzusetzen, brauche es wieder «richtige» Männer, keine verweichlichten Kirchenjungs und keine Kriegsdienstverweigerer. Das bedeutete auch: Über Gefühle wurde nicht gesprochen. Während der Einfluss von Männern wie Graham, Falwell oder Robertson auf die Entstehung der Religiösen Rechten schon lange im Fokus steht, wird die zentrale Rolle konservativer Frauen oft übersehen.[14]

1973 schrieb Marabel Morgan das Buch *The Total Woman*, aufbauend auf ihren Selbsthilfekursen unter demselben Label. Es gehörte zum boomenden Genre evangelikaler Sex-Ratgeber und führte 1974 die Sachbuch-Bestsellerliste an. Der Tenor des Buches: Sex dürfe selbstverständlich nur innerhalb der Grenzen der Ehe stattfinden. Frauen würden oft den Fehler begehen, ihre

Ehemänner zu kritisieren und sie mit ihren Problemen zu belästigen. Stattdessen sei es die Pflicht einer jeden christlichen, konservativen Frau, ihrem Ehemann zu dienen. Das bedeutete, gut auszusehen, wenn er nach Hause kam, den sexuellen Trieb des Ehemanns zu befriedigen – am besten täglich, um zu vermeiden, dass der Mann eine Affäre mit seiner Sekretärin begann. Morgan propagierte ein Frauenbild, das als Vorlage für eine Szene der Fernsehserie *Mad Men* herhalten könnte: Die Ehefrau hatte das klassische 50er-Jahre *Pin-Up-Girl* zu sein, perfekt frisiert und geschminkt, jederzeit gut gelaunt. Dabei durfte die Frau die Verführung durchaus selbst in die Hand nehmen. Besonders geeignet sei der Einsatz von Kostümen, beispielsweise als sexy *Cowgirl* oder Piratin.[15] Hausfrau und Sexgöttin zugleich – das war das Ziel.

«Konventionelle» weibliche Schönheit und körperliche Perfektion bei Frauen wird auch heute noch in Kirchen der Religiösen Rechten gepredigt. In einem viralen Video verkündete Stewart-Allen Clark, Pastor der *Malden First General Baptist Church*, im Februar 2021, dass nicht jede Frau eine *«Trophy Wife»* («Trophäenfrau») wie Melania Trump sein könne, sondern vielleicht nur eine *«Participation Trophy»* («Teilnahme-Trophäe»). Außerdem empfahl er den anwesenden Frauen «Gewichtskontrolle», um sicherzustellen, dass ihre Männer nicht fremdgingen, es gebe schließlich keinen Grund, *«butch»* (maskulin) auszusehen. Tipps für die Ehemänner, wie sie sexuell und körperlich attraktiv für ihre Ehefrauen bleiben könnten, blieben natürlich aus. Clark ist nach der medialen Aufregung um seine Aussagen von der *Malden First General Baptist Church* beurlaubt worden.[16] Seine Beschreibung von Melania Trump als idealer Verkörperung des weiblichen Schönheitsideals drückt einen ausgeprägten Besitzanspruch auf den weiblichen Körper aus. Dieser ist die eroberte Trophäe des Mannes, mit dem er gegenüber anderen Männern prahlen kann. Gleichzeitig werden so Frauen beschämt, die nicht dieser Ästhetik entsprechen.

Marabel Morgan war nicht die einzige Autorin, die konservativen Frauen eine Alternative zum Feminismus bot. Sie alle vereinte die Überzeugung: Christliche Weiblichkeit sollte sich auszeichnen durch Opferbereitschaft und Unterordnung im sexuellen und materiellen Sinne. «Traditionelle Weiblichkeit» wurde jedoch von keiner Frau so verkörpert wie von Phyllis Schlafly (1924–2016). Sie war die vielleicht einflussreichste konservative Aktivistin der letzten Jahrzehnte. Schlafly hatte das Machtpotenzial eines stringent organisierten Basis-Aktivismus erkannt, noch bevor Jerry Falwell und Paul Weyrich die *Moral Majority* gründeten. Obwohl sie katholisch war, wurde sie gerade in evangelikalen Kreisen zum Star. Ihr Erfolg zeigt, wie sehr die Grenzen einzelner Denominationen zu verwischen begannen – und sie war eine der Ersten, die Allianzen über diese Grenzen hinweg schloss. Feministinnen versuchten, so Schlafly, Frauen in eine Rolle zu drängen, die sie nicht wollten, eine These, die vor allem bei konservativen, Weißen Frauen auf Zustimmung stieß, die meist der wohlhabenden Mittelschicht angehörten, teilweise aber nicht über die Fähigkeiten verfügten, um auf dem Arbeitsmarkt zu bestehen. Aber auch Frauen der Arbeiterklasse, die unzufrieden mit ihren Niedriglohn-Jobs waren, fühlten sich angesprochen.[17]

Schlafly inszenierte sich als Alternative zu schimpfenden, nervigen Feministinnen. Sie präsentierte ein Bild konservativer Weiblichkeit, das sich optisch wie inhaltlich über Jahrzehnte kaum änderte: Mit Perlenkette und Kostüm sah sie immer wie aus dem Ei gepellt aus. Sie wurde zum konservativ-religiösen Idol – und eine der wichtigsten Aktivistinnen gegen Frauenrechte, vor allem gegen das Recht auf Abtreibung. Was sich heute Abgeordnete wie Madison Cawthorn auf die Fahnen schreiben, *«troll the libs»* – die Linken provozieren –, hatte Schlafly schon vor Jahrzehnten perfektioniert. Besonders gern brachte sie Feministinnen auf die Barrikaden, indem sie bei Reden zunächst ihrem Ehemann dafür dankte, dass er ihr erlaubt habe, öffentlich zu sprechen. Aus dem Grund dafür machte sie keinen Hehl: «Ich sage das gerne, weil ich weiß, dass es Frauenrechtlerinnen mehr als alles andere ärgert.»[18] Schlafly agierte wie ein Online-Troll, lange bevor das Internet erfunden wurde.

Sie war in vielerlei Hinsicht eine Vordenkerin und Begründerin der Religiösen und Politischen Rechten, hatte jedoch nie ein ein politisches Amt inne. Sie blieb zeit ihres Lebens in einer repräsentativen Rolle, auch wenn sie durchaus andere Ambitionen hatte. Paradoxerweise stand Schlafly exemplarisch für die Verbindung des Politischen und Privaten. Sie propagierte eine aggressive Außenpolitik, unterstützte die Aufrüstung und ermunterte konservative Frauen, es ihr nachzutun. Die Atombombe war für sie ein «Geschenk Gottes» und der Kommunismus das größte Übel, gegen das die USA kämpfen mussten.

Im Jahr 1964 erschien ihr Buch *A Choice, not an Echo*, in dem sie den Republikanischen Präsidentschaftskandidaten Barry Goldwater unterstützte – 300 000 Exemplare wurden allein von der *John Birch Society* gekauft und in Umlauf gebracht.[19] Er sei der wahre Kandidat für Republikanische Wählerinnen und Wähler, die Zeit sei reif für jemanden, der nicht von den «Küsteneliten» bestimmt wurde. Diese Rhetorik verwendete Schlafly 2016 erneut, bezogen auf Donald Trump. Das Buch war ein voller Erfolg. Es wurden 3,5 Millionen Exemplare verkauft.[20] 1977 erschien Schlaflys Buch *The Power of the Positive Woman*, mit dem sie erfolgreich den Selbsthilfe-Buchmarkt für sich erschloss. Wenig später erschien das gleiche Buch erneut, diesmal unter dem Titel *The Power of the Christian Woman*.

Schlafly sah keinen Widerspruch darin, dass sie Frauen dazu aufrief, am Herd zu bleiben, selbst aber eine aktive politische Karriere lebte. Politik, verkündete sie, sei lediglich ihr Hobby. Ihren Ansichten blieb sie bis ans Ende ihres Lebens treu. Noch 2014 sagte sie in Bezug auf die ungleichen Einkünfte von Frauen und Männern: «Der Einkommensunterschied zwischen Männern und Frauen hilft, Eheschließungen zu bewerben und zu erhalten [...] Der beste Weg, die wirtschaftlichen Aussichten für Frauen zu verbessern, besteht darin, die Job-Aussichten für die Männer in ihrem Leben zu verbessern, selbst wenn das bedeutet, die sogenannte *Pay Gap* zu vergrößern.»[21]

Schlafly stellte das Recht von Frauen auf Abtreibung als Angriff auf das Fundament des Christlichen Nationalismus dar. Ihr größter Beitrag lag jedoch in ihrem Kreuzzug gegen das *Equal Rights Amendment.* Die von ihr organisierten Aktivistinnen waren die «Fußsoldaten für Reagans Armee», ohne die die Religiöse und Politische Rechte vermutlich nie so in Schwung gekommen wäre. Durch ihren anhaltenden Protest gelang es 1982, das ERA im Keim zu ersticken. Die notwendige Mehrheit der Bundesstaaten zur Ratifizierung kam nicht zustande, obwohl das ERA zuvor im Kongress und auf der Ebene der Bundesstaaten große Zustimmung erhalten hatte.[22] Schlafly mobilisierte ihre Anhängerinnen mit einer einfachen Botschaft: Frauen hätten schon längst alle Rechte, die sie haben wollten. Das ERA würde nur «unnatürlichen Dingen» Tür und Tor öffnen – wie etwa der gleichgeschlechtlichen Ehe, oder Frauen im Militär. James Dobson würdigte sie nach ihrem Tod 2016 als eine der Gründerinnen der heutigen Religiösen Rechten: «Phyllis Schlafly hat sich mutig und eigenhändig der Angelegenheit des *Equal Rights Amendments* angenommen, als niemand sonst im Land mutig genug war, sich ihm entgegenzustellen. Indem sie das getan hat, hat sie letzten Endes die Pro-Familie- und die Pro-Lebens-Bewegung gestartet.»[23]

Schlafly bereitete den Weg für andere Frauen in der Religiösen Rechten. Sie schuf damit eine gewisse Akzeptanz für Frauen, die sich öffentlich äußerten, und zeigte mit ihrem Anti-Abtreibungs-Aktivismus, dass auch Frauen politische Macht ausüben können. Der «Schutz ungeborenen Lebens» wurde und wird immer noch als weiblich besetztes Thema angesehen und stellt so eine Möglichkeit für Vertreterinnen der Religiösen Rechten dar, einen Platz innerhalb einer streng patriarchalen Machtstruktur zu finden. Somit ist Schlafly das Paradebeispiel für ein historisches Phänomen, das auch in der Gegenwart noch zu beobachten ist: Weiße Frauen haben wesentlich dazu beigetragen, eine Weiße, patriarchalische Gesellschaftsstruktur aufrechtzuerhalten – und tun das noch immer.[24]

Mit solchen Vorstellungen von christlicher Weiblichkeit ist heute wie damals oft eine explizite LGBTQIA*-Feindlichkeit verbunden. Die Existenz von Menschen, die sich jenseits von Heterosexualität definieren, bedroht ein wichtiges Fundament der Christlichen Rechten: die patriarchalische Kernfamilie. Für konservative Aktivistinnen wie die Sängerin Anita Bryant (geb. 1940), Mitglied der *Southern Baptists,* war die Vorstellung gleichgeschlechtlicher Beziehungen ein Angriff auf christliche Werte. Bryant war eine der einflussreichsten anti-homosexuellen Aktivistinnen.

Neben Anita Bryant ist der Kampf gegen die Gleichberechtigung von LGBTQIA*-Menschen besonders mit dem Namen der Bestseller-Autorin Beverly LaHaye verbunden. Sie gründete 1978 *Concerned Women for America* (CWFA), die bis heute großen Einfluss hat. LaHaye bezeichnete feministische Ansichten als «anti-Gott» und «anti-Familie» und mobilisierte mit ihrer Organisation Millionen von Frauen, um gegen Gesetzgebung zu protestieren, die Abtreibung legalisierte und die Rechte für LGBTQIA*-Menschen erweitern sollte.[25] Für Tim LaHaye und seine Frau Beverly war die Aufrechterhaltung einer patriarchalischen Geschlechter- und Gesellschaftsordnung essenziell für die Wehrhaftigkeit Amerikas. Der Mann sei von Gott dazu auserkoren, sowohl über die Familie als auch über das Land zu herrschen. Als natürlicher Aggressor, so die LaHayes, gehe seine Sexualität einher mit einem aggressiven Führungsstil.[26] Diese heteronormative, sexuell aufgeladene und patriarchalische Konstruktion von Männlichkeit war keine reine Privatsache. Stattdessen waren für die LaHayes der Sexualtrieb und die Potenz des Mannes direkt verbunden mit dem Überleben eines christlichen Amerikas.

In den 1990er Jahren versuchten die *Promise Keepers*, gegründet 1990 von dem ehemaligen *American Football-Coach* Bill McCartney, eine abgeschwächte Variante dieses Männlichkeitsbildes zu etablieren, die Männern mehr Emotionalität zugestand und sich weniger militant präsentierte. Der Mann hatte immer noch das Sagen – aber der Tonfall sollte freundlicher sein. Doch der Trend setzte sich nicht durch, auch wenn die Organisation heute noch besteht. Schon bald wurden Rufe laut, die Bewegung verstoße gegen biblische Tugenden der Männlichkeit, niemand wolle jammernden Männern zuhören.

Gleichzeitig hatte sich schon 1986 eine Gruppe um den evangelikalen Theologen Wayne Grudem und den Pastor John Piper zusammengefunden, die in Danvers, Massachusetts, das *Danvers Statement* verfassten. Dort wurde das vorgestellt, was man später *Gender Complementarianism* nennen würde, die komplementäre christliche Sichtweise der Geschlechterrollen. Sie beruht auf der Annahme, dass Gott Mann und Frau «gleich vor Gott», aber «einzigartig in ihrer Männlichkeit und Weiblichkeit» geschaffen habe. Diese Ansicht ist heute vor allem in evangelikalen Kreisen als «Biblische Männlichkeit und Weiblichkeit» bekannt.[27] 1987 gründeten Piper und Grudem zusammen mit anderen den *Council on Biblical Manhood and Womanhood* (CBMW).[28] Dessen Darstellung traditioneller Geschlechterverhältnisse stieß auf Anklang: *Christianity Today* kürte *Recovering Biblical Manhood and Womanhood* aus der Feder von Grudem und Piper zum «Buch des Jahres» 1992.[29]

Als Sarah Palin 2008 John McCains Mitstreiterin wurde, offenbarte sich ein Dilemma, denn eine Frau als Vizepräsidentin entsprach in keiner Weise dem Bild von «biblischer Weiblichkeit». John Piper löste dieses Problem wie folgt: «Jemand mit meinen Ansichten kann sehr gut dafür stimmen, dass eine Frau Präsidentin wird, wenn der Mann, gegen den sie antritt, Ansichten vertritt und sich für eine Politik einsetzt, die [...] mehr Menschen mehr Schaden zufügt als die Wahl einer Frau als Präsidentin und der damit verbreiteten fehlerhaften Version von Weiblichkeit.»[30] So konnte er nicht nur seine Unterstützung Palins rechtfertigen, sondern auch Stimmung gegen Barack Obama machen.

Auch wenn in der Öffentlichkeit der letzten Jahrzehnte evangelikale Frauen wie Phyllis Schlafly oder Sarah Palin stärker wahrgenommen wurden, dominieren Männer nach wie vor die Religiöse Rechte. Das Männerbild, das sich seit den 1950er Jahren herausgebildet hatte, wurde seit Beginn der 2000er Jahre und vor allem nach 9/11 durch rechte «Pädagogen» wie John Eldredge noch populärer. In Eldredges 2001 (bereits vor den Terroranschlägen auf das *World Trade Center*) erschienenem Buch *Wild At Heart* («Der ungezähmte Mann») propagierte er eine neue Form militanter, evangelikaler Männlichkeit. Eldredge beschrieb darin Männer als inhärent gefährlich und gewaltbereit nach dem Ebenbild Gottes: «Aggression ist Teil des männlichen Designs, wir sind dazu geschaffen. Wenn wir glauben, dass der Mann als Ebenbild Gottes geschaffen wurde, täten wir gut daran, uns zu erinnern: ‹Der Herr ist ein Krieger, Jahwe ist sein Name› (Ex 15,3).»[31] Eldredge hatte eine simple Vorstellung davon, was Männer wollten, nämlich «einen Kampf ausfechten, ein Abenteuer leben und eine Schönheit retten».[32] Männer müssten die Frauen, also das schwächere, passive Geschlecht, beschützen.

Eldredges Gott ist ein Kriegergott, Gewalt ein fester Bestandteil gottgegebener Männlichkeit und demnach begrüßenswert. Bestätigung fand Eldredge bei Matthäus 11,12: «Seit den Tagen Johannes des Täufers bis heute wird dem Himmelreich Gewalt angetan; die Gewalttätigen reißen es an sich.» Auch wenn einige evangelikale Stimmen sich gegen Eldredge wandten, kam seine Botschaft bei vielen gut an. Frieden, so die Verfechter seiner Ansichten, könne erst kommen, nachdem Jesus auf die Erde zurückgekehrt sei, nachdem das Blut seiner Feinde vergossen wurde. Eldredges *Wild at Heart* war im Erscheinungsjahr das am meisten verkaufte Buch über «biblische Männlichkeit». Mit vier Millionen verkauften Exemplaren ist es bis heute einer der Bestseller im Bereich *«Biblical Manhood»*.[33]

Eldredges Jesus hält nach einem Schlag auf die eine Wange eben nicht die andere hin. Es ist der Jesus aus der Offenbarung des Johannes, ein Kriegerfürst, kein «blasser Messdiener mit Mittelscheitel, der leise spricht [und] Konfrontation vermeidet». Eldredge interpretiert diese Bibelstelle nicht als Metapher, sondern nimmt den Text wörtlich: «[...] Wenn Christus wiederkehrt, ist er an der Spitze einer schrecklichen Kompanie, auf einem weißen Pferd, mit einem zweischneidigen Schwert, sein Gewand getränkt in Blut.»[34]

Männlichkeit könne ein Junge nur von seinem Vater lernen, Mütter neigten dazu, ihre Söhne zu verweichlichen. Jungen sehnten sich nach Gefahr, und der Mutterinstinkt bringe Frauen dazu, sie davon abzuhalten. Es sei aber genau diese Lust an Gefahr, die Väter in ihren Söhnen stärken müssten: «Es ist eine langjährige Wahrheit, dass es nie eine loyalere Gruppe Männer gibt als die, die nebeneinander gekämpft haben, die Männer eines Geschwaders.»[35] Der konservative Evangelikale und Psychologe James Dobson knüpfte mit dem ebenfalls 2001 erschienenen *Bringing Up Boys* («Jungs erziehen – Zukunft gestalten») an Eldredges Erfolg an. Vätern riet Dobson, sie sollten grob mit ihren Söhnen spielen und stets ihren Sinn für Abenteuer fördern. Auch er betont den natürlichen Hang zu Gefahren, der Jungen von Mädchen unterscheide.[36] Dobson, der in seinem Buch viele von Eldredges Ansichten wiedergibt, ist im Herzen des evangelikalen *Mainstreams* angesiedelt.

Ein noch extremerer Vertreter dieses Männerbilds ist der Theologe, Pastor und Autor Douglas Wilson, der in Moscow, Idaho, ein religiöses Imperium um seine *Christ Church* herum aufgebaut hat. Zu der Kirche gehört ein eigenes College (*New Saint Andrews Col-*

lege),[37] ein Verlag (*Canon Press*), ein Magazin (*Credenda / Agenda*), ein *Camous Ministry* (*Collegiate Reformed Fellowship*) und ein Trainingsprogramm für angehende Pastoren (*Greyfriars Hall*). Sein Buch *Future Men*, ebenfalls von 2001, macht das Ziel schon schon im Untertitel klar: «Jungen erziehen, die es mit Riesen aufnehmen können». Wilson verbindet das Konzept militanter Männlichkeit mit dem Herrschaftsgedanken des Dominionismus: Es ist eine «Theologie des Faustkampfes», wie er selbst sagte, in der Jungen beigebracht wird, zu kämpfen. Wilson war schon lange ein glühender Anhänger des Dominionismus. Er hat es sich zur Mission auserkoren, den Standort seiner Kirche, zu «einer christlichen Stadt» zu machen, in der Kirchenmitglieder die relevanten Posten im öffentlichen Leben der Stadt besetzen.[38]

Wilson erhielt Rückendeckung von Vertretern der evangelikalen Mitte wie beispielsweise John Piper. Er ist einer der Autoren auf Pipers Website *Desiring God*, die beiden sind bereits zusammen aufgetreten.[39] Pipers Entscheidung, Wilson einzuladen, stieß teils auf Entsetzen, teils auf Unverständnis bei anderen Evangelikalen, doch Piper machte mehr als deutlich, was er von Wilson hielt: «Doug versteht den *Gospel* wirklich.»[40] Wilson hatte schon zuvor an Bekanntheit gewonnen, als *Christianity Today*, das auflagenstärkste evangelikale Magazin in den USA, 2007 ein sechsteiliges Streitgespräch zwischen ihm und dem Religionskritiker und Atheisten Christopher Hitchens veröffentlicht hatte.[41] Wilson hat verstörende Ansichten: Die Frau habe sich dem Mann unterzuordnen, Sklaverei sei von Gott gewollt und Homosexuelle sollten verbannt werden. 2012 verlieh ihm *Christianity Today* für den Roman *Evangellyfish* seinen Buchpreis in der Kategorie *Fiction*.[42]

Trumps Einwanderungspolitik offenbarte die Doppelmoral dieses aggressiven Männlichkeitskonstrukts, denn das gilt nur für Weiße: «Schwarze Männer, Männer aus dem Mittleren Osten, Hispanische Männer werden nicht zu einer wilden, militanten

Männlichkeit aufgefordert. Ihre Aggression ist gefährlich, eine Bedrohung der Stabilität des Heims und der Nation», analysiert Kobes Du Mez. «Was als Gegenreaktion zu Hippies, Bürgerrechtsaktivisten und Anti-Kriegs-Demonstranten der Vietnam-Ära begann, hat zu einer Idealisierung von Polizei und Militär geführt, und Grenzkontrollbeamte fallen ebenfalls in diese Kategorie», schreibt die Historikerin.[43]

Die Terroranschläge vom 11. September 2001 auf das *World Trade Center* waren Wasser auf die Mühlen von Autoren wie Eldredge und Wilson. Das Land müsse endlich wieder von «echten» Männern gegen Feinde verteidigt werden – zu Hause und im Ausland. Sie fühlten sich bestätigt, und eine Mehrheit der Weißen Evangelikalen folgte ihnen. Mel Gibson lieferte 2004 mit seinem brutalen Film «Die Passion Christi» eine sehr männliche Variante von Jesus, der sich viele Weiße, evangelikale Männer begeistert zuwandten. Diese gefährlichen Zeiten verlangten nach einer aggressiven Antwort auf die Gefahren, die Amerika heimsuchten, seien dies nun der islamistische Terror oder Feministinnen im eigenen Land. Doug Wilsons Motto, das sich auch in seinem Blog findet, verkündet genau das – eine «Theologie, die zurückbeißt».[44] David Murrow klagte in seinem Buch *Why Men Hate Going To Church*: «[E]in Christus, bei dem alles nur um Gnade geht, kann die männliche Seele nicht rühren. Tief im Inneren sehnen sich Männer nach einer harten Zuneigung. [...] Mit der Feminisierung der westlichen Gesellschaft wird es für Männer immer schwieriger, diese Art von Liebe zu finden.»[45] Diese Form der Zuneigung müssten Männer wieder in der Kirche finden können, so die Forderung.

Ähnlich wie Wayne Grudem und John Piper ist Wilson ein Anhänger der Lehre von der Komplementarität der Geschlechter. So schreibt er, dass Frauen durch die von Feministinnen geforderte Gleichstellung «der Schönheit der Unterwerfung beraubt» würden. Mehr noch, Sex könne per Definition keine Handlung zwischen gleichberechtigten Parteien sein: «Ein Mann penetriert, erobert, kolonisiert, pflanzt. Eine Frau empfängt, ergibt sich, akzeptiert.»[46] Wenn eine Frau vergewaltigt wird, solle der Vergewaltiger dem Vater eine Mitgift zahlen und sein Opfer heiraten – genauso, wie die Bibel es vorschreibe. Er geht nicht ganz so weit wie Rushdoony, der die Todesstrafe für Homosexuelle fordert, für Wilson würde auch deren «Verbannung» als Strafe genügen.[47]

Zur Verteidigung dieser angestrebten Ordnung passt das Bild eines starken Gottes. Der Prediger Mark Driscoll hat für die klassische Jesus-Darstellung in vielen amerikanischen Kirchen nichts als Verachtung übrig: Zu viele in der «theologischen Linken» wollten Jesus «als Hippie mit schlaffem Handgelenk in einem Kleid mit viel Kosmetik im Haar» darstellen, «der beim Einkauf für das perfekte Paar Schuhe *Decaf* trank und markige Zen-Aussagen über das Leben machte».[48] Stattdessen sei Jesus ein Krieger gewesen, ein MMA-Kämpfer (*Mixed Martial Arts*), der vor Virilität nur so strotzte: «Den *Ultimate Fighter* Jesus finden wir in der Offenbarung 19,11-16. Dort wird Jesus nicht als Hippie mit schwachem Kinn in einem Kleid dargestellt. Stattdessen ist er ein *Ultimate Fighter*-Krieger-König, mit einem Tattoo am Bein, der auf seinem treuen Pferd gegen Satan, Sünde und Tod in den Krieg zieht, genau wie in jedem anständigen Western mit einem [...] *Lone Ranger*, Buffalo Bill und Wild Bill Hickok».[49] Jesus sei ein Mann «mit einem Schwert in der Hand und der Verpflichtung, jemanden zum Bluten zu bringen».[50]

Driscoll inszeniert sich oft als hipper Hardliner, als der *Bad Boy*, der der Kirche endlich «ihre Eier zurückgeben will». Unter dem Pseudonym «William Wallace II» schrieb er im Nachrichtenforum seiner Kirche, dass Gott Frauen als «Heimat» für den Penis geschaffen habe.[51] Für ihn ist ein Mann – und demnach auch Gott – nur dann des Respekts würdig, wenn er anderen Schmerzen zufügen kann. Der Jesus, der Angst und Schrecken verbreitet, «[d]as ist ein Typ, den ich anbeten kann. Ich kann den Hippie, die Windel und den Heiligenschein nicht anbeten, weil ich keinen

Mann anbeten kann, den ich verprügeln kann», so Driscoll.[52] In dieselbe Kerbe schlug Paul Coughlin, ein konservativer Radiomoderator und Autor von *No more Christian Nice Guy*, als er 2006 auf einer Veranstaltung von *GodMen* sagte: «Die Idee von Jesus als sanft und milde ist so erfunden wie irgendetwas aus Dan Browns *Da Vinci Code*.»[53]

Vor diesem Hintergrund ist es nicht verwunderlich, dass eine große Mehrheit Weißer Evangelikaler 2016 Donald Trump unterstützte, teilweise auch gegen den Willen ihrer Prediger und Pastoren. Trump, der sich bei einem *Wrestling-Event* 2007 auf einen anderen Mann stürzte und ihn zu Boden warf, der regelmäßig zu Gewalt gegen politische Gegner aufrief, entsprach ihrer Vorstellung eines «echten» Mannes. Trump war zwar kein Kerl mit Waschbrettbauch – obwohl die Mehrzahl der MAGA-Fan-Kunst (*Make America Great Again*) ihn so darstellt. Trumps Hofmaler John McNaughton präsentiert ihn in seinen Bildern zwar nicht mit nacktem Oberkörper und *Six Pack*, aber doch deutlich gestrafft gegenüber der Realität: mit markantem Kiefer und breiten Schultern.[54] Robert Jeffress, ein Pastor aus Dallas (Texas), sagte während des Wahlkampfs über Trump: «Ich will keinen sanften und milden Anführer oder jemanden, der die andere Wange hinhält. Ich will den gemeinsten, toughsten Hurensohn, um dieses Land zu beschützen.»[55]

Trumps rhetorische Ausfälle waren für die Religiöse Rechte die Bestätigung dafür, dass man die richtige Wahl getroffen hatte. Sie hatten einen Anführer gewählt, der mit «den großen Jungs» mitspielen konnte und miese Tricks im Ärmel hatte. Solange sich die miesen Tricks gegen das Böse richteten, waren sie gerechtfertigt. Nach den Jahren von George W. Bush, der zwar Cowboystiefel trug, aber zumindest nominell einen «sanften Konservatismus» vertrat, und dem mormonischen Saubermann Mitt Romney mit seinen gestärkten Hemden und seiner höflichen Ausdrucksweise, sehnte sich die Religiöse Rechte nach einem rhetorischen Vorschlaghammer, der ihren Hass auf *«Political Correctness»* und die Inklusion von Frauen und Minderheiten direkt aussprach. Nach jemandem, der Mexikaner Kriminelle und Vergewaltiger nannte, der ein richtig ekliger Typ war. Aber eben *ihr* Typ. Ein Gefühl, das auch Ivanka Trump dem Publikum in ihrer Rede auf dem Republikanischen Parteitag 2020 vermittelte: «Ich erkenne an, dass der Kommunikationsstil meines Vaters nicht nach jedermanns Geschmack ist. Und ich weiß, seine Tweets können sich ein bisschen – ungefiltert anfühlen. Aber die Ergebnisse sprechen für sich.»[56] Ihre Botschaft lässt sich sinngemäß zusammenfassen mit: Er ist zwar ein Arschloch – aber er ist euer Arschloch.

Obwohl sich das Männlichkeitsbild im Christlichen Nationalismus über die Jahre gewandelt hat – vom gestählten Billy Graham über das «sanfte» Patriarchat des Bill McCartney in den 1990er Jahren zum Haudegen-Stil eines Donald Trump –, lag ihm immer eine feststehende Struktur zugrunde: Die Frau muss sich dem Mann unterordnen, so wie der Mann sich Gott unterordnet.[57]

Diese Einstellung zeigt sich auch in frauenfeindlicher Rhetorik. Der rechtskonservative Moderator Rush Limbaugh machte den Terminus «Femi-Nazi» Anfang der 1990er Jahre in seinem Buch *The Way Things Ought To Be* einem größeren Publikum bekannt. Seine Misogynie führte er in seiner populären *Rush Limbaugh Show* vor, oft in Form von verletzenden, sexistischen «Witzen».[58] 2012 nannte er eine Studentin in seiner Show eine «Schlampe» und «Prostituierte», weil sie für die Übernahme der Kosten für Verhütungsmittel durch Krankenkassen plädierte.[59] Auch Pat Robertson machte aus seinem Abscheu gegenüber Frauen, die die gleichen Rechte wie für Männer forderten, keinen Hehl. Feministinnen, behauptete er 1992, gehe es gar nicht um Gleichberechtigung. Stattdessen sei der Feminismus eine «sozialistische, gegen die Familie gerichtete politische Bewegung, die Frauen dazu ermutigt, ihre Ehemänner zu verlassen, ihre Kinder zu töten, Hexerei zu betreiben, den Kapitalismus zu zerstören und Lesben zu werden.»[60]

Frauenfeindlichkeit und die Propagierung einer militanten Männlichkeit gehören zusammen. Trump verkörperte für viele einen Krieger für ihren zornigen Gott – er wurde zu einem modernen William Wallace stilisiert. Auf eben diesen bezog sich das *Falkirk Center* der fundamentalistischen *Liberty University* übrigens direkt, und zwar explizit auf Mel Gibsons Wallace: «Im Film *Braveheart* aus dem Jahr 1995 wird an die Schlacht von Falkirk als herzzerreißende Niederlage von William Wallace und seinen Freiheitskämpfern erinnert. [...] Wallace verlor die Schlacht – mit vielen Todesopfern –, aber er entzündete den Funken, der schließlich den Krieg gewinnen sollte», hieß es auf ihrer Website. Dies beschreibe ein Gefühl, das viele Konservative im Land hätten: «In den letzten Jahrzehnten fühlt es sich für Konservative an, als würden wir die Schlacht verlieren.»

Hollywood, die Medien, Firmen, ja die Regierung seien zunehmend «antichristlich» und damit auch «antiamerikanisch» geworden. Um die konservative Bewegung zu stärken und Amerika für Gott zurückzugewinnen, sei eine bestimmte Art von Männern nötig: «Heute müssen wir eine neue Generation von Patrioten dazu ermutigen, mit Widerstandskraft dagegen anzukämpfen. Wie Wallace müssen wir das Banner der Freiheit hochhalten und vorrücken, anstatt zurückzuweichen.» Als sei das nicht deutlich genug, demonstrierte das *Falkirk Center* anschließend, wie selektiv christliche Fundamentalisten die Bibel auslegen: «Obwohl wir, wie Jesus es uns lehrte, die andere Wange in unseren persönlichen Beziehungen hinhalten, können wir unsere Verantwortung nicht auf dem kulturellen Schlachtfeld niederlegen. Es steht zu viel auf dem Spiel im Kampf um die Seele unserer Nation.»[61] Der Text ist seitdem von der Website entfernt worden. Die *Liberty University* hat mitgeteilt, dass sie die Kooperation mit Charlie Kirk beendet und das *Falkirk Center*, dessen Name gleichzeitig eine Zusammensetzung der Namen Falwell und Kirk war, unter dem neuen Namen *Standing Up for Freedom Center* geführt werden soll.

Diese Vorstellung von Maskulinität ist als Dreh- und Angelpunkt einer politischen und sozialen Weltsicht wichtig, um das Phänomen Trump, aber auch die weiter existierende Faszination der Religiösen Rechten für autokratische, autoritäre Figuren zu verstehen. Innerhalb der hermetischen Weltsicht Weißer Evangelikaler ergibt ihre standhafte Unterstützung Donald Trumps durchaus Sinn, genau wie die Befürwortung seiner Politik, die seine Amtszeit überdauern wird. Selbst die Weigerung Trumps, nach dem Ausbruch der Corona-Pandemie eine Maske zu tragen, wurde von seinen Anhängerinnen und Anhängern als heroischer Ausdruck von Virilität wohlwollend aufgenommen. Masken seien schließlich etwas für Weicheier, echte Männer bräuchten so etwas nicht. Was auf den ersten Blick als absurd erscheint, hatte reale – mitunter tödliche – Folgen.[62]

Gleichzeitig tauchten alte *Player* wieder aus der Versenkung auf: Nach zwanzig Jahren Pause verkündeten die *Promise Keepers* 2021 ihre Rückkehr. Bemerkenswert dabei war der deutlich veränderte Tonfall und der Ort, an dem die Zukunft der Gruppierung vorgestellt wurde. Ken Harrison, der aktuelle Präsident der *Promise Keepers*, bewarb die Organisation im Interview mit Steve Bannon in dessen Podcast. Bannon lobte die *Promise Keepers* dafür, dass sie das «Kriegerideal christlicher Männer» verkörperten. Mitte Juli 2021 kamen circa 80 000 Männer, die sich diesem Denken verpflichtet fühlen, zum *Revival* der *Promise Keepers* im Stadium der *Dallas Cowboys* zusammen.[63] Die Rhetorik der *Promise Keepers* ist seit ihrem Beginn in den 1990er Jahren deutlich aggressiver geworden – auch wenn sie schon damals den moralischen Verfall Amerikas beklagten und behaupteten, dass sich das Land in einem spirituellen Krieg befände.[64] Die rhetorische Radikalisierung der *Promise Keepers* fiel schon 2015 auf: «Die heutige Kultur fördert die beliebte Fehlannahme, dass Toleranz die einzig sinnvolle Weltsicht sei [...] Wir können nicht zurückstehen und es moralischem Relativismus, kultureller Dekadenz, spiritueller Apathie und kirchlicher Gleichgültigkeit erlauben, uns weiter zu behindern. Wir müssen die Schlachtlinien ziehen, ohne Kompromisse.»[65]

Militante Männlichkeit ist längst nicht mehr nur in evangelikalen Randgruppen vertreten, sondern findet sich mittlerweile im *Mainstream* wieder. Zunehmend lassen sich auch ideologische Überschneidungen mit neofaschistischen Gruppierungen der Neuen Rechten wie beispielsweise den *Proud Boys* erkennen. Diese definieren sich ebenfalls überwiegend über Gewaltausübung, körperliche Stärke und ein implizit Weißes, patriarchalisches Weltbild.[66] Zentrale Elemente ihres Selbstbildes sind dabei eine Mischung aus Misogynie, Antifeminismus und dem Zurücksehnen nach einer christlichen Welt, in der Frauen wissen, wo ihr Platz ist, Männer sich prügeln und Immigranten nicht ins Land kommen. Elemente also, die radikale Evangelikale wie Eldredge, Dobson oder Wilson seit Jahrzehnten als Grundfeste ihres Glaubens propagieren.

DIE REINE NATION

«Züchtig ist am heißesten, der neuste
Modetrend ist ein bisschen mehr Amish,
ein bisschen weniger Kardashian.
Was die Jungs wirklich lieben, ist ein Roll-
kragenpullover und eine vernünftige Hose.
Liebling, züchtig ist am heißesten,
Herzlich, dein Vater»[1] – *Matthew West*

Bevor Tim LaHaye Mitte der 1990er Jahre seine *Left Behind*-Bücher schrieb, in denen die Welt durch das Blut der Nicht-Gläubigen gereinigt werden soll, versuchte er sich – mit enormem Erfolg – im christlichen Selbsthilfe-Genre. Das Ehepaar Tim und Beverly LaHaye schrieb 1976 ihren Sex-Ratgeber *The Act of Marriage*, der sich mehr als 2,5 Millionen Mal verkaufte. Die LaHayes schlussfolgerten, dass geringes Selbstbewusstsein und fehlender Erfolg eines Mannes auf seine sexuelle Frustration und damit auf das Nicht-Erfüllen der ehelichen Pflichten der Frau zurückzuführen seien. Als Beispiel diente etwa die Geschichte einer Frau, deren Mann im Zuge seiner Geschäftsinsolvenz depressiv und antriebslos wurde. Der Rat der LaHayes war simpel: Zieh dich aufreizend an und verführe ihn. Fünf Minuten nach dem Sex habe der Ehemann seiner Frau von einer neuen Geschäftsidee erzählt – Depression geheilt, Lebenswille wiederhergestellt!

Kritik, dass in solchen Büchern Sex nicht der gleichberechtigten Lustbefriedigung beider Partner diene, wischten die LaHayes mit einem Hinweis auf die Bibel beiseite: «Manche Frauen werden sich an dieser Verwendung des Liebe-Machens als einem weiteren Beispiel für die ‹Ausnutzung von Sex› stören. Wir sehen es lieber als den Ausdruck selbstloser Liebe. [...] Es ist eine wunderschöne Erfüllung der Beschreibung von Liebe in der Bibel: ‹Jeder achte nicht nur auf das eigene Wohl, sondern auch auf das der anderen.› (Phil 2,4)»[2]

Wenn es um die gelebte Paarbeziehung geht, geben Vertreterinnen und Vertreter der Religiösen Rechten Gläubigen seit Jahrzehnten Ratgeber an die Hand, in denen die Rollenbilder, die im vorigen Kapitel erläutert wurden, in die Praxis umgesetzt werden sollen. Bei den LaHayes soll aus dem keuschen Mädchen im Moment der Eheschließung eine *femme fatale* im Schlafzimmer werden, auch wenn es nie primär um ihr eigenes Lustempfinden geht. Die sexuelle Befriedigung der Frau sei zwar auch wichtig, doch der Rahmen, in dem über weibliche Lust gesprochen wird, ist klar patriarchalisch. Wenn es im Schlafzimmer nicht gut läuft, hat eine Frau demnach das Ego ihres Mannes nicht genug aufgebaut. Die natürliche Reaktion von Männern auf sexuelle Frustration sei, «körperlich, böse und beleidigend» zu werden. Vor allem «wird er seine Missbilligung deutlich machen, indem er ihr die Schuld gibt.» Das sei schlecht für Frauen, weil diese «große Portionen ihres Selbstbewusstseins von ihrem Ehemann beziehen» würden.[3]

Weibliche Bedürfnisse werden nur innerhalb eines streng binären, patriarchal strukturierten Systems thematisiert – das gleichgestellte Ausleben der sexuellen Bedürfnisse beider Partner wird dadurch unmöglich. Schlimmer noch, Frauen wird geraten, ihren gewalttätigen Ehemännern Sex zu «gewähren». Die LaHayes vermitteln dies durch die Geschichte der Frau eines Pastors, die sich über ihren gewalttätigen Ehemann beklagt: «Dass er unsere Kinder verprügelt, macht mich krank», habe sie gesagt. Ihr Mann sei ein «strenger Disziplinar» gewesen, so die LaHayes, weshalb die Ehefrau eine Affäre begonnen habe. Die Lösung? Die Ehefrau musste ihre «scharlachrote Sünde» anerkennen und Gott um Vergebung bitten, erst danach habe Gott den Hass, den sie auf ihren gewalttätigen Mann empfand, aufgelöst.[4]

Die LaHayes lehnten zudem aufklärerischen Sexualkunde-Unterricht strikt ab. Der Grund für sinkende *SAT*-Ergebnisse (vergleichbar mit dem Abitur-Schnitt) liege in der fehlenden religiösen Bildung von Kindern und Jugendlichen im modernen Schulsystem. Dies gelte vor allem für Sexualkunde: «Ich persönlich mache [dafür] die Überbetonung von Sex im Leben von Jugendlichen verantwortlich. Sicher, die *Entertainment*-Industrie ist mitschuldig, aber diese jungen Menschen haben ihre Sexualkunde und ihr moralisches Fehl-Training in denselben sexuell freizügigen, wertelosen Unterrichtsstunden über Sex erhalten.»[5] Gleichzeitig wird hier erneut das generelle, tiefsitzende Misstrauen konservativer evangelikaler Christen gegenüber staatlichen Institutionen und deren «Agenda» deutlich – eine Angst, die im Bereich der Verschwörungsmythen anzusiedeln ist. Um die schädliche Säkularisierung zu bekämpfen, müsse Jugendlichen sexuelle Enthaltsamkeit bis zur Ehe als einzig richtige Verhaltensweise nahegelegt werden. Dazu empfehlen die LaHayes Josh McDowells *True Love Waits*-Programm, das von der *Southern Baptist Convention* organisiert wird. Dabei verpflichten sich Jugendliche, keinen Sex vor der Ehe zu haben. Die LaHayes berichten stolz vom Erfolg dieser Lehre, auch über Denominations-Grenzen hinweg: «Das wurde von Lutheranern, Katholiken und anderen aufgegriffen, jetzt haben Millionen junger Menschen zu Protokoll gegeben, dass sie ihre erste sexuelle Erfahrung für die Ehe aufbewahren wollen.»[6]

Durch die Verknüpfung von sexueller Enthaltsamkeit bis zur Ehe mit der Aufrechterhaltung der «Kernfamilie» wird die sexuelle «Reinheit» zur gesellschaftlichen Angelegenheit und damit zur Repräsentation der Moral einer ganzen Nation stilisiert. *Purity Culture* ist dabei keine Eigenbezeichnung, sondern wird von Aussteigern der Bewegung und von Wissenschaftlerinnen und Wissenschaftlern, die auf dem Gebiet forschen, verwendet – auch wenn in der Bewegung selbst oft von «Reinheit» gesprochen wird. Um zu sündigen, reichten auch schon «unzüchtige Gedanken». In der *Purity Culture* wird auf Mt 5,28 verwiesen, wo es heißt:

«Ich aber sage euch: Wer eine Frau auch nur lüstern ansieht, hat in seinem Herzen schon Ehebruch mit ihr begangen.» Das bedeutet in der wörtlichen Auslegung, dass allein ein lustvoller Gedanke reicht, um den zukünftigen Ehepartner «betrogen» und so schwere, nicht wiedergutzumachende Schuld auf sich geladen zu haben.

Das Ehepaar LaHaye hat nicht nur Sex-Ratgeber geschrieben, sondern auch ein Buch mit dem Titel *Against the Tide: How to Raise Sexually Pure Kids in an ‹Anything Goes› World* (1993). Hier werden die Grundzüge der *Purity-Culture* charakterisiert. Es handelt sich um eine Anleitung für Eltern, ihre Kinder dazu zu verpflichten, bis zur Ehe sexuell enthaltsam zu bleiben, zelebriert durch Rituale: ein besonderes Abendessen, bei dem die Jugendlichen ihre «Reinheit» bis zur Ehe schwören müssen, oder die Vergabe eines *Virtue Rings* oder *Purity Rings*, den sie bis zur Ehe tragen und dann an ihre Kinder weitervererben sollen.[7] Um die *Purity Culture* hat sich eine lukrative Industrie gebildet, die bis heute existiert. Sie erfuhr ihren Höhepunkt in den 1990ern: von *Promise Rings*, die die Bewahrung der Jungfräulichkeit präsentieren, bis zu *Purity Ball*-Veranstaltungen, bei denen Töchter ihren Vätern rituell versprechen, keinen Sex vor der Ehe zu haben. Mit dieser repressiven Sexualmoral lässt sich viel Geld verdienen. So beeinflusste die *Purity Culture* eine ganze Generation von *Millenials,* die in den letzten Jahren begonnen haben, das Trauma dieser schädlichen Ideologie aufzuarbeiten. Dabei sahen sich einige der Jugendlichen, die *Purity Pledges* (Reinheits-Schwüre) ablegten, als kulturelle Rebellen, als Bannerführer einer neuen sexuellen Revolution, einer Gegenkulturbewegung.[8]

Das *Silver Ring Thing Ministry*, gegründet 1995 von Denny Pattyn, nutzte diesen Trend und fand mit seinen *Live-Events* eine Mischung aus Musik, Medien und Therapie-Rhetorik, die sich als effektiv erwies. Und auch von staatlicher Seite gab es finanzielle Unterstützung: Zwischen 1998 und 2016 flossen zwei Milliarden Dollar an Programme, die «Abstinenz» als beste Verhütungsmethode lehrten. Ein Vergleich mit den Geburtenzahlen unter Teenagern zeigt allerdings: Mit dieser Methode lassen sich Schwangerschaften nicht effektiv verhindern.[9]

Beziehungstipps wie die der LaHayes sind kein Relikt der 1970er Jahre – ihr Echo findet sich auch in zeitgenössischen christlichen Beziehungsratgebern. So behauptet beispielsweise Emerson Eggerichs in seinem 2004 veröffentlichten Buch *Love and Respect* («Liebe und Respekt»), die Gleichberechtigung der Geschlechter in der Ehe sei das Rezept für ein Desaster: «Eine Ehe mit zwei Gleichen an der Spitze zu starten ist zum Scheitern verurteilt. Das ist einer der Hauptgründe, weshalb Menschen sich überall scheiden lassen.»[10] Dieser hierarchische Ansatz schlägt sich im Verständnis von Sexualität nieder: Frauen wurden und werden in konservativen evangelikalen Kreisen noch immer als nahezu trieblos gesehen. Laut *The Power of a Praying Woman* (1997) von Stormie Omartian ist Sex für den Ehemann ein «reines Bedürfnis. Seine Augen, seine Ohren, sein Gehirn werden neblig, wenn er diese Erlösung nicht hat.»[11] Dass Frauen einen Sexualtrieb haben und dieser sogar stärker sein kann als der des Mannes, passt nicht in dieses Weltbild. Schließlich vertraut Eggerich in *Love and Respect* seinen Leserinnen an: «Wenn dein Mann typisch ist, hat er ein Bedürfnis, das du nicht hast.»[12] Gleichzeitig legten christliche Ratgeber wie *The Act of Marriage* schon Jahre zuvor für Ehepaare fest, welche Praktiken dafür von Gott erlaubt seien: «Oralverkehr ist heute immer häufiger, dank eines amoralischen Sexualkundeunterrichts, Pornographie, moderner Sex-Literatur und dem moralischen Niedergang unserer Zeit.»[13]

Während die *Purity Culture* sich sowohl an Jungen als auch an Mädchen wendet, werden unterschiedliche Maßstäbe angelegt. Während von den Jungen erwartet wird, ihrer angeblich veranlagten «Triebhaftigkeit» nachzugeben, ist die Jungfräulichkeit für Mädchen gesetzt. In manchen Schulen der USA wird noch immer *Abstinence Only*-Sexualkunde gelehrt – Sexualkunde, die den Namen eigentlich nicht verdient. Gelehrt wird nur, wie man Sex vor der Ehe vermeidet – über Geschlechtskrankheiten, körperliche Bedürfnisse, *Consent* (Zustimmung) und Verhütung wird nicht gesprochen. Das schadet sowohl Jungen als auch Mädchen. Denn Mädchen lernen so, dass ihr Wert sich in erster Linie aus ihrer Jungfräulichkeit und der Fähigkeit, Kinder zu gebären, speist. Für die Bewahrung der Jungfräulichkeit sind sie komplett allein verantwortlich. Mädchen im Teenager-Alter gelten schon als potenzielle Verführerinnen, die durch züchtige Kleidung darauf zu achten haben, die Jungen nicht mit bloßen Schultern oder sichtbaren Knien zu erregen – ein fatales Signal an Opfer sexueller Gewalt, denen oft die Schuld an dem gegeben wird, was sie erlitten haben. Gleichzeitig kann ein Gespräch darüber, was *Consent* bedeutet, innerhalb der *Purity Culture* gar nicht stattfinden, denn jegliche sexuelle Handlungen – sei es ein lustvoller Gedanke, Masturbation, einvernehmlicher Sex oder Vergewaltigung – zählen gleichermaßen als Sünde, ohne dass zwischen ihnen differenziert wird.

Purity Culture lehrt zudem, dass Jungen ohnehin nicht Herr ihres Sexualtriebs sind und sich nicht beherrschen können. Der Unterschied wird schon in der Sprache sichtbar: Während Mädchen dazu angehalten werden, ihre Jungfräulichkeit zu «bewahren», sollen Jungen sie nicht «verlieren». Unter solchen Einflüssen wachsen Jungen mit der Vorstellung auf, sie könnten sich unter Umständen aus rein biologischen Gründen gar nicht sexuell «beherrschen», was schlimmstenfalls sexuelle Gewalt gegenüber Frauen fördert.

Die Vorstellung geschlechtsgebundener Sexualität und Triebhaftigkeit beeinflusst auch die Reaktion auf Sexskandale in der Politik. Einem Mann wird ein freizügiges, mitunter nicht-monogames Sexualleben «verziehen», einer Frau eher nicht. Die Erwartung, dass ein Mann sich «Fehltritte» leistet, ist von vornherein vorhanden – genau wie die Grundannahme, dass Affären, die

Männer ohne das Einverständnis ihrer Ehefrauen eingehen, ihren Grund in mangelnder Befriedigung durch die Ehefrau haben. So oder so – sie ist schuld. Pat Robertson formuliert es so: «Männer haben die Tendenz, ein bisschen zu streunern. Und was du tun sollst, ist, ein so wundervolles Zuhause zu schaffen, dass er nicht streunert.»[14]

Das bedeutet auch: Innerhalb der Religiösen Rechten lassen sich Sexskandale für Männer überleben. Allerdings nur, wenn der Seitensprung das klassische Bild von Männern und Frauen bestätigt, also der Mann derjenige ist, der untreu ist. Für Jerry Falwell Junior wird es deshalb schwierig werden, seinen eigenen Skandal hinter sich zu lassen: Angeblich hatte seine Frau eine Affäre mit ihrem Poolboy, während Falwell dem Geschlechtsverkehr zusah. Eine Frau, die ihren sexuellen Wünschen offensiv nachgeht, während der Mann sich in der *«Cuckold»*-Rolle wohlfühlt, war in der Religiösen Rechten Amerikas wohl auch im Jahr 2020 extrem schwer zu verkaufen. Falwell musste als Rektor an der *Liberty University* zurücktreten. Und doch gibt es eigentlich einen festen Eintrag im Handbuch für Sexskandale innerhalb der Religiösen Rechten: die öffentliche Reumütigkeit des Ehebrechers. Ohne öffentliche Buße keine Vergebung, keine Rehabilitation.

Diese Regeln gelten jedoch immer nur für die eigenen Reihen, nie für die politische Gegenseite. Als Bill Clintons Affäre mit Monica Lewinsky 1998 ans Licht kam, waren führende Evangelikale in den USA entsetzt. Clintons Sexskandal passte in ihr Narrativ eines dekadenten, moralisch verkommenen Amerikas unter säkularem Einfluss. Ralph Reed, der Gründer der *Faith and Freedom Coalition*, behauptete 2016 nach dem Aufruhr um die Audioaufnahmen Trumps, seine Kritik an Bill Clinton habe nicht auf dessen persönlichem Verhalten, sondern vor allem auf seiner Politik basiert.[15] Das ist jedoch schlicht gelogen, denn noch 1998 sagte Reed in Bezug auf Bill Clinton: «Charakter ist wichtig, und das amerikanische Volk dürstet nach dieser Botschaft. Das Verhalten unserer Anführer ist uns wichtig, und wir werden nicht nachlassen, bis wir Anführer mit gutem, moralischem Charakter haben.» Reed war nicht der Einzige aus den Reihen der Religiösen Rechten, der Clintons Ehebruch als Zeichen dafür sah, dass er als Präsident ungeeignet sei. James Dobson, der Gründer von *Focus on the Family*, schrieb damals in einem Brief an sein Publikum: «Was mich während dieser Episode alarmiert hat, ist die Bereitschaft meiner Mitbürger, das Verhalten des Präsidenten zu rationalisieren, selbst als sie den Verdacht hatten, der später bestätigt wurde, dass er log. Ich kann daraus nur schließen, dass unser größtes Problem sich nicht im *Oval Office* befindet. Es liegt in den Menschen dieses Landes.»[16] Die *Southern Baptist Convention* veröffentlichte 1998 ein Schreiben, in dem sie ihre Mitglieder dazu drängte, Kandidaten zu wählen, die sich durch «kontinuierliche Ehrlichkeit, moralische Reinheit und den höchsten Charakter» auszeichneten.

Doch diese Regel schien 2016 außer Kraft gesetzt. Trump hat sich für seine Affären nie entschuldigt, sondern prahlte stattdessen mit seinen sexuellen Eroberungen. Auf dem *Family Leadership Summit* in Ames, Iowa – die Veranstaltung wurde unter anderem vom *Family Research Council* und der *Liberty University* gesponsert – sagte er zu der Frage, ob er Gott je um Vergebung für etwas gebeten habe: «Ich glaube nicht [...] Ich bringe Gott da nicht rein.»[17] Man kann kaum genug betonen, wie sehr das einer zentralen evangelikalen Annahme zuwiderläuft, dass alle Menschen Sünder sind und um Gottes Vergebung bitten müssen. Tatsächlich zeichnete sich zwischen den Jahren 2011 und 2018 ein Wandel in den Ansichten Weißer Evangelikaler zur Relevanz von moralischer Aufrichtigkeit von Politikern ab. 2011 waren laut einer Umfrage des *Public Religion Research Institute* (PRRI) und *Religion News Service* (RNS) noch 60 Prozent der Weißen Evangelikalen der Meinung, dass ein öffentlicher Amtsträger, der «in seinem persönlichen Leben eine unmoralische Handlung begeht», sich nicht trotzdem «ethisch verhalten und seine Pflichten in seinem öffentlichen und professionellen Leben erfüllen kann.» 2016, direkt nach der Veröffentlichung der *Access-Hollywood*-Aufnahme, glaubten das nur noch 20 Prozent. 2018 waren sogar nur noch 16,5 Prozent der Weißen Evangelikalen der Meinung, dass moralische Verfehlungen im Privatleben bedeuten, dass die Person ihr öffentliches Amt nicht mehr aufrichtig ausführen könne.[18]

Zu dem plötzlichen Sinneswandel könnte jenseits von Trump auch der seit Jahrzehnten gepflegte Hass der Religiösen Rechten auf Hillary Clinton beigetragen haben. Auch das scheint auf den ersten Blick widersinnig. Clinton ist gläubige Methodistin, geht regelmäßig in die Kirche, pflegt Beziehungen in die evangelikale Szene und hat an zahlreichen Gebetsfrühstücken und kirchlichen Veranstaltungen teilgenommen. Sie ist eine Frau, die ihren Glauben lebt, und das überzeugend. Und doch sagte Jerry Falwell Senior 2006 auf dem *Values Voter Summit*, er hoffe, dass Clinton kandidieren würde, «denn nichts würde meine Basis so sehr motivieren wie Hillary Clinton. Selbst wenn Luzifer antreten würde, gelänge ihm das nicht.»[19] Hillary Clinton vereinte nicht nur die vehemente Abneigung der Religiösen Rechten auf sich, sondern von Evangelikalen aller politischen Ausrichtungen. So hieß es 2008 in einem Editorial von *Christianity Today*: «Von allen Seiten des politischen Spektrums antwortet eine überraschende Anzahl von Evangelikalen mit Ekel auf die Erwähnung von Hillarys Namen».[20] Ihr Glauben werde als nicht authentisch wahrgenommen, sondern als politisches Kalkül.

Tatsächlich aber war die Ablehnung Hillary Clintons nicht allzu überraschend. Die Gründe dafür liegen in der beschriebenen Vorstellung von Geschlechterrollen und Weiblichkeit. Hillary Clinton passte in keine dieser Schubladen. Die Historikerin Kristin Kobes Du Mez folgert: «Sie ist nicht unterwürfig, sie ist nicht sexy, sie ist nicht angemessen mütterlich. Selbst ohne irgendetwas zu sagen, ist sie für viele Evangelikale ein Symbol für viele Dinge, die sie ablehnen.»[21] Und obwohl gerade Evangelikale – wie auch die gesamte Religiöse Rechte – Bill Clintons Affäre mit Monica Lewinsky aufs schärfste verurteilten, gaben viele seiner Ehefrau die Schuld an dem Seitensprung. Clinton, die Feministin, war der Albtraum vieler Evangelikaler. Ihre Unterstützung des Rechts einer Frau auf Abtreibung und für die Abschaffung des *Hyde-Amendments* (das verhindert, dass Steuergelder an Abtreibungs-*Provider* fließen), machte sie ebenfalls zu einer Zielscheibe.

Sowohl die *Purity Culture* als auch die *«Pro-Life»*-Bewegung eint, dass sie Frauen und Mädchen durch Bloßstellung, Scham und Erniedrigung auf ihre Jungfräulichkeit und Gebärfähigkeit reduzieren. Die Autorin Andrea Lucado, die selbst im evangelikalen Milieu aufgewachsen ist, schrieb 2019 in der *Washington Post*: «[W]ie in der *Purity Culture* ist die Frau der Sündenbock. Sie ist diejenige, die die Entscheidung fällt. Sie und sie allein trägt die Schuld. Die Tatsache, dass Weiße Evangelikale als Ganzes immer noch Trump für eine Wiederwahl in 2020 unterstützen, mit Abtreibung als Flagge über ihrem Kreuzzug, weist auf eine wichtige Wahrheit hin: Evangelikale sind immer noch besessen von weiblichen Körpern, davon, sie zu kontrollieren und zu beschuldigen.»[22] Außerdem bietet dieses *Framing* ein effektives Narrativ, um die Beschränkung der Rechte von Frauen, der LGBTQIA*-*Community* und BPoC als «Pro-Familie» darzustellen. Und wer will schon gegen Familie sein?

Im *Silver Ring Thing* (SRT) wurde sexuelle Enthaltsamkeit zudem nicht nur innerhalb von Geschlechterrollen und der daraus folgenden Familienstruktur dargestellt, sondern auch als Teil geistlicher Kriegsführung. In einem andauernden Krieg zwischen Gut und Böse müssten Teenager nicht nur um ihr Seelenheil kämpfen, sondern um das Fortbestehen der Welt, so die Historikerin Sara Moslener. Besonders deutlich wird das an einem der Videos, die sie auf einer Live-Veranstaltung von SRT selbst gesehen hat. Dort wurde eine direkte Verbindung zwischen Sexualität und nationaler Sicherheit hergestellt, erzählt sie in ihrem Buch

Virgin Nation: In einer Szene sagt eine Mutter ihrem Sohn, er solle ein Kondom benutzen. Die Naivität der Mutter, so das Narrativ, wird der Sohn blutig bezahlen müssen: Er fragt in einer weiteren Szene, ob er einen Unterschlupf für «illegale Immigranten» bauen dürfe – die Mutter erlaubt es mit dem Hinweis darauf, Schutzausrüstung zu verwenden. Blut spritzt. Dann führt die moralische Fahrlässigkeit der Mutter zum globalen Super-GAU. Der Sohn baut eine Atombombe, sie explodiert. Es folgen echte Bilder von Zerstörung und Tod. Dazu ist der Liedtext zu hören: «Die Welt sagt, benutz ein Kondom / Wenn wir dir sagen, dass es gut gehen wird, würden wir dir ins Gesicht lügen / Es ist wie mit einer Atombombe zu spielen / Du könntest die ganze Menschheit auslöschen.»[23] Moslener merkt an, dass der Text zwar einen humoristischen Unterton habe, aber der Appell trotzdem deutlich werde: «Die Botschaft geht über die persönliche Bedrohung von sexuell übertragbaren Krankheiten oder einer ungewollten Schwangerschaft hinaus und wird als kollektive oder nationale Bedrohung dargestellt. Der Junge steht nicht mehr nur für sexuelle Unschuld, sondern repräsentiert eine nationale Unschuld, der gegenüber religiöses Sakrileg und illegale Einwanderer gleichwertige Bedrohungen der nationalen Sicherheit und ewiger Erlösung darstellen.»[24]

Bisher in der öffentlichen Debatte weitestgehend unbekannt sind zudem die Ursprünge der «Familien-Werte» aus einem düsteren Kapitel der US-Geschichte: der Eugenik. James Dobson arbeitete in den 1970er Jahren als Assistent des berüchtigten Eugenikers Paul Popenoe (1888–1979). Dessen Arbeit beeinflusste rassistische und antisemitische Gesetzgebung unter den Nationalsozialisten in den 1930er Jahren. Überhaupt war Popenoe der Ansicht, Hitler und die Nationalsozialisten hätten gute Ideen. Das Gesetz zur Zwangssterilisation, das 1933 verabschiedet worden war, sei «gut aufgesetzt» und «besser als die Sterlilisierungsgesetze in den meisten amerikanischen Staaten», befand er.[25] Nach dem

Zweiten Weltkrieg und dem Holocaust war die «negative Eugenik» jedoch nicht mehr gesellschaftsfähig. Ihre Anhänger, darunter Popenoe, wandten sich daraufhin der «positiven» Eugenik zu, also dem Gedanken, den Genpool eines «Volkes» zu verbessern, indem man gezielt Menschen mit den gewünschten (genetischen) Eigenschaften und Merkmalen verpartnerte. Viele positive Eugeniker waren daher Verfechter der «Kernfamilie». Die war meist Weiß, und durch die Bande der Ehe sollte außerdem sichergestellt werden, dass Weiße Frauen keine Kinder mit BPoC bekommen würden. In diesem Zusammenhang sei noch einmal an die rassistischen Ursprünge der modernen Religiösen Rechten erinnert sowie an rassistische Vorschriften an erzkonservativen Universitäten wie der *Bob Jones University*: Dort wurde das Verbot von *Interracial Dating* erst im Jahr 2000 aufgehoben. Popenoe befand, dass Hitler schon früh erkannt habe, dass nur «negative» Maßnahmen nicht ausreichend seien, sondern dass sie durch die «Ermunterung zur gesunden Elternschaft» begleitet werden müssten.[26]

Die Verbindung zwischen Weißen Evangelikalen und Eugenikern erscheint auf den ersten Blick widersinnig, da viele Eugeniker wie der atheistische Popenoe sich auf Darwin beriefen, mit dessen Evolutionstheorie Evangelikale nichts zu tun haben wollten. Doch Eugeniker und Weiße Evangelikale fanden in einem elementaren Punkt zusammen: ihrer Betonung einer «gesunden», implizit Weißen Ehe zwischen Mann und Frau als dem Kern von Amerikas Zukunft. Nach dem Zweiten Weltkrieg codierte Popenoe seine eugenischen Bestrebungen in religiösere Sprache und war einer der Begründer der «Eheberatung» in den USA.[27] Dobsons Zusammenarbeit mit dem Eugeniker war keine einmalige Abweichung. Popenoe schrieb 1970 das Vorwort für Dobsons Bestseller *Dare to Discipline*.[28] Popenoe und Dobson sahen Feminismus und Homosexualität als Gefahren für die erfolgreiche Reproduktion, ebenso wie «weibliche Frigidität», Pornographie,

Masturbation und Vergewaltigung.[29] Dobson war jedoch darauf bedacht, seinen Rassismus codiert zu formulieren. Er rate von der Ehe verschiedener *races* eher ab, nicht weil er rassistisch sei, so ein Vertreter von *Focus on the Family*, sondern wegen der Schwierigkeiten, die solche Ehen mit sich brächten – schließlich sei das «stressig für die Kinder».[30] Jim Daly, der aktuelle Präsident von *Focus on the Family*, bezog sich noch 2010 auf den rassistischen, pseudo-wissenschaftlichen *Moynihan Report* von 1965, der behauptete, der Sozialstaat würde zur Zerstörung Schwarzer Familien führen.[31] Codewörter wie die «natürliche Familie» werden auch vom bereits erwähnten *World Congress of Families* (WCF) verwendet und dienen als Ausdrücke für demographische Ängste angesichts eines sinkenden Weißen Bevölkerungsanteils in einer multikulturellen Gesellschaft. Die Ehe, die die «richtigen» Kinder produziert, dient damit als Waffe gegen den «demographischen Winter und radikalen Säkularismus» und gegen eine muslimische «Invasion» Amerikas, behauptet der Gründer des WCF, Allan Carlson.[32] Vor diesem Hintergrund erscheint auch die *Quiverfull-Bewegung* in neuem Licht: als der ethno-nationalistische Versuch, die «richtigen», sprich Weißen, Babys zu zeugen.

Es gibt Ansätze innerhalb der evangelikalen Gemeinschaft, sich diesen schädlichen Vorstellungen von Sexualität, die seit Jahren an Kinder und Jugendliche weitergegeben werden, zu stellen. Evangelikale Forscherinnen wie Kristin Kobes Du Mez und Beth Allison Barr[33] haben bereits damit begonnen, die Geschichte des Evangelikalismus in den USA neu zu schreiben, und zwar aus einer Perspektive, die Sexualmoral, Geschlechtervorstellungen und ihre katastrophalen Auswirkungen auf junge Menschen, auch noch Jahrzehnte später, beleuchtet. Überlebende der *Purity Culture*, die ihr entkommen konnten, erzählen ihre Geschichten unter *#IKDGStories* und dem von Emily Joy Allison ins Leben gerufenen *#ChurchToo*.[34] Und auch Aktivistinnen aus der evangelikalen Szene werden aktiv. Da Frauen beispielsweise in der

Southern Baptist Convention das Predigeramt verwehrt bleibt, treten sie oft als «Bibellehrerinnen» auf, wie beispielsweise Beth Moore, die im März 2021 die SBC verlassen hat, unter anderem aufgrund der dort tief verankerten Misogynie. Sie entschuldigte sich für ihre Mitschuld an der Lehre des Komplementarismus, hat ihm aber trotzdem nicht ganz abgeschworen – er solle nur nicht «Thema Nr. 1» in der Kirche sein.[35]

Die psychischen und körperlichen Schäden der *Purity Culture* sind enorm. Sie hat zudem einen erheblichen Effekt auf spätere weibliche Lusterfüllung. In einer Umfrage aus dem Jahr 2020 mit 20 000 religiösen Frauen von Sheila Wray Gregoire, einer evangelikalen Bloggerin, zeigte sich, dass Frauen, die mit der Vorstellung aufgewachsen waren, Mädchen seien die *Gatekeeper* männlicher Lust, weniger glücklich in ihren Ehen waren und weniger sexuelle Erfüllung erlebten.[36] In ihrem Buch *The Great Sex Rescue: The Lies You've Been Taught and How to Recover What God Intended* arbeitet Gregoire mit ihrer Tochter Rebecca und Joanna Sawatsky den Schaden auf, den evangelikale Sexuallehre angerichtet hat. Sie befragte 18 000 christliche Frauen landesweit zu ihren Ansichten und sexuellen Erfahrungen – mit alarmierenden Ergebnissen. Gregoire will mit ihrem Buch und ihrem *The Bare Marriage Podcast* die evangelikale Konversation über Sex und weibliche Lust verändern und Hilfe anbieten: «Es ist in medizinischen Zirkeln bekannt, dass konservative religiöse Frauen mehr Schmerzen beim Sex empfinden als die restliche Bevölkerung», schreibt sie. Sie habe kein einziges Buch aus dem Bereich *Christian Living* finden können, das beispielsweise Vaginismus – die schmerzhafte Verengung der Vagina beim penetrativen Sex – explizit thematisiere, eine Kondition, unter der sie selbst lange litt.[37]

In den Veröffentlichungen der *Gospel Coalition* und des *Family Research Councils*, beides Adressen für konservative Christen, die nach Rat in Familien- und Beziehungsangelegenheiten suchen, fand sie keine Informationen zu Vaginismus, Schmerzen beim Sex oder Sex nach der Geburt, stattdessen aber zahlreiche Artikel zu Erektionsstörungen.[38] Die Anzahl und das Leiden der betroffenen Frauen ist allerdings sehr hoch. Gregoires Umfrage ergab, dass die Wahrscheinlichkeit für eine Frau, unter Vaginismus zu leiden, wenn sie vor der Eheschließung glaubt, dass Männern Sex in der Ehe jederzeit zusteht, um 37 Prozent steigt – eine ähnlich hohe Prozentzahl, wie wenn eine Frau Gewalt erfahren hat. Vergewaltigung in der Ehe werde in christlichen Ehe-Ratgebern nicht beim Namen genannt – oder die Schuld werde der Frau zugeschoben. Die Folgen, das zeigen die Zahlen, sind fatal. Christliche Frauen hätten zudem das Gefühl, «dass Gott unsere Schmerzen gutheißt, weil uns gesagt wird, in der Bibel stehe, dass wir nicht ‹Nein› sagen dürfen», schreiben Gregoire und ihre Mitautorinnen.[39]

Gregoire hatte schon früher in der Christlichen Rechten für Aufregung gesorgt. Sie hatte sich 2020 in einem offenen Brief an den *Family Research Council* gewandt, der auf seiner Website und einigen Veranstaltungen das bereits erwähnte Buch *Love and Respect* von Emerson Eggerichs anpries.[40] Die These des Autors lautet: Frauen brauchen Liebe, Männer brauchen bedingungslosen Respekt. Im Buch finden sich zahllose Beispiele, die diese Sichtweise verdeutlichen sollen – etwa, dass Ehemänner einer größeren Gefahr «satanischer Angriffe» ausgesetzt seien, wenn ihnen die Ehefrau «sexuelle Erlösung verwehrt».[41] Gregoire befürchtete, dass Täter physischer und psychischer häuslicher Gewalt diese Argumentation zur Legitimation des Missbrauchs ihrer Ehefrauen nutzen könnten – eine Sorge, die sich bestätigte, als sie hunderte Zuschriften von Frauen bekam, die genau das beschrieben. Zu viele christliche Ehe-Ratgeber, so Gregoire, würden zwar behaupten, dass man im Falle von Gewalt oder Missbrauch die Polizei rufen sollte. Gleichzeitig beschreiben sie aber eindeutige Missbrauchssituationen, ohne sie als solche zu benennen – wie in *Created To Be His Help Meet* von Debi Pearl. Dort beschreibt die Autorin, wie ein

Mann seine schwangere Frau mit einem Küchenmesser bedroht. Ihr Rat: Die Ehefrau solle in sich gehen und reflektieren, durch was sie ihn provoziert habe, und in Zukunft nicht mehr meckern.[42]

Auch Eggerichs informiert seine Leser, es sei die Pflicht jeder Ehefrau, einen «harschen und unliebenden» Ehemann (eine Beschreibung psychischen und physischen Missbrauchs) zu «respektieren», selbst wenn die «Welt» das nicht verstehe.[43] Selbst ein Mann, der «trinkt oder fremdgeht», verdiene Respekt von seiner Ehefrau.[44] Wenn er um Vergebung bitte, müsse sie ihm diese gewähren und sein Benehmen nicht mehr kritisieren, sondern sich still verhalten. Ein Ratschlag, der weder das Phänomen des *«Love-Bombings»* von Tätern adressiert – ein manipulatives Verhalten, bei dem der Täter das Opfer mit vorübergehender Aufmerksamkeit und Liebesbekundungen überschüttet – noch thematisiert, dass den Worten auch Taten folgen müssen. Stattdessen wird der Kreislauf des Missbrauchs verstärkt. Eggerichs zitiert auf seiner eigenen Website die Nachricht einer Frauengruppe, die versucht, seinem Rat zu folgen. Doch je mehr sie ihren Männern bedingungslosen Respekt entgegenbrächten, desto schlechter und von oben herab würden diese sie behandeln. Eggerichs unterstellt ihnen abermals mangelnden Respekt: «Gott sagt Männern nicht, dass sie auf streitsüchtige Ehefrauen hören sollen, sondern auf respektvolle Ehefrauen.»[45]

Focus on the Family reagierte auf Gregoires Kritik und zahlreiche Frauen, die sich nach ihrem *Blogpost* an sie wandten, mit einer Stellungnahme: Wenn *Love and Respect* zu Missbrauch geführt habe, sei der Text falsch interpretiert worden. *Focus on the Family* sei weiterhin der Überzeugung, dass *Love and Respect* «biblisch fundiert» sei – daher werde man es auch weiter verkaufen und bewerben.[46] Das Buch landete auf der *New York Times*-Bestsellerliste und hat sich nach Aussage der *Love and Respect*-Website bis heute mehr als zwei Millionen Mal verkauft. In den letzten fünf Jahren hat Eggerichs *Love and Respect Ministries*, klassifiziert als Wohltätigkeitsorganisation, jährlich im Schnitt 790 000 US-Dollar eingenommen.[47]

Die *Purity Culture* ist zwar nicht mehr so populär, wie sie es noch während ihres Booms in den 1990er Jahren war, aber sie ist in der Religiösen Rechten immer noch allgegenwärtig. In letzter Zeit ist zudem eine neue Generation junger Evangelikaler auf der Bildfläche erschienen, die Aspekte dieser Geschlechter- und Paarvorstellungen ins Instagram-Zeitalter tragen. Eine *Dating-Show*, bei der im Whirlpool wild geknutscht wird, ist nicht gerade der Ort, an dem man mit einem öffentlichen Gebet rechnen würde. Trotzdem startete Matt James, der *Bachelor* in der gleichnamigen *Reality-TV-Show*, den Beginn seiner Staffel 2021 mit einem gemeinsamen Gebet (offenbar in der Annahme, dass alle Teilnehmerinnen ebenfalls christlich seien). Evangelikale Christen sind unter den Protagonisten bei *Bachelor* und *Bachelorette* stark vertreten, um mit Colton Underwood, Hannah Brown und Tayshia Adams nur einige zu nennen.[48] Auch unter den Teilnehmerinnen tummeln sich sehr viele sehr religiöse junge Frauen. Die Show endet meist mit einer Verlobung, hat also die heterosexuelle Ehe als Ziel. Im hypersexualisierten Kontext der Show, die auf «klassischen» Mann/Frau-Rollenbildern basiert, ist vor allem (weibliche) Jungfräulichkeit immer wieder ein Thema, das für dramatisches Storytelling genutzt wird. Teilnehmerin Madison Prewett sorgte 2020 für Aufregung, als sie *Bachelor* Peter Weber erst gegen Ende seiner Staffel kurz vor den *«Fantasy-Suite Dates»* – die erste Gelegenheit, eine Nacht ohne Kameras zu verbringen – erzählte, dass sie sich für die Ehe «aufspare». Weber, sonst für sexuelle Eskapaden bekannt, äußerte Verständnis. Prewett betonte, sie wolle, dass ihr zukünftiger Ehemann der *«Faith Leader»* ihrer Familie sei. Bei einem Date in Prewetts Heimatstadt wurde klar, mit welchen Geschlechtervorstellungen sie aufgewachsen ist: Ihr Vater verkündete Weber gegenüber: «Sie ist so rein.» Jungfräulichkeit, ein ohnehin rein gesellschaftliches Konstrukt, steht innerhalb dieser Weltsicht nicht im Kontrast zu der Teilnahme an einer *Dating-Show*, bei der es auch regelmäßig um Sex geht.[49] Auch Webers öffentlich thematisierter Sexualtrieb wird als Zeichen seiner Männlichkeit angesehen und weniger als etwas, das ihn moralisch fragwürdig erscheinen lässt, wie man es vielleicht in einem konservativ-religiösen Kontext vermuten könnte.

Dass *Reality-TV* und Frömmigkeit sich nicht ausschließen, hatte in einer früheren Staffel bereits die Kandidatin Cassie Randolph gezeigt. Wie sehr Sex in diesen Kreisen trotzdem mit Scham behaftet ist, zeigte sich in einem Gespräch, das Randolph mit *Bachelor* Colton Underwood führte, in dem sie Sorge darüber äußerte, was Mitglieder ihres Umfelds von ihr denken sollten, wenn sie erfahren würden, dass sie bereits Sex gehabt habe, obwohl sie nicht verheiratet sei. Auch männliche Jungfräulichkeit, wenn auch nicht Voraussetzung für Männer in evangelikalen Kreisen, ist immer wieder Thema beim *Bachelor*: Underwood sorgte für Aufregung, weil er selbst als «Jungfrau» in das *Bachelor*-Universum eintrat.[50] Sean Lowe sah sich nach seinem *«Born again»*-Erlebnis als evangelikaler Christ als «wiedergeborene Jungfrau», was für ihn einen sexuellen Neuanfang symbolisierte, eine Art Reinwaschung von früheren Sünden. Wortwörtlich «reingewaschen» wurde auch Luke P., der als Teilnehmer der Show seine Wandlung vom sexwütigen *Womanizer* zum frommen evangelikalen Christen an einem Moment beim Duschen festmachte.

Die *Bachelor*-Ästhetik erfüllt zudem die optischen Vorstellungen von Männlichkeit und Weiblichkeit in der evangelikalen Szene: Es handelt sich um konventionell attraktive, junge Teilnehmerinnen und Teilnehmer. Für die Männer bedeutet das Sixpacks, starke Kiefer und Armmuskeln, für die Frauen eine schlanke Figur, lange Haare, Make-Up und Pailletten. Wie dies auch innerhalb von Beziehungen religiöser Menschen zu Spannungen und Schuldzuweisungen führen kann, wurde in der *Bachelorette*-Staffel mit Hannah Brown deutlich. Luke P., der als außerordentliches

Beispiel toxischer Männlichkeit in die *Bachelor*-Geschichte einging, warf Brown vor, sexuell zu freizügig zu sein – was zu der mittlerweile ikonischen Antwort ihrerseits «Ich hatte Sex, ja. Und Jesus liebt mich immer noch» führte. Brown trat als sexpositive, gläubige *Bachelorette* auf – ungewöhnlich im evangelikalen Kontext, wenn es um nichtehelichen Sex geht.

Aber auch klassischere Vertreterinnen der *Purity-Culture* wie Prewett zeigen, dass es für junge Evangelikale in den USA, auch *iVangelicals* genannt, keinen Widerspruch zwischen sexy Instagram-*Content* und Frömmigkeit gibt. Im Gegenteil, es ist eine lukrative Kombination: Prewett vermarktet zusammen mit ihrer Verwandtschaft *«Family Virtues»*-Armbänder.[51] Cassie Randolph und viele andere verdienen ihren Lebensunterhalt ebenfalls als Instagram-Influencer. Das *Bachelor*-Imperium besteht aus diversen Varianten der *Dating Show*. Allein der *Bachelor* fuhr 2017 über 86 Millionen Dollar an Werbeeinnahmen ein, das Finale der Staffel 2020 mit Peter Weber als Hauptfigur verfolgten 8,5 Millionen Amerikanerinnen und Amerikaner.

Gleichzeitig finden *Revivals* der *Purity Culture* in einem politisierteren Kontext statt. Christliche Dating-Websites gibt es schon länger (z. B. *Christian Mingle*), doch die *Dominion Dating* App, die es seit 2021 gibt, soll sicherstellen, dass zwei reine, dominionistische Gläubige zueinander finden. Das *Members' Agreement*, das beim Beitritt unterschrieben werden muss, brüstet sich damit, «zutiefst biblisch» gestaltet zu sein – und zwar in einem Ausmaß, das «kulturell angepasste Christen» abschrecken würde. Das Motto *«Own the libs»* («Zeigs den Linken mal so richtig») hat es bis auf christliche Dating Apps geschafft. In dem Statement, das ein zukünftiger *Dominion-Dater* unterschreiben muss, steht unter anderem, dass er oder sie vor der Ehe sexuelle Reinheit anstrebt, inklusive «anständiger» Kleidung und der Ablehnung «lustvoller Gedanken».[52]

Purity Culture ist eng mit *Victim Blaming* verbunden, denn allein die Existenz eines Frauenkörpers ist innerhalb dieser Logik genug, einen Mann dazu zu bringen, potenziell Gewalt anzuwenden, um sich Befriedigung zu verschaffen. So argumentiert Pastor Doug Wilson, fromme Männer seien diejenigen, die Frauen vor sexueller Gewalt durch andere Männer schützen würden. «Frauen, die den Schutz durch ihre Väter oder Ehemänner verweigern, müssen ihn bei der Polizei suchen. Aber Frauen, die auf ‹keinem männlichen Schutz› bestehen, sind wirklich Frauen, die stillschweigend übereinstimmen, dass Vergewaltigung anständig ist.»[53] Wilson behauptet, kein Verteidiger von Vergewaltigung zu sein, es handle sich dabei um eine böse Tat – und doch ist Vergewaltigung nach seiner eigenen Logik der einzig mögliche Ausgang einer sexuellen Begegnung, wenn die Frau sich nicht «unterordnet»: «Wahre Autorität und wahre Unterordnung sind [...] eine erotische Notwendigkeit. Wenn Autorität geehrt wird, wie es das Wort Gottes vorschreibt, dient und beschützt sie – und gibt unglaubliche Lust. Wenn sie verweigert wird, ist das Ergebnis nicht ‹keine Autorität›, sondern eine Autorität, die verschlingt.»[54]

Zwar inszeniert sich Wilson gern als Randfigur jenseits des evangelikalen *«Establishments»*, doch seine Ansichten waren nichts Neues in der Weißen evangelikalen Kultur. In den letzten Jahren ist Wilson «in Rufweite» des *Mainstreams* gerückt, wie es Kristin Kobes Du Mez formuliert.[55] Das von ihm propagierte Geschlechterverhältnis macht Gewaltanwendung und sexuellen Missbrauch gegenüber der Ehefrau nicht nur möglich, es bietet auch eine theologische Rechtfertigung für den Täter, während die Opfer zum Schweigen aufgefordert werden. Brechen diese ihr Schweigen, sehen sie sich oft mit Schuldzuweisungen konfrontiert – eine Unterstützung der Opfer ist nicht vorgesehen. In Fällen von sexuellem Missbrauch an Minderjährigen, die seine Kirche erschüttert haben, hat Wilson sich auf die Seite der Täter geschlagen. Jamin Wright hatte, während er bei einer Familie aus Wilsons Kirche wohnte, deren minderjährige Tochter sexuell missbraucht. Wilson schrieb dem Vater der Familie einen Brief, in dem er behauptete, die Eltern seien schuld an dem Missbrauch, während er zugleich argumentierte, es habe sich um eine von den Eltern genehmigte *«courtship»* («Brautwerbung») gehandelt.[56] Wilson hat sogar ein Buch zu diesem Thema veröffentlicht: *Her Hand in Marriage: Biblical Courtship in the Modern World.* Die «Biblische *Courtship*», in der ein Heiratsanwärter den Vater eines Mädchens oder einer Frau fragt, ob er eine offizielle *«courtship»* unter Aufsicht des Vaters mit der Tochter beginnen dürfe, ist vor allem in christlichen *Homeschooling*-Kreisen weit verbreitet. Auch Bill Gothards IBLP (*Institute in Basic Life Principles*) und sein *Homeschooling* Programm ATI (*Advanced Training Institute*) sprechen sich für eine «biblische *Courtship*» aus, die nur begonnen werden soll, wenn eine Heirat möglich ist und auch möglichst schnell erfolgen kann.[57] Auch Doug Phillips' *Vision Forum Ministry* unterstützte das Prinzip.[58]

Im Fall Wright wäre das eine *«Courtship»* zwischen einem 13-jährigen Mädchen und einem erwachsenen Mann gewesen.[59] Sowohl die Eltern als auch das Opfer stritten ab, dass die Eltern eine *«Courtship»* erlaubt hätten.[60] Es war nicht das einzige Mal, dass Wilson ein junges Opfer von sexuellem Missbrauch im Stich ließ. In einem anderen Fall – Steven Sitler hatte mehrfach junge Kinder sexuell missbraucht – plädierte Wilson für eine Strafminderung vor Gericht wie auch im Fall Wright. Mehr noch: Er führte nach Sitlers Entlassung aus dem Gefängnis auch dessen Hochzeit mit einer jungen Frau durch. Sitler wurde wenige Jahre später aufgrund des sexuellen Missbrauchs seines Sohnes im Kleinkind-Alter der unbeaufsichtigte Kontakt mit ihm untersagt.[61] Wilson hat seine Entscheidung, Sitlers Hochzeitszeremonie durchzuführen, trotzdem verteidigt.[62]

Die beschriebenen Beziehungen zwischen den Geschlechtern bedingen körperlichen, seelischen und sexuellen Missbrauch. Es ist keine Seltenheit, dass Kirchen, die diese «biblischen» Geschlechterbeziehungen predigen, in Missbrauchsfälle verwickelt waren. So wurde beispielsweise Jack Haap, der Pastor der Megachurch *First Baptist Church of Hammond*, für den sexuellen Missbrauch einer 16-Jährigen in seiner Gemeinde und wegen *Child Sex Trafficking* (organisierter sexueller Kindesmissbrauch) verurteilt. Er versuchte, die Schuld auf sein Opfer zu schieben, die «Aggressivität» des Mädchens habe seine «Impulskontrolle verhindert», außerdem habe sie schon frühere sexuelle Erfahrungen gehabt.[63]

Die Fetischisierung von Jungfräulichkeit und Reinheit führt vor allem in manchen *Homeschooling*-Zirkeln, aber aufgrund des popkulturellen Einflusses auch darüber hinaus, zu einer Romantisierung von Kinderehen. Der Familienpatriarch und Star der *Reality TV*-Serie *Duck Dynasty,* Phil Robertson, befürwortet beispielsweise, dass erwachsene Männer bereits 15- und 16-jährige Mädchen heiraten sollten, später würden Frauen den Männern nur das Geld aus der Tasche ziehen. Prominente Rückendeckung für diese Äußerung erhielt er von Kevin Swanson, auf dessen *Homeschool Convention* 2015 auch einige Republikanische Präsidentschaftskandidaten anzutreffen waren.[64] Dementsprechend war auch die Empörung in diesen Kreisen nicht groß, als Vorwürfe laut wurden, dass Roy Moore, ein ehemaliger Richter und Liebling der Religiösen Rechten, minderjährigen Mädchen nachgestellt und «Beziehungen» mit ihnen gehabt habe. Unter anderem habe er dabei eine 14-Jährige sexuell missbraucht. Moore kandidierte 2017 für den Senat in Alabama. Er beteuerte, er habe stets die Eltern der Mädchen informiert und sich damit an die Regeln der biblischen *Courtship* gehalten.[65] Und so hielten Trump und die religiöse Basis ihm die Treue.[66]

Josh Duggar, bekannt aus der *Reality TV*-Serie *The Duggars – 19 Kids and Counting*, die das Leben einer *Quiverfull*-Familie darstellt, verlor seinen Job als *Executive Director* des politischen Arms des *Family Research Councils*, nachdem herauskam, dass er als Teenager vier seiner Schwestern und eine Babysitterin sexuell missbraucht hatte.[67] Newt Gingrich gehörte damals zu den Verteidigern Duggars und wandte eine Strategie an, die von Kritikerinnen und Kritikern der evangelikalen Szene als *Sin Flattening* bezeichnet wird: das Herunterspielen von sexuellen Straftaten, indem man darauf verweist, dass doch alle Menschen Sünder seien.[68] Als Duggars Eltern von den Taten ihres Sohnes erfuhren, musste er 2003 an einem Programm des bereits erwähnten *Institute in Basic Life Principles* (IBLP) teilnehmen, geleitet von Bill Gothard. Der Kreis schließt sich, als auch Gothard 2014 zurücktreten musste, nachdem Vorwürfe von sexuellem, körperlichem, psychologischem und spirituellem Missbrauch bekannt wurden.

Gothards Programme, so berichteten ehemalige Schüler, lehrten unter anderem, dass die Schuld für sexuellen Missbrauch auch beim Opfer zu suchen sei. Auf einem Arbeitsblatt namens «Beratung bei sexuellem Missbrauch» wird geraten, dass die Opfer sich selbst fragen sollten, «Weshalb hat Gott es zugelassen?» Mögliche Gründe dafür seien «schlüpfrige Kleidung», sich «nicht unter den Schutz der Eltern» gestellt zu haben oder «böse Freunde».[69] Das Dokument wurde von der Internetplattform *Recovering Grace* veröffentlicht, auf der sich Opfer von Gothards Lehren und ihm selbst vernetzen und gegenseitig unterstützen.[70] In einem weiteren Arbeitsblatt wird ein Fall vorgestellt, in dem ein Sohn seine jüngeren Schwestern missbraucht habe. Der Grund dafür sei unter anderem, dass die Mädchen nicht «bedeckt» genug gewesen seien: «[K]leine Menschen realisieren ihre Nacktheit noch nicht.»[71] Im Mai 2021 wurde Josh Duggar wegen des Besitzes von Videos, in denen Kindern sexuelle Gewalt angetan wurde, festgenommen. Die Opfer waren so alt wie seine eigenen Kinder. Duggar ist in der Zwischenzeit in die «Obhut» seiner Ehefrau entlassen worden und darf unter ihrer Aufsicht seine Kinder weiterhin sehen. Unter Religionswissenschaftlerinnen und kritischen Kommentatoren der evangelikalen Szene sorgte diese Entscheidung für Entsetzen:

Denn innerhalb einer so extrem patriarchalen Struktur wie *Quiverfull* hat die Frau im Haus keinerlei Autorität, der Mann wird als der Vertreter Gottes im Haus angesehen. Duggars Ehefrau erwartet ihr siebtes Kind.

Tödliche Konsequenzen hat im schlimmsten Fall auch ein anderer Aspekt der Verquickung von *Purity Culture* und Christlichem Nationalismus: Der Gedanke von «reinen» Körpern führt allzu schnell zum Gedanken der «reinen» Nation. Damit befindet man sich auf ethnisch-nationalistischem Terrain, dem Kern des Christlichen Nationalismus. Denn *Purity Culture* und die damit verbundenen Vorstellungen von patriarchalen, heteronormativen Geschlechterrollen beziehen sich durchaus auch auf den Faktor *race*: Das soziale Konstrukt der sexuell und moralisch «reinen» Frauen bezog sich aus historischer Perspektive ausschließlich auf Weiße Frauen. Während Weiße Frauen und Mädchen als enthaltsame Symbole der intakten Moralität der Nation gesehen wurden, ohne dabei über einen eigenen Sexualtrieb zu verfügen, attestierte man nicht-Weißen Frauen eine aggressive Sexualität – sie wurden als Verführerinnen und moralisch fehlerhaft dargestellt. Die Wurzeln dieser rassistischen Charakterisierung finden sich in der Zeit vor dem Bürgerkrieg (siehe Kapitel «Von irdischen Herren»): Schwarze Frauen wurden von ihren Sklavenhaltern vergewaltigt, weil ihre «Triebe» sie angeblich herausforderten. Männliche Sklaven bedrohten hingegen die «Reinheit der Weißen», weshalb ihnen oft die Vergewaltigung Weißer Frauen vorgeworfen wurde.

Rassistische Vorurteile und die extreme Idealisierung sexueller «Reinheit» ergeben eine fatale Mischung. Dies wurde beispielsweise im März 2021 bei den Morden an asiatischen Mitarbeiterinnen in Massage-Salons in Atlanta deutlich. Der Täter war Teil einer Kirche, die «Unzucht», worunter nach ihrer Definition auch Sex mit Sexarbeiterinnen fällt, auf dieselbe Stufe wie Sex mit Tieren stellt.[72] Seine Motivation für die Morde sei gewesen, die «Versuchung» aus der Welt zu entfernen.[73] Er hatte nach Angaben von Freunden einmal monatlich in Massagesalons eine Sexarbeiterin getroffen. Vor dem Hintergrund der historischen Diskriminierung von asiatischstämmigen Frauen in Amerika, denen «Lüsternheit» und «unmoralisches Verhalten» unterstellt wurden, ist das rassistische *Framing* der *Purity Culture* unverkennbar.[74]

WOLFSKÖNIGE

«Ich schätze sehr, dass Putin junge russische Menschen vor der homosexuellen Propaganda schützt. Und sei es nur, um ihnen die Möglichkeit zu geben, aufzuwachsen und selbst eine Entscheidung zu treffen. Noch einmal, Homosexuelle können keine Kinder bekommen, sie können anderen die Kinder nehmen.»[1] – *Franklin Graham*

Das Bild der Vereinigten Staaten als «strahlende Stadt auf dem Hügel» – eine Referenz an Matthäus 5 im Neuen Testament – zieht sich durch die Geschichte des Landes. Der Erste, der dieses Bild verwendete, war John Winthrop (1588–1649) im Jahr 1630. In der Bergpredigt heißt es: «Ihr seid das Licht der Welt. Eine Stadt, die auf einem Berg liegt, kann nicht verborgen bleiben.» (Mt 5,14) Winthrop predigte den puritanischen Kolonisten, ihre Kolonie sei ebenjene «Stadt auf dem Hügel», auf die die Welt schaue.

Für den Christlichen Nationalismus ist diese Metapher entscheidend: Sie verdeutlicht den göttlich sanktionierten Amerikanischen Exzeptionalismus. In der jüngeren Geschichte sieht die Religiöse Rechte der USA ihre «strahlende Stadt» jedoch im Niedergang begriffen – verursacht durch wiederholte Angriffe auf das christliche Fundament ihrer Nation. Die alten Feindbilder des Kalten Krieges bestehen nicht mehr. Einerseits fällt damit die einende Gefahr von außen weg, andererseits ergeben sich in dieser neuen Weltordnung Möglichkeiten für Verbindungen, die früher undenkbar gewesen wären. Putins Russland ist heute ein Land, in dem das orthodoxe Christentum eine Sonderrolle für die nationale Identität spielt, in dem LGBTQIA*-Feindlichkeit religiös begründet und eine patriarchalische Gesellschaftsordnung unter Berufung auf die Religion verteidigt wird. An der Spitze des Landes steht der starke Anführer, der Heilsbringer, der für Ordnung sorgt. Es ist eine Ordnung, in der oppositionelle Stimmen verteufelt oder gar ganz zum Schweigen gebracht werden. Der Autoritarismus eines Wladimir Putin oder Viktor Orbán in Ungarn ist für die Religiöse Rechte in den USA nicht abschreckend, im Gegenteil: In Männern wie Putin und Orbán sehen sie das, was sie sich auch für die Vereinigten Staaten erträumen.

Trump und die heutige Christliche Rechte der USA sind sich einig: Sie mögen Diktatoren und Autokraten, besonders hoch in ihrer Wertschätzung steht Wladimir Putin. Vor dem Hintergrund der jahrzehntelangen antirussischen Rhetorik der Religiösen Rechten wirkt das unlogisch, aber nur auf den ersten Blick. Bei genauerem Hinsehen ähneln sich ihre Ziele und Vorstellungen darüber, wie eine Gesellschaft auszusehen hat. Putin strebt einen engen Austausch mit der russisch-orthodoxen Kirche an und inszeniert sein Land als explizit Weiß und christlich, ein Ansatz, der mit jenem Christlicher Nationalisten in den USA mehr als kompatibel ist. Zudem teilt man die Gegnerschaft zu einem weiteren Kernthema: der Gleichbehandlung von LGTBQIA*-Menschen.

Die gleichgeschlechtliche Ehe ist für die Religiöse Rechte weltweit ein Zeichen gottloser westlicher Dekadenz, deren Legalisierung die Fundamente einer moralischen Gesellschaft gefährde. Die drakonischen Gesetze in Putins Russland, die die Verbreitung von «homosexueller Propaganda» – gemeint ist jedwede Aufklärungsarbeit, die Homosexualität als sexuelle Orientierung anerkennt oder ihre freie Ausübung gar unterstützt – hart bestraft, sind ihr Traum. Und so hat sich Putin zu einer Leitfigur der globalen Christlichen Rechten entwickelt.[2]

Nicht nur die Religiöse Rechte der Gegenwart sieht Putins Russland als Vorbild, das Modell ist auch attraktiv für die politische Neue Rechte der USA. Führende Neonazis wie Richard Spencer bewundern Putin dafür, dass er die «kulturelle Identität» eines Weißen, christlichen Russlands wiederherstellen will und eine Gesellschaft geschaffen hat, in der Minderheiten kein Platz eingeräumt wird.[3] Vertreter der *Alt-Right* und der Religiösen Rechten sehen in Putin die Art von Anführer, die auch Amerika dringend benötigt – mit Donald Trump wurde ihre Sehnsucht in vielerlei Hinsicht zumindest zunächst gestillt. Das Vokabular der amerikanischen Religiösen Rechten und der Autokraten Europas überschneidet sich oftmals. Man bedient sich der gleichen Schlagwörter, die Rede ist vom «christlichen Erbe», von «*Gender*-Ideologie» und «*Gender*-Indoktrination».

Der Wandel in der Beziehung zu Russland ist auch in der Republikanischen Partei zu beobachten, ein Beispiel dafür ist Dana Rohrabacher. Dreißig Jahre lang war er Kongressabgeordneter für *Orange County* – eine evangelikale, Republikanische Hochburg im sonst Demokratischen Kalifornien. Rohrabacher galt als «Putins Lieblingsabgeordneter» – obwohl er während des Kalten Krieges vor allem durch aggressive, antirussische und antikommunistische Rhetorik aufgefallen war.[4] Rohrabacher war Teil des Teams aus Barry Goldwaters gescheiterter Präsidentschaftskandidatur in den 1960er Jahren, aus dem die Führungsriege der Neuen Politischen Rechten und der Religiösen Rechten hervorgehen sollten, wie auch Paul Weyrich (siehe Kapitel «Eine disziplinierte Armee»). Ähnlich wie Rohrabacher war Weyrich Russland schon zugewandt, bevor der Republikanische *Mainstream* nachzog. Schon in den 1990er Jahren reiste er regelmäßig dorthin. Aufgewachsen als streng konservativer Katholik, wechselte Weyrich nach dem Zweiten Vatikanischen Konzil (1962–1965) in die Melkitische Griechisch-katholische Kirche, die zu den katholischen Ostkirchen gehört. Schon in den 1990er Jahren leistete er die Vorarbeit dafür, dass Trump 2016 auch öffentlich eine so enge Beziehung zum autokratischen Russland zelebrieren konnte.

Autoritäre und autokratische Führungspersonen sind Inspirationsfiguren für die Religiöse Rechte – und unter Weyrichs Einfluss hatte sie gelernt, flexibel zu sein. Die Devise war: «Du musst nicht recht haben, du musst nur gewinnen.» Dieses Motto befreit praktischerweise auch von jeglichen moralischen Überlegungen. Das ultimative Ziel ist größtmögliche Macht – und um es zu erreichen, ist jedes Mittel recht, auch die Verbrüderung mit autoritären Herrschern. Und so intensivierte die Religiöse und Politische Rechte in den letzten Jahren ihre Beziehungen zu Russland: Schon 2015 besuchte eine Delegation der NRA Moskau und traf sich dort mit einem russischen Waffenhersteller und Regierungsmitgliedern. Im Dezember desselben Jahres kam der Televangelist Franklin Graham zu einem 45-minütigen Gespräch mit Putin zusammen, in dem dieser ihm Unterstützung für eine Konferenz über die Verfolgung von Christen zugesichert habe, so Graham laut der *Washington Post*. Der Prediger zeigte sich beeindruckt: Putin antworte «sehr direkt auf Fragen und weicht ihnen nicht aus, wie es viele unserer Politiker tun».[5]

Ebenfalls mit Bewunderung blickt die amerikanische Christliche Rechte auf Viktor Orbáns Ungarn, das sich zunehmend zu einem autokratischen Staat entwickelt. Auch dort wird das Konzept Weißer ethnischer Herkunft mit nationaler Identität verknüpft. Gleichzeitig wird der Islam als existenzielle Bedrohung des Westens gesehen und die Gleichberechtigung für LGBTQIA*-Menschen strikt abgelehnt. Die einwanderungsfeindliche Politik wird im Falle Ungarns mit einer Lieblingsstrategie der Religiösen Rechten begründet: die geschürte Angst vor dem Untergang und Sittenverfall der eigenen Nation, die von nicht-christlichen Migranten bedroht wird.

Gleichzeitig ermöglicht es die Rhetorik von Politikern wie Orbán der Religiösen und Politischen Rechten, ihre nativistischen Ängste auszuleben. So erwähnte beispielsweise *Fox News*-Moderator Tucker Carlson Vikor Orbán lobend, als er dessen Außenminister Péter Szijjártó 2019 in seiner Show interviewte, und ließ den kolonialgeschichtlich geprägten *«Great Replacement»*-Verschwörungsmythos anklingen, der um 1900 unter dem Namen *«le grand remplacement»* auftauchte und behauptet, die «westliche» (gemeint ist eine Weiße, christliche) Kultur befände sich in einem Belagerungszustand: Nicht-Europäer würden versuchen, die Europäer durch ihre höheren Geburtenraten zu «ersetzen». Mittlerweile hat der Verschwörungsmythos antisemitischen Charakter angenommen, indem impliziert wird, das *«Replacement»* sei Teil einer jüdischen Weltverschwörung, um ein einheitliches «Volk» zu schaffen, das leichter zu unterwerfen sei.[6] Anders als die USA, so Tucker Carlson, würde Ungarn endlich Gegenmaßnahmen einleiten, um das Sinken der ungarischen Geburtenrate aufzuhalten. Die Regierung ergreife Maßnahmen, um gegenzusteuern und «Pro-Familien-Politik ernst [zu nehmen]», ohne «Migration und neue Menschen zu importieren», sagte Carlson.[7] 2021 ging Carlson noch weiter: Er sendete seine Show eine Woche lang aus Budapest, traf Orbán persönlich und warb bei seinem Publikum für Orbáns Form des Autoritarismus als Modell für Amerikas Zukunft.

Im globalen Netzwerk der Religiösen und Politischen Rechten ist der *World Congress of Families* (WCF) ein zentraler Player, gegründet Mitte der 1990er Jahre von Allan C. Carlson und dem russischen Soziologen Anatoly Antonov. Carlson ist ein ehemaliger Geschichtsprofessor des CNP-affiliierten *Hillsdale College* und arbeitete für das frühere *Howard Center for Family, Religion and Society* (jetzt *International Organization for the Family*, IOF), das in den USA vor allem gegen LGBTQIA*-Rechte Lobbyarbeit betreibt. Die Gruppe wird vom *Southern Poverty Law Center* als *«Hate Group»* eingestuft, genau wie der WCF.[8] Dieser organisiert weltweite Events, deren inhaltlicher Schwerpunkt die Bekämpfung von LGBTQIA*-Rechten, des Rechts auf Abtreibung und des Liberalismus im Allgemeinen ist. In beiden Institutionen dient die Bezeichnung «Familie» als Codewort für LGBTQIA*-Feindlichkeit. Der WCF ist ein Sammelbecken für die extremen Ansichten der weltweiten Religiösen Rechten: «Meiner Ansicht nach sind Kommunismus, Liberalismus und Faschismus das Gleiche […] Die liberale Ideologie ist die skrupelloseste, die es gibt, skrupelloser noch als Faschismus und Kommunismus. Denn sie tötet jedes Jahr 45 Millionen Babys im Mutterleib und nennt das dann die Freiheit der Frau», fasst der georgische Geschäftsmann Levan Vasadzse seine Weltanschauung und die seiner Mitstreiter beim *World Congress of Families* zusammen.[9] Als Trumps Außenminister Mike Pompeo 2019 eine Kommission einsetzte, die Menschenrechte unter dem Aspekt eines *«Natural Laws»*, eines natürlichen Gesetzes, untersuchen sollte, stieß das beim WCF auf Begeisterung.[10] Hinter diesem Begriff verbirgt sich im Kontext der Religiösen Rechten oft Gegnerschaft zu Abtreibungs- und LGBTQIA*-Rechten.[11]

In der jüngsten Vergangenheit hat der WCF seine Veranstaltungen vor allem in Ländern abgehalten, in denen rechte Populisten und Autokraten an die Macht gekommen waren. 2019 im italienischen Verona, 2017 in Ungarns Hauptstadt Budapest und 2018 in Chisinau in Moldawien.[12] Das war kein Zufall, denn die Arbeit des WCF wurde von populistischen Politikern dieser Länder aktiv unterstützt. Der damalige Innenminister und stellvertretende Ministerpräsident Italiens, Matteo Salvini, und der ungarische Ministerpräsident Victor Orbán agierten als Co-Sponsoren der WCF-Veranstaltungen in ihren Ländern, ebenso der ehemalige Präsident von Moldawien, Igor Dodon, ein enger Verbündeter Putins.[13]

Auch nach Deutschland gibt es Verbindungen: Gloria von Thurn und Taxis, ehemals bekannt als «Party-Prinzessin», pflegt schon seit längerem Kontakte zu Vertretern der Katholischen Rechten wie dem italienischen Kurienbischof Carlo Maria Viganò. Sie war auf dem WCF 2019 in Verona als Sprecherin eingeladen und lobte den afrikanischen Kontinent für seinen Glauben an die «traditionelle» Familie und an Gott.[14] In Deutschland war sie noch 2001 mit rassistischen Äußerungen aufgefallen, als sie in einer Fernsehsendung behauptete, in Afrika gebe es so viel Aids, «weil der Schwarze gern schnackselt».[15] Von Thurn und Taxis geriet außerdem in die Kritik, weil sie laut Presseberichten in Gesprächen mit Steve Bannon stand, der einen Ort in Europa für seine geplante rechte «Kulturkämpfer»-Schule suchte, eines der Anwesen von Thurn und Taxis war offenbar im Gespräch. Dazu ist es zwar nicht gekommen, aber trotzdem bezeichnete die Gräfin Bannons Ideen gegenüber der Passauer Neuen Presse als «mutig».[16]

Eine andere Gruppierung der Religiösen Rechten pflegt schon seit Jahrzehnten internationale Kontakte, sie ist als *The Family* oder *The Fellowship* bekannt – wir haben sie bereits kurz im Kapitel «Gotteskrieger im Weißen Haus» kennengelernt. Der investigative Journalist Jeff Sharlet verbrachte selbst einige Monate als junger Mann in diesem Geheimbund und stellte schnell fest, dass sich unter der damaligen Führung von Doug Coe – auch genannt «Washingtons wichtigster Mann, von dem du noch nie gehört hast» – mächtige Männer aus der ganzen Welt trafen, um Bündnisse zu schmieden. Gegründet wurde die *Family* 1935 von Abraham Vereide, einem norwegischen Methodistenpfarrer. Er hatte schon damals das Ziel, die Mächtigen der Politik und Wirtschaft zusammenzubringen – unter anderem in Gegnerschaft zu Roosevelts *New Deal*. Schon unter Vereides Führung pflegte der Geheimbund enge Beziehungen zu Diktatoren – etwa zu François («Papa Doc») Duvalier aus Haiti, Ferdinand Marcos aus den Philippinen, Park Chung-Hee aus Südkorea und Suharto aus Indonesien.[17] Als deutlich wurde, dass sie den Kampf gegen die gleichgeschlechtliche Ehe in den USA vermutlich verlieren würde, unterstützte die *Family* Anti-LGTBQIA*-Politik in Russland und Rumänien.

Auch wenn Mitglieder sich mittlerweile von drakonischen Anti-LGTBQIA*-Gesetzen wie in Uganda distanzieren, wo Homosexualität zunächst mit dem Tod und nach weltweiten Protesten mit lebenslanger Haft bestraft wird, haben mit ihr verbundene Aktivisten der Religiösen Rechten doch erheblich zu der Eskalation beigetragen.[18] Überhaupt scheinen diejenigen, die im Umfeld der *Family* agieren, ein besonderes Faible für Diktatoren zu haben. Senator James Inhofe drückte dem nigerianischen Herrscher Sani Abacha (Militärdiktator von 1993–1998), seine Bewunderung aus. Der Abgeordnete Mark Siljander reiste zum libyschen Diktator Gaddafi (1942–2011), um sich bei ihm für die Bombardierung durch die Amerikaner zu entschuldigen, bei der nach libyschen Angaben Gaddafis Tochter getötet wurde.[19] Pat Robertson unterhielt Geschäftsbeziehungen zum liberianischen Diktator Charles Taylor und sollte für ihn Lobbyarbeit bei George W. Bush leisten. Taylor wurde 2012 in Den Haag in elf Fällen wegen der Beihilfe zu Kriegsverbrechen und Verbrechen gegen die Menschlichkeit zu 50 Jahren Gefängnis verurteilt.[20]

Die russische Spionin Maria Butina, die unter anderem die NRA infiltrierte, stand laut FBI-Unterlagen im Austausch mit dem heutigen Leiter der *Fellowship*, um russischen Delegierten zehn Plätze für das *National Prayer Breakfast* (NPB) im Jahr 2017 zu organisieren sowie eine Zusammenkunft zwischen Trump und Putin bei der Veranstaltung zu ermöglichen.[21] Das NPB bot seit Jahrzehnten eine Gelegenheit für Lobbyisten und ausländische Politiker, informell und unter dem Radar der Medien hochrangige Mitglieder der US-Regierung zu treffen. Manchmal gerieten diese ans Licht, weil die Betreffenden sie über *Social Media* verbreiteten. So postete der Senator Chuck Grassley 2017 ein Foto von sich und Andrei Makarow, einem Mitglied des russischen Parlaments, der sich für Steuerentlastungen von Russen einsetzte, die von amerikanischen Sanktionen betroffen waren.[22] Robert Aderholt, ein Mitglied der *Family*, reiste nach Rumänien, um die dortige Anti-LGBTQIA*-Kampagne zu unterstützen, und traf dabei den rumänischen Holocaust-Leugner Marian Munteanu, der 2017 am NPB teilnahm.[23]

Der Einfluss der *Family* ist kein Hirngespinst linker oder säkularer Journalistinnen und Journalisten, sondern wird auch aus

Quellen des konservativen Spektrums bestätigt. So beschreibt David Kuo, früherer *Special Assistant* von George W. Bush und stellvertretender Direktor des *White House Office of Faith-Based and Neighborhood Partnerships*, dass es «beinahe unmöglich sei», den Einfluss der *Fellowship* «zu überschätzen oder überhaupt zu ermessen».[24] Es ist eine Art Bruderschaft, die von ihren Mitgliedern verlangt, dass sie die *Family* vor alles andere stellen – auch vor ihre eigene Familie. Das Motto lautet: «Jesus plus nichts». Das Selbstverständnis der Mitglieder basiert auf der wörtlichen Auslegung von Matthäus 10, wo Jesus sagt, jeder seiner Jünger müsse seine Familie zurücklassen, um ihm zu folgen. Der langjährige Leiter der *Family*, Doug Coe (1928–2017), zog daraus bei einer Rede 1998 die Schlussfolgerung: «Jesus sagte, du musst mich deiner Familie vorziehen und du musst mich dir selbst vorziehen [...] das war eine Forderung, in der Nazi-Partei zu sein. Du musst die Nazi-Partei und ihre Ziele vor dein eigenes Leben und vor andere Menschen stellen.» Seine Aufzählung historischer Bewegungen, die unbedingten Gehorsam von ihren Anhängerinnen und Anhängern gefordert hatten, ging noch weiter: «Ich habe Bilder von den jungen Männern in der Roten Garde gesehen, 20, 22 Jahre alt, in China. Ein Tisch, aufgebaut wie ein Schlachttisch. Und sie würden die Mutter dieses jungen Mannes hereinbringen und den Vater. Und sie würden sie auf den Tisch legen, ans Kopfende wurde ein Korb gestellt. Er nahm eine Axt, [*Anm. d. Autorin:* hier mimt Coe den Axtschlag] um ihren Kopf abzuschlagen. Sie müssen die Ziele der Roten Garde vor das Leben ihrer Mutter, ihres Vaters, ihrer Schwester, ihres Bruders und vor ihr eigenes Leben stellen. Das war ein Bündnis, ein Schwur. Das ist es, was Jesus gesagt hat.»[25]

Eine totalitäre Ideologie im Herzen der Macht in Washington, die schon lange faschistischen Ideen nacheifert. Sharlet beobachtete: «Wir haben herausgefunden, dass der Gründer der Gruppe Abraham Vereide schon in den 40er Jahren, als die *Family* begann, Kongressabgeordnete zu organisieren, Hitlers ‹Jugendarbeit› als

Modell, das Amerikaner übernehmen sollten, lobte. Er distanzierte sich von Hitler selbst, aber er bewunderte die Kultivierung von Eliten durch den Faschismus, die er als ausschlaggebend sah für ein von Gott eingesetztes ‹Zeitalter der Kontrolle durch die Minderheit›.»[26] Die *Family* ist keinesfalls eine Randgruppe – sie hat beste Beziehungen ins politische Zentrum. Mit Billy Grahams Hilfe gründete sie 1953 das jährliche *Presidential Prayer Breakfast*, das ab 1970 als *National Prayer Breakfast* bekannt wurde. Kein Präsident hat es seitdem verpasst – zuletzt nahm Joe Biden daran teil.[27] Anders als in anderen Gruppen der Religiösen Rechten finden sich in den Reihen der *Family* sowohl Republikaner als auch Demokraten.

Für Sharlet hatte die Berichterstattung über die *Family* Konsequenzen. Der damalige Botschafter der USA in Deutschland, Dan Coats, verfügte 2004, dass die Botschaft ein Honorar für Sharlet in einer Veranstaltungsreihe zurückzog. Die Universität Potsdam kam anstelle der Botschaft für das Honorar auf und informierte Sharlet, Coats habe ihn einen «Feind Jesu» genannt.[28] Trump nominierte ebenjenen Dan Coats als *Director of National Intelligence* – unter Protest der *Freedom from Religion Foundation* (FFRF) aufgrund der beschriebenen Diskreditierung des investigativen Journalisten Sharlet.[29] Coats hatte während seiner Amtszeit als Senator für Indiana (Mike Pences Heimatstaat) dafür geworben, staatliche Hilfsgelder bevorzugt an private und vor allem religiöse Wohltätigkeitsorganisationen zu senden.[30] Coats wurde vom Senat bestätigt und diente von 2017 bis zu seinem Rücktritt 2019 als Trumps Chef über alle Geheimdienstorganisationen des Landes. Die Beziehung war schwierig, weil Coats Trump verärgerte, indem er sich unter anderem weigerte, die Geheimdienste als «parteiisch» zu bezeichnen und die Bedrohung durch Russland kleinzureden. Medienberichten zufolge war es Mike Pence, der hinter den Kulissen vermittelte, sodass Coats den Posten zumindest für zwei Jahre bekleidete.[31]

Doug Coe war einer der mächtigsten Männer im Washington

seiner Zeit, scheute aber – wie auch seine Organisation – das Rampenlicht. Der Einfluss der *Family* schimmerte trotzdem gelegentlich durch. 1985 sagte Ronald Reagan in seiner Rede beim *National Prayer Breakfast* über geheime Gebetsrunden auf dem *Capitol Hill*: «Die Gebetstreffen im Repräsentantenhaus und Senat sind in der Öffentlichkeit weitestgehend unbekannt. Mitglieder der Medien wissen davon, aber sie haben, mit großem Verständnis und Würde, zumeist darüber geschwiegen. [...] Einige wunderbare Dinge sind aus dieser *Fellowship* entstanden. [...] *Fellowships* haben sich im ganzen Kapitol gebildet, sie existieren nun in allen drei Säulen der Regierung, und sie haben sich in den Hauptstädten der ganzen Welt verbreitet, bis in Parlamente und Kongresse weit weg von hier.» Reagan erwähnt hier explizit das weltweite Netzwerk der *Family* und behauptet, es handele sich dabei keineswegs um ein politisches: «Mitglieder unseres Kongresses haben sich mit den Führern und Offiziellen anderer Länder getroffen, indem sie sich ihnen näherten, mit ihnen sprachen – nicht auf einem politischen Level, sondern auf einem spirituellen.»

Wie bereits gezeigt wurde, ist dieses unter Dominionisten beliebte Argument ein rhetorischer Trick: Denn wenn Religion als Politik verstanden wird, ist das Religiöse natürlich zutiefst politisch. Reagan fügte einen Satz hinzu, der, wie Sharlet richtig kritisiert, ein Weckruf für sämtliche (investigativen) Journalistinnen und Journalisten hätte sein müssen: «Ich wünschte, ich könnte Ihnen mehr darüber sagen, aber es funktioniert genau deswegen, weil es privat ist.»[32]

Der Geist der *Family*, der dominionistische Ansatz und die Bewunderung für den Fanatismus totalitärer und faschistischer Bewegungen, ist in der Religiösen Rechten weit verbreitet. So schlug beispielsweise Rick Warren 2005 in eine ähnliche Kerbe, als er zu 30 000 Mitgliedern der *Saddleback Church* in Kalifornien sprach:

«1939, in einem Stadion wie diesem hier, in München, Deutschland, war alles voller junger Männer und Frauen in braunen Hemden, um den fanatischen Mann hinter dem Podium zu sehen, Adolf Hitler, die Personifizierung des Bösen. Und in diesem Stadion formten diese braunen Hemden mit ihren Körpern ein Zeichen im ganzen Stadion, das lautete ‹Hitler, wir sind dein›. Und sie haben fast die Welt erobert. Lenin sagte einst: ‹Gebt mir 100 überzeugte, total überzeugte Männer, und ich werde die Welt verändern.› Und er hat es fast getan.»

Nachdem er in dieser Reihe genozidaler Diktatoren, die schrecklichste Verbrechen begangen haben, auch noch Mao aufzählte, sinnierte er: «Wenn ich diese Geschichten höre, dann denke ich: ‹Was würde passieren, wenn amerikanische Christen, wenn die Christen der Welt, wenn nur die Christen in diesem Stadion, die Anhänger Jesu, sagen würden: ‹Jesus, wir sind dein?› Was für ein spirituelles Erwachen würden wir haben?» Warren forderte außerdem die «totale Mobilisierung der Kirche», schwärmte von der «weltweiten Expansion des Königreichs Gottes» und der «radikalen Ergebenheit» eines jeden Gläubigen – «denn nur Radikale verändern die Welt».[33]

Rick Warren ist keine Randfigur der Politischen Rechten. Er sprach auf Barack Obamas Amtseinführung 2008 das Eröffnungsgebet – eine Wahl, die linke und Pro-LGBTQIA*-Gruppierungen erzürnte.[34] Obamas Sprecher nannte Warrens Engagement in Afrika gegen Aids als einen der Punkte, in dem die beiden sich einig seien – anders als bei anderen Themen. Warren lehnt beispielsweise die gleichgeschlechtliche Ehe und Abtreibung kategorisch ab. Aber bei genauerem Hinsehen war Warrens Arbeit in Afrika keine Hilfe, sondern richtete Schaden an. Anstatt Aids wirksam mit wissenschaftlichen Methoden zu bekämpfen, habe Warren sich mit rechten Priestern zusammengetan und *Abstinence-Only*-Sexualkunde gepredigt, wie eine Recherche von *The Daily Beast* ergab.[35] Stephen Lewis, der Gesandte der UN für HIV/Aids in Afrika, sagte der *New York Times* 2005, dass die *Abstinence-Only*-Politik der Bush-Regierung in Uganda «großen Schaden angerichtet hat und ohne Zweifel einen Anstieg der Infektionen verursachen wird, was nie hätte geschehen dürfen.»[36] Damals hatte die Bush-Regierung bereits acht Millionen Dollar für entsprechende Projekte allein in Uganda eingeplant.[37]

Für Dominionisten ist das Ziel am Horizont nicht allein die Christianisierung der Vereinigten Staaten, sondern die der ganzen Welt. Was andere Größenwahn nennen würden, sehen sie als ihren heiligen Auftrag an. Ihr globales Netzwerk von Gleichgesinnten in anderen Ländern immer weiter auszubauen, empfinden sie als Verpflichtung. Die Religiöse Rechte in den USA pflegt seit Jahrzehnten enge Beziehungen zu den Diktatoren dieser Welt. Dabei handelt es sich nicht um reine Zweckbündnisse, sondern um Diplomatie unter Gleichgesinnten. Die zutiefst autoritäre Ideologie, die der *Family* als elitärer Organisation, aber auch der breiteren Religiösen Rechten innewohnt, drückt eine Sehnsucht nach dem starken Mann aus.

In der Theologie der *Family* wird der Stärkste, der Brutalste von allen, «Wolfskönig» genannt. Das ist derjenige, den man zum Anführer macht.[38] Trump hat diese Rolle weitestgehend ausgefüllt. Ob er noch einmal auf die politische Bühne zurückkehrt, ist besonders angesichts seiner juristischen Probleme unsicher, aber so oder so: Die Religiöse Rechte ist bereit für ihren nächsten Wolfskönig. Sie hat lange darauf gewartet und hat den Atem, das auch wieder zu tun, bis die Zeit erneut reif ist.

STRÖME VON BLUT: DER KULTURKAMPF

«In unserem Land findet ein religiöser Krieg statt. Es ist ein kultureller Krieg, so entscheidend dafür, was für eine Nation wir sein werden, wie der Kalte Krieg selbst, denn dieser Krieg wird um die Seele Amerikas gekämpft.»[1] – *Pat Buchanan auf der Republican National Convention 1992*

Drag Queen Story Hour (DQSH) ist eine Initiative, bei der *Drag Queens* in Schulen und Kindergärten Kinderbücher vorlesen, die Themen wie Diversität und Toleranz behandeln. Anschließend wird gemeinsam gebastelt. Es geht dabei um die Sichtbarmachung von *queeren* Rollenvorbildern, zu denen Kinder aufsehen können, in der Hoffnung, sie zu toleranten, offenen Menschen zu erziehen. Auf ihrer Website beschreibt die Organisation ihr Ziel wie folgt: «Kinder zu ermutigen, *Gender*-Diversität und Unterschiede zu feiern, während sie den Mut entwickeln, sich selbst auszudrücken.»[2]

Todd Starnes, der wohl vehementeste Kritiker der Initiative bei *Fox News* (bis er 2019 gefeuert wurde, nachdem er implizierte, Demokraten würden Moloch huldigen, also Kinder opfern) und Mitglied des CNP, vertritt eine ganz andere Meinung: Was hier ablaufe, sei «Indoktrination».[3] Nachdem *Drag Queen Story Hour* 2015 von der Aktivistin Michelle Tea ins Leben gerufen worden war, reagierte die konservative Medienlandschaft umgehend und nahezu synchron. Laura Ingraham von *Fox* widmete der Verbreitung von Fehlinformationen zu LGBTQIA*-Menschen eine ganze Podcast-Episode. Sie behauptete unter anderem, es sei das Ziel von LGBTQIA*-Menschen, das Mündigkeitsalter bei sexuellen Handlungen zu senken, eng verbunden mit dem falschen Vorurteil, dass LGBTQIA*-Menschen pädophil seien. Ihr Gast,

Bill Donohue, der Leiter der *Catholic League*, behauptete unterdessen, trans Jugendliche seien ein Affront gegen «die Natur und den Gott der Natur».[4] Derartige verbale Attacken gegen Menschen und Initiativen, die sich für eine Normalisierung von LGBTQIA*-Themen im Bildungsbereich einsetzen, sind Teil des klassischen «Kulturkampfs» der Religiösen Rechten. Die Aufklärung über LGBTQIA*-Themen wird dabei oft fälschlicherweise als der Versuch einer «Sexualisierung» von Kindern dargestellt.[5] Diese Rhetorik ist häufig verbunden mit Aufrufen zu *«Abstinence Only»*-Sexualkunde.

Der Begriff des «Kulturkampfes» wurde 1991 von dem Soziologen James Davison popularisiert. Damit bezeichnet er die Politisierung kultureller Themen wie etwa Debatten über Abtreibung, Sexualität und die Bedeutung von «Familienwerten», aber auch die Kultur der politischen Debatte über diese Themen sowie ihren strategischen Einsatz.[6] Das konservativ-christliche parallele Medien-Netzwerk, das die Religiöse und Politische Rechte jahrzehntelang aufgebaut haben, ist in diesem Kampf von unschätzbarem Wert: Entsetzen, Empörung und Wut lassen sich nicht ohne mediale Reichweite generieren. Denn der Kulturkampf hat die Funktion, Basistruppen zu rekrutieren und zu mobilisieren, die erfüllt von moralischer Empörung zu den Wahlurnen stürmen, an Türen klopfen und Spenden sammeln. Gleichzeitig dient er als Deckmantel moralischer Entrüstung, durch den Wählergruppen unter dem Vorwand kultureller Themen davon überzeugt werden können, gegen ihre eigenen finanziellen Interessen zu stimmen. Die zunehmende Verbindung plutokratischer Finanzpolitik der Republikanischen Partei geht Hand in Hand mit ihrer verstärkten Postulierung des «Kulturkampfes».[7]

1992 sprach der rechtsradikale Pat Buchanan auf der *Republican National Convention* von dem «Kulturkampf» als einem «religiösen Krieg» um die «Seele der Nation». Doch der «Kulturkampf» ist keineswegs nur ein Produkt der 1990er Jahre: Die Religiöse

Rechte der USA hat ihn schon in den 1960er Jahren ausgerufen, auch wenn die Themen mit der Zeit variierten. Die ideologischen Schlachtfelder sind zahlreich: Das Echo der antikommunistischen und antisozialistischen Botschaft aus der Zeit des Kalten Krieges ist auch heute noch in der Rhetorik der Christlichen Rechten präsent. So schrieb James Dobson erst 2019 in seinem Newsletter:

> «Der Sozialismus steht dem christlichen Weltbild fundamental gegensätzlich gegenüber. Er will alle Menschen, besonders die Christen, unterdrücken, zugunsten des Staates. Und er tut das, indem er die Institutionen, die Gott geschaffen hat, zerstört, vor allem die Ehe und die Familie. [...] Um uns herum herrscht ein spiritueller Krieg. Es ist ein Kampf um das Herz und die Seele unserer Nation. Wir kämpfen für die Heiligkeit des Lebens, die Heiligkeit biblischer Ehe, sexueller Identität, Religionsfreiheit und, ja, die wirtschaftliche Freiheit, die uns die Fähigkeit gibt, innerhalb der Nation zu gedeihen.»[8]

Der Kommunismus wurde als außenpolitische Bedrohung stilisiert, die eine Neufindung der amerikanischen Männlichkeit und des Patriotismus nötig machte (siehe Kapitel «Jesus ist ein *Navy Seal*»). Daraus folgten Debatten über die Stellung der Frau sowie über kulturelle Konzeptionen von Geschlechtervorstellungen. Phyllis Schlafly und ihre *Eagles* kämpften gegen das *Equal Rights Amendment*, die LaHayes und Dobson prangerten Sexualkunde in Schulen an, Jerry Falwell wetterte gegen Abtreibung, Robert J. Billings zürnte gegen die angebliche Säkularisierung der staatlichen Schulen – all diese Themen führten immer wieder zurück auf den atheistischen Kommunismus als die große Bedrohung, die nur durch eine Re-Christianisierung in allen Gesellschaftsbereichen abgewehrt werden könne. Nach dem Zerfall der Sowjetunion 1991 war für die Religiöse Rechte ihr Feindbild weggebrochen. Ein neuer Sündenbock musste her. Und während der Islam als außenpolitischer Gegner dargestellt wurde, widmete man sich innerhalb des eigenen Landes verstärkt der Verteufelung von LGBTQIA*-Menschen.

Doch nicht nur der Fokus bei der Themensetzung der Religiösen Rechten änderte sich zu dieser Zeit, sondern auch ihre Rhetorik und ihr Auftreten. Hatte sich die Bewegung in Zeiten von Jerry Falwells *Moral Majority* noch als heimliche Mehrheit des Landes dargestellt, fand in den späten 1980er Jahren ein Strategiewechsel statt. Einer der Vorreiter dabei war Pat Robertson. Er machte sich die Sprache der Bürgerrechtsbewegung der 1950er und 1960er Jahre zu eigen und zog Analogien zur Unterdrückung derer, die für die Bürgerrechte Schwarzer Amerikaner kämpften. Christen seien ans Ende des Busses gedrängt worden, behauptete Robertson 1993 in seinem *The 700 Club* in einer Anspielung auf eine Äußerung der Bürgerrechtlerin Rosa Parks: «Das geschieht gerade. Christen können in eine kleine, winzige Ecke gehen.»[9] In seinem Buch *The Turning Tide* (1993) empfahl Robertson der Religiösen Rechten unverblümt, die Taktiken der Bürgerrechtsbewegung anzuwenden, nämlich zivilen Ungehorsam und juristische Maßnahmen.[10] Auch Ralph Reed wechselte in den 1990er Jahren zu einem Stil, der Referenzen zu Martin Luther King Jr. beinhaltete. In seinem Buch *Politically Incorrect* (1994) offenbarte er die Motivation dahinter: Eine Gruppe, die sich als von der Mehrheit verfolgt und diskriminiert darstelle, habe es deutlich leichter, Sympathien in der Bevölkerung zu gewinnen.[11]

Besonders häufig traf man bei den Anti-Abtreibungs-Aktivisten der 1990er Jahre auf die Aneignung von Slogans und Liedern der Bürgerrechtsbewegung. Randall Terry und seine *«Pro-Life» Operation Rescue* sangen *We shall overcome*, während sie Abtreibungskliniken belagerten. Von den Bürgerrechtlern hatten sie sich die Idee der Sitzblockaden abgeschaut. «Ich bin überzeugt, dass das amerikanische Volk anfangen wird, die *Pro-Life*-Bewegung ernst zu nehmen, wenn es sieht, dass gute, anständige Bürger friedlich vor Abtreibungsfabriken sitzen und eine Verhaftung riskieren, wie es Martin Luther King Jr. getan hat», verkündete er.[12] Terrys *Operation Rescue* verlor bald an Einfluss, weil sie mit Gewalttaten und sogar Morden an Ärzten in Verbindung gebracht wurde, die Abtreibungen durchführten. Doch der Kampf gegen Abtreibung unter dem Deckmantel von Bürgerrechten ging weiter.

Es war nur eines von zahlreichen kulturellen Schlachtfeldern, auf denen die Religiöse Rechte medienwirksam den Kampf um die Seele ihrer christlichen Nation führte. Mit der steigenden Akzeptanz sowohl für Abtreibung als auch LGBTQIA*-Rechte wurde es schwieriger, diese Positionen als moralisch überlegen darzustellen. Stattdessen fokussierte sich die konservativ-religiöse Medienlandschaft in den letzten zwanzig Jahren vermehrt auf das *Framing* dieser Themen als Bürgerrechtsfrage für Christen, die angeblich diskriminiert werden.

Für den Aufbau des Mythos der Christenverfolgung in den USA nutzte die Religiöse Rechte in den 1990er Jahren das Massaker an der *Columbine High School*. Da die Täter Atheisten waren, wurde vor allem die Ermordung von zwei Schülerinnen, Cassie Bernall und Rachel Joy Scott, als Akt christlicher Verfolgung dargestellt. Das Schicksal beider Mädchen wurde in Büchern und Filmen verbreitet im Rahmen eines christlichen Opfernarrativs. Mit der Realität hatte das nichts zu tun.

Columbine hat eine ganze Generation evangelikaler Christen in Anbetung eines Märtyrertums aufwachsen lassen, das das blutige, ultimative Opfer verehrt. Auch Trumps ehemalige Pressesprecherin Kayleigh McEnany gehörte zu dieser Generation: Sie nannte Rachel Joy Scott eine der Heldinnen ihrer Jugend.[13] Deren Ermordung wurde unter dem Titel *I'm Not Ashamed* vom christlichen Streaming-Anbieter *Pure Flix* ausgestrahlt und spielte zwei Millionen Dollar ein.[14] Während das Märtyrer-Narrativ für Freunde und Angehörige der Opfer von *Columbine* als Bewältigungshilfe wichtig gewesen sein mag, fungierte es in der Religiösen Rechten als Meta-Erzählung des tödlichen Einflusses des

Säkularismus, wie der Religionswissenschaftler Peter Manseau analysiert: «[...] ‹Ich bin ein Krieger für Christus›, ein Zitat aus Scotts Tagebüchern, ist zum Kriegsgeschrei vieler geworden, die mit einer Geschichte groß wurden, wie der Glaube mit der Waffe bedroht wurde.»[15]

Was Schießereien in Schulen bei der Religiösen Rechten generell nicht zur Folge haben, sind Rufe nach der Verschärfung von Waffengesetzen. Besonders Weiße Evangelikale, aber auch viele Protestanten, haben in den USA eine hohe Meinung vom Recht auf Waffenbesitz. Was zunächst nicht als religiös konnotiertes Thema erkennbar ist, geht unter anderem zurück auf die Romantisierung der protestantischen *Frontier-Culture.* Wer sich als Siedler an der *Frontier*, der sich bei der Kolonisierung Amerikas stetig nach Westen bewegenden Grenze, fern von staatlicher Unterstützung verteidigen wollte, brauchte Waffen. In dieser verklärenden Darstellung des «alten Wilden Westens» schwingt immer auch ein *racial* Unterton mit – denn die Familie, die es zu beschützen gilt, ist die Weiße Siedlerfamilie.[16] Es verhält sich hier wie bei der Konstruktion der militanten Maskulinität – gemeint sind Weiße Männer. Eine aggressive Männlichkeit von Männern *of colour* oder deren Bewaffnung werden automatisch als bedrohlich angesehen. Gewalt, wenn sie christlich, Weiß und männlich konnotiert ist, wurde schon damals sakralisiert – und wird es auch heute noch.

Vor diesem Hintergrund ergibt auch die Unterstützung Christlicher Nationalisten für Kyle Rittenhouse, der im August 2020 zwei Menschen erschoss, mehr Sinn. Ein junger Mann, der eine Bundesstaatsgrenze (*frontier*) überquert, der dort zwei *Black Lives Matter*-Demonstranten tötet, um laut Tucker Carlson für «Recht und Ordnung zu sorgen, wenn es sonst niemand tut», bündelt die Narrative von Blut und sakralisierter Gewalt zu einem tödlichen Ausgang.[17] Auf der christlichen *Crowdfunding*-Website *GiveSendGo* wurden 586 940 Dollar für die Verteidigung von Kyle Rittenhouse gesammelt. Auf derselben Seite kamen außerdem

Millionen für die rechte Schlägertruppe *Proud Boys* und andere rechte Anliegen zusammen.[18]

Die Waffenkultur verbindet kulturelle Elemente Weißer, historischer Identität mit göttlich sanktionierter und damit rechtschaffener Gewalt. Gegen die Säkularisten und *Black Lives Matter* helfen nur mehr Waffen – und mehr Gott. Denn der Grund für Schießereien in Schulen sind für die Religiöse Rechte nicht laxe Waffengesetze, sondern der moralische Verfall des Landes. So sagte Mike Huckabee angesichts einer Schießerei an einer Schule: «Wir fragen uns, weshalb es Gewalt an unseren Schulen gibt, aber wir haben Gott systematisch aus unseren Schulen entfernt. Sollten wir wirklich überrascht sein, dass die Schulen dann zu einem Ort des Schreckens werden?»[19] Für einige konservative Christen ist der bloße Waffenbesitz Ausdruck ihres Kampfs gegen «das System», gegen ihre imaginäre Unterdrückung geworden.[20] Eine militante Waffenkultur wird als die letzte Bastion für den Schutz der christlichen Heimat gegen den Untergang gesehen.

Dieses Narrativ der «verfolgten Minderheit», das rechte Medienetzwerke mantraartig wiederholen, erfreut sich einer hohen Popularität beim Zielpublikum. 40 Prozent aller Republikaner vertrauen *Fox News* als Nachrichtenquelle am meisten.[21] Diese Präferenz hat erhebliche Auswirkungen auf die Weltsicht der Zuschauerinnen und Zuschauer. Die Schnittmenge von *Fox News*-Zuschauern und der Religiösen Rechten wird durch Statistiken belegt: Im Vergleich zur Gesamtnation ist diese Gruppe Weißer (81 Prozent) und männlich dominiert (57 Prozent), es finden sich mehr Weiße Evangelikale unter ihnen, und sie gehen häufiger als der Rest der Nation mindestens einmal pro Woche in die Kirche (46 Prozent).[22] Wer ein paar Tage lang das Programm von *Fox News* schaut, bemerkt schnell, dass hier eine Parallelwelt etabliert wird, in der amerikanische Christen von aggressiven säkularen Humanisten verfolgt werden, in der extreme Linke versuchen, Weiße zu unterdrücken, um ein mythisches, früheres Amerika zu zerstören. *Fox News* wird, wie auch seine christlichen Pendants TBN und CBN, als Megaphon genutzt, um das Publikum im Kulturkampf anzuheizen. Tagein, tagaus wird berichtet, dass das Land kurz vor dem moralischen und demokratischen Kollaps steht.

Und obgleich viele der Aktivistinnen und Aktivisten an vorderster Front der «Kulturkämpfe» der Religiösen Rechten aus Weißen evangelikalen Kreisen stammen, üben sie doch Einfluss auf eine sehr viel größere Gruppe von Menschen aus. Evangelikale Medienimperien dominieren die christliche Medienlandschaft, und die Rhetorik des «Kulturkampfes» ist längst Teil des Republikanischen *Mainstreams* geworden. Auch in *mainline*-protestantischen und katholischen Gemeinden werden Filme gezeigt, die evangelikale Inhalte in einem aktuellen, popkulturellen Format vermitteln.

Auch im breiten *Mainstream* haben es Themen der Religiösen Rechten auf die Leinwände geschafft. Religiöse Apokalypse-Filme sind ein eigenes Genre, das seit den 1970er Jahren eifrig bespielt wird. Die *A Thief in the Night*-Serie (1972) wurde zum Hit, angeblich sollen den ersten Film 300 Millionen Menschen gesehen haben.[23] Die Bilder des Weltuntergangs, die über Leinwände in Kinos und in Gemeindesälen flimmerten, jagten Kindern und Jugendlichen Angst und Schrecken ein: Viele beschreiben die Erfahrung heute als traumatisierend. Die Hauptfigur in *A Thief in the Night* ist gläubig – doch sie wird trotzdem auf der Erde «zurückgelassen».[24] Der Titelsong *I Wish We'd All Been Ready* des Films zeichnete den Erfolg christlicher Rockmusik vor: Statt «gottloser» Musik oder säkularem Rock boten Bands wie die *Newsboys* eine für Eltern «moralisch sichere» Alternative. So mussten sie nicht mehr fürchten, ihre Kinder an die satanischen Gefahren der Rockmusik zu verlieren. Auch die Zensur von «gottlosen Szenen» in nicht explizit christlichen Filmen wurde vorangetrieben: Die Plattform *VidAngel* bietet Abonnenten den Service, bestimmte Schimpfwörter oder Darstellungen von Sex, Nacktheit, Drogen oder Alkohol aus bereits erschienenen Filmen herauszuschneiden, damit sie «gefahrlos» mit der gesamten Familie geschaut werden können.[25]

Auch die Schwerpunkte vieler christlicher Filme sind im Bereich der «Kulturkämpfe» angesiedelt. Der Bezug ist nicht immer offensichtlich, doch es lässt sich ein fester Themenkanon ausmachen: christliche Apologetik, Anti-LGBTQIA*, Anti-Gewerkschaft (*Believe*), *Purity Culture* (*Love Waits*), Anti-Rockmusik (*Rock: It's Your Decision*) und Anti-Abtreibung (*Alison's Choice, Cries of the Unborn, Roe v. Wade*). In zahlreichen Filmen spielt zudem der bedrohliche «säkulare» Einfluss von Universitäten eine Rolle – *God's Not Dead* (2014) endet mit einer Debatte, in der ein christlicher Student einem atheistischen Philosophieprofessor «beweist», dass Gott nicht tot ist. In *Gramps Goes to College* (2014) schreibt sich ein christlicher Großvater an der Universität ein, um gegen den «säkularen Humanismus» zu kämpfen und für seinen Glauben einzutreten. In *Accidental Activist* kämpft der Protagonist «heldenhaft» gegen die gleichgeschlechtliche Ehe und wird von der «homosexuellen Lobby» bedroht. Die *Bibleman*-Filme bieten einen bibelfesten Superhelden für Kinder. Seit Trumps Sieg 2016 hat sich kurzzeitig ein eigenes «Trump-Genre» innerhalb der Filmlandschaft der Religiösen Rechten herausgebildet. Filme wie *The Trump Prophecy, Hearts are Trump, The Plot Against the President* und *Trump 2024* feiern ihn als auserwählten Helden.

In den letzten Jahrzehnten haben evangelikale Kreise mitunter auch ungewöhnliche Medien genutzt, um die Konsequenzen, die den «verlorenen Seelen» drohen, in drastischer Art und Weise darzustellen: Schreiende, um Vergebung bettelnde Menschen werden unter Qualen verschleppt, um ewige Folter zu erleiden – keine Szene aus einem Horrorfilm, sondern Alltag in einem sogenannten «Höllenhaus».

Die Idee des Höllenhauses hatte Jerry Falwell in den 1970er Jahren populär gemacht. Ihren Boom erlebten die religiösen Horrorkabinette allerdings in den 1990er und 2000er Jahren. 1995 begann *Reverend* Keenan Roberts vom *Abundant Life Christian Center* in Arvada, Colorado, ein *Do-It-yourself-Kit* zu verkaufen. Für knapp 200 Dollar konnte man ein Handbuch erwerben, das eine Anleitung für ein erfolgreiches «Höllenhaus» enthielt. Darunter finden sich auch Skripte für Szenen mit diversen «Sünden», die jeweils Tod und Abstieg in die Hölle zur Folge haben: Abtreibung, Homosexualität, Gewalt durch Gangs, Drogen.[26] Dazu gehören auch Partys und Musik: «Jugendkultur sieht sich meist als komplett unzerstörbar. Die Untergrund-Welt von *Rave Clubs* und Drogenkonsum sind eine tödliche Kombination, und die Dämonen der Hölle jubeln», so die Beschreibung einer entsprechenden Szene im *Do-It-Yourself-Kit* des *New Destiny Christian Centers.*[27] Der einzige Schutz vor bösen Geistern sei der Glaube an Gott. Die Liberalisierung der Gesellschaft, so erfährt man in den Beschreibungen einiger Szenen, werde von Satan und Dämonen vorangetrieben. So auch die gleichgeschlechtliche Ehe.

Auch im Bereich der Literatur gibt es ein kommerziell sehr erfolgreiches Segment der christlichen Apokalypse-Fiktion. Ein Klassiker ist etwa die bereits erwähnte *Left Behind*-Buchreihe von Tim LaHaye und Jerry B. Jenkins. Die sechzehn Bände verkauften sich bis heute weltweit etwa 65 Millionen Mal, es folgten drei Filme mit dem evangelikalen Star Kirk Cameron in der Hauptrolle. 2014 gab es ein *Remake* mit Nicholas Cage, das weltweit 27 Millionen US-Dollar einspielte.[28] LaHaye folgt in seinen Büchern einer kleinen Gruppe von jungen Christen, die nach der *Rapture* auf der Erde zurückgelassen werden. Sie leisten als Guerilla-Gruppe gewaltsam Widerstand gegen die vom Antichristen orchestrierte Eine-Welt-Regierung.

Tatsächlich zeigen sich auffällige Parallelen zwischen dem Narrativ von *Left Behind* und den *Turner Diaries*, die die Annäherung der extremen Religiösen und Politischen Rechten in den USA der letzten Jahrzehnte verständlicher machen. Die *Turner*

Diaries wurden in den 1970er Jahren von William Luther Pierce geschrieben, das Buch gilt als eine Art Bibel der Rechtsextremen. Auf der nationalen politischen Bühne tauchten sie erstmals nach dem *Oklahoma City Bombing* 1995 durch Timothy McVeigh auf. In beiden Texten geht es um eine kleine, revolutionäre Gruppe, angeführt von Weißen Männern. Sie arbeiten auf eine Utopie hin, die nur aus Gewalt und Zerstörung entstehen kann. Dafür muss in beiden Welten ein Großteil aller Menschen sterben – in den *Turner Diaries* sind das die Nicht-Weißen, bei *Left Behind* sind es die Nicht-Christen. Dabei ist besonders die Glorifizierung der Gewalt verstörend.

Tim LaHaye empfindet seine Darstellung von «Strömen von Blut», die über die Erde fließen, das Blut der Feinde Gottes, nicht als problematisch: «Die *Rapture* ist eine Zeit von unglaublicher Milde und Gnade. Wenn man nur die Leute betrachtet, die Gott trotzen, ist es eine negative Zeit. Aber wenn man das Ganze aus der Perspektive der Christen betrachtet, ist es eine wirklich schöne Zeit.»[29] LaHaye selbst hofft, die *Rapture* noch zu erleben: «Das Beste kommt erst noch, und ich kann es kaum erwarten, diese wunderbare Erfahrung zu erleben. Es wird besser sein, als wir es uns je erträumt haben.»

Der Journalist und zweifache Pulitzer-Preisträger Nicholas D. Kristof kommentierte in der *New York Times*: «Wenn ein Muslim eine Islamische Version [davon] schreiben würde und es in Saudi-Arabien [als Buch] veröffentlichen würde, in dem jubelnd ein Massaker an Millionen Nicht-Muslimen durch Gott beschrieben würde, würden wir einen Anfall bekommen [...] In *Glorious Appearing [Anm. d Autorin: das 12. Buch der Left Behind-Reihe]* muss Jesus nur sprechen und die Körper der Feinde werden aufgerissen. Christen müssen beim Autofahren aufpassen, um nicht ‹die ausgebreiteten und filetierten Körper von Frauen, Männern und Pferden zu treffen.›» Die Stelle aus LaHayes Buch, auf die Kristof sich bezieht, ist keine Ausnahme, sondern

Programm.[30] In den *Turner Diaries* wie auch in der *Left Behind*-Serie wird Gewalt als Werkzeug eingesetzt, um die Kultur «gesund» zu machen. Krieg und Zerstörung als Heilmittel, die Einteilung von Menschenleben als lebenswert und nicht lebenswert – die ideologischen Schnittmengen sind erschreckend. Gleichzeitig finden sich in beiden Texten Echos eines militanten Männlichkeitsbildes: Gewalt sei nicht nur notwendig, sondern auch moralisch gut, da ja gegen «böse» Gegner gekämpft wird – ein Konzept, das laut der Anthropologin Sophie Bjork-James auf die Zeit kolonialer Gewalt zurückgeführt werden kann.[31]

Neben der aus ideologischen Gründen legitimierten Gewalt gibt es weitere Gemeinsamkeiten wie etwa die Ablehnung internationaler Organisationen und ihre dezidiert negative Darstellung. In beiden Texten sind es die Vereinten Nationen, die das christliche Amerika zerstören wollen. Das Echo dieser Überzeugung finden wir gegenwärtig in der Verteufelung der Weltgesundheitsorganisation WHO während der Corona-Krise.[32] Gleichzeitig werden in *Left Behind* internationale Anstrengungen, um etwa den Hunger weltweit zu bekämpfen, als böser Trick des Antichristen dargestellt, um seine Macht zu festigen, was beispielsweise in der Ablehnung internationaler Bestrebungen zum Klimaschutz widerhallt.

Tatsächlich seien die *Turner Diaries* weniger brutal als *Left Behind*, erklärt Bjork-James. Am Ende der *Turner Diaries* hätten sich Weiße Menschen nach einem Atomkrieg in wenige, nicht zerstörte Enklaven zurückgezogen und leben dort in einer neugeborenen und ethnisch «reinen» Gesellschaft. In *Left Behind* dagegen werde die Erde komplett zerstört.[33] Innerhalb der Kulturkämpfe spielt die Vorstellung von ethno-nationaler Reinheit eine zentrale Rolle. Solch rechtsextremer Populismus übt eine große Anziehungskraft auf religiöse Nationalisten aus, weil er mit der «Reinheit des Blutes» und «Blutopfern» verschränkt ist, analysiert der Soziologe Philip Gorski.[34] Blut und Gewalt füllen hier verschiedene Funktionen aus: Sie dienen, wenn es sich um das Blut nicht rechtmäßig Gläubiger handelt, als abschreckendes Horror-Element, um Gläubige auf dem «richtigen Weg» zu halten. Gleichzeitig hat Blutvergießen eine sakrale, reinigende Bedeutung, der Helden- und Märtyrertod wird in den *Turner Diaries* wie auch in *Left Behind* verherrlicht. Die symbolische Bedeutung von Blut und Gewalt in diesen Kontexten macht die Parallelen zwischen bestimmten Aspekten von rechtsextremem und christlich-nationalistischem Gedankengut deutlich.[35] Wie wir schon im Kapitel «Von irdischen Herren» festgestellt haben, ist Blut ein dominantes Motiv im Christlichen Nationalismus. Blut gilt für sie als Zeichen des Opfers und der Eroberung, Blut reinigt den Boden, auf dem es vergossen wird.[36]

Es ist also kein Zufall, dass blutige Gewaltszenen in den Höllenhäusern, Filmen und Büchern omnipräsent sind. Dabei besteht das Zielpublikum nicht nur aus Gläubigen, sondern auch aus solchen, die noch gerettet werden müssen. Die Gläubigen sehen sich durch die Angst und den Horror, den die blutigen Darstellungen der Folgen «gottlosen» Handelns evozieren, in ihrem Glauben und seiner Schutzfunktion vor der allzu real erscheinenden, dämonischen Gefahr bestätigt. Andere sollen durch Angst zum Konvertieren gebracht werden. Die explizite Grausamkeit ist dabei Kernstück des psychologischen Wirkmechanismus.[37]

Produkte wie die *Hell Houses* oder die *Left Behind*-Bücher als plumpen Antimodernismus abzutun, wäre ein Fehler, schreibt Religionswissenschaftler Jason Bivins, denn diese Medien erfüllten einen Zweck: «Die Autoren liefern dem Publikum und den Lesern eine interpretative Vorlage, die dämonische Ursachen für politischen Niedergang voraussetzt, sie platzieren die Leser in einem historischen Rahmen und definieren für das Publikum darin einen kohärenten, sich nicht verändernden Platz.»[38] Auch wenn die Inhalte evangelikal geprägter Popkultur nicht immer explizit auf bestimmte politische Themen referieren, rufen sie durch ihre drastischen Darstellungen doch eine emotionale Reaktion hervor, die eine Ablehnung «liberaler» Haltungen fördert. Wenn Kinder in Haushalten aufwachsen, die nicht extrem religiös sind, aber dennoch die entsprechenden Filme sehen oder zu Hause die Bücher lesen, wachsen sie mit diesen emotionalen Verknüpfungen auf.

Es ist kein Zufall, dass das erste kommerziell vertriebene *Hell House* und der erste Band der *Left Behind*-Reihe beide 1995 auf den Markt kamen.[39] Beide sind Ausdruck der popkulturellen Entfaltung evangelikaler Ideen, die die Religiöse Rechte in den 1990er Jahren weiterentwickelte: ein aggressiver Stil, der durch drastische, blutige und gewalttätige Darstellungen den Schauder des Horrors zur Waffe machte, um den Glauben zu stärken.

Während der Kulturkampf der 2000er Jahre durch den Widerstand gegen die Ehe für alle dominiert wurde, hat die Religiöse Rechte sich heute – auch wegen der breiten Akzeptanz in der Bevölkerung – anderen Themen zugewandt. Ein Schlachtfeld ist der Klimawandel: Vertreter der Bewegung verteidigen die Interessen ihrer Großspender, von denen viele in der fossilen Brennstoffindustrie angesiedelt sind. Wissenschaftsfeindlichkeit und Theologie tun sich hier zusammen. Rick Perry, Trumps Energieminister, wollte das Ministerium, das er unter Trump zwei Jahre lang leitete, als Präsidentschaftsbewerber noch abschaffen, als ehemaliger Gouverneur von Texas pflegte er enge Beziehungen zur fossilen Industrie. Die Ölpest 2010 im Golf von Mexiko nannte er einen «Akt Gottes» und warnte davor, die Ölbohrungen zurückzufahren.[40] Während seiner Zeit als Gouverneur sorgte Perrys Regierung für die Zensur von Wissenschaftlerinnen und Wissenschaftlern, die menschengemachten Klimawandel anprangerten.[41] Auch als Energieminister setzte er sich für die Weiterverwendung fossiler Brennstoffe ein. Perry gibt zwar mittlerweile zu, dass der Klimawandel von Menschen beeinflusst werden könne, hält aber an der Ansicht fest, CO_2-Emissionen seien kein

Haupttreiber des Klimawandels, auch wenn die Wissenschaft das eindeutig nachgewiesen hat.[42]

Auch Scott Pruitt, der unter Trump knapp anderthalb Jahre Leiter der Umweltschutzbehörde war, behauptete in einem Interview mit dem christlichen CBN, Gott habe die Erde mit Ressourcen wie Öl und Kohle ausgestattet, damit der Mensch sie nutzen könne.[43] Damit ist Pruitt in guter Gesellschaft – Weiße Evangelikale sind die Gruppe in den USA, die dem Konzept des Klimawandels die größte Skepsis entgegenbringt. Untersuchungen zeigen zudem, dass der Glaube an eine baldige «Endzeit» mit deutlich niedrigerer Bereitschaft einhergeht, Regulierungen zum Umweltschutz zu unterstützen. Die Logik lautet: Kurzfristige Beschränkungen zugunsten langfristiger Gewinne ergeben keinen Sinn, wenn man damit rechnet, dass die Apokalypse jederzeit eintreten könnte.[44] Unter Obama führte Pruitt als *Attorney General* von Oklahoma 14 Klagen gegen die Umweltschutzbehörde, die er selbst unter Trump leitete. Seine Amtszeit war vor allem davon geprägt, Regulierungen der Obama-Regierung zurückzufahren, darunter den *Clean Water Protection Act.* Pruitt war zudem eine der einflussreichen Stimmen, die Trump zum Austritt aus dem Pariser Klimaabkommen rieten.

Die Religiöse Rechte macht 2021 statt gegen Homosexuelle nun vor allem Stimmung gegen trans Menschen. Transsexualität ist in der Gesellschaft deutlich unbekannter und noch immer tabuisiert. Dieses Unwissen nutzt die Religiöse Rechte und verpackt ihre diskriminierende Agenda in harmlos klingende Sprache, die eine toxische Botschaft vermittelt: Es gehe nur darum, die Kinder vor sexuellen Übergriffen zu schützen. Die Integrität des Mädchensports zu schützen. Die Kinder vor einer «falschen Entscheidung» zu schützen. Die *Alliance Defending Freedom* ist dabei die Speerspitze vor Gericht, um den Kampf auch juristisch fortzuführen – und zwar nicht nur in den USA, sondern weltweit.[45] Für das Jahr 2021 erwarten Expertinnen und Experten eine weitere Welle an koordinierter christlich-nationalistischer Gesetzgebung, beispielsweise durch *Project Blitz*. Einige Erfolge konnten christliche Hardliner dabei schon verbuchen. South Dakota hat gerade erst ein Gesetz verabschiedet, das es Ärztinnen und Ärzten verbietet, trans Jugendliche unter 16 Jahren hormonell zu behandeln oder chirurgische Eingriffe vorzunehmen. Dabei ist das unter Umständen eine Frage von Leben und Tod: Wird der Zugang zu dieser Behandlung verwehrt, steigt das Suizidrisiko.[46] Zahlreiche andere Staaten wollen nachziehen und haben ebenfalls Attacken auf die körperliche Selbstbestimmung von trans Jugendlichen angekündigt.[47]

Die «Kulturkämpfe» haben in den letzten Jahren an Heftigkeit zugenommen, die Fronten sind rhetorisch so verhärtet wie nie zuvor. Und gleichzeitig schwebt die Warnung des Soziologen James Davison Hunter, der den Begriff der *Culture Wars* popularisierte, im Hintergrund: «Die Kulturkämpfe gehen den Kämpfen, in denen geschossen wird, voran. Sie müssen nicht unbedingt zu einem Krieg führen, in dem geschossen wird, aber es gibt nie einen Krieg, in dem geschossen wird, ohne einen Kulturkampf, der ihm vorausgeht, denn Kultur liefert die Rechtfertigung für Gewalt.»[48] Eine Warnung, die vor dem Hintergrund des Sturms auf das Kapitol am 6. Januar 2021 so eindringlich klingt wie vielleicht nie zuvor.

KLEINE SOLDATEN

«Wie Pfeile in der Hand des Kriegers, so sind Söhne aus den Jahren der Jugend. Wohl dem Mann, der mit ihnen den Köcher gefüllt hat! Beim Rechtsstreit mit ihren Feinden scheitern sie nicht.» – *Psalm 127, 4-5*

Zahllose amerikanische Kinder sind schon viel zu lange in scheiternden Staatsschulen gefangen», verkündete Donald Trump 2020 während seiner Rede zur Lage der Nation. Seine Worte waren Musik in den Ohren der Christlichen Rechten. Der Präsident forderte den Kongress dazu auf, ein fünf Milliarden US-Dollar schweres Programm zu verabschieden, das Stipendien für den Besuch von privaten und religiösen Schulen bereitstellen sollte: «Verabschiedet den *Education Freedom Scholarships and Opportunity Act*, denn kein Elternteil sollte dazu gezwungen werden, sein Kind auf eine scheiternde Staatsschule zu schicken.»[1] Bei einem *Meeting* mit Pastoren, Geschäftsleuten und Vertretern der Polizei in Texas behauptete Trump, BPoC seien in «schlechten Staatsschulen gefangen».[2]

Im ersten Bildungsbudget der damaligen Bildungsministerin Betsy DeVos wurden 10,6 Milliarden Dollar für bundesweite Bildungsinitiativen gestrichen, ein Großteil des eingesparten Geldes sollte in Privatschulen fließen: 400 Millionen, um *Charter* und *Voucher Schools* (staatlich finanzierte, aber privat geleitete Schulen) auszubauen, und eine Milliarde, um staatliche Schulen zur Einführung von Richtlinien zu drängen, die mehr Freiheit bei der Schulwahl zulassen.[3] Wäre es nach DeVos gegangen, hätte der Staat im Bildungsbereich überhaupt nichts zu suchen. Staatliche Schulen würden den gesunden Wettbewerb unterbinden, wie es ihn in einem komplett privatisierten Schulsystem gebe. Zudem sei Bildung Aufgabe der Familie. Die Ablehnung staatlicher «Einmischung», beispielsweise durch staatliche Schulen, ist eng mit den Anfängen der Neuen Christlichen Rechten verbunden (siehe Kapitel «Die Suche nach der Agenda»).

Die Rhetorik von den bösen «Staatsschulen» ist der Christlichen Rechten seit Jahrzehnten vertraut (siehe Rushdoony und Robert J. Billings). Betsy DeVos, zuvor eine milliardenschwere Aktivistin für die Verwendung von Steuermitteln für private, religiöse Schulen und *Charter Schools*, schlug seit ihrer Ernennung als Ministerin in dieselbe Kerbe. Bereits in ihrem Heimatstaat Michigan hatte sie sich für die Entmachtung von Lehrergewerkschaften starkgemacht und *Charter Schools* gefördert.[4] DeVos' Wahl für den Posten im Bildungsministerium war selbst unter Republikanerinnen und Republikanern umstritten. Ihr fehlte jegliche Erfahrung, und sie hatte sich vor allem mit Großspenden an die Partei und religiösem Aktivismus einen Namen gemacht. DeVos' Familie hat seit den 1970er Jahren um die 200 Millionen Dollar an diverse politische *Think Tanks*, Organisationen, Komitees und Medien-*Outlets* gespendet. Das war auch Thema in ihrer Nominierungsanhörung im Senat, als Bernie Sanders sie fragte: «Wären Sie auch hier, wenn Ihre Familie nicht eine Menge Geld an die Republikaner gespendet hätte?»[5]

Die entscheidende Stimme lieferte schließlich Vizepräsident Mike Pence, der schon als Gouverneur von Indiana die Umleitung von Steuergeldern in *Voucher*-Programme und damit an private, religiöse Schulen unterstützt hat.[6] Christliche Nationalisten wie DeVos haben in den letzten Jahrzehnten hart daran gearbeitet, das staatliche Bildungssystem in den USA zu unterhöhlen. Ihr Kampfbegriff *«School Choice»* («Schule deiner Wahl») bedeutet jedoch viel mehr, als dass Eltern frei entscheiden dürfen, auf welche Art von Schule sie ihre Kinder schicken. Stattdessen handelt es sich um einen sprachlichen Code, hinter dem sich die Abzweigung von Steuergeldern, die eigentlich für staatliche Schulen gedacht waren, verbirgt. Dies geschieht unter dem Vorwand von Vorteilen des «offenen Wettbewerbs» und «freier Wahl».

Die Denkschule des Christlichen Rekonstruktionismus oder Dominionismus (siehe Kapitel «*To Rule Them All*») spielt bei diesem Thema eine große Rolle. Fern von jedem schädlichen säkularen, sprich staatlichen Einfluss, sollen die «Gotteskrieger» von morgen in christlichen Schulen oder, noch besser, zu Hause herangezogen werden – ein Prozess, der sie für ihre künftigen Aufgaben für die Religiöse Rechte vorbereitet. Dessen ist sich auch David Barton bewusst, der enge Beziehungen in die *Homeschooling*-Bewegung hat. Es werde durchaus 16 bis 18 Jahre dauern, bis die Kinder den gesamten Lehrplan durchlaufen hätten, «und dann noch einmal zehn Jahre, bis diese Kinder in öffentliche Ämter gewählt werden [...] Wir reden also von in dreißig Jahren. Aber es ist in Vorbereitung, es wird kommen», so Barton 2012.[7]

Um einen stetigen Nachwuchs an Gotteskriegern zu gewährleisten, gibt es Menschen, die nach dem Leitbild leben, so viele Kinder wie möglich zu gebären. Dazu gehören etwa die Anhängerinnen und Anhänger der bereits erwähnten dominionistischen *Quiverfull*-Bewegung. Auch wenn diese nur einen kleinen Teil der Religiösen Rechten ausmacht, hat sie doch mächtige Freunde wie beispielsweise Michael Farris, den Gründer der *Home School Legal Defense Association* (HSLDA), aktueller Präsident der *Alliance Defending Freedom* und des *Patrick Henry College* (PHC). Farris hat selbst zehn Kinder, und er vertritt seine Agenda, eine neue Generation junger «Soldaten» für den Kulturkampf aufzuziehen, offensiv. Im Jahr 2000 gründete er das *Patrick Henry College* mit dem Ziel, ehemalige *Homeschooler* für führende Jobs in Washington, den Medien und am Obersten Gerichtshof zu rekrutieren und vorzubereiten.

Die Journalistin Hanna Rosin berichtete in ihrem Buch *God's Harvard* über die anderthalb Jahre, die sie am *Patrick Henry College* verbrachte. Rosin fand eine Art religiöse Variante der *Ivy*

League vor, mit *College*-Studenten, die sich wie Politiker kleideten und denen wieder und wieder gesagt wurde, dass sie die «Generation Joshua seien, vorbestimmt, das Land zurückzugewinnen», wie Rosin in einem NPR-*Feature* erklärt.[8] *Generation Joshua* ist zudem der Name der Jugendorganisation der HSLDA, die junge konservative Christen mit politischem Aktivismus vertraut machen will. Joel Grewe, der aktuelle Präsident von *Generation Joshua*, verzeichnete für den Wahlkampf 2020 «die strategische Platzierung von 792 Freiwilligen in den knappsten Rennen des ganzen Landes», und die Zahlen können sich sehen lassen: 13 *Student Action Teams* landesweit kontaktierten 1716951 Wähler, klopften an 156383 Türen und tätigten 1560568 Anrufe zur Wählermobilisierung.[9]

Am *Patrick Henry College* bildet Farris eine neue Generation geschliffener, medientrainierter, junger Konservativer aus, die meist rekonstruktionistisch geprägt aufgewachsen sind – und die sich außerhalb der fundamentalistischen Blase souverän bewegen können, ohne negative Aufmerksamkeit auf sich zu ziehen.[10] Für Farris ist das *Patrick Henry College* ein Basiscamp auf dem Weg zur politischen Macht. Dabei macht er sein Ziel ganz unverblümt deutlich: «Zu Hause unterrichtete Teenager könnten zu einer der mächtigsten Kräfte in der amerikanischen Politik werden und den Gewerkschaften in ihrer Effektivität Konkurrenz machen».[11] In einer seiner Unterrichtsklassen fragte Farris seine Studenten, wie sie verhindern könnten, dass der Oberste Gerichtshof nach links driften könnte. Seine Antwort: «Leute, ihr müsst in den Senat der Vereinigten Staaten gewählt werden – das ist die Lösung. [...] Geht und übernehmt das Ruder. Das ist die Lösung.»[12]

Farris' akademische Kaderschmiede hat Erfolge zu verbuchen: Schon als George W. Bush im Weißen Haus residierte, pflegte man enge Beziehungen dorthin. 2003 waren sieben der etwa 100 Sommerpraktikanten im Weißen Haus Studenten des PHC, andere arbeiteten für die Kampagne für Bushs Wiederwahl. In den ersten vier Jahren nach seiner Gründung haben 22 konservative Kongressmitglieder einen oder mehrere Studenten des PHC beschäftigt.[13] 2018 berichtete das *College*, dass von den ca. 140 Sommer-Praktika im Weißen Haus fünf an aktuelle und ehemalige PHC-Studenten gingen. Madison Cawthorn, einer ihrer ehemaligen Studenten (auch wenn er nie seinen Abschluss machte), hat es mittlerweile als jüngster Abgeordneter ins Repräsentantenhaus geschafft. Cawthorn vertritt North Carolina auf dem *Capitol Hill.* Er ist einer der Jungstars der Republikaner, auch wenn er bereits diverse Skandale hinter sich hat. Mehrere ehemalige Mitstudentinnen am PHC haben ihn sexuell aggressiven, unerwünschten Verhaltens und sexueller Übergriffe bezichtigt. Cawthorns Übergriffe waren so extrem, dass 160 Alumni sich in einem offenen Brief an die konservativen Wählerinnen und Wähler North Carolinas wandten und sie vor Cawthorn warnten. Er ist außerdem mit rassistischen Äußerungen in Verbindung gebracht worden, spielt mit *White Supremacy*-Symbolik und log im Rahmen seines Wahlkampfs mehrfach. Doch all diese Enthüllungen schadeten Cawthorn nicht, die Bürgerinnen und Bürger von North Carolina wählten ihn mit 54,5 Prozent zu ihrem Vertreter in Washington. Cawthorn ist seitdem ein gern gesehener Gast auf *Fox News.* Auf der *Republican National Convention* stemmte er sich zum Jubel des Publikums aus seinem Rollstuhl hoch, und nach dem Sieg Joe Bidens 2020 rief er dem Publikum bei einer Veranstaltung zu, sie sollten Druck auf ihre Abgeordneten und Senatoren machen, das Wahlergebnis des *Electoral Colleges* nicht zu akzeptieren: «Sag ihnen, Madison Cawthorn kommt sie holen!»[14]

Die Vorwürfe an Cawthorn sind nicht die einzigen Vorwürfe von sexuellem Missbrauch am *Patrick Henry College.* Das *College* folgt dem komplementaristischen Geschlechterrollenbild, laut Studentenhandbuch sind Frauen ihren Ehemännern untergeordnet wie die Gläubigen der Kirche.[15] Viele junge Frauen entscheiden sich für das PHC, weil sie sich dort, umgeben von anderen

Christen aus der *Homeschooling Community*, besonders sicher fühlen. Doch das ist nicht immer der Fall. Die gefährlichen Ansichten des *Colleges* bezüglich Sex und sexueller Gewalt, die tief in der evangelikalen *Purity Culture* verankert sind, haben schon vor Jahren Schlagzeilen gemacht.

2021 verklagten 12 Frauen die *Liberty University*, weil sie aufgrund ihres Verhaltenscodexes eine Umgebung auf dem Campus geschaffen habe, die sexuelle Gewalt begünstige und nicht die Täter, sondern die Opfer bestrafe.[16] Das Regelbuch, auch bekannt als *The Liberty Way*,[17] zeigt, dass in diesen Kreisen keine Unterscheidung zwischen einvernehmlichen und erzwungenen sexuellen Handlungen gemacht wird: Ein Verstoß gegen Regeln bezüglich «Diskriminierung, Belästigung und sexuellem Fehlverhalten» – darunter fiele beispielsweise eine Vergewaltigung – wird mit 15–30 Punkten bestraft (bei 30 Punkten kann eine Suspendierung folgen). Ein Verstoß gegen die Regeln bezüglich «sexueller Immoralität» wird jedoch ebenfalls mit 30 Punkten geahndet – darunter fällt beispielsweise «die Nacht mit einem Mitglied des anderen Geschlechts verbringen» (ohne sexuellen Kontakt) oder Alkoholkonsum. Opfer von sexueller Gewalt wurden nach den in der Klageschrift beschriebenen Fällen bestraft, weil sie «Sex» gehabt hätten, Fälle von sexueller Gewalt wurden nicht von der Universität geahndet, und die Frauen mussten teils Geldstrafen zahlen, eine Frau beispielsweise 500 Dollar, da sie vor dem Übergriff Alkohol getrunken hatte.[18] Einige von ihnen versuchten, sich das Leben zu nehmen. Ansichten wie die des *Liberty Ways* sind an konservativen christlichen Universitäten verbreitet, genau wie die *Purity Culture* samt ihrer toxischen Ansichten zur Rolle der Geschlechter.

2013 beklagte sich Dr. Stephen Baskerville, Professor für Familienrecht am PHC, in einem Vortrag, dass es heute politisch motivierte «Hexenjagden» gegen Männer gebe, in denen ihnen unfairerweise vorgeworfen werde, sexuell übergriffig geworden zu sein. Schuld seien die politischen Ränke der «Verführerin, die sie an den Honigtopf lockt, indem sie sexuelle Erfüllung verspricht, bevor sie eine Falle zuschnappen lässt, die heute Jahrzehnte im Gefängnis bedeuten kann.»[19] Die Version der Rede, die Baskerville am 16. September 2013 im Rahmen der *Faith and Freedom Lecture* vor allen Studenten des PHC hielt, ist online nicht mehr einsehbar, nur noch in Auszügen in der Berichterstattung. Sie beinhaltete unter anderem die Behauptung: «Unverbindlicher Sex am Abend wird zum Vergewaltigungsvorwurf am Morgen, selbst wenn er völlig einvernehmlich war.»[20] In demselben Vortrag behauptet er außerdem, dass Kindesmissbrauch, *Stalking* und häusliche Gewalt ebenfalls von Feministinnen als politische Waffe eingesetzt würden.

In den letzten Jahren haben sich Überlebende derartiger Missbrauchssituationen online zusammengetan und in manchen Fällen sogar die Rücktritte von Führungspersönlichkeiten erreicht. So musste Bill Gothard zurücktreten, nachdem *«Recovering Grace»*, ein Blog, das Geschichten von denen sammelt, die von seinen Lehren oder ihm selbst verletzt wurden, einen besonders verstörenden Bericht über Gothards Missbrauch veröffentlicht hatte.[21] Unter den Hashtags *#ExposeChristianSchools* und *#Christian AltFacts* berichten ehemalige Schülerinnen und Schüler von ihren Erfahrungen in christlichen Schulen und *Homeschooling*.

Zu den populärsten Schulbuchverlagen im christlichen *Homeschooling*-Bereich gehören *Abeka*, *Bob Jones University Press* und *Accelerated Christian Education*. Sie begannen in den 1970er Jahren mit dem Verkauf von Büchern, die historische und naturwissenschaftliche Fehlinformationen enthalten, eine fundamentalistisch-christliche Weltsicht bewerben und dennoch teilweise auch in staatliche Schulen Einzug hielten.[22] Zudem entwickelte Gary North, Rushdoonys Schwiegersohn, nach dessen Tod zusammen mit Ron Paul das *Ron Paul Curriculum*, in dem es heißt, das «biblische Prinzip von *self-government* und persönlicher Verantwortung» sei zudem «die Grundlage der Freien Marktwirtschaft».[23] Das so entwickelte Lehrprogramm für Schulen bezieht sich damit direkt auf die Ideen Rushdoonys, wie sie im Kapitel *«To Rule Them All»* beschrieben wurden.

Eine Untersuchung der *Huffington Post* aus dem Jahr 2017 ergab, dass 14 Prozent von staatlich geförderten privaten *Voucher*-Schulen anti-LGBTQIA*-Klauseln in ihren Satzungen haben, die LGBTQIA*-Schüler und -Lehrer an ihren Schulen nicht erlauben.[24] Einige dieser Schulen, so das Ergebnis einer weiteren Untersuchung von 2020, raten Schülern, die «gleichgeschlechtliche Attraktion» empfinden, zur sogenannten Konversionstherapie oder machen sie sogar für den Schulbesuch verpflichtend. Diese Form der «Umprogrammierung» wurde nicht nur wissenschaftlich als wirkungslos enttarnt, sie hat auch schwere psychische Traumata zur Folge. Der Begriff «gleichgeschlechtliche Attraktion» wird hier verwendet, um die sexuelle Orientierung und Identität von LGBTQIA*-Menschen als psychische Verirrung darzustellen. Zudem versuchen Unterstützer der Konversionstherapie diesen negativ besetzten Begriff nicht mehr zu verwenden, sondern sprechen stattdessen von «Beratung durch Pastoren» oder von «kirchlicher Therapie».[25]

Gleichzeitig pushen Christliche Nationalisten in den Legislativen der Bundesstaaten Anti-Trans-Gesetze wie zuletzt in Arkansas. Das Gesetz HB1570 sollte trans Jugendlichen verbieten, medizinische Behandlung bezüglich ihrer Genderidentität in Anspruch zu nehmen, bundesweit werden Vorstöße dieser Art von den christlich-nationalistischen Lobbyorganisationen ALEC (*American Legislative Exchange Council*) und *Project Blitz* vorangetrieben. Einen Tag, nachdem Arkansas das Anti-Trans-Gesetz verabschiedet hatte, stimmten die Abgeordneten für ein weiteres Gesetz, das die Lehre vom Kreationismus an Schulen erlaubt. Zwischen diesen Gesetzen bestehe ein argumentativer Zusammenhang, der nicht unbedingt auf den ersten Blick ersichtlich sei, erläutert der Verfassungsrechtler Andrew Seidel, der für die *Freedom from Religion Foundation* tätig ist.[26] Hinter beiden steht die Republikanische Abgeordnete Mary Bentley. Sie hielt im Repräsentantenhaus von Arkansas eine Rede, in der sie das Anti-Trans-Gesetz mit Kreationismus und diversen Bibelzitaten begründete. Gott habe die Menschen nach seinem Vorbild als Mann und Frau geschaffen (Gen 1,27), Männer, die Frauenkleider trügen oder umgekehrt, seien «ein Gräuel für den Herrn» (Dtn 22,5). Sie beendete ihre Rede, die eher wie eine Predigt anmutete, mit den Worten: «Vater Gott ist stolz darauf, wie er jeden von uns geschaffen hat, und zu leugnen, wer man ist, bedeutet zu leugnen, dass er einen geschaffen hat.» Bentley zog hier eine direkte Schlussfolgerung aus ihren kreationistischen Ansichten für die Diskriminierung von trans Menschen. Einen Tag später wurde Bentleys Kreationismus-Gesetz mit einer überwältigenden Mehrheit von 72 zu 21 Stimmen verabschiedet.[27]

Bemerkenswert ist das aus zwei Gründen: Zum einen waren Kreationismus-Gesetze unter Christlichen Nationalisten etwas aus der Mode gekommen, nachdem die Etablierung des Themas an öffentlichen Schulen unter dem Label *Intelligent Design* gescheitert war. Man wandte sich anderen Themen zu. Doch die Situation hat sich geändert, wie Bentley selbst einräumte: «[I]ch glaube, dass wir andere Mitglieder des Obersten Gerichtshofs haben.» Damit hat sie recht: Der *Supreme Court* hat jetzt, anders als 2017, eine erzkonservative 6:3-Mehrheit, die einer christlich-nationalistischen Ideologie folgt. Andrew Seidel hält es durchaus für möglich, dass dieses Gesetz nicht vom *Supreme Court* für verfassungswidrig erklärt wird und sich die Richter stattdessen auf eine neu interpretierte «Religionsfreiheit» berufen könnten. Ein Gesetz, das die Lehre von Kreationismus in Schulen erlaubt, bietet die Möglichkeit, weitere Anti-Trans-Bigotterie im Curriculum zu verankern. Das *«Court-Packing»* der Religiösen Rechten, also das gezielte Besetzen von juristischen Schlüsselpositionen, das unter Trump weiter praktiziert wurde, hat das Bundesjustizsystem für die nächsten Jahrzehnte verändert, und zwar zum Vorteil Christlicher Nationalisten.[28]

Von Wisconsin bis Florida werben Aktivistinnen und Aktivisten zudem aggressiv dafür, Steuergelder in *Voucher* umzuleiten, die an christlichen Schulen eingelöst werden können, sowie für Steuererleichterungen für *Homeschooler.* Katherine Stewart beschreibt in ihrem Buch *The Good News Club*, wie ein evangelikaler Nachmittags-Club, der nicht zur staatlichen Schule ihrer Kinder gehörte, innerhalb kurzer Zeit in der Schulverwaltung das Ruder übernommen hatte. Der *Good News Club* und der *5-Day Club* gehören zur *Child Evangelism Fellowship* mit Sitz in Missouri. Die *Fellowship* gibt auf ihrer Website an, dass allein im letzten Jahr durch ihre Veranstaltungen und Clubs «über 25,4 Millionen Kinder weltweit die Frohe Botschaft gehört haben».[29] In den USA gab es 2011 etwa 3560 *Good News Clubs.* Das Ziel dieser Clubs ist es, Kinder in einem Alter zu bekehren, in dem sie leicht zu beeinflussen sind – Hauptzielgruppe sind Vier- bis Vierzehnjährige. Kinder, die zu Jesus gefunden haben, werden durch Belohnungen ermutigt, ihre eigenen Freunde zu bekehren.[30]

Auch an Universitäten sind Aktivisten der Politischen und Religiösen Rechten vertreten. Dazu gehört etwa Charlie Kirks *Turning Point USA* – ursprünglich eine Organisation, die sich dem Amerikanischen Exzeptionalismus und der Bewerbung von Kapitalismus verschrieben hatte. Die Organisation ist 30 Millionen Dollar schwer und war dank Kirks Kontakten zu anderen Mitgliedern im CNP aktiv an Trumps Wahlkampf beteiligt. Kirk startete seine politische Karriere im Nachwuchs der Republikaner als säkularer Aktivist – das hat sich seitdem radikal geändert. Er wurde von Trump in die *1776 Commission* berufen, die eine explizit christlich-nationalistische Version der amerikanischen Geschichte bewarb, als Gegenentwurf zu dem *1619 Project* der *New York Times.* Die neu gegründete *Turning Point Academy* stellt Schulen kostenfrei einen Lehrplan zur Verfügung, der sich an der *1776 Commission* orientiert, um der angeblich «antiamerikanischen Ideologie» der Linken etwas entgegenzusetzen.[31] Auch *PragerU*, ein Projekt des Radiomoderators Dennis Prager, will «konservative Werte» an die nächste Generation weitergeben. Finanziert wird *PragerU* von Dan und Farris Wilks, beide Christliche Nationalisten und Inhaber der antimuslimischen, anti-LGBTQIA* Website *Daily Wire*. Dabei haben sowohl Kirk als auch Prager eine mediale Plattform mit der bereits erwähnten *Salem Media Group* gefunden, die eng mit dem CNP verbunden ist.[32]

Jüngst hat Kirk mit *Turning Point Faith* einen neuen Ableger seiner Organisation geschaffen. In Kirchen und Synagogen sollen Gläubige mobilisiert werden, um «weiterhin den amerikanischen Kulturkampf zu gewinnen» – dazu werde man «Millionen patriotischer Amerikaner aktivieren, trainieren und zusammenbringen, die bereit sind, ihre von Gott gegebenen Rechte zu verteidigen, indem wir ihnen die Werkzeuge geben, um linke Lügen zu enttarnen […].»[33] Kirk ist ein Musterbeispiel dafür, wie ein ehemaliger Liebling rechts-libertärer Kreise die Wandlung zum Christlichen Nationalisten durchgemacht hat, der diese Ideologie jetzt nicht nur an Universitäten, sondern auch an Schulen und in Kirchen verbreiten will – in der Hoffnung, eine neue *Moral Majority* zu gründen. Angesichts seiner Verbindungen und finanziellen Mittel stehen die Chancen dafür nicht schlecht.

Rushdoonys Idee, rechtgläubige Christen fern vom säkulären Einfluss auszubilden, wurde von führenden Vertretern der christlichen *Homeschool*-Bewegung weitergeführt, darunter Doug Phillips und Bill Gothard (siehe Kapitel *«To Rule Them All»*). Deren Erziehungskonzepte mögen extrem wirken, unterscheiden sich jedoch kaum von denen des konservativ-evangelikalen *Mainstreams* eines James Dobson. Sie propagieren das Heim als Kaderschmiede für diejenigen, die in einigen Jahrzehnten den Kulturkampf ausfechten sollen. Die Ausbildung der Kinder fällt dabei allein den Müttern zu. Dabei wird die Unterordnung gegenüber Autoritätsfiguren uneingeschränkt vorausgesetzt, körperliche «Züchtigung» wird explizit befürwortet, und die Lehrinhalte folgen einem streng christlich-nationalistischen Curriculum. Es gibt in den USA kaum Regularien dafür, welche Inhalte Eltern ihren Kindern im *Homeschooling* vermitteln sollen. Dabei finden sich auch christliche Eltern, die ihre Kinder zu Hause unterrichten, aber keine Dominionisten sind, mit der Vermittlung autoritärer Strukturen konfrontiert. Das liegt daran, dass dominionistische Inhalte die *Homeschooling*-Lehrmaterialien, die Eltern zur Verfügung stehen, dominieren. «Wenn man ein durchschnittlicher christlicher *Homeschooler* ist [...] und man hat die Wahl, an einer säkularen *Homeschooling*-Konferenz teilzunehmen oder einer christlichen, wird man sich wahrscheinlich für die christliche entscheiden», schreibt die *Homeschooling*-Bloggerin Julie Ann Smith. «Aber dort sind nur bestimmte Redner erlaubt, die ihrer Agenda folgen. [...] Was du nicht realisierst, ist, dass das Ganze von Christlichen Rekonstruktionisten geführt wird.»[34]

Wenn auch nicht immer beim Namen genannt, ist Rushdoony in der heutigen *Homeschooling*-Bewegung überall unter der Oberfläche zu finden. Ähnlich wie auch die Politische Rechte haben es sich seine Erben zum Ziel gesetzt, das ihnen verhasste System von innen zu zerstören. Christliche Bildungsaktivisten bewerben sich aggressiv um Posten in Schulverwaltungen. Wenn sie gewählt werden, kürzen sie die Gehälter der Lehrer, versuchen, den Großteil des Lehrplans für *Homeschooler* verfügbar zu machen und lenken staatliche Gelder in private, religiöse Schulen um.[35]

Schulverwaltungen sind zudem der Schauplatz des jüngsten Gefechts des Kulturkampfes. Der neue Gegner heißt: *Critical Race Theory* (kurz CRT, siehe Kapitel «Von irdischen Herren»). CRT war jenseits des universitären Kontextes weitgehend unbekannt. Doch eine Desinformationskampagne Christlicher Nationalisten hat dafür gesorgt, dass CRT und das *1619 Project* synonym verwendet werden mit jeglicher Bemühung, kritischen Geschichtsunterricht zu betreiben, der auch die düsteren Seiten der amerikanischen Geschichte zeigt: Sklaverei, Rassismus, Kolonialismus. Konservative Aktivisten haben, gestützt von der Infrastruktur der Religiösen Rechten, landesweit zum Widerstand gegen solche Bemühungen aufgerufen. Mit den Worten von Steve Bannon: «Der Pfad, diese Nation zu retten, ist sehr einfach – er wird durch die Schulverwaltungen führen.»[36]

Durch stramm organisierten Basisaktivismus kann der Eindruck einer großen Bewegung geschaffen werden, ohne die zentrale Organisation der Proteste zu offenbaren. Schützenhilfe erhalten die Aktivisten von Großspendern der Religiösen Rechten wie dem Koch-Netzwerk und der *Heritage Foundation*. Die kennt sich aus mit rassistisch motivierter Panikmache: Sie hatte schon in den 1970er Jahren konservative Aktivisten nach *Kanawha County* geschickt, die dort gegen «anti-Weiße» und «anti-christliche» Schulbücher protestierten (siehe Kapitel: «Die Suche nach der Agenda»). Damals wie heute kam es zu gewaltsamen Ausschreitungen. Die Sprache und die Argumente, die im Kampf gegen CRT verwendet werden, sind die gleichen wie damals. *The Daily Signal*, ein Blog der *Heritage Foundation*, schrieb: «Amerikaner verschiedenster Herkunft haben dies *[Anm. d. Autorin: den Widerstand gegen CRT]* in einen nationalen Kampf verwandelt, der sich in dramatischer Weise auf der lokalen und Bundesstaatsebene abspielt.»[37] Es ist die altbewährte Strategie der Politischen Rechten in neuem Gewand: eine moralische Panik entfachen, rassistische Ressentiments bedienen und durch gezielte Positionierung organisierter Aktivisten den Eindruck einer landesweiten Protestbewegung erwecken.

Auch andere Organisationen der Religiösen und Politischen Rechten kämpfen in dieser Schlacht mit – nur wird das in der Berichterstattung nicht immer deutlich. Lilit Vanetsyan wird in einem Artikel als «Lehrerin» vorgestellt – ihre Verbindung zu

Turning Point USA wird nicht erwähnt. Nicole Neily, vorgestellt bei *Fox News* als «Elternteil», die sich in der von ihr gegründeten Organisation *«Parents Defending Education»* gegen CRT engagiert, hat eine lange Karriere im Netzwerk der Religiösen und Politischen Rechten hinter sich.[38] Zahlreiche andere Gäste, die *Fox News* als besorgte Eltern vorstellte, entpuppten sich als Republikanische Strategen und Aktivistinnen der Religiösen Rechten.

Die mediale Offensive der Christlichen Nationalisten macht auch in anderen Bereichen Boden gut: Viele der Mütter, denen in religiösen Kreisen die Aufgabe des *Homeschoolings* ihrer Kinder zufällt, haben Instagram für sich entdeckt und präsentieren ihren *Lifestyle* in einer idyllischen, rustikalen Ästhetik. Die Instagram-Mütter, die die «Soldaten» der Kulturkämpfe von morgen heranziehen, könnten auch gut gestylte Hippies sein – ihre Ästhetik unterscheidet sich optisch kaum von öko-bewussten *Mommy*-Bloggern: Sie tragen lange Röcke, ihre Landhäuser sind perfekt dekoriert, pausbäckige, rotwangige Kinder tollen über polierte Holzböden. Doch die romantische *New-England*-Optik sollte nicht darüber hinwegtäuschen, dass hier ein zutiefst geschichtsrevisionistisches Weltbild propagiert wird. Das wird deutlich, wenn man sich die Bildbeschreibungen der Posts durchliest.[39] Die Instagrammerin Amanda Gilbert aka *@livewithaprons* postete vier Tage nach dem Angriff auf das Kapitol in Washington: «In einer Zeit, die nach ‹Unsicherheit› aussieht, in der ein Kampf zwischen Gut und Böse tobt und Angst sich in die Herzen vieler geschlichen hat, schauen unsere Kinder zu. […] *#ourGodreigns #blessedarethechildren #gilbertworshiptime #appealtoheaven #thelionhasstood #wehavewon.»* Auf dem dazugehörigen Bild sehen wir ein Kleinkind in Windeln, das mit einer Flagge in der Hand durch ein Wohnzimmer rennt. Auf dem Banner ist ein Pinienbaum zu sehen und der Text *«Appeal to Heaven»* («Appell an den Himmel») – eine Flagge, die auch beim Angriff auf das Kapitol zu sehen war, schreibt die Journalistin Aimee Chor. Dies ist eine Referenz auf John Locke, dieser Slogan wurde in Kombination mit dem Pinienbaumbanner schon während des Unabhängigkeitskriegs von George Washington benutzt.[40] Dieses Bild transportiert die Quintessenz hinter dem aufpolierten Instagram-Account: Hier werden die spirituellen Krieger von morgen großgezogen.[41]

Die mediale Überraschung, die dem Sturm auf das Kapitol am 6. Januar 2021 folgte, wirkt vor dem Hintergrund der christlich-nationalistischen *Homeschooling*-Bewegung fast naiv. In diesen Kreisen wird der Nachwuchs der Bewegung von Kindesbeinen an radikalisiert.[42] Ihnen wird vermittelt, dass die Welt jederzeit untergehen kann und sie vom Säkularismus und dem Teufel selbst bedroht werden. Nur eine neue Generation von Gotteskriegern könnte Amerika als Land Gottes gegen diese bösen Kräfte verteidigen. Zur Not, indem sie das Kapitol stürmen.[43]

DAS ENDE NAHT – VERSCHWÖRUNGSGLAUBE

«Wir kämpfen einen Heiligen Krieg. Was Amerika zugestoßen ist, ist, dass die Bösen heute herrschen. Wir müssen die Nation zurück zu der moralischen Position führen, die Amerika groß gemacht hat.»[1] – *Jerry Falwell, Thomas Road Baptist Church in Lynchburg, Virginia (1980)*

Politische Korrektheit ragt drohend über der amerikanischen Gesellschaft auf wie ein Koloss [...] Sie hat beide politischen Richtungen eingenommen und wird durch zahlreiche Gesetze und staatliche Regulierungen propagiert. Sie kontrolliert das mächtigste Element unserer Kultur beinahe komplett, die Unterhaltungsindustrie. Sie dominiert staatliche und universitäre Bildung [...] Sie hat sogar die Geistlichen in vielen christlichen Kirchen eingenommen.» Was sich wie eine Tirade rechter Medien aus dem Jahr 2021 liest, entstammt einer Rede von 1998, gehalten von William Lind, dem Strategen von Paul Weyrichs *Free Congress Foundation*.[2]

Bevor der Begriff der «politischen Korrektheit» auch in Deutschland in das Vokabular von *Mainstream*-Konservativen aufgenommen wurde, etablierte er sich bereits als politischer Kampfbegriff in den USA. Die Quelle des Übels der «politischen Korrektheit» sei der sogenannte «Kultur-Marxismus». Lind und Weyrich beförderten die Verbreitung dieses Mythos, dessen Kern die angebliche Existenz eines Komplotts von «kulturellen Marxisten» der jüdisch geprägten Frankfurter Schule sein sollte. Die FCF stellte diese Verbindung dabei explizit her, beispielsweise in der 1999 ausgestrahlten Dokumentation *«Political Correctness: The Frankfurt School»*.[3] Diese hätten sich zum Ziel gesetzt, die «westliche Kultur» und das Christentum zu zerstören.[4] Dabei rekurriert der Verschwörungsmythos, wenn auch nicht unbedingt explizit, auf antisemitische Narrative. Es wird das Bild einer geheimen liberalen Elite entworfen, die sich unter anderem die Zerstörung des christlichen Konservatismus vorgenommen hat.[5] Paul Weyrich war schon zuvor durch antisemitische Äußerungen in die Kritik geraten. 2001 schrieb er in einer Oster-Rundmail an die Unterstützer der *Free Congress Foundation*: «Christus wurde von den Juden gekreuzigt.»[6] Damit wiederholte er die Darstellung der Juden als Mörder des Messias, eine der Säulen des christlichen Antisemitismus.

Auf den ersten Blick scheinen die antisemitischen Äußerungen der Politischen wie Religiösen Rechten nicht vereinbar mit dem vehementen Pro-Israel-Standpunkt vieler Angehöriger der Bewegung. Tatsächlich gibt es aber zwei Formen des Antisemitismus, einen kulturell und einen religiös basierten: «Es gibt Assoziationen in bestimmten konservativen Kreisen, wo man Juden als liberal, weltoffen, international und als eine Bedrohung für die christliche Identität Amerikas wahrnimmt: Man findet derlei Ansichten seltsamerweise direkt neben der Unterstützung Israels», sagt Daniel G. Hummel, Historiker am *Christian Study Centre* der Universität Madison-Wisconsin.[7] Anhänger des Christlichen Nationalismus unterschrieben in einer Untersuchung durchschnittlich vier von acht solcher antisemitischen Narrative – Gegner der Bewegung stimmen im Durchschnitt dagegen nur einer der präsentierten falschen Vorstellungen zu.[8]

Antisemitische Vorstellungen sind auch im *Mainstream* der Politischen und Religiösen Rechten präsent. Trump hat sich mehrfach öffentlich über angebliche Illoyalität amerikanischer Juden ihm gegenüber beschwert. In seinem Wahlkampf warf er Hillary Clinton auf Twitter Korruption vor, indem er ihr Porträt vor Dollarnoten inszenierte. Die Anschuldigung *«Most corrupt candidate ever»* wurde dabei in den Umrissen eines roten Davidsterns präsentiert. Die antisemitische *Dog Whistle* verteidigte das

Trump-Team damit, dass es sich lediglich um einen Sheriff-Stern gehandelt habe. Es war nur einer von diversen Vorfällen.[9] Seine Kandidatur 2016 wurde bereits von zahlreichen antisemitischen und Neo-Nazi-Gruppierungen unterstützt. Trumps Nähe zum Staat Israel war vermutlich eher auf seine evangelikale Basis ausgerichtet, in deren Endzeit-Prophezeiung ein jüdisches Jerusalem eine zentrale Rolle spielt, und nicht auf amerikanische Juden.[10]

Mike Pompeo, Trumps Außenminister, signalisierte den Evangelikalen vielleicht sogar noch deutlicher als Pence: Ich bin einer von euch. Er glaubt an die *Rapture* und dass Gott Trump ins Amt gehoben hat. Pompeos Ansichten sind dominionistisch geprägt und eng verwoben mit seinem außenpolitischen Wirken.[11] Er sieht sich als Freund des Judentums und Israels (beides wird in der Religiösen Rechten oft gleichgesetzt) und war eine treibende Kraft hinter dem Unternehmen, die amerikanische Botschaft von Tel Aviv nach Jerusalem zu verlegen. Doch ein Blick auf die Gästeliste lässt antisemitische Schattierungen erkennen. Geladen für das Eröffnungsgebet war Pastor John Hagee, der die Ansicht vertritt, der Holocaust sei Teil von Gottes Plan gewesen, um die Juden zur Endzeit in Israel zu versammeln. Robert Jeffress, einer von Trumps größten evangelikalen Fürsprechern, war ebenfalls zu Gast – er hat sich offen darüber geäußert, dass Juden seiner Ansicht nach in die Hölle kämen.[12]

Auch unter rechten Hardlinern der Republikanischen Partei lassen sich antisemitische *Dog Whistles* beobachten. Die Antisemitismusforscherin Deborah Lipstadt sagte gegenüber der *Washington Post*, politisch konservative Themen reproduzierten sehr häufig antisemitisch codierte Sprache. Sie verwies auf eine Rede des Senators Josh Hawley auf der *National Conservatism Conference*, in der er das Wort «kosmopolitisch» zwölf Mal verwendete: «Ich bin mir sicher, dass die meisten Leute, die dort aufgetaucht sind, sagen würden: ‹Ich bin ein guter Freund der Juden.› Aber wenn man das Wort ‹kosmopolitisch› gegen das Wort ‹Jude› austauscht – klingt es wie ein klassisches antisemitisches Narrativ. [...] Es ist die Art von Sprache, die Antisemiten anlockt», sagt Lipstadt.[13]

Diese Form des kulturellen Antisemitismus findet sich dementsprechend häufig in rechten Medien. Zu den *Dog Whistles* des kulturellen Antisemitismus zählt beispielsweise die Bezugnahme auf die angebliche Kontrolle wichtiger Finanzströme durch den jüdischen Milliardär George Soros, der damit die Weltherrschaft an sich reißen wolle. Weitere Feindbilder sind die Begriffe «urbane Eliten» und «Hollywood-Eliten». All diesen Fällen liegt die Verschwörungserzählung von «liberalen» Juden zugrunde, die Banken und Medien kontrollieren.

Auch Billy Graham, der sich öffentlich jahrzehntelang einen Ruf als Freund Israels bei der jüdischen Gemeinde Amerikas verdient hatte, zeigte im Privaten antisemitische Züge. Als sich 1994 ein ehemaliger Nixon-Mitarbeiter dazu äußerte, wurden die Behauptungen als unglaubwürdig abgetan. Doch 2002 bestätigten Tonbandaufnahmen von Gesprächen zwischen Nixon und Graham die Vorwürfe. Graham behauptete, Juden hätten die Medien «völlig in der Hand» – dieser «Würgegriff» müsse gestoppt werden, «oder das Land wird den Bach runtergehen». Er äußerte sich außerdem verächtlich über jüdische Freunde. Graham entschuldigte sich 2002 für seine Äußerungen und behauptete, er könne sich nicht daran erinnern.[14]

Der Glaube an Verschwörungsmythen hat in der Religiösen Rechten Tradition. Die Rhetorik Trump-treuer Christen, die Demokraten im Bund mit dem Teufel sehen, die an QAnon glauben und sich sicher sind, dass Joe Biden ein Sozialist oder ein Kommunist sei, ist mit Blick auf die Entwicklung der Politischen und Religiösen Rechten in den letzten Jahrzehnten nicht überraschend.

Pat Robertson, wenn auch heute nicht mehr auf dem Zenit seiner Macht, war doch eine der einflussreichsten Stimmen der Religiösen Rechten des letzten Jahrhunderts. Sein Buch *New World*

Order (1991) versammelt eine ganze Liste von Verschwörungsmythen: Es geht um eine geplante Weltregierung, Bolschewisten, die Illuminati, den *Council for Foreign Relations* und jüdische Banker. Koordiniert würden diese Aktionen vom Teufel, der plane, die ganze Welt als Diktator zu regieren. Robertson bedient sich dabei nicht nur antisemitischer Narrative, sondern zitiert unter anderem die britische Faschistin Nesta Webster (1876–1960) und den Verschwörungsideologen Eustace Mullins (1923–2010).[15] Robertson verkündete in *New World Order*, dass das Ziel dieses teuflischen Plans sei, so gegen Christen «vorzugehen», wie man gegen Juden vorgegangen sei – eine klare Referenz zum Holocaust und zugleich dessen Verharmlosung. Als Helfer für die angebliche Verschwörung bezichtigte Robertson liberale Medien, die Demokraten und «linke» Universitäten in den USA.

«Respektable» konservative Evangelikale distanzierten sich oft von Robertson – Francis Schaeffer bezeichnete ihn einst als «Irren». Solche scheinbaren Ausreißer im Bereich der Verschwörungsideologien sind jedoch näher am *Mainstream*, als es zunächst scheint: Bei Robertson blüht lediglich die Saat auf, die anderswo ausgeworfen wurde. Er dachte Schaeffers eigenen Ansatz nur zu seinem logischen Ende weiter. Francis Schaeffer verbreitete zwar keine offen antisemitischen Verschwörungsmythen, aber er zeichnete doch ein duales Bild der Welt, in dem «Säkularismus» oder «Humanismus» die Existenz des christlichen Amerikas bedrohten. Eine solche Einteilung in Gut und Böse, die existenzielle Themen innerhalb eines religiösen *Frameworks* betrifft, ist eine Steilvorlage für Verschwörungsmythen jeder Art.

Die Verbindung der Neuen Religiösen und Politischen Rechten in das Verschwörungsmilieu geht auf die Goldwater-Zeit zurück. Die 1960er Jahre waren die Glanzzeit der *John Birch Society* (JBS), gegründet 1958 von Robert Welch, einem ehemaligen Geschäftsmann aus der Süßwarenindustrie. Benannt war die JBS nach dem christlichen Missionar John Birch, der 1945 durch chinesische Kommunisten getötet wurde.[16] Die Organisation zeichnete sich durch extremen Antikommunismus und Forderungen von möglichst wenig staatlicher Regulierung aus. Die JBS schaffte für ihre Mitglieder eine parallele Realität jenseits der «*Mainstream*-Medien»: Sie wurden versorgt mit Flugblättern, Zeitschriften und Büchern, die in eigenen JBS-Geschäften verkauft wurden. Wer wollte, konnte lange vor Twitter-Filterblasen und radikalisierenden Youtube-Algorithmen in ein paranoides Verschwörungs-Universum eintauchen.[17]

Während dieser Zeit hatte die *John Birch Society* etwa 100 000 zahlende Mitglieder – die Zahl derer, die mit ihren Ideen sympathisierten, dürfte weitaus größer gewesen sein. In ihren Reihen fanden sich einige der wichtigsten politischen Akteure der nächsten Jahrzehnte wie Phyllis Schlafly und Fred Koch, der Vater von Charles und David Koch, die bis in die 1970er Jahre ebenfalls Mitglieder waren.[18] Fred Koch war eines der Gründungsmitglieder der JBS. Während das Republikanische Establishment und bekannte Gesichter der Neuen Rechten sich öffentlich von den *Birchern* distanzierten, haben die Ideen der JBS die Religiöse und Politische Rechte der letzten fünfzig Jahre doch erheblich beeinflusst. Dazu gehörten etwa die Paranoia vor staatlicher Kontrolle (es sei denn, es geht um Militär oder Polizei), das Bestreben, die Reichen zu schützen, während Sozialleistungen eingestellt werden sollen, die Diskreditierung multinationaler Organisationen wie der *United Nations* als Versuch, eine «*One World*»-Regierung zu etablieren, und die Tendenz, Kommunismus als Triebkraft hinter jedem politischen Gegner zu vermuten.

Die abstrusesten Verschwörungsmythen, denen die *Bircher* anhingen, waren einige Zeit aus dem konservativen *Mainstream* verschwunden. Doch der Geist der *Bircher* lebt weiter, wie John Savage analysierte, als Trump noch im Weißen Haus saß: «Was bleibt, ist eine Ansammlung von isolationistischen, religiösen und rechten Zielen, die von konkret bis abstrakt, von legitim bis verschwörungsideologisch rangieren – Ziele, die sich nicht sonderlich stark von der Ideologie des Weißen Hauses unterscheiden.»[19] Bezüge zu den Ideen der *Bircher* finden sich auch in lokaler und regionaler Gesetzgebung. 2017 unterzeichnete der Gouverneur von Texas, Greg Abbott, den *American Laws in American Courts Act*, mit dem das amerikanische Recht gegen den Einfluss «fremden Rechts» geschützt werden soll. Dabei handelt es sich um eine *Dog Whistle* für islamisches Scharia-Recht, denn auch wenn dieses im Gesetzestext nicht explizit erwähnt wird, warnt die Website der *American Public Policy Alliance*, die das Gesetz beworben hatte, explizit davor.[20]

In den letzten Jahren feiert die alte Angst wieder eine Renaissance: Viele Republikaner wittern an jeder Ecke Sozialisten und Kommunisten, die Amerika ins Verderben stürzen wollen, und auch heute bestehen noch Beziehungen der *Bircher* zu den höchsten Repräsentanten der Republikanischen Partei. So berichtete Rand Paul, Senator für Kentucky, sein erster politischer Mentor sei der Kongressabgeordnete Larry McDonald gewesen, damaliger *Chairman* der *John Birch Society*. Noch heute pflegt er engen Kontakt zu den *Birchern*, obgleich er selbst nach eigener Aussage kein Mitglied ist.[21]

Auch wenn die Koch-Brüder, vielleicht die wichtigsten Republikanischen Großspender, ihre Mitgliedschaft in der JBS abstreiten, sind sie den Ideen, denen ihr Vater anhing, treu geblieben. Sie finanzierten einen erheblichen Teil der *Tea Party*-Bewegung, deren Forderungen sich wie ein aktualisiertes Manifest der *John Birch Society* lasen. Die JBS sah in der Bürgerrechtsbewegung einen geheimen Plan, um das Land zu spalten und ins Chaos zu stürzen. Dasselbe behauptet heute die Politische und Religiöse Rechte von *Black Lives Matter*. In den 1960er Jahren verunglimpften *Bircher* Earl Warren, Richter am Obersten Gerichtshof, als Kommunisten, weil er lokale Gesetze zur Segregation gegenüber dem Bundesgesetz für nichtig erklärt hatte. Die *Tea Party* nannte

Obama später einen Sozialisten wegen seiner Pläne für eine Krankenversicherung – ein Narrativ, das weiterhin von Republikanern und konservativen Kommentatoren über Demokratische Politiker verbreitet wird.[22]

Auch in Trumps Umfeld gibt es Verbindungen zu den *Birchern.* Mick Mulvaney, sein Stabschef, trat 2016 bei einem Event der *John Birch Society* als Redner auf.[23] Schon der 2007 verstorbene Jerry Falwell verbreitete Verschwörungsmythen, die heute noch Anklang finden und Nährboden für Bigotterie und Hass sind. Falwell behauptete beispielsweise, Homosexuelle hätten sich verschworen, um Kinder zu «rekrutieren», da sie sich biologisch nicht vermehren könnten. Der Televangelist James Robison schlug in die gleiche Kerbe, ging aber noch einen Schritt weiter und warf der *Community* rituelle Kindermorde vor.[24] Ende der 1970er Jahre war Mike Huckabee, der spätere Gouverneur von Arkansas, PR-Direktor von Robison. Der Kreis schließt sich: Mike Huckabee ist der Vater von Trumps ehemaliger Pressesprecherin, Sarah Huckabee Sanders.

Der Hass und die Verschwörungsmythen, die Hillary Clinton 2015 im Präsidentschaftswahlkampf entgegenschlugen, waren nicht neu: Jerry Falwell hatte schon 1994 Videokassetten der *Clinton Chronicles* verkauft. In dem Film wurde den Clintons unter anderem vorgeworfen, Morde vertuscht zu haben sowie einen Drogenring zu führen.[25] Dazu passt auch, dass der Antichrist in Tim LaHayes *Left Behind*-Reihe der Chef der Vereinten Nationen ist – eine Verbindung, die in vielen Filmen gezogen wird, die von der Apokalypse oder von der bereits erwähnten *Rapture* handeln. LaHaye selbst hatte ebenfalls Beziehungen zur *John Birch Society.*[26] Und auch Billy Graham befeuerte mit seinen Tiraden gegen den Kommunismus und das kommende Ende der Welt die oft rassistisch und antisemitisch konnotierte Angst vor einer Unterwanderung der USA durch rote Infiltratoren.[27]

Verschwörungsgläubige gibt es allerdings nicht nur in rechten, sondern auch in linken Kreisen. Allerdings scheint die Verbreitung im rechten Spektrum größer zu sein und auch öfter mit autoritärem Gedankengut einherzugehen. Der Grund hierfür: Verschwörungsmythen vereinfachen komplexe Zusammenhänge – eine Tendenz, die laut Studien im rechtsextremen Gedankengut stärker vorhanden ist.[28] Trotzdem gibt es Zeiten, in denen Konservative wie Linke von einer Verschwörungswelle erfasst werden.

Die 1980er Jahre waren die Hochphase der sogenannten *Satanic Panic*. Während dieser Zeit ergriff viele Menschen, auch außerhalb der Religiösen Rechten, die Angst vor einer satanischen Verschwörung. Die christlich-konservative Skepsis bezüglich Säkularisierung und Modernisierung der Gesellschaft steigerte sich ins Extreme. Menschen waren überzeugt davon, dass in den Platten bekannter Rockgruppen satanische Botschaften versteckt waren oder dass die Einführung von Strichcodes auf Waren insgeheim das Zeichen des Teufels sei. Der Televangelist Paul Crouch erklärte seinen Zuschauerinnen und Zuschauern im *Trinity Broadcasting Network*, Led Zeppelins rückwärts abgespieltes *Stairway to Heaven* enthalte satanische Botschaften.[29]

Vor dem Hintergrund der Manson-Morde (1969) und anderer Mordfälle mit okkultistischen Elementen wie die des *Zodiac*-Killers, des *Son of Sam* und des *Alphabet-Killers*, die wochenlang die Schlagzeilen dominierten, machte sich die Angst vor dem Bösen in der Nachbarschaft breit. Für die Religiöse Rechte schien sich durch Mansons Blumenkronen tragende Anhängerinnen zu bestätigen, dass die sexuelle Freizügigkeit der Hippies dem Teufel Tor und Tür geöffnet hatte. In der Popkultur wurden die angeblich satanischen Morde aufgegriffen und zu Kassenschlagern verarbeitet. Der wohl bekannteste Film war *Rosemarys Baby* (1968) von Roman Polanski, dessen hochschwangere Frau ein Jahr später eines der Opfer der Manson-Morde wurde. Im Film wird eine naive junge Frau zum Opfer einer satanistischen Sekte, die sie als Brutkasten für den

Spross Satans missbraucht. Ihr Ehemann, ein erfolgloser Schauspieler, macht sie mit den elitären, reichen Mitgliedern dieser Sekte bekannt und willigt für das Versprechen einer erfolgreichen Karriere ein, seine Frau unter Drogen vom Teufel vergewaltigen zu lassen. Diese Erzählung bildet bis heute die Blaupause für nahezu alle folgenden Verschwörungserzählungen, die sich zum Thema Ritueller Satanischer Missbrauch bildeten. Zudem hatte Anton LaVey 1966 in San Francisco die *Church of Satan* gegründet, drei Jahre später veröffentlichte er seine *Satanic Bible.*

1973 versetzte *Der Exorzist* Amerika in Angst und Schrecken: Der Film zeigte ein von Dämonen besessenes Mädchen und zog eine regelrechte Hysterie nach sich. Zuschauer fielen während der Vorstellungen in Ohnmacht oder mussten sich übergeben.[30] Die Faszination für dunkle Mächte förderte auch den Absatz von *Ouija Boards*, Brettspielen, mit denen angeblich mit dem Geisterreich kommuniziert werden konnte. In der öffentlichen Wahrnehmung waren sie Elemente des Bösen.[31] *Ouija Boards* waren nicht die einzigen Spiele, die zunächst Ängste in der Religiösen Rechten und dann auch in Teilen der Öffentlichkeit schürten: *Dungeons and Dragons* (D&D), ein Fantasy-Rollenspiel, gelangte bald in den Fokus des in Panik versetzten Landes. Als 1979 der junge James Dallas Egbert III. verschwand, wurde behauptet, das Spiel habe seinen Geist verwirrt. James tauchte bald wieder auf, nahm sich aber 1980 das Leben. 1982 beging Irving Lee Pulling II., ein Schüler aus Virginia, Selbstmord. Seine Mutter machte ebenfalls D&D für den Tod ihres Sohnes verantwortlich.[32]

Fundamentalistische Christen waren überzeugt davon, dass Kinder und Jugendliche durch solche Spiele sowie durch Rockmusik dem Einfluss des Teufels ausgesetzt seien. Hinzu kam die Angst vor angeblich mächtigen und gut vernetzten satanistischen Sekten. Eine große Rolle spielte dabei *Michelle Remembers* (1980), das Buch des kanadischen Psychiaters Lawrence Pazder und seiner ehemaligen Patientin Michelle Smith. Darin berichtete die junge

Frau von schrecklichen Erlebnissen: Sie sei als Kind gezwungen worden, Menschenopfern zuzuschauen, habe Kannibalismus erlebt und Orgien beigewohnt. Das sei alles im Rahmen ritueller Handlungen einer satanischen Sekte geschehen. Das Buch war unter höchst umstrittenen Umständen 1980 entstanden und führte zu regelrechter Hysterie in der amerikanischen Bevölkerung. Die Furcht ging um, dass Satanisten auch ihre Kinder zu schrecklichen Taten zwingen könnten oder diese an ihnen begingen. Lawrence Pazder selbst war ein gläubiger Katholik, der zuvor als Missionar in Afrika umhergereist war und seinen Patientinnen und Patienten oft von den dort üblichen rituellen Tieropferungen erzählte. Seine Praxis war dekoriert mit Artefakten von seinen Reisen, etwa Masken. Das war der Rahmen, in dem die Sitzungen stattfanden. Zudem war Smith ab einem bestimmten Zeitpunkt verliebt in ihren Therapeuten – später heirateten die beiden. Smiths Berichte könnten der Versuch gewesen sein, ihm Dinge zu erzählen, die ihn besonders interessierten – wie zum Beispiel rituelle Praktiken. In *Michelle Remembers* wird die Protagonistin schließlich durch Jesus erlöst. Das Buch enthielt die Aufforderung zur Rückkehr zum Glauben und zur Kernfamilie als Heilmittel für die verwundeten Seelen der Missbrauchsopfer. Diese Botschaft fand in religiös-fundamentalistischen Kreisen großen Anklang.[33]

Beschreibungen von angeblichen Missbrauchsfällen im satanistisch-rituellen Kontext häuften sich in den 1980er Jahren. In satanischen Messen würden nackte Körper mit Fäkalien, Blut und Tiergedärmen beschmiert, Kinder würden gezwungen, Babyleichen zu essen, bekämen Tierschwänze an den Körper genäht und müssten Menschenopfern beiwohnen. So entwickelte sich die Hysterie der *Satanic Panic* in den 1980er Jahren vor dem Hintergrund popkultureller Entwicklungen und einiger spektakulärer Mordfälle.

Die *Satanic Panic* hatte Folgen, die bis in die Strafverfolgung reichten. Mehrere Menschen saßen jahrelang unschuldig in Haft, weil sie des satanischen Kindesmissbrauchs angeklagt und dafür verurteilt wurden. Der Fall der *McMartin Preschool* zog sich über mehrere Jahre von 1983 bis 1990 und wurde zu einem der teuersten Gerichtsprozesse in der Geschichte Kaliforniens. Die Gegend um *Orange County* hatte sich in den Jahren zuvor zu einer neuen Hochburg der Religiösen Rechten entwickelt, in einem sonst Demokratischen und eher liberal geprägten Staat. Es war der wohl bekannteste Fall von *«Day-Care Sex Abuse Hysteria»*, wo Eltern und Psychotherapeuten behaupteten, ein Netzwerk aus Satanisten habe die Kindertagesstätten des Landes infiltriert und grausame Rituale an den Kindern durchgeführt. Die Polizei holte sich bei der Befragung der 400 minderjährigen potenziellen Opfer die nicht lizenzierte Psychotherapeutin Kee MacFarlane zur Hilfe, die eine eigene Methode zur Befragung entwickelt hatte: Anatomisch korrekte Puppen, an denen die Kinder zeigen sollten, wo und wie sie missbraucht worden seien. MacFarlane nutzte manipulative Befragungstechniken, belohnte die Kinder, wenn sie nach aggressiver, suggestiver Befragung satanischen Missbrauch schließlich bejahten, und bestrafte sie, wenn sie ihn abstritten. Am Ende hatte sie 321 Fälle angeblichen Missbrauchs gesammelt. Die Geschichten der Kinder waren extrem: Sie seien durch unterirdische Tunnel zu bestimmten Ritualen gebracht worden, Babys seien hingerichtet worden, und sie seien gezwungen worden, sich nackt fotografieren zu lassen.[34]

Dan und Frances Keller, die Leiter einer Tagesstätte in Austin, Texas, wurden 1992 zu 48 Jahren Gefängnis verurteilt, weil sie angeblich Kleinkinder zerstückelt und rituell missbraucht hätten. Der Fall stützte sich auch hier auf erzwungene Berichte von Kindern und einem Arzt, der seine Aussage später zurückzog.[35] Nachdem sie bereits mehr als zwanzig Jahre im Gefängnis verbracht hatten, wurden die Kellers 2013 freigelassen.[36] Heute gilt die *Recovered Memory*-Methode, die oft wie im Fall von Michelle Smith durch Hypnose angewandt wurde, in der Psychologie als fehleranfällig und unzuverlässig:[37] Die Therapeutinnen und Therapeuten stellten durch suggestive Fragen eine Erinnerung an satanische Folter her.[38] Dabei kann in der Vergangenheit der Person trotzdem Missbrauch stattgefunden haben. Doch für Betroffene kann es einfacher sein, eine anonyme, als böse konnotierte Gruppe als Schuldige auszumachen statt den eigenen Familien- oder Bekanntenkreis – letztere Variante ist statistisch gesehen sehr häufig bei solch traumatischen Erlebnissen. Es gibt bis heute keine Beweise für die während der *Satanic Panic* beschriebenen großen, international vernetzten Satanssekten, die systematischen Kindesmissbrauch und Mord betrieben haben sollen.[39]

In den 1980er Jahren kam es zu einer seltsamen Allianz zwischen Feministinnen, Aktivisten für den Schutz von Kindern und der Religiösen Rechten unter dem Slogan «Wir glauben den Kindern». Doch anstatt Missbrauch von Kindern innerhalb der Familie zu thematisieren, fokussierte man sich auf Fälle mit angeblich satanisch-rituellem Hintergrund, die in das Weltbild der Religiösen Rechten passten und in ihren Augen einen weiteren Beweis dafür lieferten, dass das Aufbrechen der Kernfamilie Amerika ins Verderben führe. Die Panik über angeblichen rituellen Missbrauch in Kindertagesstätten ist in diesem Kontext zu verorten. Die Implikation lautete: Nur wer seine Kinder bei sich zu Hause lässt, kann sich wirklich sicher sein, dass ihnen nichts geschieht.

Die *Satanic Panic* führte außerdem zum Aufstieg vieler fragwürdiger «Satanismus-Experten». So behauptete beispielsweise der fundamentalistische Autor Mike Warnke in seinem Buch *The Satan-Seller*, ein von Jesus geretteter Aussteiger aus einer satanistischen Sekte zu sein. Er trat in zahlreichen Talkshows auch jenseits der christlichen Medienlandschaft auf. Wie auch Michelle Smith war er zu Gast bei Oprah Winfrey und Larry King. Erst ein Text im christlichen Magazin *Cornerstone* enthüllte Warnkes Geschichte als Lüge. Er hatte keineswegs an satanischen Ritualen teilgenommen, sondern war ein unauffälliger, christlicher Teenager gewesen.[40] Der Einfluss von angeblichen Überlebenden satanistischen Missbrauchs und selbsternannten Experten war auch außerhalb von religiösen Kreisen enorm. *Michelle Remembers* wurde in Polizei- und Pädagogikseminaren gelesen, um satanischen rituellen Missbrauch an Kindern zu erkennen. 1994 wurde der *Law Enforcement Guide to Satanic Cults* produziert, der als Lehrfilm für Polizisten fungierte.[41]

Einzelne Akteure in den Bereichen Esoterik und Wellness, die man vielleicht als messianische *Influencer* bezeichnen könnte, arbeiten auch heute noch mit diesen Narrativen. Dazu zählen Teal Swan und Kaia Ra. Swans spirituelle Bewegung ist von Aussteigerinnen und Aussteigern als Kult bezeichnet worden und sieht sich immer wieder mit der Kritik konfrontiert, unter dem Deckmantel pseudotherapeutischer Ansätze Selbstmord zu verherrlichen. Swan selbst behauptet, dass sie Überlebende von grausamem rituellem Missbrauch sei, der ihr im Kindesalter von einer satanischen Sekte angetan wurde.[42]

Auch in der Gegenwart gibt es Bezüge des Christlichen Nationalismus zu Verschwörungsmythen – etwa dem Glauben an QAnon. Dabei handelt es sich um einen vollkommen unbelegten Super-Verschwörungsmythos, der viele kleinere Erzählungen vereint.[43] Der Kern ist die Idee eines weltweit existierenden elitären Rings, der Kinder entführt und tötet, um aus ihrem Blut eine Verjüngungsdroge herzustellen. Laut einer Studie der Politikwissenschaftler Paul Djupe und Jacob Dennen stimmen 73 Prozent der überzeugtesten Vertreter von Christlichem Nationalismus mit QAnon überein. Eine Umfrage des konservativen *American Enterprise Institute for Public Policy Research* (AEI) ergab, dass ein Viertel aller Weißen Evangelikalen an QAnon glaubt.[44]

Eine weitere Studie von Wissenschaftlerinnen und Wissenschaftlern der *University of Chicago* untersucht Prädiktoren von Verschwörungsmythen, also die Frage, inwiefern der Glaube an bestimmte Aussagen die Wahrscheinlichkeit bedingt, auch an

Verschwörungsmythen zu glauben: «Der stärkste Prädiktor für eine Verschwörungsmentalität ist die Übereinstimmung mit dem Statement, [dass wir in] der Endzeit [leben]. Die Konsistenz dieses Prädiktors ist bemerkenswert, wenn man in Betracht zieht, dass der Glaube an die ‹Endzeit› viel häufiger unter Konservativen vorkommt, gleichzeitig sind Endzeit-Gläubige auch eher bereit, alle Verschwörungsmythen zu unterschreiben.» Die Erwartung der Endzeit ist in der Religiösen Rechten weit verbreitet. Der zweitstärkste Prädiktor ist etwas, das die Autoren die *«Manichaean variable»* nennen – eine Einteilung der Welt in Schwarz und Weiß, in Gut und Böse, ohne Platz für Graustufen.[45] Sie ist ebenfalls ein zentrales Merkmal der Ideologie.

Zum (religiösen) Schwarz-Weiß-Denken gehört die Dehumanisierung der politischen Gegenseite. Wer wirklich und wahrhaftig glaubt, dass seine politischen Gegner Millionen von Babys ermorden, Kinder sexuell missbrauchen und töten, wird sich nicht mit ihnen an einen Tisch setzen und einen demokratischen Kompromiss erreichen wollen. Pastor Mark Fugitt aus dem ländlichen Missouri hat dieses Phänomen in seiner eigenen Kirche beobachtet. Das Christentum lehre die Menschen, einander nicht zu hassen. «Aber Mann, wenn ich die anderen weniger menschlich machen kann – das sind die Kreuzzüge, das ist die Judenverfolgung durch die Geschichte hindurch, das sind *racial issues.* [...] Ich habe Leute wirklich sagen gehört, hey weißt du, dieser bestimmte Politiker, ich glaube nicht, dass das ein Mensch ist.»[46] Wenn der Gegner nicht mehr als menschlich angesehen wird, kann man auch nicht gegen das Gebot verstoßen, den Nächsten zu «lieben» – vor allem nicht, wenn der «Nächste» nur als der Nächste des eigenen Glaubens oder gar der eigenen *race* verstanden wird.

Gleichzeitig nutzt QAnon ein spirituelles Vokabular, das besonders ansprechend für Weiße, konservative Evangelikale ist. Die fiktive Person «Q» adaptierte in seinen Posts laut Expertinnen und Experten früh evangelikale Sprache und Textinterpretation.[47]

QAnon-Anhänger sehen Trump als messianische Figur, die von Gott dazu eingesetzt wurde, Amerika zu retten – das erinnert an Charakterisierungen evangelikaler Pastoren wie Lance Wallnau von Trump als König Kyros. Auch durch evangelikale Popkultur hat sich das Narrativ von der Ankunft einer «Weltregierung», geführt vom Antichristen, mit der Vorstellung einer bevorstehenden Apokalypse vereint: «Im Christentum glauben wir, dass Gott wirkt, und wenn etwas passiert, das wir nicht verstehen, hatte Gott einen anderen Plan, und wir schauen zu ihm, damit er uns leite. QAnon folgt einem ähnlichen Muster – zu wissen, Q habe immer einen Plan in diesem kosmischen Kampf zwischen Gut und Böse», schreibt Professor Ed Stetzer, der Dekan des evangelikalen *Billy Graham Centers* am *Wheaton College*.

Die große Präsenz von QAnon in evangelikalen Gemeinden hängt auch mit den Quellen zusammen, aus denen Menschen ihre Informationen beziehen. Eine Umfrage des *Billy Graham Centers* ergab 2018, dass mehr als die Hälfte der Evangelikalen fest davon überzeugt sind, dass sogenannte «*Mainstream*-Medien» Verbreiter von *«Fake News»* seien.[48] Damit ist es wahrscheinlich, dass sie vor allem rechten, extremeren Medien folgen, die eine eigene Echo-Kammer kreieren – sei das nun *Fox News*, OANN (*One America News Network*), *Newsmax* oder ein *QAnonMessage-Board* online.

Mit der Endzeiterwartung und der Vorfreude auf die kommende Rückkehr von Jesus ist auch eine ungeheure Angst verbunden, denn dann wird Gott entscheiden, wer wirklich ein «guter» Christ war, wer also im Rahmen der *Rapture* in den Himmel kommt und wer nicht. Wer mit diesem Glauben aufwächst, fürchtet ständig, nicht gläubig genug zu sein und im schlimmsten Fall allein auf der Erde zurückgelassen zu werden – genau das Szenario, das Tim LaHayes *Left Behind*-Serie darstellt. Diese Vorstellung entspringt der wörtlichen Interpretation der Offenbarung des Johannes. Der Religionswissenschaftler Daniel Miller ordnet diese Interpretation in den historischen Kontext des Textes ein:

«Die Ironie daran ist, dass das Buch der Offenbarung als Ausdruck apokalyptischer Hoffnung inmitten der Unterdrückung einer marginalisierten religiösen Minderheitsgruppe entstand, die der kolonialen Besetzung durch eine globale Supermacht unterworfen war. [...] Nachdem das Christentum sich von einer obskuren Minderheitentradition innerhalb des Römischen Reiches zur bevorzugten und schließlich offiziellen Religion des Reiches entwickelt hatte, bedeutete die im Text verkörperte Herrschaftslogik, dass er leicht in eine Botschaft von Gottes Unterstützung für eine imperiale Macht gewandelt interpretiert werden konnte statt in Opposition zu ihr. [...] Diese langjährige Transformation ist ein Teil der Erklärung für die Bedeutung der Offenbarung im Christlichen Nationalismus, der wie die alten Römer davon träumt, seinen eigenen hegemonialen Status zu behalten.»[49]

Der Text gibt Hinweise, an denen die Gläubigen erkennen können, dass das Ende naht. Zu diesen Anzeichen der Endzeit gehören unter anderem Naturkatastrophen und der Rückgang des christlichen Glaubens. Die vier apokalyptischen Reiter aus der Offenbarung des Johannes sind Hunger, Krieg, Tod und Krankheit.

Es gibt verschiedene Interpretationen des Apokalypse-Glaubens. Einige erwarten ein «großes Drangsal» (*Great Tribulation*), sieben Jahre, in denen die Menschen sich gegen Gott erheben und die in einer schrecklichen Schlacht zwischen den Armeen von Gott und Teufel enden. Diese diversen heilsgeschichtlichen Auslegungen der «Endzeit» sind auch als Dispensationalismus bekannt. Die Anhängerinnen und Anhänger dieser unter konservativen Evangelikalen populären Lehre glauben an eine wörtliche Auslegung des biblischen Textes und suchen darin Antworten für die Zukunft, aber auch für die Vergangenheit und Gegenwart. In ihrer Vorstellung findet kurz vor der *Great Tribulation* die bereits beschriebene *Rapture* statt. Dabei ist die *Rapture* kein Ereignis, das in ferner Zukunft stattfinden wird – es könnte jeden Moment so weit sein.

In seinem Podcast *Straight White American Jesus* erzählt Religionsprofessor Bradley Onishi, wie er sich als jugendlicher Evangelikaler zu Weihnachten Geld gewünscht habe, um Bibeln für Menschen in Nepal zu kaufen, damit sie sich Gott zuwenden und noch vor dem Ende der Welt gerettet werden könnten.[50] Der Religionshistoriker Matthew Avery Sutton stellt fest, dass der evangelikale Apokalypsmus auf einer «verschlungenen Interpretation» verschiedener Bibelstellen (Daniel, Ezechiel, Offenbarung des Johannes) basiert, die zusammengenommen angeblich einen größeren Plan offenbaren: «Das Wort Apokalypse kommt vom griechischen Wort *apokalypsis* – das beschreibt eine Enthüllung oder eine Entdeckung von Wahrheiten, die andere nicht sehen können.»[51]

Die evangelikale Paranoia wird begreifbar, wenn man sich verdeutlicht, dass nach ihrer Perspektive bis heute nicht klar ist, ob die USA in ihrer Auslegung der Bibel zu den Nationen gehören werden, die im Angesicht der Apokalypse auf Gottes Seite bleiben oder den Bund mit dem Teufel eingehen. «Evangelikale hoffen auf Ersteres, aber fürchten, dass, wenn sie nicht entschieden agieren, die USA im zweiten Lager landen könnten. Also handeln sie. Auf diese Art verschmelzen sie christlichen Universalismus mit amerikanischem Nationalismus und gestalten Evangelikalismus als christlich-nationalistische Bewegung», so Sutton. Dabei sei diese Denkweise auch keine Entwicklung der letzten Jahrzehnte, sondern tief im amerikanischen Evangelikalismus verwurzelt: «Dieses apokalyptische Denken hat die evangelikale Bewegung in den anderthalb Jahrhunderten definiert. Es war zentral im Wirken von beinahe jedem evangelikalen *Megachurch*-Pastor, Radio-Prediger oder Fernseh-Pionier, von Aimee Semple McPherson über Billy Graham bis Jerry Falwell.»[52]

Es ist eine Theologie, die Katastrophen, Tragödie und Krankheit entgegenfiebert, denn die könnten zum Ende der Welt führen, und damit auch zur Rückkehr von Jesus. Eine solche Denkweise hat auch Folgen für das Interesse an Umweltpolitik, an Sozialreformen und allem, was die (fernere) Zukunft der Gesellschaft betrifft: Warum sollte man sich um solche weltlichen Belange kümmern, wenn doch das Ende sowieso bald bevorsteht? Gleichzeitig kann diese Erwartung eine ungeheure Anspannung bei den Gläubigen hervorrufen.

Auf Twitter haben in den letzten Jahren ehemalige Evangelikale, die sich auch als *«Exvangelicals»* bezeichnen, unter *#RaptureAnxiety* ihre teils traumatischen Erlebnisse mit anderen geteilt. Der Twitter-Nutzer *@MorrisonsProph* schrieb: «Ich bin mal mit sieben oder acht Jahren von der Schule nach Hause gekommen, und niemand war zu Hause, also habe ich meine Tante angerufen: keine Antwort. Ich habe nicht gedacht, dass sie wohl einfach einkaufen sind: Ich war davon überzeugt, dass ich zurückgelassen worden war. Ich war für etwa drei Tage katatonisch.»[53] *@GirlNeckStore* schreibt: «Als Premierminister Yitzhak Rabin 1995 ermordet wurde, war ich allein zu Hause, als die Nachrichten das meldeten. Ich war davon überzeugt, dass der Antichrist als sein Nachfolger erscheinen würde und ich zurückgelassen worden war. Ich kann den Schmerz in meiner Brust fühlen, während ich das tippe. *#RaptureAnxiety #whyimatheist»*.[54] Dabei bleibe das Trauma auch bestehen, wenn die Betroffenen Religion lange hinter sich gelassen haben, schreibt *@LissaJoStewart*: «Ich bin seit sieben Jahren nicht einmal mehr ansatzweise religiös. Aber interessiert das mein eschatologisch-konditioniertes Unterbewusstsein? Nein. Nein, das tut es nicht. Die *#RaptureAnxiety* ist heute Abend sehr real.»[55]

Gleichzeitig berichten andere *Exvangelicals* davon, wie ihr Glaube sie anfällig machte für Verschwörungsmythen. So schreibt beispielsweise der Nutzer *@mxreese*: «An meinem Tiefpunkt tauchten sogar Illuminati-Verschwörungstheorien auf. Natürlich, weshalb sollten sie das auch nicht? Geheimbünde, die die Länder der Welt in einer einzigen Weltregierung organisieren wollten, die von einer ausgewählten Elite beherrscht werden würde? Es passte wie angegossen. *#RaptureAnxiety #Exvangelical*»[56]

Exvangelicals wie Brad Chastain und Chrissy Stroop geben Einblick in die Welt ihrer Kindheit, in der es nur Schwarz und Weiß gab, nur Gut und Böse: In einem so absoluten Rahmen kann es keinen Raum mehr für Differenzierung geben. Jeder verlorene Kampf kann bedeuten, am Ende den Krieg zu verlieren. Wenn es keine Grauzonen gibt, kann es auch keinen politischen oder gesellschaftlichen Dialog und keinen demokratischen Kompromiss geben. Die Fronten sind von Anfang an klar. Man ist entweder für das Leben oder für den Tod. Und mit Monstern verhandelt man nicht.

Verschwörungsmythen wie QAnon sind nicht nur bei Evangelikalen oder innerhalb der Religiösen Rechten beliebt, sondern auch unter konservativen Katholiken und *Mainline*-Protestanten durchaus verbreitet.[57] Religionsforscherinnen und -forscher versuchen, die tieferen Muster aufzudecken, die Verschwörungsdenken begünstigen.[58] Auch hier lohnt ein Blick in die Bibel. Im Zweiten Brief an die Korinther (2 Kor 5,7) schreibt der Apostel Paulus: «denn als Glaubende gehen wir unseren Weg, nicht als Schauende.» Blinder Glaube, blindes Vertrauen in Gott, wird in diversen Passagen der Bibel gepriesen. Auch Jesus lehrt im Evangelium nach Johannes: «[...] Selig sind die, die nicht sehen und doch glauben» (Joh 20, 29). Aus Äußerungen wie diesen leitet sich das Vertrauen in einen Gott ab, der im Unsichtbaren wirkt, der mit Vernunft und Verstand allein nicht zu begreifen ist.[59]

Vor diesem Hintergrund entfaltet sich ein weiteres Element von Verschwörungsmythen: Die Ablehnung von Wissenschaft und Expertenmeinungen. Auch für diese Wissenschaftsfeindlichkeit finden sich Ansätze in der Bibel. Im Brief an die Korinther schreibt der Apostel Paulus: «Ich lasse die Weisheit der Weisen vergehen und die Klugheit der Klugen verschwinden. Wo ist ein Weiser? Wo ein Schriftgelehrter? Wo ein Wortführer in dieser Welt? Hat Gott nicht die Weisheit der Welt als Torheit der Welt entlarvt? [...] Denn das Törichte an Gott ist weiser als die Menschen ...» (1 Kor 1,19-21; 1,25).

Wer diese Passage wörtlich nimmt, dem offenbart sich hier eine Abwertung von Bildung und Expertise gegenüber dem blinden Vertrauen in einen verborgenen Plan. Weise ist nicht der Experte, sondern der Ahnungslose. Der Religionshistoriker David Frankfurter (1909–1982) argumentiert, dass die Verbindung von biblischen Texten mit dämonischen Einflüssen traditionell einem ganz bestimmten Zweck diente. Für Frankfurter war «das Böse» nicht «etwas Organisiertes und Korrumpierendes, sondern eine soziale Konstruktion, die Menschen dazu inspiriert, brutale Handlungen im Namen der moralischen Ordnung zu begehen.»[60] Dazu passt der Fall von Liliana Carillo: Die Mutter dreier Kinder glaubte an die QAnon-Verschwörungserzählung und war davon überzeugt, dass ihre Kinder kurz davor seien, in die Sexsklaverei verkauft zu werden. Um sie vor diesem Schicksal zu bewahren, ertränkte sie ihre Kinder.[61] QAnon und ähnliche Verschwörungserzählungen sind mehrfach mit Gewalttaten und sogar Morden in Verbindung gebracht worden.[62] Für die Religiöse Rechte lieferten die Auftritte und Zeugenberichte Überlebender angeblichen satanischen rituellen Missbrauchs lebende Beweise für die Existenz einer dämonischen Verschwörung. Sie bestätigten für sie durch «zeitgenössische, frauen- und kindzentrierte Themen die einzigartige Bedrohung durch verdeckte Teufelsanbetung und die aufsteigende Macht des Satans in einer säkularisierten Nation», so Frankfurter. Gleichzeitig galt vielen Evangelikalen die scheinbar allgegenwärtige Präsenz satanistischer Kulte als sicheres Anzeichen dafür, dass das Ende aller Tage nah sei.[63]

Die höhere Anfälligkeit evangelikaler Christen für QAnon liegt vermutlich auch darin begründet, dass bestimmte Gruppierungen des Evangelikalismus Dämonen nicht als Metaphern für den täglichen Kampf mit der Sünde ansehen, sondern als tatsächliche Lebewesen, die an der Seite Satans kämpfen, um die Welt und alle lebenden Seelen ins Verderben zu stürzen. Dieser Glaube findet sich vor allem in pfingstkirchlichen und charismatischen Denominationen, ist aber teilweise auch in erzkatholischen Kreisen verbreitet. Die Anhängerinnen und Anhänger der *New Apostolic Reformation* (NAR) sind zudem der Überzeugung, dass auch heute noch Propheten das Wort Gottes hören und verbreiten, während sie sich inmitten eines spirituellen Kampfes mit dem Teufel und seinen Dämonen befinden. Die NAR ist tief vom Dominionismus beeinflusst. Vor diesem Hintergrund ist auch Paula Whites Predigt einzuordnen, in der sie im Januar 2020 für die «Beendigung aller satanischen Schwangerschaften» betete. Damit wollte sie nicht ihre Zustimmung zur Abtreibung bekunden, wie vielerorts berichtet wurde, sondern stellte sich in die Tradition der *Spiritual Warfare* für die Entfernung böser Geister und Dämonen, die von Menschen Besitz ergriffen haben.[64] Diese Bedeutung ging jedoch völlig unter, als das Video von White und ihrer Predigt viral ging, da die meisten Berichterstatterinnen und Kommentatoren nicht mit der Sprache und den Codes der pfingstkirchlichen Bewegung vertraut waren. White wehrte sich und behauptete, ihre Worte seien missverstanden worden – was in diesem Fall auch geschehen war.[65]

C. Peter Wagner, einer der einflussreichsten Theologen des Evangelikalismus der letzten Jahrzehnte und der Begründer der NAR, unterteilt die *Spiritual Warfare* in drei Teile. Zunächst die *«Ground-Level»-Spiritual Warfare*: Hier werden Dämonen aus Personen gebannt, die sich durch bestimmte unerwünschte Verhaltensweisen manifestieren. Die zweite Ebene ist die «okkulte» und betrifft dämonische Aktivität in anderen Religionen (ein Hinweis darauf, wie Wagner alle Nichtchristen sieht). Die dritte und «gefährlichste» ist die «territoriale» Ebene – hier geht es um Dämonen, die über ganze Landstriche, über Institutionen oder gar Länder herrschen, gegen die Christen in die Schlacht ziehen müssen.[66] Und so sind Gläubige davon überzeugt, dass *Spiritual*

Warfare auch in realen Kriegshandlungen eine Rolle spielt. Doug Mastriano, ein Republikanischer Senator auf Bundesstaatsebene, ist etwa davon überzeugt, dass er im Irak ein Gefecht gewann, weil seine Ehefrau Rebecca in Pennsylvania «Gebetskrieger» versammelt hatte.[67]

Die Dämonologie der *Spiritual Warfare* bedient sich häufig des Vokabulars von Verschwörungsmythen. Ein beliebtes Feindbild ist der sogenannte *«Deep State»*, eine Art Schattenstaat, in dem die eigentlichen Entscheidungen gefällt werden, während die «offizielle» Regierung nur ein Marionetten-Kabinett sei. Für diese verbreitete Vorstellung gibt es sogar theologische Begründungsansätze. Robert Maginnis, ein Fellow des *Family Research Councils*, legt in seinem 2017 veröffentlichten Buch *The Deeper State* («Der Tiefere Staat») eine solche Argumentation vor. Er entwirft die Vision eines dreigliedrigen Systems: Es gebe ein sichtbares Netzwerk von Politikern und Bürokraten, dahinter das verborgene Schattenreich der Unternehmen, die alles kontrollieren (*Deep State*) und schließlich das dämonische Reich, das er *Deeper State* nennt. Er schreibe außerdem dem Globalismus «dämonische Aspekte» zu und behaupte, einige seiner Vertreter seien Werkzeuge, die den spirituellen Krieg im «physischen Reich» ausführen würden, analysiert der Religionswissenschaftler Jonathon O'Donnell.[68]

Spiritual Warfare und der angebliche Einfluss von Dämonen bietet eine Argumentationsfolie, die auf alle der Religiösen Rechten verhassten Themen angewendet werden kann – etwa die Gleichberechtigung von LGBTQIA*-Menschen oder die Trennung von Staat und Kirche. All diese Bemühungen können als Intrigen dunkler Mächte dargestellt werden, die Amerika ins Verderben reißen wollen. So kann man hochgradig politische Streitthemen in einen Kontext setzen, der mit der politischen Ebene scheinbar nichts mehr zu tun hat: «Auch die widerwilligsten Unterstützer Trumps interpretieren seine Präsidentschaft als Teil von geistlicher Kriegsführung, indem sie Trumps Sieg als göttliche Intervention gegenüber einem dämonischen Status quo *framen*», erklärt O'Donnell. «Trumps angeblicher Kampf gegen den *Deep State* nimmt so kosmische Bedeutung an, da nicht nur die amerikanische Regierung, sondern auch illegale Immigranten, Schwarze und LGBTQIA*-Menschen als Agenten dämonischer Kräfte dargestellt werden.»[69] Steve Bannons Forderung nach der «Dekonstruktion des administrativen Staates» kann mit Hilfe dieser Analyse als Manöver gesehen werden, die Vereinigten Staaten und ihr demokratisches System von Dämonen zu befreien.[70]

Es gibt viele weitere Beispiele dafür, wie anfällig Teile der Gesellschaft auch heute noch für Verschwörungsmythen sind. Dabei werden bestimmte Narrative immer wieder neu recycelt – mit teilweise tödlichen Folgen. QAnons Vorläufer *«Pizzagate»* veranlasste 2016 einen Mann dazu, bewaffnet eine Pizzeria in Washington zu stürmen, in deren Keller er gefangene Kinder vermutete, die angeblich von prominenten Demokraten sexuell missbraucht würden. Das Restaurant besaß nicht einmal einen Keller.

Auch die bereits beschriebene *Satanic Panic* erstarkt immer wieder, wenn Jugendkultur als zu transgressiv wahrgenommen wird – so geschehen jüngst mit dem Musikvideo des schwulen Rappers Lil Nas X zu seinem Song *Montero (Call Me By Your Name)*. In einer stylischen Version des Gartens Eden wird der Musiker von einer Schlange, die sein eigenes Gesicht trägt, verführt. Anschließend rutscht er an einer Tanzstange herab in die Hölle, um dem Teufel einen *Lapdance* zu bescheren, bevor er ihn tötet und seinen Platz einnimmt. Lil Nas X wollte in diesem Video nach eigener Aussage seine Sexualität und Identität ausleben. Gerade in christlichen Gemeinden würden LGBTQIA*-Menschen noch immer dämonisiert.[71] Lil Nas X geht hier offensiv mit dem ihm zugeschriebenen Label um und füllt es mit Stolz und Selbstbewusstsein, eine Strategie, die gut ankommt: Sein Video wurde mittlerweile mehrere hundert Millionen Mal aufgerufen, die *Sneaker* in satanistischem Design waren sofort vergriffen. Die prompte Reaktion der Christlichen Rechten fiel absehbar aus: Von der Republikanischen Gouverneurin Kristi Noem von South Dakota bis zu dem Prediger Franklin Graham schlug die Empörung hohe Wellen.

Die Mischung aus einem tief verwurzelten Misstrauen gegenüber allem Staatlichen, dem Glauben, sich in einem existenziellen Kampf zwischen Gut und Böse zu befinden, sowie popkulturell verstärkten Vorstellungen einer bevorstehenden Apokalypse sind fruchtbarer Boden für Verschwörungsdenken. Die Abneigung vieler US-Amerikaner gegenüber den Vereinten Nationen hängt zwar auch mit dem isolationistischen Kurs der Außenpolitik unter Trump zusammen, doch die Verortung derselben spricht eindeutig Menschen an, die sich in einem religiös-verschwörungsideologischen Umfeld befinden. Solche Untertöne zeigten sich beispielsweise bei einer Rede, die Nikki Haley auf dem Parteitag der Republikaner 2020 hielt. Die UN, so Haley, sei nichts für Feiglinge: «Es ist ein Ort, wo Diktatoren, Mörder und Diebe Amerika verleugnen und dann ihre Hände ausstrecken und verlangen, dass wir ihre Rechnung bezahlen.»[72]

Trump selbst hatte im Präsidentschaftswahlkampf 2020 monatelang von Biden als einer «Marionette» gesprochen und damit die QAnon-Verschwörungserzählung bereitwillig bedient. In einem Interview mit Laura Ingraham auf *Fox News* offenbarte er allerdings noch wildere Phantasien. Sie fragte ihn dort, wer Biden wirklich kontrolliere, bot sogar Hilfestellung «Obamas Leute?» – doch Trump schien leicht benebelt. «Dunkle Schatten», erwiderte er und «Menschen, die Sie nicht kennen». Diese Menschen seien «in Flugzeugen», «in dunklen Uniformen» unterwegs. Das Ganze spiele sich in Echtzeit ab, sagte Trump einer irritierten Ingraham. Trump – ob wissentlich oder nicht – zeichnete hier ein eindrückliches Bild der *Spiritual Warfare*, wie sie oben beschrieben wurde. Jeff Sharlet interpretiert dies als den Moment, in dem Trump QAnon nicht mehr zu seinem eigenen Zweck nutzte, sondern die Verschwörung mittlerweile selbst glaubte: «Er ist nicht länger ein Betrüger. Jetzt ist er sein eigenes Opfer, wie ein *E-Mail-Scammer*, der auf seine eigene *Malware* klickt. Er verkauft den Traum nicht mehr, er träumt ihn. Der Unterschied zwischen ihm und seinen Gläubigen ist, dass er die Macht hat, den Traum wahr zu machen, für sie, für ihn, für uns.»[73] Und so ist es auch nicht verwunderlich, dass evangelikale Stars wie Eric Metaxas Trumps Niederlage gegen Joe Biden nicht anerkennen: «Dies ist ein spiritueller Kampf. Gott allein kann uns von dieser satanischen Verschwörung befreien. Er wird es tun», schrieb Metaxas auf Facebook.[74] Die Rhetorik des *Spiritual Warfare* dient hier dazu, politische Realitäten zu leugnen.

Der Nährboden für Verschwörungsmythen wurde in den letzten Jahren gut gepflegt. Trump ist bekannt dafür, das Zeitalter der *Post-Truth*, der Post-Wahrheit, eingeläutet zu haben. Kellyanne Conway, Trumps Wahlkampfmanagerin, etablierte während der Kampagne 2016 die berüchtigten «alternativen Fakten», die zum Sinnbild der Trump-Präsidentschaft und ihres gebrochenen Verhältnisses zu Wahrheit und Realität geworden sind. Trump und seine Berater haben die Republikaner jedoch nicht zur Ausbildung solcher radikalen Vorstellungen gebracht. Sie haben lediglich die Saat geerntet, die die Republikanische Partei Jahrzehnte zuvor ausgeteilt hatte. Auch wenn John F. Kennedy die *Bircher* als Bedrohung für die Demokratie bezeichnet hatte und damit Nixon unter Zugzwang brachte, es ihm gleichzutun, war dies ein reines Lippenbekenntnis. Denn das Gedankengut solcher Gruppierungen hatte über die Religiöse Rechte längst Einzug in die Republikanische Partei gehalten.

Drei von vier Republikanerinnen und Republikanern glauben, dass es während der Wahl 2020 breit gefächerten Wahlbetrug gegeben habe.[75] 76 Prozent der Republikaner gaben in einer Umfrage der *Washington Post* an, Trump habe mehr Stimmen als Biden errungen, obwohl dieser mit mehr als sieben Millionen Stimmen

Vorsprung gewann. Befragungen zeigen, dass ein höherer Bildungsgrad nicht vor der Anfälligkeit für Verschwörungsmythen immunisiert: 71 Prozent der Republikaner mit einem College-Abschluss waren ebenfalls dieser Meinung.[76] Drei von fünf Weißen Amerikanern glauben, dass Biden die Präsidentschaftswahl 2020 nicht rechtmäßig gewonnen habe.[77]

Diese Zahlen zeichnen ein erschreckendes Meinungsbild und sollten grelle Warnlichter aufleuchten lassen. Das Ziel faschistischer Politik, sagt Jason Stanley, Philosophie-Professor an der *Yale University*, sei es, Wahrheit zu zerstören. «Faschistische Politik basiert auf einer Freund/Feind-Unterscheidung, in der der Feind kein legitimer Gegner ist. Dein Feind versteckt schreckliche Verbrechen, und du kannst ihn nicht als normalen Opponenten behandeln. Und das ist der Zweck von Verschwörungsmythen wie QAnon.»[78] Während die Republikanische Partei und die Religiöse Rechte auch vor Trump bereits mit Verschwörungsmythen Stimmung gegen Minderheiten gemacht haben, war er derjenige, der die Maske komplett fallen ließ. Eine Codierung à la Lee Atwater war nicht mehr nötig – auch das, so Stanley, ist ein Merkmal eines faschistischen Politikers: Er popularisiert Tabubrüche, indem er sich mutig als derjenige inszeniert, der kein Blatt vor den Mund nimmt und sich so von demokratischen Politikern unterscheidet.[79]

Verschwörungsmythen dienen außerdem innerhalb faschistischer Politik der systematischen Diskreditierung der freien Presse und der politischen Linken. Das wird schon in der bereits erwähnten antisemitischen Hetzschrift *Die Protokolle der Weisen von Zion* deutlich. In dieser gefälschten Mitschrift einer fiktiven geheimen Konferenz von 1903 wird der angebliche Plan für eine jüdische Weltregierung dargelegt. Der Text wurde später ein Herzstück der nationalsozialistischen Ideologie. Dort wird behauptet, dass Juden Konflikte befeuern würden, um einen Krieg zwischen den *races* zu provozieren, der die Welt entzweit. So wurden Juden von rechten Politikern oft als die treibenden Kräfte der Schwarzen

Bürgerrechtsbewegung und zeitgenössischer Bemühungen um *racial justice* dargestellt. In diesen Kontext lässt sich, in codierter Form, auch die Gegnerschaft der Religiösen und Politischen Rechten gegenüber der *Black Lives Matter*-Bewegung einordnen. Die liberale Forderung nach «Gleichheit» ist nach faschistischer Denkweise in Wirklichkeit ein getarnter Kommunismus, der den Kollaps der bestehenden Hierarchie herbeiführen will: «Gleichheit, laut dem Faschisten, ist das Trojanische Pferd des Liberalismus. Die Rolle des Odysseus kann von verschiedenen Gruppen gespielt werden: von Juden, von Homosexuellen, von Muslimen, von Nicht-Weißen, von Feministen etc.», so Stanley.[80] In dieser Aufzählung finden sich viele Gruppen, die die Religiöse Rechte in der Gegenwart als ihre Gegner ansieht.

Nach der Niederlage Trumps hat «Q» nicht mehr gepostet – doch das Verschwörungsnarrativ lebt weiter, wenn auch in neuer Form: Rechte Prediger wie Greg Locke vermeiden es mittlerweile, QAnon zu erwähnen, verbreiten allerdings weiter die dahinterstehende Erzählung. Der Begriff ist mittlerweile in der Öffentlichkeit zu negativ besetzt.[81] Der Verschwörungsglaube der *Bircher*, der den Mainstream-Republikanern der 1960er Jahre noch peinlich war, ist heute längst zum Standard der Partei geworden. Mehr als die Hälfte der Republikanerinnen und Republikaner sind laut einer Umfrage aus dem April 2021 der Meinung, dass der Angriff auf das Kapitol von «linksextremen Demonstranten» inszeniert wurde, um Trump-Anhänger zu diskreditieren.[82] Ashli Babbitt, die QAnon-Anhängerin, die beim Versuch, durch eine verbarrikadierte Tür zu steigen, von einem Polizisten erschossen wurde, wird derweil von Republikanischen Abgeordneten wie Paul Gosar als Heldin gefeiert: Sie sei «eine Veteranin, gehüllt in die amerikanische Flagge» gewesen, die «hingerichtet» worden sei.[83] Unter QAnon-Anhängern ist sie längst zur Märtyrerin geworden.

DIE PLAGE

«Ich habe kein Corona, ich werde kein Corona bekommen, ich werde niemanden mit dem Coronavirus anstecken. Weil ich es nicht bekommen kann, weil ich mit Gott darüber gesprochen habe, und ich habe meine Impfung erhalten – meine Impfung ist Psalm 91 – und ich bin FREI von diesem Kram.» – *E. W. Jackson, Televangelist*[1]

Amerika musste für Trumps Verharmlosung der Corona-Pandemie einen hohen Preis zahlen: Bis zum Tag von Bidens Amtseinführung waren mehr als 400 000 Amerikanerinnen und Amerikaner an dem Virus gestorben. Die wissenschaftliche *Community* war sich einig: Diese Zahl wäre erheblich niedriger ausgefallen, wenn Trump Obamas Pandemie-Team nicht aufgelöst und die Pandemie kontinuierlich verharmlost hätte.[2] Stattdessen machte er das Tragen von Masken zum Politikum und *framte* die Demokraten als gottlose Unterdrücker, die versuchten, christliche Amerikaner durch die Beschränkung von Gottesdiensten zu knechten. Er weigerte sich, auf den Rat seines Chef-Virologen Anthony Fauci zu hören, behauptete, dass ungeprüfte Medikamente wie Hydroxychloroquin wirksam gegen Covid-19 seien, und schlug vor, man könne Bleichmittel injizieren, um den Körper von innen «zu reinigen».[3] Hilfsmittel des Bundes nutzte er als politische Waffe – er verweigerte den Gouverneuren Demokratisch regierter Staaten, die ihn durch Kritik verärgert hatten, die Unterstützung. Und während ein nationaler Corona-Reaktionsplan, der von Trumps Schwiegersohn Jared Kushner und seinen Mitarbeitenden erstellt wurde, zunächst vorgesehen war, entschied man sich im Frühsommer 2020 gegen die Implementierung – zu einem Zeitpunkt, als das Virus besonders stark in Demokratischen Staaten wütete. Die weitere Ausbreitung war nach Ansicht von Kushners Team für

Trump politisch wünschenswert.[4] Also unternahm man nichts – nur macht ein Virus nicht an Bundesstaatsgrenzen halt. Ohnehin sahen Trump und seine Regierung die Bewohnerinnen und Bewohner Demokratischer Staaten nicht als wirkliche Amerikaner, Trump ließ das Land spüren: Was diesen Leuten passierte, falle nicht in seinen Zuständigkeitsbereich.

Trumps Tatenlosigkeit lässt sich noch durch einen anderen Zusammenhang erklären. Seine Denkweise ist, wie bereits im Kapitel «Säe und du wirst ernten» besprochen, stark von Norman Vincent Peale und seinem Buch *The Power of Positive Thinking* beeinflusst. Und im *New Thought* wie auch dem Wohlstandsevangelium gilt: Wer hofft und glaubt, dem geht es gut, der ist reich und gesund. Wer sich Realität so konstruiert, sieht auch keinen Grund dazu, im Angesicht einer globalen Pandemie etwas zu unternehmen.

Vizepräsident Pence blieb derweil Trumps treuer Fußsoldat: Er lobte das Corona-Management der Regierung und spielte die Gefahr durch das Virus herunter.[5] Bereits als Gouverneur in Indiana hatte Pence aufgrund seiner religiösen Überzeugungen die medizinische Hilfeleistung bei einem Aids-Ausbruch 2015 so lange verzögert, dass die Lage katastrophal wurde.[6] Pences Corona-*Taskforce* traf sich außerdem regelmäßig zum Gebet. Und während nichts dagegen einzuwenden ist, dass Regierungsmitglieder privat ihren Glauben ausüben, sorgte das Bild von Pence und seinen Mitarbeitenden, die dafür beten, dass Corona besiegt werde, im Angesicht seiner eigenen Erfolgsbilanz nicht gerade für Beruhigung.[7]

Bei der Basis stieß Trumps und Pences Pandemie-Management dagegen auf Zustimmung. Das lag vor allem daran, dass die Ablehnung von Maßnahmen des *Social Distancing* und des Tragens einer Maske sich mit den Ansichten der Religiösen Rechten deckte. Dabei spielte vor allem die weit verbreitete Wissenschaftsfeindlichkeit eine Rolle. Untersuchungen zeigen, dass mit dem Erstarken des Christlichem Nationalismus auch die Bereitwilligkeit zur Einhaltung von Präventionsmaßnahmen wie regelmäßigem Händewaschen, dem Desinfizieren von Händen und dem Tragen einer Maske sank.[8]

Gleichzeitig wird deutlich, dass rassistische Ansichten zum Corona-Virus deutlich mit Christlichem Nationalismus verbunden sind. Je höher die Übereinstimmung, desto weniger stimmten Befragte zu, dass es rassistisch sei, Corona das «China-Virus» zu nennen, oder dass höhere Infektionsraten unter Minderheiten der Bevölkerung ein Zeichen einer ungerechten Gesellschaft seien. Je höher die Befragten auf der Skala des Christlichen Nationalismus angesiedelt waren, desto eher waren sie der Meinung, Migrationsbeschränkungen seien die Lösung für die Pandemie oder dass vor allem lasche Migrationsgesetze schuld seien. Interessanterweise gab es deutliche Unterschiede zwischen den Befragten: Während für Weiße Anhänger des Christlichen Nationalismus diese Einstellung mit verstärkt rassistischen und ausländerfeindlichen Positionen im Bezug auf Covid-19 einhergeht, ist das bei Schwarzen Befragten in deutlich geringerem Maße der Fall. Whitehead und Perry kommen zu dem Schluss, dass Christlicher Nationalismus insgesamt ein Prädiktor für Wissenschaftsfeindlichkeit ist: «Hohe Religiosität, ‹literalistische› biblische Ansichten und politischer Konservatismus haben in erster Linie alle signifikante und wesentliche indirekte Auswirkungen auf die negative moralische Bewertung der Wissenschaft, weil sie mit einem erhöhten Durchschnittsniveau des Christlichen Nationalismus korrelieren», schreiben sie. «Diese Ergebnisse zeigen, dass der Christliche Nationalismus ein entscheidender kultureller Mechanismus ist, der Religion, Politik und Opposition gegenüber wissenschaftlicher Autorität in der amerikanischen Öffentlichkeit verbindet.»[9]

Die Wurzeln für die Ablehnung der Covid-19-Beschränkungen unter Christlichen Nationalisten sind jedoch nicht nur auf Wissenschaftsskepsis oder -feindlichkeit zurückzuführen, sondern auch auf ihre libertären und hyperkapitalistischen Überzeugungen.[10] In dieser Perspektive sind Covid-Beschränkungen in erster Linie schädlich für die Wirtschaft. Lance Wallnau, ein Vertreter des Dominionismus, witterte gar eine Verschwörung: «Der Virus wird nur einen Bruchteil der Bevölkerung treffen [...] Die Linke will, dass die Wirtschaft leidet, weil eine Krise ihre Chancen steigen lässt, an die Macht zu kommen.»[11]

Der *Megachurch*-Pastor John MacArthur behauptete derweil, die Corona-Beschränkungen dienten der Regierung als Vorwand, um die Amerikaner unfreier zu machen: «Jage einfach Leuten Angst ein, dass sie sterben werden, und sie geben auf, und sie halten alles ein. Sie werden ihre Freiheit aufgeben, sie tragen alberne Masken, sie ziehen Handschuhe an, sie sitzen so lange in ihren Häusern, wie du es ihnen sagst. Du kannst mit Angst eine ganze Nation erobern [...].»[12] Perry und Whitehead zeigen, dass Christlicher Nationalismus der treibende Faktor hinter solchen Ansichten ist – hier würden «christliche Identität mit Konzeptionen von wirtschaftlichem Wohlstand und individueller Freiheit vermischt».[13] Von den etwa 41 Millionen Weißen Evangelikalen, die in den USA leben, gaben 45 Prozent an, sich nicht gegen Corona impfen lassen zu wollen.[14] Damit sind sie die impfzögerlichste religiöse Gruppe in den USA.

Neben Wissenschaftsskepsis spielt dabei auch ihr fester Glaube daran, dass Gott sie retten werde, eine Rolle. Lauri Armstrong, eine Ernährungsberaterin aus Dallas, sagte der *New York Times*, der Körper könne sich selbst heilen: «Es wäre Gottes Wille, wenn ich nicht hier wäre.»[15] David Barton suggerierte, dass Gouverneure, die strenge Kontaktbeschränkungen zum Schutz vor dem Virus verordneten, nicht genug Gottvertrauen hätten. Christen hätten weniger Angst vor dem Tod, weil sie der Himmel erwarte, behauptete Barton: «Wenn man umgeben ist von Anführern, die eine biblische Weltsicht verstehen, was man dann macht, ist, man ruft auf zum Fasten und Beten, wenn wir Gott erreichen und ihn dazu bringen können, einzugreifen, dann können wir das Ganze zum Ende bringen.»[16] Es hilft nicht, dass einige Republikanische Politiker die Angst vor der Impfung weiter befeuern. Madison Cawthorn behauptet beispielsweise, Joe Bidens Vorschlag, Ärzte und Pflegekräfte mit Informationen zur Impfung von Haus zu Haus zu schicken, werde dazu führen, dass die Regierung «Waffen und Bibeln» beschlagnahme.[17]

Einige andere führende Vertreter der Religiösen Rechten wie Robert Jeffress und Franklin Graham haben sich öffentlich für die Impfung ausgesprochen – und neben Lob auch scharfe Kritik aus den eigenen Reihen einstecken müssen. Sie würden Regierungs-Propaganda verbreiten, hieß es, die Impfung sei satanisch und Teil eines globalen Plans von Bill Gates und anderen Eliten, die Welt zu unterwerfen. Während einige Pastoren versuchen, ihre Gemeinden zur Impfung zu bewegen, tun andere das Gegenteil. Pastor Tony Spell von der *Life Tabernacle Church* in Baton Rouge, Louisiana, führte mitten in der Pandemie illegale Massengottesdienste und Hochzeiten durch. Die Kontaktbeschränkungen sah er als unrechtmäßig an: «Wir sind anti-Masken, anti-*Social Distancing* und anti-Impfung», sagte Spell der Deutschen Welle.[18]

Während die Trump-Regierung weitgehend tatenlos zusah, wie sich das Virus verbreitete, arbeitete das Netzwerk aus *Think-Tanks* und Organisationen der Religiösen und Politischen Rechten derweil ohne Unterlass. Denn Trumps Wahlkampfstrategie beruhte auf einer florierenden Wirtschaft – die Schließungen im Rahmen der Corona-Maßnahmen gefährdeten den Kern dieser Botschaft. *FreedomWorks*, die *Tea Party Patriots*, ALEC und andere Gruppen, die Verbindungen zum CNP haben, fuhren eine koordinierte Lobby-Attacke gegen die Corona-Maßnahmen auf Bundesstaatsebene.[19] *FreedomWorks* und die *Tea Party Patriots* sind sogenannte *AstroTurf*-Organisationen: Sie lassen den Anschein von spontanem Basisaktivismus entstehen, werden aber tatsächlich von reichen Geldgebern finanziert und mobilisiert –

in diesem Fall von den Kochs.[20] Das Koch-Netzwerk sah in der Pandemie eine Chance, die etwas eingeschlafene *Tea Party*-Bewegung wieder aufleben zu lassen – mit Erfolg. Bei den Protesten gegen den Lockdown war auch das *State Policy Network* (SPN) – eine Kreation von ALEC – mit dabei.[21] Neben der Bewerbung und Organisation von Demonstrationen gegen Corona-Maßnahmen ist dieses Netzwerk auch bemüht, den Kampf vor Gericht auszufechten.[22] Das SPN bündelt verschiedene Organisationen, die vor allem von den Familien Koch, Mercer und DeVos finanziert werden. Es war nicht nur eine treibende Kraft bei der Mobilisierung der Proteste gegen die Corona-Maßnahmen, sondern auch dann präsent, wenn es um die Leugnung des Klimawandels geht.[23] Auch die alte Garde war mit von der Partie: Richard Viguerie, der Erfinder der *Direct-Mail-Campaigns*, ließ verlauten: «Je schneller wir die Wirtschaft wieder auf die Beine bekommen, desto besser wird es für Konservative und Republikaner sein in diesem Wahljahr.»[24] *CNP Action* ist ebenfalls Teil der *Save Our Country Coalition*, der auch ALEC, SNP, *Tea Party Patriots* und *FreedomWorks* angehören. Die Koalition wurde in der *Washington Post* lediglich als Zusammenschluss von «100 Geschäftsleuten» benannt, ohne die Verbindungen zum CNP auch nur zu erwähnen. Diese Zusammenstellung zeigt jedoch einen Wandel im öffentlichen Profil der mit dem CNP-affiliierten Organisationen, wie Anne Nelson feststellt: Hatten unter CNP-Präsident Tony Perkins religiöse Hardliner die obersten Ränge bekleidet, stiegen ab 2019 unter dem neuen Präsidenten William Walton vor allem Mitglieder mit Verbindungen zum Koch-Imperium in den Rängen des CNP auf. Beispiele sind Jenny Beth Martin (TPP) und Adam Brandon (*FreedomWorks*).[25] Dabei hielt die *Save Our Country Coalition* auch Rücksprache mit dem Weißen Haus.[26]

Der Zusammenschluss aus rechten Organisationen und *Think Tanks* versteht es, den Protest gegen die Corona-Maßnahmen medienwirksam zu inszenieren. So rekrutierte *CNP Action* Pro-

Trump-Ärzte, die im Fernsehen für eine besonders schnelle Öffnung warben.[27] In einem vom *Center for Media and Democracy* mitgeschnittenen Telefongespräch formulierte CNP-Präsident William Walton die Strategie dahinter sehr deutlich: «Wir dürfen nicht nur das wirtschaftliche Argument bringen, wir müssen das Gesundheitsargument bringen, und Ärzte müssen das vermitteln, nicht wir.»[28] Besonders prominent bei dieser Aktion war Dr. Simone Gold, die durch diverse rechte Medien tingelte, darunter auch die *Charlie Kirk Show* und behauptete, der Lockdown sei unnötig, Hydroxychloroquin sei wirksam gegen Covid-19 und Masken seien «einfach albern».[29] Nachdem sie am Sturm auf das Kapitol teilnahm, wurde sie verhaftet. Sie ist nach wie vor aktiv und nahm beispielsweise an der von Impfgegnern und QAnon-Influencern besuchten *Faith and Freedom Conference* an einem Bibel-*College* teil, wo am Ende Masken verbrannt wurden.[30]

Laut einer Umfrage des evangelikalen *Joshua Funds* glauben 44 Prozent der Amerikanerinnen und Amerikaner, dass die Corona-Pandemie ein «Weckruf» sei, sich wieder Gott zuzuwenden. 29 Prozent sind sicher, dass wir uns in den letzten Tagen vor dem Jüngsten Gericht befinden.[31] Ralph Drollinger, der die wöchentliche Bibelgruppe in Trumps Weißem Haus leitete, erwähnte Corona in seinen Blogbeiträgen nicht explizit, bezog sich aber darauf. Laut seiner Argumentation bestraft Gott die Minderheit der Gottlosen in hohen Positionen von Politik und Kultur. Als Gründe nennt er Homosexualität, Verhütung, Abtreibung und Umweltschutz.[32] Robert Jeffress, einer der Pastoren, die Trump stets verteidigten, schlug in dieselbe Kerbe: Auch wenn er nicht für Gott sprechen könne, sehe die Sachlage folgendermaßen aus: «Der springende Punkt ist, Gott hat in der Vergangenheit entsetzliche Krankheiten geschickt, die ein direktes Ergebnis seines Urteils sind, und Gott wird es auch in Zukunft tun.»[33] Mittlerweile hat Jeffress – wie erwähnt – Gläubige dazu aufgerufen, sich impfen zu lassen.

Die Corona-Pandemie macht eine dunkle Seite der Religiösen Rechten sichtbar – eine, die nicht nur gleichgültig gegenüber menschlichem Leid scheint, sondern die den vermeidbaren Tod von Menschen sogar in Kauf nimmt.[34] «Es gibt einen dämonischen Teil in der Sentimentalität, Leben um jeden Preis retten zu wollen», schreibt der Autor und ehemalige Professor für Theologie R.R. Reno über die Versuche, die Corona-Pandemie einzudämmen. Er bezeichnet die Versuche der Pandemiebekämpfung in einem Artikel in der konservativ-christlichen Zeitschrift *First Things* als einen schlecht konzipierten Kreuzzug gegen «menschliche Endlichkeit und die schmerzhafte Realität des Todes».[35]

Die Weigerung zahlreicher Gemeinden landesweit, den Kontaktbeschränkungen zur Eindämmung der Pandemie Folge zu leisten, hatte Rückenwind vom Obersten Gerichtshof bekommen: Dank der von der *Federalist Society* empfohlenen neuen Richter mussten sich die Gemeinden der katholischen Erzdiözese Brooklyn und *Agudath Israel of America* in New York nicht mehr an die von Gouverneur Andrew Cuomo auferlegten Beschränkungen halten. Dabei hatte dieser Gottesdienste lediglich in Relation zu den Fallzahlen in der Zahl der Teilnehmenden begrenzt, während etwa Theaterbesuche überhaupt nicht erlaubt waren. Der Oberste Gerichtshof befand, dass die Hygiene-Maßnahmen die freie Religionsausübung einschränkten. Es ist dasselbe Argument der «Religionsfreiheit», das die Religiöse Rechte schon zuvor erfolgreich für die legale Diskriminierung gegenüber LGBTQIA*-Menschen eingesetzt hat. Der Oberste Gerichtshof entschied 5 zu 4 zugunsten der klagenden Gemeinden, mit Coney Barrett als der entscheidenden Stimme. Das war ein weiterer Beleg dafür, wie wichtig ihre Berufung für die Religiöse Rechte war.[36] Denn noch ein Jahr zuvor, als Ruth Bader-Ginsburg noch lebte, hatte der Oberste Gerichtshof in einem ähnlichen Fall aus Nevada 5 zu 4 das Gegenteil entschieden.

DIE NEUE DOLCHSTOSSLEGENDE

«Jesus ist mit uns […] Ich würde bereitwillig in diesem Krieg sterben. Es ist ein Kampf um alles. Gott ist mit uns.» – *Eric Metaxas*[1]

Der Amerikanische Bürgerkrieg ist in der politischen Debatte des Landes so präsent wie seit langem nicht. Tucker Carlson warnt seine Zuschauerinnen und Zuschauer auf *Fox News*, dass die Demokraten eine neue Ära der «Rekonstruktion» planten wie damals nach dem Bürgerkrieg. In den Monaten vor und nach der Präsidentschaftswahl 2020 konnte man in Echtzeit beobachten, wie sich in den USA eine neue Dolchstoßlegende entwickelte. Legenden wie diese sind der Kern von faschistischen Bewegungen: Eine Niederlage, in diesem Fall eine verlorene Wahl, wird nicht als selbstverschuldet anerkannt. Stattdessen bezichtigt man die politischen Gegner als Verräter aus dem Inneren der Demokratie: Die Demokraten sollen die Wahl «gestohlen» haben. Es ist eine revisionistische Variante der Geschichte, die sich über rechte Medien-Netzwerke rasant ausgebreitet hat – und die uns noch lange begleiten wird. Trumps angeblich «gestohlene Wahl» ist bereits zum neuen *«Lost Cause»* geworden.

Der ursprüngliche *«Lost Cause»* der Konföderation, also die «verlorene Sache» der Südstaaten, bezieht sich auf den Mythos um die untergegangene Konföderation, die sich in den 1860er Jahren während der *Reconstruction*-Ära in den USA gebildet hat. Nach diesem Mythos hatten die Südstaaten im Bürgerkrieg nicht gekämpft, um ihr auf menschenfeindlicher Sklaverei basierendes Wirtschaftssystem zu verteidigen, sondern weil die Nordstaaten versucht hätten, die Rechte der Südstaaten zu beschneiden, um ihren Lebensstil auszumerzen. So wurde die Niederlage zu einem heroischen Kampf um die eigenen Rechte und das kulturelle Überleben der Südstaaten – eine Erzählung, die sich sehr viel besser für Propagandazwecke eignete als die Realität.[2] Sie machte aus den Südstaaten die heldenhaften Opfer eines aggressiven Nachbarn und wird so bis heute in bestimmten Regionen tradiert. Die Erzählung vom *«Lost Cause»* diente und dient noch immer als Basis für eine Politik von *«white grievances»* («Weißem Groll»), der sich die Republikaner gerade in den Südstaaten in Teilen erfolgreich verschrieben haben und die vor allem bei Christlichen Nationalisten sehr gut ankommt. Die *«Lost Cause»*-Mythologie *stellt* Sklaverei als noble Institution dar, als kulturellen Bestandteil des Lebensgefühls der Südstaaten.[3] Diese Lüge wirkt bis heute, sie wird gefeiert und im kulturellen Gedächtnis weitergegeben. Dazu gehören etwa Rituale des Erinnerns wie Gedenkmärsche und Denkmäler. Im Buch *Christ in the Camp* (1887) von J. William Jones treffen Südstaatler, wenn sie sterben, an der Himmelspforte nicht Petrus, sondern General Robert E. Lee und Thomas Jonathan «Stonewall» Jackson, Lees treuesten Untergebenen. Beide wurden zu den Heiligen des *«Lost Cause»* erklärt, dessen kollektive Erinnerungspraktiken eng mit christlichen Symbolen verknüpft sind. Hier lebte ein Bild von Amerika als von Gott auserwählter Nation weiter, das vor und während des Bürgerkrieges von Pro-Sklaverei-Theologen popularisiert worden war – in der «Fusion von Religion mit einer *racialized* Version des Nationalismus» ist es auch heute noch sehr verbreitet, analysiert Katherine Stewart.[4]

Trumps Verschwörungserzählung von der gestohlenen zweiten Amtszeit eignet sich daher hervorragend als propagandistische Basis für die Mobilisierung Christlicher Nationalisten, MAGA-Fans und *White Supremacists*, die auch in den *Midterms* relevant sein werden und um deren Stimmen die Republikaner buhlen müssen. Dabei wissen die meisten Politiker vermutlich, dass Trump verloren hat – doch die neue Strategie ist, diese Niederlage im Stile des *«Lost Cause»* zu *framen*. Das Märchen vom Verrat durch Gottlose aus dem Innern der amerikanischen Demokratie, das Trumps Amerika überhöht und heiligen Zorn weckt, wird bereits jetzt massiv genutzt. Das war auch schon bei dem historischen Vorgänger äußerst effizient: Der Mythos vom *«Lost Cause»* wurde als Begründung für Rassismus und Gewalt verwendet, führte zur Gründung des KKK, zu *Lynchings*, Polizeigewalt gegenüber BPoC, zur Einführung der «Black Codes», der Masseninhaftierung von BPoC und letzten Endes zu den rassistischen *Jim-Crow*-Gesetzen.[5]

Das *«Lost Term»*-Narrativ wird die politische Bewegung des Trumpismus weiter befeuern. Republikanerinnen und Republikaner werden versuchen, von diesem Momentum zu profitieren. Dass es keinen faktischen Zweifel an Bidens Wahlsieg gibt, ist dabei unwichtig, denn historische Wahrheit ist bei kollektiver Erinnerung nicht relevant. Der Glaube an das *«Lost Term»* wird gleichgesetzt mit dem Glauben an Gott selbst – die irdische Faktenlage spielt keine Rolle. In den Worten von Eric Metaxas: «Es ist, wie wenn jemand sagt: ‹Oh, du hast nicht genug Beweise, um an Jesus zu glauben.› Wir haben genug Beweise in unserem Herzen. Wir kennen ihn und der Feind [*Anm. d. Autorin: der Teufel*] versucht stärker als je zuvor, dass wir uns hinlegen und ergeben, dass wir es vergessen.»[6] Wer ein wahrer Christ ist, das folgt aus dieser Logik, muss glauben, dass Trump die Wahl eigentlich gewonnen habe, dass dem rechtmäßigen Sieger der Triumph vorenthalten wurde, Amerika wieder zu alter, christlicher, Weißer Größe zurückzuführen.[7]

Christliche Nationalisten hatten schon in früheren Jahren erfolgreich christliche Symbolik mit Nationalismus kombiniert. Der alte Mythos im neuen Gewand wird durch konservative Meinungsmache auf *Rallies*, Demonstrationen oder bei Auftritten von Republikanern in den Medien noch verstärkt werden. Die Behauptung Trumps, der Wahlbetrug habe vor allem in vorrangig von BPoC bewohnten Städten stattgefunden, bietet weiteren Nährboden für Hetze und Rassismus, potenziell für Gewalt. Das *«Lost Term»* wird auch in dieser Hinsicht zum Erben des *«Lost Cause»* werden: «Als Trump sagte *‹Make America Great Again›*, hörten viele Weiße Evangelikale *‹Make America Christian Again.›* Und sie – und diejenigen, die eher interessiert am *Lost Cause* waren – hörten seinen unverkennbaren Subtext: *‹Make It White Again, Too›»*, analysiert der Religionswissenschaftler Robert P. Jones.[8] In der heutigen Bewegung der Religiösen Rechten haben beide Narrative zu einer potenziell extrem gefährlichen Mischung zusammengefunden. Amerikanischer Neofaschismus, so der Philosophie-Professor Jason Stanley, «ist Weißer Christlicher Nationalismus, der mit dem *‹Lost Cause›*-Mythos der Südstaaten-Konföderation verbunden ist.»[9]

Einige andere Protagonisten des Netzwerks der Religiösen Rechten, die wir in diesem Buch kennengelernt haben, arbeiteten schon im Vorfeld des Sturms auf das Kapitol tatkräftig an dieser Mythenbildung – sie alle bewegen sich im Dunstkreis des *Council for National Policy.* Wie auch schon bei den Protesten gegen die Corona-Maßnahmen spielten von Großspendern gegründete und finanzierte *Astroturf*-Organisationen wie *Tea Party Patriots* und *FreedomWorks* eine zentrale Rolle, die unter anderem mit der *Heritage Foundation* und *Turning Point USA*, der Organisation von CNP-Mitglied Charlie Kirk, zusammenarbeiteten, um die *«Big Lie»* zu bewerben und Proteste gegen das Wahlergebnis zu mobilisieren.[10] *FreedomWorks* organisierte beispielsweise *«Protect the Vote»*-Demonstrationen in Pennsylvania, Michigan, Arizona, Oklahoma und Wisconsin.[11]

Ende Februar 2021 verbreitete auch die jährliche *Conservative Political Action Conference* (CPAC) den Mythos des *«Lost Terms»*. Zahlreiche Mitglieder des CNP traten auf Panels zur «Integrität von Wahlen» gemeinsam mit Mitgliedern der *Heritage Foundation*, der *Public Interest Legal Foundation* (PILF) und ALEC auf.

Republikanische Prominenz war ebenfalls zahlreich vertreten: Von den 40 Abgeordneten und Senatoren, die bei der CPAC auftraten, hatten 33 am 6. Januar 2021 gegen die Zertifizierung der Wahlergebnisse gestimmt.[12] Die Religiöse Rechte hatte allerdings schon Monate vor Trumps Wahlniederlage begonnen, Zweifel an der Integrität der Wahl zu säen, für den Fall, dass ihr Kandidat nicht gewinnen sollte. Bereits im Februar 2020 kam der CNP zu einem geheimen Treffen zusammen, bei dem Lisa Nelson, die Leiterin von ALEC, die Anwesenden in die Strategie einweihte, das öffentliche Vertrauen in die Wahl zu untergraben: «Natürlich wollen wir, dass Präsident Trump gewinnt und die nationalen Stimmen gewinnt. Aber es ist von vorneherein klar [...] dass das, worauf es am Ende ankommt, die Bundesstaaten und die Gesetzgeber in den Staaten sind.» Die ALEC-Chefin erklärte den Anwesenden außerdem, dass die Organisation in Rücksprache mit dem *CNP Board of Governors* verschiedene Schritte erarbeite, die zusätzlich eingeleitet werden könnten, um das Vertrauen in die Wahl zu sabotieren: «Wir entwerfen viele Dinge. Wenn Sie Ideen zu diesem Bereich haben, sagen Sie uns Bescheid, wir leiten sie an die Abgeordneten weiter, und sie können beginnen, in diesem Bereich ihre politischen Muskeln spielen zu lassen.»[13]

Schon 2019 hatte ALEC sich an einige Abgeordnete auf Ebene der Bundesstaaten gewandt. Cleta Mitchell witzelte in der Sitzung: «Wir bringen euch bei, wie man *gerrymandert*» – also wie man die Grenzen von Wahlbezirken zu seinem eigenen Vorteil neu zieht. Mitchell setzte diese Strategie anschließend um. Dieser Prozess des *Redistricting* wurde als «politischer Blutsport» bezeichnet, bei dem die Abgeordneten dazu ermuntert wurden, Beweismittel möglichst schnell verschwinden zu lassen. In der Sitzung ging es außerdem darum, wie man den Eindruck erwecken könne, an überparteilicher Zusammenarbeit interessiert zu sein, ohne dass das tatsächlich der Fall sei. Außerdem wurden

Pläne erarbeitet, wie durch Bündnisse mit Schwarzen und Latino-Abgeordneten die Stimmen verschiedener Minderheitsgruppen gesichert werden könnten.[14]

Ein wichtiger Teil der Wahlkampfstrategie des CNP ist die Unterdrückung der Stimmen von BPoC-Wählerinnen und -Wählern. 2016 hatte Trump das Datenanalyse-Unternehmen *Cambridge Analytica* genutzt, um 3,5 Millionen Schwarze Wähler durch abschreckende Botschaften vom Wählen abzuhalten.[15] Allein in Milwaukee County, berichtete Ralph Reed im April 2020 in einem weiteren Strategiegespräch, seien 2016 «47 000 weniger Schwarze Stimmen» abgegeben worden. Trump hatte den Staat damals mit nur 24 000 Stimmen Vorsprung gewonnen.[16] Noch bevor Trumps Wahlkampf-Team begann, mit *Cambridge Analytica* zusammenzuarbeiten, nutzte Ted Cruz die Firma für die digitale Strategie seiner Wahlkampfkampagne.

Im Anschluss an die Wahl wurden Republikanische Kampagnen, die gegen die Zertifizierung des Wahlergebnisses des *Electoral Colleges* gerichtet waren, wiederum durch die Geldgeber finanziert, die häufig auch mit der Religiösen Rechten verbunden sind. Das *Center for Media and Democracy* hat insgesamt 40 Gruppen identifiziert (beispielsweise *Super PACs*), die mindestens 272 Millionen Dollar für Wahlwerbespots und andere Ausgaben der 106 Republikanerinnen und Republikaner gespendet hatten, die das Wahlergebnis nicht anerkennen wollten. Tausende Privatpersonen spendeten insgesamt fast 1,7 Milliarden Dollar – allein 500 Millionen stammten dabei von zehn Einzelpersonen oder Familien.[17]

Nach der Wahl fanden zahlreiche sogenannte «Jericho Märsche» statt. Auch am 6. Januar, bevor das Kapitol gestürmt wurde, hatten Teilnehmer noch in Shofars geblasen, um die «Mauern der Korruption zum Einsturz zu bringen». Ganz wie in der biblischen Geschichte von Jericho: Dort marschiert Josua mit sieben Priestern sieben Mal um die sündige Stadt, bis beim Klang der Shofars und dem Kriegsgeschrei der Israeliten die Stadtmauern einstürzen.

Danach werden alle Bewohner der Stadt auf Gottes Anweisung getötet – Männer,Frauen, Kinder und Tiere.[18]

Auf den *«Stop the Steal»-Rallies*, organisiert von ehemaligen und aktuellen CNP-Angehörigen wie Ali Alexander und Jenny Beth Martin (TPP), wurde die Wut der Menge weiter befeuert. Denn das ist das Ziel von Verschwörungsmythen in faschistischen Bewegungen: Sie legitimieren die Ausübung von Gewalt. Schon Wochen vor dem 6. Januar, an dem die Ergebnisse des *Electoral Colleges* durch den Kongress zertifiziert werden sollten, hatte Trump bei seinen Anhängern die falsche Erwartung geweckt, Pence könne diesen Prozess in letzter Sekunde verhindern. Dementsprechend hoch war die Erwartungshaltung der wütenden Fans an den Vizepräsidenten. In seiner Rede auf der *Save America Rally* hatte Trump sein Publikum am 6. Januar noch dazu aufgefordert, zum Kapitol zu gehen, und ihnen versprochen, sie dorthin zu begleiten.[19] Kurz vor dem Sturm auf das Kapitol, nachdem Trump und Rudy Giuliani ihre Reden gehalten hatten, wurde der versammelten Menge auf einer großen Leinwand ein Video gezeigt. Es war ein Riefenstahl-eskes Lehrstück in faschistischer Propaganda: die drohende Gefahr eines Marionetten-Präsidenten Biden, der mit leerem Blick gezeigt wurde, immer wieder Schnitte zu Bildern des Hollywood-Schriftzugs, der UN-Hauptversammlung und des Europäischen Parlaments, untermalt von bedrohlicher Musik. Auch andere politische Gegner wurden als zwielichtige Akteure dargestellt: der jüdische Senator Chuck Schumer, der ein Kente-Tuch trug, Nancy Pelosi, flankiert von den prominenten jüdischen Senatoren Nadler und Schiff. Die Implikation: Auch Pelosi wird durch die Juden kontrolliert.

Diese Bildsprache kann kaum mehr nur als *Dog-Whistle* für eine antisemitische Verschwörungserzählung in der Tradition der *Protokolle der Weisen von Zion* gelten, sondern ähnelt vielmehr einem Megaphon. Bilder der implizierten Verschwörung gegen amerikanischen Wohlstand, Frieden und Sicherheit wurden gegen Bilder Trumps geschnitten: Trump in einem Kabinettsmeeting, jedes Gesicht unscharf außer seinem eigenen. Trump, dem eine Frau weinend dankt, Trump, der strahlende Anführer der Nation. Trump vor dem Militär, Trump vor Raketen, der die USA in ein glorreiches, technisches Zeitalter führt – Szenen, die laut Stanley eins zu eins dem Skript von nationalsozialistischer Propaganda entsprechen. Das *Voice-Over* des Videos war Trumps Rede bei seiner Amtseinführung 2016.

Die Präsentation war eine düstere Warnung an die versammelte Menge: Ihr erlebt den Verrat eines Landes durch eine korrupte, linke, jüdische Elite. Schüsse fallen im Video, als Trump verkündet: «Das *Establishment* hat sich selbst geschützt, aber nicht die Bürger unseres Landes.» Nur Trump, so suggeriert das Video, kann diesen Verrat, der bereits im Gange ist, stoppen. Wieder und wieder werden beängstigende Bilder der angeblichen Demokratischen Verschwörung kontrastiert mit einem Amerika unter Trump: Ein Schwarzer und ein Weißer Mann umarmen sich auf einer Trump-Veranstaltung. Der Weiße trägt ein *«Jesus Saves»*-T-Shirt. «Eine Referenz auf die Macht einer geteilten christlichen Identität, die Amerikaner über die Grenzen von *race* hinweg verbindet», so Stanley. Es sei kein Zufall, schreibt er, dass die versammelten Menschen sich nach diesem Video auf den Weg machten, um das Kapitol zu stürmen. Die Botschaft des Videos lautete: «Um die Nation zu retten, muss Trumps Herrschaft wiederhergestellt werden.» Zur Not mit Gewalt. Die Demonstrierenden verinnerlichten die Botschaft – und schritten zur Tat.[20]

STURM
AUF DAS KAPITOL

«Heute ist der Tag, an dem Amerikanische Patrioten anfangen, Namen aufzuschreiben und Ärsche zu versohlen! [...] Unsere Vorfahren haben ihr Blut, ihren Schweiß, ihre Tränen, ihr Vermögen und manchmal ihr Leben geopfert ... [...] Seid ihr willens, dasselbe zu tun?»[1]
– *Mo Brooks, Abgeordneter für Alabama, auf der «Stop the Steal»-Rally am 6. Januar in Washington, D. C.*

Es waren Bilder, wie es sie in der amerikanischen Geschichte noch nie gegeben hat. Die konföderierte Kriegsflagge wurde durch das Kapitol, das Zentrum der amerikanischen Demokratie, getragen. So etwas war nicht einmal während des Bürgerkriegs geschehen. Terroristen stürmten durch die heiligen Hallen der Demokratie und suchten nach Abgeordneten. Einige von ihnen waren vorbereitet, führten Kabelbinder mit sich, waren bewaffnet und trugen schusssichere Westen. Am 6. Januar 2021 hetzte der Präsident der Vereinigten Staaten, Donald Trump, seine Anhänger auf die Legislative, auf den Kongress und damit auch auf den eigenen Vizepräsidenten Mike Pence. Trump und diverse Republikanische Politiker hatten ihre Anhänger davon überzeugt, dass es in Pences Macht läge, als Vizepräsident die Zertifizierung der Wahlergebnisse des *Electoral Colleges* zu stoppen – und Trump so die Wahl zu schenken. Das war nie der Fall – die Rolle des Vizepräsidenten besteht lediglich im Vorsitz über den Prozess der Zertifizierung, eingreifen kann er nicht.[2]

Einige Angreifer waren eindeutig dem Spektrum der *White Supremacy* zuzuordnen: Neben den Konföderierten-Flaggen trug einer der Eindringlinge einen «Camp Auschwitz»-Kapuzenpullover. Weitere Teilnehmer errichteten vor dem Kapitol einen anscheinend funktionstüchtigen Galgen, darauf die Worte *«In God we Trust»* und *«God Bless the USA»*. Es wurden *«Gadsden»*-Flaggen aus dem Unabhängigkeitskrieg von 1775 hochgehalten, die die *Tea Party* in den 2000er Jahren wieder populär gemacht hatte, mit ihrem *«Don't Tread on Me»* («Komm mir nicht in die Quere») unter der schwarzen Klapperschlange auf gelbem Grund. Daneben zeigten sie die *«Betsy Ross»*-Flagge, die die Sterne der ursprünglichen 13 Kolonien zeigt und deswegen gern von Weißen Nationalisten verwendet wird.[3] Neben Menschen, die im *Militia*-Stil mit *tactical gear*, Schutzwesten und Helmen gekleidet waren, wurden auch ganz andere Symbole zur Schau getragen: Banner mit der Aufschrift «Jesus 2020» und *«Jesus Saves»* im Design der Trump-Wahlkampf-Fahnen, mannshohe Holzkreuze, Shofars, die traditionellen jüdischen Horn-Instrumente, die in evangelikalen Kreisen an Bedeutung gewonnen haben.[4] Es blieb nicht bei Symbolen: Vor dem Sturm auf das Kapitol wurde gebetet. Eine Gruppe der *Proud Boys*, einer rassistischen, sexistischen und gewalttätigen Prügeltruppe, kniete zusammen nieder und sprach ein Gebet, bevor sie ins Kapitol eindrang. Auf einem Banner konnte man *«Jesus is my Savior/Trump is my President»* lesen, eine weitere Flagge zeigte den christlichen Ichthys, den eucharistischen Fisch, mit der amerikanischen Fahne zu den Worten *«Proud American Christian»*.[5] Neben der Südstaaten-Flagge wurde noch eine weitere Flagge von den Eindringlingen durch den Saal des Repräsentantenhauses getragen: die christliche Fahne. Der Historiker Robert P. Jones mahnt, die Koexistenz dieser Symbole nicht zu unterschätzen: «Ich bin mir nicht ganz sicher, ob die Amerikaner wirklich verstehen, was die Koexistenz dieser Symbole wirklich bedeutet. Diese Aufständischen haben uns gesagt, wer sie sind. Sie haben sich diese Symbole sehr bewusst ausgesucht. Sie haben sie auf ihrer Kleidung getragen. Das waren *White Supremacists*. Das waren Christen. Diese beiden Gruppen haben sich nicht bekämpft. Sie sind Seite an Seite marschiert.»[6]

Die Verbindung von Christentum und *White Supremacy*, wie man sie am 6. Januar im Kapitol beobachten konnte, kommt nicht von ungefähr. «Seit 2008 hat sich das Land von einer mehrheitlich christlichen Nation zu einer nicht mehr mehrheitlich christlichen Nation entwickelt (von 54 Prozent Weiß und christlich zu 44 Prozent Weiß und christlich). Diese Veränderung fand während der Amtszeit unseres ersten afroamerikanischen Präsidenten statt. Die Dysfunktion und Gewalt, die wir sehen, ist größtenteils ein Versuch, eine Vision des Weißen, christlichen Amerikas zu bewahren», schreibt Jones.[7] Der Sturm auf das Kapitol war nur der nächste logische Schritt einer Gruppe Christlicher Nationalisten, die durch Trumps Rhetorik und die vieler Republikaner sowie von Führungspersonen der Religiösen Rechten radikalisiert worden waren. Wer ein verschwörungsideologisches Weltbild fördert, wer seinen Anhängern eintrichtert, es gebe nur Sieg oder Untergang, und wer zudem auf eine religiös-kulturelle Grundlage aufbauen kann, die seit Jahrzehnten einen Kampf Gut gegen Böse um die Existenz eines explizit Weißen, christlichen Amerikas beschwört, kann sich nicht wundern, wenn ein Teil dieser Menschen schließlich zur Gewalt greift.

Die Senatoren Josh Hawley und Ted Cruz, vielleicht die prominentesten Christlichen Nationalisten im Senat, verurteilten den Angriff auf das Kapitol – doch zuvor hatten sie seit Trumps Niederlage dessen Lüge vom Wahlbetrug aggressiv beworben, die als Grundlage für den Angriff auf das Kapitol gesehen wird. Hawley reckte, wie ein Foto zeigt, das in die Geschichtsbücher eingehen wird, morgens noch denen, die später das Kapitol stürmen sollten, kämpferisch die Faust zum Gruße entgegen.[8]

Die Zerstörung, die die Angreifer zurückließen, war in ihren Augen keine Entweihung des heiligen Zentrums der amerikanischen Demokratie, denn die Entweihung hatte für sie längst stattgefunden: Sie glaubten, der rechtmäßige Wahlsieg sei Trump gestohlen worden und zwar von einer unheiligen Allianz aus satanischen, bösen Kräften. Ihre Aufgabe war es, die amerikanische Demokratie, das Kapitol, zu reinigen. Dabei kann keinesfalls unterschätzt werden, welche extremen Vorstellungen hier am Werk waren: Reinigung durch Zerstörung, durch Blutvergießen – Ideen, die seit Jahrzehnten in konservativ-christlicher, speziell Weißer, evangelikaler Popkultur verbreitet werden, die aber auch unter Weißen Nationalisten verbreitet sind.

Die Angreifer auf das Kapitol sahen sich in der Tradition eines Jesus, der die Händler mit der Peitsche in der Hand aus dem Tempel jagt und zur Gewalt greift, um das ihm Heiligste zu verteidigen. Das Kapitol und der Prozess der Zertifizierung der Stimmen des *Electoral Colleges,* waren für sie im Jahr 2021 das Äquivalent dazu. Hier verbindet sich die «Nostalgie für ein verlorenes Zeitalter christlicher Macht mit einem tiefen Gefühl der Viktimisierung», eine Kombination, die «den Tod als heldenhaftes Opfer für die Nation erklärt. Niemand sollte unterschätzen, wie gefährlich diese Kombination ist, insbesondere unter denen, die entscheiden, dass ihr Glaube sie dazu verpflichtet, ihre Nation zurückzuerobern», schreibt die Autorin und Harvard-Dozentin für *Religious Studies* Lauren R. Kerby.[9] Die historischen Parallelen waren für Wissenschaftler wie Kelly J. Baker nicht zu übersehen: 1925 war schon einmal eine Gruppe auf Washington marschiert, die von sich verkündete, im Namen Jesu zu handeln und das Land vor dem sicheren Verderben retten zu wollen: der Ku Klux Klan. Damals trugen sie weiße Umhänge, heute schwenkten sie Shofars und trugen *«Jesus ist mein Heiland, Trump ist mein Präsident»*-T-Shirts.[10] Baker warnt seit Jahren vor den Gefahren des Weißen Christlichen Nationalismus und beschreibt das Entsetzen unter politischen Kommentatoren, das auf den Angriff folgte, als zutiefst frustrierend: «Alle fragten sich – wo kommt das auf einmal her? Und wir Forscher und Aktivisten stehen daneben und heben die Hand und sagen: Wir haben euch gewarnt.»[11]

Das Netzwerk aus konservativen Medien übte sich derweil

schon wenige Tage nach dem Angriff auf das Kapitol in Relativierungen. Während einige Kommentatoren noch gehofft hatten, *Fox News* würde sich von der Konkurrenz noch extremerer Sender wie *Newsmax* und OANN absetzen, wurde enttäuscht: *Fox* bewegte sich weiter nach rechts. Wie auch die Republikanische Partei die *Tea Party* als Bewegung geschluckt hatte, um nicht von ihr auseinandergerissen zu werden, hat sich auch *Fox News* entschieden, *Newsmax* und OANN zu folgen, um Zuschauer zurückzugewinnen, die abgesprungen waren, nachdem *Fox* als erster Sender Joe Bidens Sieg in Arizona gemeldet hatte.

Die Führungsfiguren der Politischen und Christlichen Rechten vollziehen seitdem einen Drahtseilakt. Einerseits verurteilen sie den Angriff auf das Kapitol nominell, andererseits wollen sie die Basis nicht verärgern. Das gelingt vor allem dann, wenn Verschwörungsmythen zu Hilfe genommen werden. Um von den eigenen Unterstützern abzulenken, die das Kapitol gestürmt hatten, versuchten Republikaner wie Lindsey Graham und Ted Cruz, von deren Beteiligung und ihrer eigenen Mitschuld abzulenken, indem sie die Verantwortung von Demokraten implizierten. «Was wusste Nancy Pelosi und wann wusste sie es?», fragte Lindsey Graham auf *Fox News,* als sei Pelosi selbst in die Organisation des Mobs involviert gewesen, der durch die Gänge des Kapitols zog, um sie zu töten.[12]

Die Behauptung, dass die Antifa und «linke Agitatoren» die eigentlichen Drahtzieher hinter dem Angriff auf das Kapitol gewesen seien, findet sich mittlerweile nicht mehr nur auf Verschwörungsplattformen wie Alex Jones' *Info Wars*, sondern hat es mittlerweile zum bestimmenden Narrativ in der Republikanischen Partei gebracht. Zahlreiche Republikanische Abgeordnete nutzten Twitter, um ihre Version der Ereignisse zu verbreiten, ganz gemäß dem *Playbook* der Neuen Rechten: Traut euren eigenen Augen nicht, traut nicht dem, was ihr hört. Selbst wenn die Eindringlinge Trump-Schilder tragen, verkünden, dass sie seinem Ruf gefolgt seien, sei die Attacke auf das Kapitol Teil einer Verschwörung der politischen Linken und des FBIs, um Trump-Unterstützer als einen gewalttätigen Mob darzustellen. Einen Tag nach dem Angriff schrieb der Abgeordnete Mo Brooks (Alabama) auf Twitter: «Zunehmende Beweise, dass die faschistische ANTIFA die Kapitol-Attacke mit cleveren Mob-Kontrolle-Taktiken orchestriert hat.»[13] Der Abgeordnete Paul Gosar (Arizona) twitterte noch am 6. Januar: «Das erfüllt alle Merkmale einer Antifa-Provokation.»[14]

Doch einige Abgeordnete, darunter Matt Gaetz (Florida), hatten nicht vor, sich hinter ihrem *Twitter Handle* zu verstecken. Wenige Stunden, nachdem Angreifer «Hängt Mike Pence» rufend durch das Kapitol gezogen waren und seine Kollegen gejagt hatten, hielt Gaetz eine Rede im Kongress. «Manche der Leute, die in das Kapitol eingedrungen waren, waren keine Trump-Unterstützer. Sie haben sich als Trump-Unterstützer verkleidet und waren eigentlich Mitglieder der gewalttätigen Terrorgruppe Antifa.»[15] Gleichzeitig, so diverse Republikaner, müsse man die Wut der Leute auch verstehen. «Es gibt da draußen so viel Frustration, dass ein paar fehlgeleitete, sehr falsch liegende Typen da draußen sind und dieses Chaos veranstalten», sagte Sarah Palin *Fox News*. Hier zeigt sich das zweite Narrativ: Herunterspielen, was geschieht. Ein «Haufen Chaoten» klingt nach ein paar eingeworfenen Fenstern, nicht nach Toten und Verletzten, nach einem Mob, der den Vizepräsidenten hängen und die Mehrheitsführerin im Repräsentantenhaus Pelosi ermorden wollte. Und auch Palin legte direkt nach und mahnte die *Fox News*-Zuschauer, man wisse noch nicht, wer wirklich hinter dem Angriff auf das Kapitol stecke: «Ich denke, viele davon sind die Antifa-Leute.»[16] David Eggert, der Leiter der Michigan-GOP, behauptete: «Das waren keine Trump-Leute. Das war vom ersten Tag an ein Schwindel. Das war alles vorher arrangiert.»[17] Der Republikanische Abgeordnete Andrew S. Clyde behauptete im Mai 2021, die Menge am 6. Januar habe eher wie auf einem «Touristen-Ausflug» gewirkt, auch wenn er auf Fotos des Tages zu sehen ist, wie er in Panik versucht, seinen Kollegen bei der Verbarrikadierung einer Tür zu helfen.[18] Ein Publikum, das seit Jahren, sogar seit Jahrzehnten, daran gewöhnt ist, Verschwörungsmythen über die Linke zu hören, die im Geheimen die Weltherrschaft plant, findet derartige Behauptungen nicht so absurd, wie sie auf uns wirken mögen. Das Erbe der *John Birch Society*, von Ansätzen verschwörungsideologischen Denkens bei Francis Schaeffer und den Verschwörungsphantasien Pat Robertsons, gemischt mit Christlichem Nationalismus, der diese Komponenten in einen existenziellen, ja gar apokalyptischen Rahmen setzt, formt einen explosiven Cocktail – dessen Wirkungen uns noch lange nach dem Angriff auf das Kapitol begleiten werden.

Auf *Fox News*, *Newsmax*, OANN und *Info Wars* wurden derlei Behauptungen tage- und wochenlang wiederholt. Diese Beschallung zeigt Wirkung: Die Hälfte der Republikaner ist der Meinung, dass vor allem die Antifa Schuld am Sturm auf das Kapitol habe.[19] Die Folgen für das politische Klima des Landes sind fatal. Eine Umfrage des *Survey Center for American Life* ergab, dass nur zwei von drei Republikanern Bidens Wahlsieg als legitim anerkennen. 39 Prozent der Republikaner sind der Meinung, dass politische Gewalt in der Zukunft nötig sein könnte, wenn die politischen Anführer des Landes scheitern sollten.[20] Besonders verbreitet ist die Ansicht, dass Joe Biden die Wahl nicht rechtmäßig gewonnen habe, unter Weißen Evangelikalen: Dort glauben fast drei Viertel die *Big Lie* vom Wahlbetrug, wie eine Umfrage des rechtskonservativen *American Enterprise Institutes* ergab. Unter ihnen ist der Glaube an den Verschwörungsmythos vom *Deep State* besonders verbreitet: 63 Prozent sind von der Existenz eines *«Deep States»*, der gegen Trump arbeite, überzeugt, im Gegensatz zu 39 Prozent nicht-evangelikaler Republikaner.[21]

Es wird vermutlich Jahre dauern, bis alle Details über die Beteiligung der Religiösen und Politischen Rechten am Angriff auf das

Kapitol ans Licht kommen. Doch bereits jetzt ist klar, dass es eine enge Zusammenarbeit des CNP-Netzwerks und der Organisatoren der Demonstration gab. Neben Charlie Kirk und Ali Alexander, die zuvor angekündigt hatten, Demonstranten für den Protest nach Washington zu transportieren, schickte auch das CNP-Mitglied und Anführer der rechtsextremen *Veterans in Defense of Liberty* (VIDOL), Scott Magill, Protestler auf die *Rally*. Bereits 2017 hatte Magill in einem Werbespot seiner Organisation verkündet, dass sich das Land in einem «nicht erklärten Bürgerkrieg» befände.[22] Involviert in die Planung waren auch CNP-Mitglied Ed Martin, Präsident der *Phyllis Schlafly Eagles*, und Jon Schlafly, der Sohn der verstorbenen Phyllis Schlafly. Jenny Beth Martin von TPP trat als Rednerin auf.[23] Auch ALEC und seine Mitglieder, die bereits wochenlang systematisch Zweifel an dem rechtmäßigen Sieg Bidens gesät hatten, sind eng mit den Ereignissen vom 6. Januar verbunden. 41 ALEC-Alumni stimmten nach der Attacke auf das Kapitol und ihr eigenes Leben gegen die Zertifizierung der Wahlergebnisse des *Electoral College*.[24] Obwohl Pence im November 2020 den Wahlsieg Bidens anerkannte, war auch er in den letzten Jahren daran beteiligt, grundsätzlich Zweifel an der Integrität von Wahlen in den USA zu wecken. Schon 2017 machte Trump ihn zum Vorsitzenden der *Presidential Advisory Commission on Election Integrity*. Mit im Vorstand: Mitglieder der *Heritage Foundation* und der *Public Interest Legal Foundation*. Beide Organisationen bewerben Trumps *Big Lie*.[25]

Eine Gruppe Wissenschaftler der *Chicago University* hat die Gruppe derjenigen, die vom FBI im Zusammenhang mit dem 6. Januar verhaftet wurden, untersucht. Die Ergebnisse waren erstaunlich: Die Menschen, die an diesem Tag das Kapitol stürmten, unterschieden sich erheblich von denjenigen, die in den vergangenen Jahren politisch motivierte Gewalt ausgeübt hatten. Sie hatten in der großen Mehrzahl keine Verbindungen zu militanten *White Supremacist*-Gangs wie der *Aryan Brotherhood* oder *Mili-*

tias wie den *Oath Keepers* und waren deutlich älter als die gewalttätigen politischen Extremisten der letzten Jahre. Der stereotype Trump-Unterstützer, über den 2016 so viel geschrieben wurde: arm, Weiß, ungebildet, wirtschaftlich abgehängt – voller Wut und ohne Chancen – existiert in dieser Form nicht. Die Angreifer des Kapitols waren im Schnitt 40 Jahre alt und hatten, anders als frühere Extremisten, in der Mehrzahl einen Job. Nur 9 Prozent von ihnen waren arbeitslos. 40 Prozent von den im Februar untersuchten Verhafteten waren Unternehmer und Angestellte. Unter ihnen waren «CEOs, Geschäftsbesitzer, Ärzte, Anwälte, IT-Spezialisten und Buchhalter.»[26] In der amerikanischen Gesellschaft hat sich eine neue Form des politischen Extremismus gebildet. Eine, die auch von religiöser Argumentation gestützt wird.

Dass selbst die Anstachelung zum Umsturz der Regierung keinerlei Konsequenzen für Trump hatte, wurde schnell deutlich. Nur einen Monat nach dem versuchten Attentat auf den Vizepräsidenten und die Mitglieder des Kongresses verhalfen die Republikaner Trump im Senat in seinem zweiten *Impeachment*-Prozess zum Freispruch. Nur sieben Republikaner stimmten mit den Demokraten und erklärten Trump für schuldig, trotz der schlechten Performance seiner Anwälte – zehn zu wenig für eine Verurteilung. Schon während des Prozesses hatten Senatoren wie Cruz und Graham sich zur Beratung mit Trumps Verteidigung getroffen.[27] Die fatale Botschaft der Republikanischen Partei für die Zukunft? Es gibt nichts, das ein Präsident tun kann, das ein *Impeachment* rechtfertigen würde. Nicht einmal ein Terroranschlag auf das Kapitol.

«ONWARD, CHRISTIAN SOLDIERS»

«Onward, Christian soldiers!
Marching as to war,
With the cross of Jesus
Going on before.
Christ, the royal Master,
Leads against the foe;
Forward into battle,
See, His banners go!»
– *William Baring-Gould (1834–1924)**

Im Mai 2021 offenbarte die Mehrheit der Republikaner im Kongress erneut, dass sie sich von der Realität verabschiedet hatten. Nur 35 Republikanische Mitglieder des Repräsentantenhauses und sechs Republikanische Senatoren stimmten für die unabhängige Untersuchung der Attacke auf das Kapitol.[1] Das führte bei politischen Beobachterinnen und Beobachtern zu Fassungslosigkeit – wie konnten die Männer und Frauen, deren Leben Trump in Gefahr gebracht hatte, ihn nicht zur Rechenschaft ziehen? Der entscheidende Faktor hierfür war der jahrzehntelange Prozess der Radikalisierung, der in diesem Buch beschrieben worden ist. In Bezug auf den 6. Januar habe sich gezeigt, «dass man viel weiter dabei gehen kann, in den Vereinigten Staaten an die Macht zu gelangen, als man es je für möglich gehalten hätte», analysiert der Faschismus-Experte Jason Stanley.[2]

Die Ablehnung der Realität durch eine der beiden großen Par-

* Deutsche Übersetzung: «Vorwärts, Christi Streiter! Auf, zum heil'gen Krieg! Mit dem Kreuzeszeichen / ziehen wir zum Sieg / Christus, unser König / führet selbst uns an / Folgt ihm unerschrocken / vorwärts, Mann für Mann!» Zit. n.: Christliche Liederdatenbank, https://www.evangeliums.net/lieder/lied_vorwaerts_christi_streiter.html.

teien ist ein böses Omen für die Zukunft der amerikanischen Demokratie. Der Mythos vom *«Lost Term»* gewinnt immer mehr an Macht. Auf einer QAnon-Veranstaltung forderte Trumps ehemaliger Sicherheitsberater und General Michael Flynn einen Militärputsch nach dem Vorbild Myanmars – auf derselben Konferenz trat auch der Republikanische Abgeordnete Louie Gohmert auf.[3] Spätestens Liz Cheneys Abwahl aus ihrer Führungsposition in der Republikanischen Fraktion im Repräsentantenhaus hat deutlich gemacht, dass der Lackmustest für Republikaner nicht mehr ist, wie konservativ sie sind, sondern ob sie sich Trumps «alternativer Realität» verschrieben haben.

Es gibt auch scheinbar keine Berührungsängste mehr mit der extremen Rechten: Steve Bannon forderte in seinem Podcast die Enthauptung des Chef-Virologen Anthony Fauci. Derlei Aussagen führen in der heutigen Republikanischen Partei jedoch nicht mehr dazu, zur *persona non grata* zu werden. Interessant ist in diesem Zusammenhang auch eine andere Personalie: Elise Stefanik wurde im Mai 2021 zur Nachfolgerin von Liz Cheney im Fraktionsvorstand der GOP im Repräsentantenhaus gewählt. Kurz zuvor war sie noch in Steve Bannons Podcast aufgetreten, um Trumps Lüge vom Wahlbetrug erneut zu befeuern.

Die Republikanische Partei bereitet sich auf eine Zukunft vor, in der sie auch die nächste Präsidentschaftswahl verlieren könnte – das Narrativ macht eine erneute Leugnung der Fakten möglich. Die Totenglocken der amerikanischen Demokratie läuten spätestens, seitdem die einzelnen Bundesstaaten begonnen haben, die Lüge vom Wahlbetrug durch Gesetzgebung zu institutionalisieren und ihren Einfluss auf ihre Wahlmänner und -frauen sowie ihre Wahlbeamten auszuweiten. Doch auch schon davor zeugten die erleichterten Stimmen, die Demokratie habe dem Angriff standgehalten, von geradezu atemberaubender Naivität. «‹Die Institutionen haben gehalten› ist ein wirklich schlechtes Argument. Sie haben gerade so gehalten. Wenn man sich auf neun ungewählte Menschen in ulkigen Roben verlassen muss, ist das nicht wirklich eine gesunde Demokratie», bemerkte Timothy Snyder und bezog sich damit auf den Obersten Gerichtshof.[4] Nach Bidens Inauguration bezweifelten einige Stimmen die Parteilichkeit des Höchsten Gerichts – denn schließlich habe dieser Trumps unbeholfene juristische Versuche, gegen die Auszählung von Stimmen in einzelnen Bundesstaaten vorzugehen, scheitern lassen. Diese Argumentation verkennt nicht nur das Ausmaß, in dem die Religiöse Rechte Richterposten mit den Ihren besetzt, sondern auch die eigentliche Zielsetzung dieser Strategie. Der *Supreme Court* hatte keinerlei Absicht, seine Glaubwürdigkeit für Trumps absurde Klagen aufs Spiel zu setzen. Dafür hatte man zu lange gearbeitet, um an diesen Punkt zu kommen – eine Wahlniederlage spielt dabei in der Zeitleiste der Religiösen Rechten keine Rolle. Trumps Niederlage und Bidens Inauguration haben den USA eine kurze Atempause im Kampf um die Demokratie verschafft, nicht mehr. Die von Gewalt geprägte Rhetorik der Republikaner hat reale Folgen: Drohungen gegenüber Mitgliedern des Kongresses sind 2021 um 107 Prozent im Vergleich zum Vorjahr gestiegen.[5] Aber wie sieht die Zukunft aus?

> «Die Republikaner gewinnen das Repräsentantenhaus und den Senat 2022, teils dank Wählerunterdrückung. Der Republikanische Kandidat verliert 2024 das *popular vote* um ein paar Millionen und das *electoral vote* um ein paar wenige Staaten. Die Legislativen in den Bundesstaaten behaupten, es handle sich um Betrug, und ändern die Ergebnisse des *Electoral Colleges.* Repräsentantenhaus und Senat akzeptieren das veränderte Ergebnis. Der unterlegene Kandidat wird Präsident. Wir haben keine ‹demokratisch gewählte Regierung› mehr.»[6]

Was wie ein Szenario aus einem dystopischen Roman klingt, ist eine realistische Möglichkeit für die Jahre 2022 und 2024, die der Historiker Timothy Snyder skizziert. Es muss nicht so kommen.

Und doch ist die Sorglosigkeit, mit der derzeit über solche Expertenwarnungen hinweggegangen wird, beunruhigend. Demokratien werden nicht von einem Tag auf den anderen zerstört. Es ist ein schleichender Erosionsprozess. Schlagzeilen, die noch vor einigen Jahren alle Alarmglocken hätten läuten lassen, scheinen uns heute fast alltäglich. «Ich fühle mich in diesem Frühjahr wie Kassandra», schreibt Snyder.

Es ist kein gutes Zeichen, wenn einer der profiliertesten Historiker im Bereich Faschismus und Autoritarismus merkt, dass seine Warnungen verhallen wie die der verfluchten Wahrsagerin der griechischen Mythologie. Snyder ist nicht der Einzige seines Fachs, der Alarm schlägt: Mehr als 100 renommierte Politik-, Sozial- und Geschichtswissenschaftlerinnen und -wissenschaftler haben sich in einem offenen Brief an den Kongress gewandt, in dem sie die Abschaffung des *Filibusters* fordern – einer Regelung im Senat, die 60 von 100 Stimmen für die Verabschiedung eines Gesetzes verlangt, anstatt einer einfachen Mehrheit – und den Kongress zur Verabschiedung einer nationalen Wahlreform drängen. Nur so könne Manipulation von eigentlichen Wahlverlierern verhindert werden: «Unsere Demokratie steht grundsätzlich auf dem Spiel. Die Geschichte wird beurteilen, was wir in diesem Moment tun.»[7]

Die Zukunft des Filibusters und der gesamten amerikanischen Demokratie hängt derzeit an den Demokratischen Senatoren Joe Manchin und Kyrsten Sinema, deren Stimmen nötig wären, um ihn abzuschaffen oder zu reformieren. Bisher bleiben sie in Abwehrhaltung, was die Wahlrechtsreform angeht. Doch sie sind nicht die einzigen Demokraten, die sich gegen die Abschaffung des *Filibusters* sträuben – nur die lautesten.

Derweil mobilisieren Gruppen der Religiösen Rechten wie *Heritage Action*, *Family Research Council*, *Tea Party Patriots Action* und *FreedomWorks* ihre Basis, um Druck auf die Senatsmitglieder auszuüben, etwa als sie im März 2021 eine Demonstration ihrer

Mitglieder vor dem *State Capitol* von West Virginia organisierten und diese teils aus anderen Bundesstaaten in Bussen dorthin transportierten.[8]

Und auch die Koch-finanzierte Organisation *Americans for Prosperity* verstärkt den Druck auf Manchin, indem sie Werbeanzeigen schaltet.[9] Schon im Januar hatte ein Mitarbeiter von Mitch McConnell mit Vertretern von solchen *Dark-Money*-Gruppierungen eine Telefonkonferenz abgehalten, um das weitere Vorgehen gegen die von den Demokraten vorgelegte Wahlrechtsreform zu besprechen. Ihr Problem: Die Umfragen würden leider zeigen, dass das Gesetz bei Demokraten und Republikanern beliebt sei.[10] Die neue Strategie sah deshalb vor, das Gesetz als «linksradikal» zu brandmarken und einzelne Demokratische Senatoren direkt unter Druck zu setzen. Mit Erfolg – Manchin schrieb im Juni 2021 einen Gastbeitrag in der *Charleston Gazette-Mail*, in dem er bekräftigte, den Filibuster nicht abschaffen und gegen den *For the People Act*, die Demokratische Wahlreform, stimmen zu wollen.[11] Er ist damit ganz auf Linie mit ALEC, zu deren Alumni er zählt.[12] *Heritage Action* hat nach eigenen Angaben zehn Millionen Dollar in seine Kampagne gegen die Wahlreform investiert, die sich auf acht *Swing States* für die *Midterms* konzentriert.[13] Auf ihrer Website findet sich zudem eine Argumentationsliste gegen das Gesetz, die Aktivisten und Politiker zu Rate ziehen können.[14] Jessica Anderson, Präsidentin von *Heritage Action,* prahlte auf einer Konferenz mit dem Erfolg ihrer Aktivitäten für Wahlrechtsbeschränkungen in Iowa: «Wir haben still mit der Legislative in Iowa zusammengearbeitet. Wir haben ihnen die bewährten Methoden gegeben. Wir haben geholfen, die Gesetze zu entwerfen. Wir haben sichergestellt, dass Aktivisten die Abgeordneten angerufen haben, Unterstützung gegeben haben, bei öffentlichen Anhörungen aufgetaucht sind, ihr Zeugnis abgelegt haben. [...] Wenig Trara. Ehrlich, niemand hat es überhaupt bemerkt. Mein Team und ich haben uns angeschaut und gesagt: ‹Es kann doch nicht so einfach sein.›»[15]

Ein weiterer entscheidender Geldgeber in Sachen Unterhöhlung des Vertrauens der Bevölkerung in die Integrität von Wahlen ist die bisher weitgehend unbekannte *Lynde and Harry Bradley Foundation*. Harry Bradley war wie Fred Koch ein Gründungsmitglied der verschwörungsgläubigen *John Birch Society*. Die von ihm gegründete gemeinnützige und daher steuerfreie Stiftung hat seit 2012 18 Millionen Dollar in andere konservative Organisationen gesteckt, die sich mit der Änderung des Wahlrechts zugunsten der Republikaner beschäftigen, darunter ALEC und das *State Policy Network*. Insgesamt verfügt die Stiftung über etwa 850 Millionen Dollar.[16] In ihrem Vorstand sitzt Cleta Mitchell, ihr CEO Richard Graber ist ebenfalls ein CNP-Mitglied. Laut der *Dark-Money*-Expertin Jane Mayer hat sich die Bradley Foundation in den letzten Jahren und Jahrzehnten als «außergewöhnliche Kraft» darin etabliert, «*Mainstream*-Republikaner davon zu überzeugen, radikale Herausforderungen von Wahlgesetzen zu unterstützen».[17]

Präsident Joe Biden hat die Bemühungen der Republikaner, Wählerrechte zu beschränken, als «unamerikanisch» verurteilt und jüngst auch Manchin und Sinema namentlich erwähnt[18] – doch die Frage ist, wie viel Druck die Regierung gegenüber ihren beiden Ausreißern ausüben will – und kann. Ohne eine Wahlrechtsreform, die parteiisches *Gerrymandering* und Wahlrechtsbeschränkungen verbietet und die den Zugang zur Stimmabgabe erleichtert, statt sie zu erschweren, und die BPoC vor Diskriminierung schützt, ist die Perspektive für die Demokraten 2022 ungewiss, von 2024 ganz zu schweigen. Denn ohne Wahlreformen müssten sie eine gewaltige Menge von Wählerinnen und Wählern mobilisieren, um Senat und Repräsentantenhaus zu halten. Die Vereinigten Staaten befinden sich in einem Kalten Bürgerkrieg, so der Religionswissenschaftler Bradley Onishi: «[...] Unsere Kultur und Politik sind so gespalten, dass es sich anfühlt, als würden zwei Länder in einem Raum existieren. Es ist ein ‹kalter› Krieg, weil es bisher nicht zu weit verbreiteter Gewalt gekommen ist, aber es gibt

Warnzeichen aus 2020, die auf steigende Unruhe hindeuten.»[19] Ein drastisches Bild, das doch die Lage treffend zusammenfasst.

Trotzdem lassen sich besorgniserregende Truppenbewegungen beobachten: In der medialen Bilderschlacht um eine angebliche Krise an der Grenze, der die Biden-Regierung hilflos gegenüberstehe, hat die Gouverneurin von South Dakota, Kristi Noem, die Nationalgarde des Staates an Texas ausgeliehen – auf Kosten eines schwerreichen Spenders.[20] Nicht nur sie, sondern auch weitere Republikanische Gouverneure haben angekündigt, ihre Nationalgarde an Texas zu verleihen.[21] Das Ziel? Bilder zu liefern, die über rechte Medienimperien an die Basis ausgestrahlt werden, um den Eindruck eines konstanten Belagerungszustandes durch Einwandernde an der Grenze aufrechtzuerhalten.

Ein anderer Krieg wird derweil längst offen ausgefochten: der um die Geschichte, um das Fundament der amerikanischen Gegenwart. Präsident Biden hielt am 1. Juni 2021 – an dem sich das Massaker von Tulsa, bei dem Hunderte BPoC von einem Weißen Lynchmob getötet wurden, zum 100. Mal jährte – eine historische Rede.[22] Er nutzte das Rednerpult des Präsidenten, wegen seines Einflusses auch *«Bully Pulpit»* (Bully-Kanzel) genannt, um ein Verbrechen in der Geschichte der USA zu thematisieren, von dem viele Weiße Amerikaner noch nie etwas gehört haben dürften.[23] «Es war kein Aufstand, es war ein Massaker», verkündete Biden und legte dar, wie die Gewalt und Zerstörung nicht nur Menschenleben kosteten, sondern auch die nachfolgenden Generationen zu einem Leben in Armut verdammten, nachdem ihr Besitz, ihre Existenzgrundlagen vernichtet worden waren in einem Rausch der *White Supremacy*.[24] Bidens Rede war jedoch mehr als eine Geschichtslektion: Sie war eine Kampfansage gegenüber den Bemühungen der Republikaner, auf Bundesstaatsebene den Geschichtsunterricht zu beeinflussen. Der Präsident positionierte sich klar gegen Ansätze, die das Aufzeigen von systemischem Rassismus verbieten wollen.

In Oklahoma selbst wurde kurz vor dem Jahrestag des Tulsa-Massakers das «1775 Gesetz» verabschiedet. Es löste bei Lehrenden und Beobachtenden Entsetzen aus, denn Oklahomas Geschichte ist geprägt von *Lynchings*, Terror und Gewalt gegen BPoC und der Enteignung der indigenen Bevölkerung – das dürfe im Klassenzimmer nicht totgeschwiegen werden. Doch genau darauf zielt das Gesetz ab.[25] Ähnliche Gesetze wurden derweil in Tennessee, Texas und Idaho verabschiedet – zahlreiche weitere sind in anderen Bundesstaaten bereits auf dem Weg.[26] Ein gemeinsamer Nenner dieser Gesetze, der an restriktive «Erinnerungs-Gesetze» in autoritären Staaten erinnert, ist der Fokus auf Gefühlen, analysiert Snyder. Keine Inhalte des Unterrichts dürften zu «Unbehagen, Schuldgefühlen, Schmerz und anderen Formen von psychologischer Bedrängnis auf der Basis der *race* oder des Geschlechts des Individuums» führen. Ein fataler Ansatz, mit Geschichte umzugehen, denn, wie Snyder schreibt: «Geschichte ist keine Therapie.»[27]

Unterstützt wird diese moralische Panik von rechten Medien-Outlets wie *Fox News*: Dort wurde CRT allein im Zeitraum von April bis Juli 2021 ganze 1300 Mal erwähnt.[28] Wie im Kapitel «Kleine Soldaten» gezeigt, nutzt die Religiöse und Politische Rechte die von ihr entfachte Panik über CRT zur Mobilisierung ihrer Basis. Die Protestbewegung soll die neue *Tea Party* werden, hofft Steve Bannon: «Das ist die *Tea Party* hoch zehn. Das ist nicht Q, das sind *Mainstream*-Vorstadt-Mütter – und viele dieser Leute sind keine Trump-Wähler.»[29]

Auf Bundesstaatsebene setzt die Religiöse Rechte außerdem ihre Angriffe auf die Rechte von LGBTQIA*-Menschen fort, beispielsweise durch Gesetze, die die Rechte von trans Erwachsenen und Jugendlichen beschränken. Und auch rechte Medien haben ihre Anti-trans-Rhetorik deutlich verstärkt: *Fox News* hat in den ersten drei Monaten nach Bidens Amtsübernahme so viele Anti-LGBTQIA*-Segmente gezeigt wie in 2020 und 2019 zusammengenommen. Vertreter der *Alliance Defending Freedom*, die wir als Anti-LGBTQIA*-*Hate-Group* kennengelernt haben, wurden ganze 16 Mal als Experten in *Fox News*-Shows eingeladen.[30] Die Argumentation gegen CRT und gegen trans Menschen folgt demselben Muster, wie man es häufig in faschistischen Bewegungen findet: Eine scheinbare Bedrohung für «die Kinder» wird orchestriert, um die Angst zu schüren, dass Linke und «Marxisten» die Macht an sich reißen wollen. Das wird als vorgeschobener Grund benutzt, um restriktive Gesetze zu verabschieden.

Die Vertreter der Religiösen Rechten fühlen sich durch den Obersten Gerichtshof ermutigt. Und sie haben allen Grund dazu: Der SCOTUS hat an seinem letzten Tag vor der Sommerpause 2021 eine Reihe von Urteilen veröffentlicht, die der amerikanischen Demokratie einen herben Schlag versetzt haben. Zum einen beschied das Gericht mit einer 6:3-Mehrheit, dass die Wahlrechtsbeschränkungen im *Swing State* Arizona verfassungskonform seien. Das Urteil, geschrieben von Samuel Alito, stellt eine weitere Aushöhlung des *Voting Rights Acts* von 1965 dar. Laut dem SCOTUS verstoßen Gesetze, die eindeutig bestimmte Bevölkerungsgruppen diskriminieren, nur dann gegen die Verfassung, wenn sie auch eindeutig in dieser Absicht verfasst wurden. Es ist ein Meilenstein bei dem jahrzehntelangen Bestreben der *Federalist Society*-Fraktion des SCOTUS, das amerikanische Wahlrecht zu unterwandern. John Roberts, der so gern als «moderater» Konservativer genannt wird, hatte für diese Fraktion bereits 2013 einen bedeutenden Sieg errungen, als das Gericht unter seiner Führung im Fall *Shelby County v. Holder* beschloss, dass Bundesstaaten eine Änderung ihres Wahlrechts nicht mehr vom Bund genehmigen lassen mussten. Er setzte damit eine Regelung außer Kraft, die rassistischen Wahlrechtsbeschränkungen in der Vergangenheit einen Riegel vorgeschoben hatte. Die konservative Mehrheit argumentierte, dass Amerika nicht mehr rassistisch genug sei, um einer solchen Regelung zu bedürfen.[31] Die Logik war absurd, wie Ruth Bader Ginsburg in ihrem *Dissent* deutlich machte: «[*Anm. d. Autorin*: Diese Regelung] abzuschaffen, obwohl sie funktioniert hat und es immer noch tut, [...] ist wie seinen Regenschirm in einem Regensturm wegzuwerfen, weil man nicht nass wird», schrieb sie.[32]

Der SCOTUS hat diese Aushöhlung des *Voting Rights Acts* nun fortgesetzt. In 48 Bundesstaaten wurden bis Ende Mai 2021 bereits 389 Gesetze zur Wahlrechtsverschärfung vorgestellt, die das Wählen vor allem für BPoC schwieriger machen. Bis zum 21. Juni 2021 hatten mindestens 17 Staaten 28 solcher Gesetze bereits verabschiedet.[33] Die Organisationen *States United Democracy Center*, *Protect Democracy* und *Law Forward* melden mindestens 216 Gesetze in 41 Staaten, die der Legislative deutlich mehr Macht in Bezug auf die Durchführung von Wahlen einräumen würden – 24 davon sind bereits verabschiedet worden. Darin oft inbegriffen: die Entmachtung lokaler Wahlbeamter, die sich im November 2020 nicht von Trumps Druck einschüchtern ließen.[34] Die effektive Beschränkung der Wahlrechte von BPoC und die restriktiven «Erinnerungs-Gesetze» gehen Hand in Hand: Wer die Geschichte der Unterdrückung der Stimmen von BPoC in der amerikanischen Vergangenheit nicht kennt, wird es schwerer haben, sie in der Gegenwart zu erkennen.[35]

Das Gericht urteilte außerdem zugunsten der *Americans for Prosperity*, der *Astroturf*-Organisation des Koch-Netzwerks: Wohltätige Organisationen müssen demnach in Kalifornien ihre Spender nicht offenlegen – ein großer Sieg für *Dark Money*-Gruppen wie *Heritage Action* und viele andere.[36] Richterin Sotomayor machte in ihrem *Dissent* deutlich, welche Gefahr von dem Urteil ausgehe: «Die heutige Analyse macht die Melde- und Offenlegungspflichten zur Zielscheibe», schrieb sie. Unternehmen, «die ihren Verpflichtungen entgehen möchten, können dies nun tun, indem sie vage auf die ‹Datenschutzbedenken› des Ersten Zusatzartikels verweisen.»[37]

In der nahen Zukunft stehen außerdem wegweisende Urteile in Sachen Abtreibung und Waffenrecht an. Der konservativ dominierte SCOTUS hört im Herbst 2021 den Fall *Dobbs v. Jackson Women's Health Organization* an, der die Zukunft von Abtreibungsrechten in den USA in Gefahr bringen könnte.[38] Eine Entscheidung wird im Frühjahr 2022 erwartet – dann wird sich zeigen, wie weit der Oberste Gerichtshof die bisherigen Urteile, beziehungsweise das, was nach Jahrzehnten durch von der Religiösen Rechten gelenkte Attacken davon noch übrig ist, zurückrollen wird. Wahrscheinlich ist, wie schon beim Thema Wahlrecht beschrieben, die weitere Aushöhlung der bereits bestehenden Gesetzgebung. Zwölf Republikanische Gouverneure haben im Mississippi-Fall bereits im Juli 2021 einen *Amicus Brief* verfasst, in dem sie den SCOTUS dazu auffordern, die Entscheidung über Gesetzgebung bezüglich Abtreibung den einzelnen Bundesstaaten zu überlassen.[39] Sollte der SCOTUS das Abtreibungsverbot nach 15 Wochen in Mississippi für verfassungsmäßig erklären, würde das Tür und Tor für weitere restriktive Anti-Abtreibungs-Gesetze öffnen – und womöglich gar ein Verbot von Verhütungsmitteln. Auch hier ist nicht absehbar, ob eine solche Entscheidung einen öffentlichen Aufschrei nach sich ziehen würde. In Texas wurde beispielsweise das bisher restriktivste Wahlgesetz durch breiten Widerstand von Demokraten verhindert.

Der Oberste Gerichtshof hat jedoch *Roe v. Wade* effektiv schon im Spätsommer 2021 gekippt, indem er sich in einer 5:4-Entscheidung geweigert hat, ein wahrhaft dystopisches texanisches Abtreibungsverbot nach sechs Wochen Schwangerschaft zu blockieren. Das Gesetz sieht keine Ausnahmen für Vergewaltigung und Inzest vor. Der Trick: Die Durchsetzung des Gesetzes liegt dabei nicht beim Staat, sondern bei Bürgerinnen und Bürgern. Laut dem Gesetz können alle, die Schwangeren bei einer Abtreibung helfen – Ärztinnen, Pfleger, Rezeptionisten, Taxifahrerinnen –, von Privatpersonen verklagt werden. Als wäre das nicht schlimm genug, gibt es auch einen finanziellen Anreiz: Wer klagt und gewinnt, erhält mindestens 10000 Dollar Kopfgeld als Belohnung.[40] Entschieden hat der SCOTUS das nicht auf regulärem Weg, sondern im sogenannten *«Shadow Docket»* («Schatten-Akte») – einer Art Notfallvariante für SCOTUS-Fälle ohne volle *Briefings*, Anhörungen oder öffentliche Transparenz. Eigentlich nur für Notfälle gedacht, in denen die Zeit drängt, ist der *Shadow Docket* seit Trumps Regierungsantritt zum Instrument eines immer extremeren Obersten Gerichtshofs geworden, in dem die kontroversesten Entscheidungen fast heimlich, meist nachts entschieden wurden – darunter der *Muslim Ban*, die Mauer zu Mexiko, das Verbot von trans Menschen, im Militär zu dienen, das Ende des Zwangsräumungsstopps während der Pandemie und jetzt das Ende von *Roe v. Wade* in Texas.[41] Die Hexenjagd auf Abtreibungsbefürworter ist damit offiziell eröffnet, noch bevor der SCOTUS die direkte Attacke auf *Roe v. Wade* im Mississippi-Fall anhört. Texas ist nur der Anfang: Andere Republikanische Staaten werden nachziehen, in *Swing States* werden Republikaner mit der Aussicht auf ähnliche Gesetze Wahlkampf machen. Es ist ein Meilenstein für die Religiöse Rechte in ihrem Kampf gegen Reproduktive Rechte.

Die nächsten Monate werden zeigen, ob Demokraten der eingespielten Infrastruktur des Republikanischen Basis-Aktivismus etwas Effektives entgegensetzen können, und ob die Biden-Regierung die Demokratischen Senatoren Manchin und Sinema und weitere Zweifler in ihren Reihen überzeugen kann, den *Filibuster* abzuschaffen, der momentan verhindert, dass eine umfassende Wahlreform im Senat verabschiedet werden kann.

Auch innerhalb der Religiösen Rechten selbst herrscht Aufruhr: Mit Beth Moore und Russell Moore (keine Verwandtschaft/Ehe-Verhältnis) sind zwei der prominentesten Köpfe aus der *Southern Baptist Convention* ausgetreten, beide aufgrund des internen Umgangs mit sexuellem Missbrauch und Rassismus. Die

SBC hat mit Ed Litton zudem 2021 knapp einen Kandidaten zu ihrem Präsidenten gewählt, der weniger extrem als sein Gegenkandidat ist – aber trotzdem reaktionäre Ansichten vertritt.[42] Gleichzeitig werden zum ersten Mal überhaupt die Stimmen von *Exvangelicals* in der amerikanischen Presse wahrgenommen, die seit Jahren vor den autoritären Zügen des Weißen Evangelikalismus warnen, weil sie ihn selbst erfahren haben. Eine neue Generation von evangelikalen und christlichen Forschenden ist bereit, die Geschichte des Evangelikalismus neu zu schreiben, ohne sich von der eigenen Voreingenommenheit leiten zu lassen. Das gelingt nicht immer, ist aber ein begrüßenswerter Ansatz. Seit dem Angriff auf das Kapitol wird Journalistinnen und Forschern, die sich seit Jahren mit Christlichem Nationalismus beschäftigen, in der amerikanischen Medienlandschaft mehr Gehör geschenkt – auch wenn die Mehrheit nach wie vor die massive Bedrohung der amerikanischen Demokratie durch die Religiöse Rechte verkennt.[43] Die Lüge vom Wahlbetrug liefert Wahlverlierern die Rechtfertigung, Macht außerhalb der demokratisch vorgesehenen Prozesse an sich zu reißen. War eine solch offen autoritäre, extreme Ideologie in der Republikanischen Partei in der Vergangenheit noch nicht mehrheitsfähig, ist sie es spätestens jetzt geworden. Barry Goldwater rief 1964 Extremismus zur Tugend und Moderation zur Sünde aus. Er verlor seine Wahl – doch mehr als fünfzig Jahre später ist die Republikanische Partei genau an diesem Punkt angelangt.

In den USA werden in den nächsten Jahren einige zentrale Entscheidungen getroffen, die den Lauf der Geschichte dieses auch für Deutschland so wichtigen Landes prägen werden. Die *Midterm*-Wahlen im November 2022 werden entscheidend für die Handlungsfähigkeit der Biden-Regierung sein. Sollten die Republikaner die Mehrheiten im Repräsentantenhaus und Senat zurückgewinnen (was nicht untypisch wäre für die Oppositionspartei), werden sie alle Vorhaben der Demokraten blockieren, das hat der Republikanische Minderheitsführer Mitch McConnell bereits verkündet. Wenn die Demokraten es nicht schaffen, den *Filibuster* abzuschaffen, wird es ihnen kaum gelingen, eine umfassende Wahlreform zu verabschieden und Republikanische Bestrebungen der Wählerunterdrückung zu unterbinden. Für die Republikaner gibt es unterdessen keinerlei Grund mehr, nach 2020 noch Wahlniederlagen anzuerkennen. Sie können auf breite Unterstützung ihrer Wählerschaft und des Netzwerks der Religiösen Rechten unter der Organisation des CNP zählen, wodurch es jetzt schon gelungen ist, die Lüge vom Wahlbetrug zu einem festen Bestandteil der Republikanischen Agenda zu machen. Abweichler wie die erzkonservative Liz Cheney werden kurzerhand abgewählt.

Noch ist unklar, ob Trump 2024 wieder als Präsidentschaftskandidat antritt. Durch die Einleitung eines strafrechtlichen Verfahrens gegen ihn scheint er zunächst in die Ecke gedrängt. Doch juristische Expertinnen und Experten warnen, dass eine Kandidatur trotz einer laufenden Anklage gegen ihn verfassungsmäßig möglich ist.[44] Gleichzeitig dürfte die Aussicht auf Strafimmunität im Falle einer zweiten Amtszeit ein mächtiger Anreiz für Trump sein, erneut zu kandidieren. Genauso gut ist es möglich, dass er sich in der Rolle als Königsmacher gefällt.

Die Religiöse Rechte bleibt derweil geduldig. Sie hat einen langen Atem und wird sich erst auf einen Kandidaten festlegen, wenn das Machtspiel entschieden ist. Stattdessen ist sie offen für diverse Kandidaten: Darunter Mike Pence, der bei ihr nach wie vor einen Stein im Brett hat – doch den wird die MAGA-Basis nach dem Verschwörungsmythos um die Wahl wohl kaum akzeptieren. Auch Ted Cruz und Tom Cotton könnten eine Rolle spielen, genauso wie die ALEC-Alumna Nikki Haley, die nach ihrem Rücktritt als amerikanische Botschafterin bei der UN zunächst von Medien als Trump-Kritikerin gefeiert wurde. Eine weitere Option ist Josh Hawley, der Verbindungen zu diversen mit dem CNP affiliierten Organisationen pflegt, oder MAGA-Liebling und Gouverneur von Florida Ron DeSantis. Oder wird es am Ende doch Tucker Carlson – oder jemand ganz anderes? Die Entscheidung ist noch nicht absehbar, zu viel befindet sich noch in der Schwebe. Doch klar ist: Die Religiöse Rechte wird eine wesentliche Rolle spielen.

Und auch wenn die Zahl Weißer Evangelikaler in den USA nominell zurückgeht, wäre es ein schwerer Fehler, sich deswegen in Sicherheit zu wiegen. Der Soziologe Andrew Whitehead befürchtet, diese demographische Entwicklung könnte der Bewegung sogar Auftrieb verschaffen: «Die Angst, ‹ihr Land› zu verlieren, wird sie in zukünftigen Wahlen mobilisieren. Und da diese Gruppe älter und Weißer ist als Amerika als Ganzes, gehen mehr von ihnen wählen. Das bedeutet, dass ihr Einfluss auf die Politik in den USA ihre numerische Zahl bei weitem übersteigen wird.»[45] Dabei ist die Gefahr des Christlichen Nationalismus nicht an die Personalie Trump gebunden: Weitere Politikerinnen und Politiker werden sich des Christlichen Nationalismus bedienen, um ihre Basis zu mobilisieren. Während die politische Berichterstattung also bereits um die Personalien für 2024 rätselt, denken Vertreterinnen und Vertreter der Religiösen Rechten nicht in Wahlzyklen. Ihre Mission ist auf Jahrzehnte, wenn nicht sogar auf Jahrhunderte ausgerichtet. Als Bewegung verfügt sie über die Infrastruktur, die ihren Gegenspielern fehlt – eine gut geölte Maschine, dank der sich die Republikanische Partei zum politischen Arm der Religiösen Rechten entwickelt hat. Ob Sieg oder Niederlage – 2022 und 2024 sind für diese Bewegung nur kleine Zwischenstationen auf dem Weg zu einem christlich-nationalistischen Amerika.

DANK

Dieses Buch wäre nicht zustande gekommen ohne die zahlreichen Wissenschaftlerinnen und Wissenschaftler, Journalisten und Journalistinnen, mit denen ich mich austauschen konnte – tausend Dank daher vor allem an Bradley Onishi, Kristin Kobes DuMez, Anne Nelson, Kelly J. Baker, Sarah Posner, André Gagné, Sophie Bjork-James, Andrew Whitehead, Dan Miller und Chrissy Stroop. Danke, dass ihr euch die Zeit für mich genommen habt!

Natürlich gibt es zahlreiche weitere Menschen, ohne deren Fachwissen und bestehende Texte dieses Buch nie das Licht der Welt erblickt hätte: Andrew L. Seidel, Anthea Butler, Jason Stanley, Timothy Snyder, Sara Moslener, Julie Ingersoll, Katherine Stewart, Samuel L. Perry, Kevin M. Kruse, Robert P. Jones, Matthew Avery Sutton, Frederick Clarkson und Kate Bowler – die ganze Liste würde wohl den verfügbaren Platz sprengen.

Danke an meine Eltern, die Probe und Korrektur gelesen haben und jetzt wohl selbst Experten in Sachen Rushdoony und Co. geworden sind (wer hätte das gedacht?). Und an Lawrence, der ertragen hat, dass ich Kenneth Copeland und all die anderen allzu oft allzu laut gehört habe (ohne Kopfhörer, *mea culpa*), und dafür gesorgt hat, dass ich mich in der schlimmsten Schreibphase nicht nur von trockenem Brot ernährt habe. Jasmin – du bist einfach die Patin, ohne dich hätte das nie geklappt. Niklas, danke fürs Beruhigen, wenn ich in Panik ein Kapitel zum Lesen schickte. Danke an Sandra und Linus für all die Gassirunden, bei denen ich trotz Pandemie und Deadline-Panik den Kopf frei bekommen konnte. Sinah und Alina – danke euch dafür, dass ihr mich einigermaßen bei Verstand gehalten habt. Und ohne Frieda hätte eh gar nichts funktioniert.

Danke auch an all die Twitter-Menschen und Patrons, die mitgefiebert haben, Durchhalte-Parolen und -Pakete geschickt haben – ihr seid der Hammer.

ANMERKUNGEN

Macht – in Gottes Namen

1 Luke Mogelson: A Reporter's Footage from Inside the Capitol Siege, 17. Januar 2021, The New Yorker, ab Min. 08:03 https://www.newyorker.com/news/video-dept/a-reporters-footage-from-inside-the-capitol-siege (Stand: 23. Juni 2021).
2 Diamond, Sara: Spiritual Warfare. The Politics of the Christian Right, Boston 1989, S. 138.
3 Gjelten, Tom: Militant Christian Nationalists Remain A Potent Force, Even After The Capitol Riot, 19. Januar 2021, NPR https://www.npr.org/2021/01/19/958159202/militant-christian-nationalists-remain-a-potent-force (Stand: 23. Juni 2021).
4 Smith, Gregory A.: Among white evangelicals, regular churchgoers are the most supportive of Trump, 26. April 2017, Pew Research Center https://www.pewresearch.org/fact-tank/2017/04/26/among-white-evangelicals-regular-churchgoers-are-the-most-supportive-of-trump/ (Stand: 01. April 2021).
5 Igielnik, Ruth; Keeter, Scott; Hartig, Hannah: Behind Biden's 2020 Victory, 30. Juni 2021, Pew Research Center https://www.pewresearch.org/politics/2021/06/30/behind-bidens-2020-victory/ (Stand: 10. Juli 2021).
6 Burge, Ryan: Faith in numbers: Trump held steady among believers at the ballot – it was the nonreligious vote he lost in 2020, 08. April 2021, The Conversation https://theconversation.com/faith-in-numbers-trump-held-steady-among-believers-at-the-ballot-it-was-the-nonreligious-vote-he-lost-in-2020-158513 (Stand: 13. Mai 2021).
7 Martínez, Jessica; Smith, Gregory A.: How the faithful voted: A preliminary 2016 analysis, 09. November 2016, Pew Research Center https://www.pewresearch.org/fact-tank/2016/11/09/how-the-faithful-voted-a-preliminary-2016-analysis/ (Stand: 01. April 2021).

Kreuz und Flagge

1 Dias, Elizabeth: «Christianity Will Have Power», 09. August 2020, The New York Times https://www.nytimes.com/2020/08/09/us/evangelicals-trump-christianity.html (Stand: 01. April 2021).
2 Ebd.
3 Whitehead, Andrew L.; Perry, Samuel L.: Taking America Back for God, Oxford, 2020, S. 10 f.
4 Ebd., S. 7.
5 Ebd., S. 33.
6 White Evangelicals See Trump as Fighting for Their Beliefs, Though Many Have Mixed Feelings About His Personal, 12. März 2020, Pew Research Center https://www.pewforum.org/2020/03/12/white-evangelicals-see-trump-as-fighting-for-their-beliefs-though-many-have-mixed-feelings-about-his-personal-conduct/#half-of-americans-say-the-bible-should-influence-u-s-laws (Stand: 16. Mai 2021).
7 PRRI: The 2020 Census of American Religion, 08. Juli 2021, Public Religion Research

Institute https://www.prri.org/research/2020-census-of-american-religion/ (Stand: 09. Juli 2021).

8 Cantwell, Christopher D.: How the Study of Evangelicalism has blinded us to the Problems in Evangelical Culture, 04. März 2021, Religion Dispatches https://religiondispatches.org/how-the-study-of-evangelicalism-has-blinded-us-to-the-problems-in-evangelical-culture/ (Stand: 01. April 2021).

9 Hamilton, Michael S.: A Strange Love? Or: How White Evangelicals Learned to Stop Worrying and Love the Donald, in: Evangelicals: Who They Have Been, Are Now, and Could Be (Hgg.: Noll, Mark A.; Bebbington, David W.; Marsden, George M., Grand Rapids 2019, S. 217–227, S. 221 f.

10 Gloege, Timothy: #ItsNotUs: Being Evangelical means never having to say you're sorry, 03. Januar 2018, Religion Dispatches https://religiondispatches.org/#itsnotus-being-evangelical-means-never-having-to-say-youre-sorry/ (Stand: 01. April 2021).

11 Tisby, Jemar: Are Black Christians Evangelicals? In: Noll, Mark A., Bebbington, David W., Marsden, George M.: Evangelicals. Who they have been, are now, and could be, Grand Rapids, Michigan 2019, S. 262–272, S. 271.

12 Kristin Kobes Du Mez, Historikerin und Professorin für Gender Studies an der Calvin University, Michigan, im Gespräch mit der Autorin am 22. Februar 2021.

13 Onishi, Bradley im Gespräch mit der Autorin, 26. Januar 2021.

14 Christians Against Christian Nationalism https://www.christiansagainstchristi-annationalism.org/statement (Stand 15. April 2021).

15 Whitehead; Perry: Taking America Back for God, S. 16.

16 Ingersoll: Building God's Kingdom. Inside the World of Christian Reconstruction, Oxford 2015, S. 209, 222; Noble, Alan: The Evangelical Persecution Complex, 04. August 2014, The Atlantic https://www.theatlantic.com/national/archive/2014/08/the-evangelical-persecution-complex/375506/ (Stand: 01. Juni 2021).

17 The Washington Times: President Outlines Role of His Faith, 11. Januar 2005, The Washington Times, https://www.washingtontimes.com/news/2005/jan/11/20050111-101004-3771r/ (Stand: 26. April 2021).

18 Whitehead; Perry, Taking America Back for God, S. 27, 29.

19 Ebd., S. 37.

20 Ebd., S. 62.

21 The American Religious Landscape in 2020, 07. August 2020, Public Religion Research Institute https://www.prri.org/research/2020-census-of-american-religion/ (Stand: 02. August 2021).

22 Monson, Quin; Riding, Scott: Latter-day Saint Support for Trump is Strongly Connected to Christian Nationalism, 10. November 2020, Religion in Public https://religioninpublic.blog/2020/11/10/latter-day-saint-support-for-trump-is-strongly-connected-to-christian-nationalism/ (Stand: 06. April 2021).

Die Erfindung der Geschichte

1 Mantyla,Kyle: DeLay: Americans Have Forgotten That God Wrote The Constitution, Right Wing Watch, 20. Februar 2014, Right Wing Watch http://www.rightwingwatch.org/content/delay-americans-have-forgotten-god-wrote-constitution (Stand: 15. April 2021).

2 Kampl, Michaela: Missionarischer Bastelladen Hobby Lobby,11. Juli 2014, Der Standard https://www.derstandard.at/story/2000002944146/ein-missionarischer-bastelladen (Stand: 15. April 2021).

3 Siehe z. B. «The American Patriot's Bible» (Thomas Nelson) und «The Founder's Bible» (WallBuilders).

4 Clark, Meagan: Zondervan, HarperCollins In Talks To Produce ‹God Bless The USA› Bible That Includes Constitution, 13. Mai 2021, Religion Unplugged https://religionunplugged.com/news/2021/5/12/zondervan-harpercollins-license-god-bless-the-usa-bible-that-includes-constitution (Stand: 11. Juni 2021).
5 https://godblesstheusabible.com/ (Stand: 11. Juni 2021).
6 Gorski, Philip: Am Scheideweg. Amerikas Christen und die Demokratie vor und nach Trump, London 2020, Ausgabe: Bundeszentrale für Politische Bildung, S. 164 f.
7 Jefferson, Thomas: Brief an die Danbury Baptists, 01. Januar 1802 https://www.loc.gov/loc/lcib/9806/danpre.html (Stand: 06. April 2021).
8 Treaty of Peace and Friendship, unterzeichnet in Tripolis am 04. November 1796.
9 Luscombe, Richard: CNN urged to fire Rick Santorum after racist comments on Native Americans, 26. April 2021, The Guardian https://www.theguardian.com/us-news/2021/apr/26/rick-santorum-native-americans-comments-outrage-cnn (Stand: 10. Mai 2021).
10 Aratani, Lauren: Rick Santorum axed by CNN over racist remarks on Native Americans, 22. Mai 2021, The Guardian https://www.theguardian.com/media/2021/may/22/cnn-rick-santorum-axed-native-americans (Stand: 28. Mai 2021).
11 Ingersoll, Julie: Huckabee channels Rushdoony, 08. April 2011, Religion Dispatches https://religiondispatches.org/huckabee-channels-rushdoony/ (Stand: 01. Juni 2021).
12 Stephens, Randall J.; Giberson, Karl W.: The Anointed. Evangelical Truth in a Secular Age, Cambridge, Mass. 2011, S. 83.
13 Stewart, Katherine: The Power Worshippers. Inside the Dangerous Rise of Religious Nationalism, London 2020, S. 132 f.
14 Somanader, Tanya: Mike Huckabee Wants Every American To Be ‹Forced At Gun Point› To Learn From Radical Historian, 31. März 2011, Think Progress https://archive.thinkprogress.org/mike-huckabee-wants-every-american-to-be-forced-at-gun-point-to-learn-from-radical-historian-5e33c5452b5a/ (Stand: 06. April 2021).
15 Barton, David: The Founding Fathers and Slavery, WallBuilders https://wallbuilders.com/founding-fathers-slavery/ (Stand: 16. April 2021).
16 Ingersoll, Julie J.: Building God's Kingdom: Inside the World of Christian Reconstruction, Oxford 2015, S. 203.
17 zit. n. Julie Zauzmer: The Bible was used to justify slavery. Then Africans made it their path to freedom, 30. April 2019, The Washington Post https://www.washingtonpost.com/local/the-bible-was-used-to-justify-slavery-then-africans-made-it-their-path-to-freedom/2019/04/29/34699e8e-6512-11e9-82ba-fcfeff232e8f_story.html (Stand 16. April 2021).
18 Ingersoll, Building God's Kingdom, S. 204.
19 Barton, David: Democrats and Republicans: In Their Own Words. National Party Platforms on Specific Biblical Issues, WallBuilders https://wallbuilders.com/wp-content/uploads/sites/2/2016/12/CivilRightsPlatforms.pdf (Stand: 16. April 2021).
20 McDowell, Stephen: The Bible, Slavery, and America's Founders, 31. Dezember 2016, WallBuilders https://wallbuilders.com/bible-slavery-americas-founders/ (Stand: 16. April 2021).
21 Ingersoll: Building God's Kingdom, S. 205.
22 McDowell, Stephen: The Bible, Slavery, and America's Founders, 31. Dezember 2016 https://wallbuilders.com/bible-slavery-americas-founders/ (Stand: 16. April 2021).
23 Ingersoll: Building God's Kingdom, S. 205.
24 Barton, David: The Bible, Slavery, and America's Founders, 31. Dezember 2016, WallBuilders https://wallbuilders.com/bible-slavery-americas-founders/ (Stand: 16. April 2021).

25 Die Bibel. Einheitsübersetzung der Heiligen Schrift. Gesamtausgabe. Hrsg. im Auftrag der Bischöfe Deutschlands u. a., Stuttgart 1999.
26 Mantyla, Kyle: WallBuilders. National Borders Were Drawn By God and Obama Is Out to Replace «Core Americans» With Illegals, 26. Juli 2010, Right Wing Watch https://www.rightwingwatch.org/post/wallbuilders-national-borders-were-drawn-by-god-and-obama-is-out-to-replace-core-americans-with-illegals/ (Stand: 16. April 2021).
27 Balmer, Randall, zit. in: Russell Shorto: How Christian Were the Founders? 11. Februar 2010, The New York Times https://www.nytimes.com/2010/02/14/magazine/14texbooks-t.html?pagewanted=all (Stand: 16. April 2021).
28 Boston, Rob: The Barton Lies: Conservative Christian Scholars Debunk ‹Christian Nation› Propagandist, 09. August 2012, Wall of Separation Blog, Americans United for Separation of Church and State https://www.au.org/blogs/wall-of-separation/the-barton-lies-conservative-christian-scholars-debunk-christian-nation (Stand: 16. April 2021).
29 Throckmorton, Warren: David Barton: Christian Professors Were Trained By Pagan Professors Who Hate God, 25. Juli 2013, Blog https://www.wthrockmorton.com/2013/07/25/david-barton-christian-professors-were-trained-by-pagan-professors-who-hate-god/ (Stand: 16. April 2021).
30 Stewart: Power Worshippers, S. 135.
31 Blakeslee, Nate: King of the Christocrats, 01. September 2006, Texas Monthly https://www.texasmonthly.com/articles/king-of-the-christocrats/ (Stand: 16.04.21).
32 https://www.bibleinschools.net/About-Us/ (Stand: 16. April 2021).
33 Chancey, Mark A.: A Textbook Example of the Christian Right. The National Council on Bible Curriculum in Public Schools, in: Journal of the American Academy of Religion, Bd. 75 (September 2007), S. 554–581 http://faculty.smu.edu/mchancey/pdfs/chancey--jaar_final.pdf (Stand: 06. April 2021).
34 Stephens; Giberson: The Anointed, S. 83.
35 Naughton, Michael: Faith in the ballot, 21. August 2020, The Harvard Gazette https://news.harvard.edu/gazette/story/2020/08/how-will-white-evangelicals-vote-in-the-election/ (Stand: 17. April 2021).
36 Pressemitteilung des Texas Freedom Networks: Dan Quinn: Texas Curriculum Standards Revision an Exercise in Politicians Masquerading as Historians, 15. November 2018 https://tfn.org/texas-curriculum-standards-revision-exercise-politicians-masquerading-historians-2/ (Stand: 16. April 2021).
37 Stewart: Power Worshippers, S. 141.
38 Siehe Ingersoll: Building God's Kingdom, S. 194.
39 Simon, Stephanie Simon: Texas tea party seeks Cruz 2.0, 03. November 2013, Politico https://www.politico.com/story/2013/11/texas-tea-party-david-barton-ted-cruz-099278 (Stand: 26. April 2021).
40 Ebd., S. 195.
41 Ebd., S. 198.
42 Ingersoll: The limits of David Barton's «Freedom of Religion» Argument, 07. Juni 2011, Religion Dispatches https://religiondispatches.org/the-limits-of-david-bartons-freedom-of-religion-argument/ (Stand 16. April 2021).
43 Burton, Tara Isabella: Understanding the fake historian behind America's religious right, 25. Januar 2018, Vox https://www.vox.com/identities/2018/1/25/16919362/understanding-the-fake-historian-behind-americas-religious-right (Stand: 06. April 2021).
44 Mantyla,Kyle: Brownback's Hero: Propagandist David Barton, 19. Oktober 2006, Right Wing Watch https://www.rightwingwatch.org/post/brownbacks-hero-propagandist-david-barton/ (Stand: 31. Mai 2021).

45 Secretary Michael R. Pompeo With Dr. James Dobson of Family Talk with James Dobson, 11. Juni 2020, State Department https://2017-2021.state.gov/secretary-michael-r-pompeo-with-dr-james-dobson-of-family-talk-with-james-dobson/index.html (Stand: 26. April 2021).

46 Murphy, Patricia: The Evangelical Power Broker Behind Ted Cruz, 13. April 2017, The Daily Beast https://www.thedailybeast.com/the-evangelical-power-broker-behind-ted-cruz (Stand: 06. April 2021).

47 WallBuilders: The Johnson Amendment Violating Our Constitution And Our Rights, 19. April 2017 https://wallbuilderslive.com/johnson-amendment-violating-our-constitution/ (Stand: 17. April 2021).

48 Landers, Elizabeth: Trump: I will ‹destroy› Johnson amendment, 02. Februar 2017, CNN https://edition.cnn.com/2017/02/02/politics/johnson-amendment-trump/index.html (Stand: 17. April 2021).

49 Rizzo, Salvador: President Trump's shifting claim that ‹we got rid› of the Johnson Amendment, 09. Mai 2019, The Washington Post https://www.washingtonpost.com/politics/2019/05/09/president-trumps-shifting-claim-that-we-got-rid-johnson-amendment/ (Stand: 06. April 2021).

50 Mantyla, Kyle: David Barton: Christians Who Refuse To Vote For Donald Trump Will Have To Answer To God, 10. August 2016, Right Wing Watch https://www.rightwingwatch.org/post/david-barton-christians-who-refuse-to-vote-for-donald-trump-will-have-to-answer-to-god/ (Stand: 17. April 2021).

51 Braunstein, Ruth: The «Right» History: Religion, Race, and Nostalgic Stories of Christian America, in: Religions, Vol. 12, Nr. 95 (2021).

52 Warren, Meredith J. C.: Why ‹Judeo-Christian values› are a dog-whistle myth peddled by the far right, 07. November 2017, The Conversation https://theconversation.com/why-judeo-christian-values-are-a-dog-whistle-myth-peddled-by-the-far-right-85922 (Stand: 29. April 2021).

53 Braunstein, Ruth: 04. Februar 2021, Twitter https://twitter.com/RuthBraunstein/status/1357462454268121088 (Stand: 23. Juni 2021).

54 Braunstein: The «Right» History.

55 Gorski, Philip S.; Perry, Samuel: Practices of relation, 02. April 2021, The Immanent Frame http://tif.ssrc.org/2020/04/02/gorski-and-perry/ (Stand: 23. Juni 2021).

56 Donohue, Bill: Demonizing White Christians, 10. Februar 2021, Catholic League https://www.catholicleague.org/demonizing-white-christians/ (Stand: 06. April 2021).

57 Ebd.

58 Donohue, Bill: Justice Sunday Transcripts (Mike Doughney), 25. April 2005, Daily Kos https://m.dailykos.com/stories/109317 (Stand: 06. April 2021).

59 Kevin M. Kruse: One Nation under God: How Corporate America Invented Christian America, New York 2015, S. 7 f.

60 Seidel, Andrew: The Founding Myth: Why Christian Nationalism Is Un-American, New York 2019, S. 279 f.

61 Nixon, Robert: President Nixon's televised address to the nation on the Watergate investigation, 30. April 1973 https://watergate.info/1973/04/30/nixons-first-watergate-speech.html; Domke, David; Coe, Kim: The God Strategy: How Religion Became a Political Weapon in America, Oxford 2008, S. 61 f.

62 Reagan, Ronald: Address Accepting the Presidential Nomination at the Republica National Convention in Detroit, 17. Juli 1980 https://www.presidency.ucsb.edu/documents/address-accepting-the-presidential-nomination-the-republican-national-convention-detroit (Stand: 29. April 2021).

63 Dias, Elizabeth: The Family Behind a $ 500 Million Bible Museum Hopes to Change Washington, 17. November 2017, Time https://time.com/5029473/bible-museum-steve-green-hobby-lobby/ (Stand: 10. Juni.2021).

64 Moritz-Rabson, Daniel: U. S.'s Biggest Christian Charity Reportedly Channeled $ 56.1 Million to Purported Hate Groups, 20. März 2019, Newsweek https://www.newsweek.com/biggest-christian-charity-funding-hate-groups-1370055 (Stand: 17. April 2021).
65 Alliance Defending Freedom: Gregory S. Baylor https://adflegal.org/biography/gregory-s-baylor (Stand: 17. April 2021).
66 Bell, Emily C.: The Museum of the Bible is connected to a right-wing agenda, 24. November 2017, Salon https://www.salon.com/2017/11/24/the-new-museum-of-the-bible-is-connected-to-a-right-agenda_partner/ (Stand: 17. April 2021).
67 Dias, Elizabeth: The Family Behind a $ 500 Million Bible Museum Hopes to Change Washington, 17. November 2017, Time https://time.com/5029473/bible-museum-steve-green-hobby-lobby/ (Stand: 17. April 2021).
68 Boorstein, Michelle: D. C.'s new Bible museum says it wants to avoid politics. But its opening gala is at the Trump hotel, 15. November 2017, The Washington Post https://www.washingtonpost.com/news/acts-of-faith/wp/2017/11/15/washingtons-huge-new-bible-museum-says-it-wants-to-stay-out-of-politics-but-its-opening-gala-is-at-the-trump-hotel/ (Stand: 17. April 2021).
69 Baden, Joel; Moss, Candida: Can Hobby Lobby Buy the Bible? Ausgabe Januar / Februar 2017, The Atlantic https://www.theatlantic.com/magazine/archive/2016/01/can-hobby-lobby-buy-the-bible/419088/ Stand: (17. April 2021).
70 Crow, Kelly: Hobby Lobby President to Return 11,500 Antiquities to Iraq and Egypt, 27. März 2020, The Wall Street Journal https://www.wsj.com/articles/hobby-lobby-president-to-return-11-500-antiquities-to-iraq-and-egypt-11585324494 (Stand: 17. April 2021).
71 Strauss, Valerie: Trump's newest assault on America's public schools: They teach kids to ‹hate their own country›, 05. Juli 2020, The Washington Post https://www.washingtonpost.com/education/2020/07/05/trumps-newest-assault-americas-public-schools-they-teach-kids-hate-their-country/ (Stand: 29. April 2021).

Die Suche nach der Agenda

1 Dias, Elizabeth, Karni, Annie and Tavernise, Sabrina: Trump Tells Anti-Abortion Marchers, ‹Unborn Children Have Never Had a Stronger Defender in the White House›, 24. Januar 2020, The New York Times https://www.nytimes.com/2020/01/24/us/politics/trump-abortion-march-life.html (Stand: 07. Juni 2021).
3 Lipka, Michael: Mainline Protestants make up shrinking number of U. S. adults, 18. Mai 2015, Pew Research Center https://www.pewresearch.org/fact-tank/2015/05/18/mainline-protestants-make-up-shrinking-number-of-u-s-adults/ (Stand: 12. Juli 2021).
3 Jenkins, Jack: Survey: White mainline Protestants outnumber white evangelicals, while 'nones' shrink, 08. Juli 2021, Religion News Service https://religionnews.com/2021/07/08/survey-white-mainline-protestants-outnumber-white-evangelicals/ (Stand: 02. August 2021).
4 Sutton, Matthew Avery: American Apocalypse. A History of Modern Evangelicalism, Cambridge, Massachusetts 2014, S. 12 f.
5 Baltimore Sun, 22. Juli 1925, zit. n. McRae, Donald: The Old Devil: Clarence Darrow: The World's Greatest Trial Lawyer, London 2009.
6 Roebruck, David G.: Fundamentalism and Pentecostalism: The changing face of Evangelicalism in America, S. 85–106, in: Faith in America: Changes, Challenges, New Directions, Bd. 1: Organized Religion Today (Hrsg: Charles Lippy), 2006, S. 97.

7 Sutton, Matthew Avery: American Apocalypse, S. 176 f.
8 Posner, Sarah: Unholy. Why White Evangelicals Worship at the Altar of Donald Trump, New York 2020, S. 110.
9 Carr, Sarah: In Southern Towns, ‹Segregation Academies› Are Still Going Strong, 13. Dezember 2012, The Atlantic https://www.theatlantic.com/national/archive/2012/12/in-southern-towns-segregation-academies-are-still-going-strong/266207/ (Stand: 07. Juni 2021).
10 Falwell, Jerry: Ministers and Marches, 21. März 1965, Jerry Falwell Library, S. 7 https://liberty.contentdm.oclc.org/digital/collection/p17184coll4/id/4699 (Stand: 07. Juni 2021).
11 Butler, Anthea: White Evangelical Racism: The Politics of Morality in America, Chapel Hill, North Carolina 2021, S. 41, 48–49.
12 Jerry Falwell: Building Dynamic Faith, 2005, Kapitel: Tag 28.
13 Peter Applebome: Jerry Falwell, Moral Majority Founder, Dies at 73, 16. Mai 2007, The New York Times https://www.nytimes.com/2007/05/16/obituaries/16falwell.html (Stand: 07. Juni 2021).
14 Ebd.
15 Dan Mangan: Trump: I'll appoint Supreme Court justices to overturn Roe v. Wade abortion case, 19. Oktober 2016, CNBC https://www.cnbc.com/2016/10/19/trump-ill-appoint-supreme-court-justices-to-overturn-roe-v-wade-abortion-case.html (Stand: 07. Juni 2021).
16 Graziosi, Graig: ‹It's certainly possible›: Trump admits Amy Coney Barrett could help reverse landmark right to choose abortion laws, 28 September 2020, The Independent https://www.independent.co.uk/news/world/americas/us-politics/donald-trump-amy-coney-barrett-abortion-laws-b678509.html (Stand: 07. Juni 2021).
17 Posner: Unholy, S. 104.
18 Southern Baptist Convention: Resolution on Abortion, Norfolk, Virginia 1976 https://web.archive.org/web/20200804173502/http://www.sbc.net:80/resolutions/15/resolution-on-abortion (Originallink wurde aufgelöst, Stand: 08. Juni 2021).
19 Balmer, Randall: The Real Origins of the Religious Right, 27. Mai 2014, Politico https://www.politico.com/magazine/story/2014/05/religious-right-real-origins-107133/ (Stand: 07. Juni 2021).
20 Carlson, Allan: Godly Seed: American Evangelicals Confront Birth Control, 1873–1973 (2011).
21 Beisel, Nicola, Sarah Lipton-Lubet: Appropriating Aushwitz: The Holocaust as Analogy and Provocation in the Pro-Life Movement, Northwestern University 2013.
22 Snugg, John: A Nation Under God, Dezember 2005, Mother Jones https://www.motherjones.com/politics/2005/12/nation-under-god/ (Stand: 07. Juni 2021).
23 Clarkson, Frederick: Christian Reconstructionism: Theocratic Dominionism Gains Influence, in: Public Eye, Bd. 8, Nr. 1 (März / Juni 1994) http://www.publiceye.org/magazine/v08n1/chrisre2.html (Stand: 07. Juni 2021).
24 In the Hand of God, 02. März 2011, Concerned Women for America https://concernedwomen.org/dr-bernard-nathanson-in-the-hand-of-god/ (Stand: 07. Juni 2021).
25 A False ‹Scream›, 11. März 1985, The New York Times https://www.nytimes.com/1985/03/11/opinion/a-false-scream.html (Stand: 07. Juni 2021).
26 Cuniberti, Betty, Mehren, Elizabeth: ‹Silent Scream›: Abortion Film Stirs Friend, Foe, 08. August 1985, LA Times https://www.latimes.com/archives/la-xpm-1985-08-08-mn-3283-story.html (Stand: 07. Juni 2021).
27 Boston, Rob: No Sense Of Decency: The Moral Bankruptcy Of Randall Terry, 02. Juni 2009, Wall of Separation Blog, Americans United for the Separation of Church and

State https://www.au.org/blogs/wall-of-separation/no-sense-of-decency-the-moral-bankruptcy-of-randall-terry (Stand: 07. Juni 2021).

28 Tomeo, Teresa: Open Letter About R Rating of Pro-life ‹Unplanned› Movie Exposes Media Bias: Media Expert Teresa Tomeo says R Rating is ‹Sabotage›, 28. März 2019, Christian News Wire http://www.christiannewswire.com/news/2937582432.html (Stand: 07. Juni 2021).

29 Johnson, Abby: Open Letter, 28. März 2019, The Catholic Spirit https://thecatholicspirit.com/news/nation-and-world/an-open-letter-from-abby-johnson-regarding-unplanned-r-rating/ (Stand: 07. Juni 2021).

30 https://www.boxofficemojo.com/release/rl436831745/ (Stand: 07. Juni 2021).

31 Dobson, James: Justice Sunday Transcripts (Mike Doughney), 25. April 2005, Daily Kos https://m.dailykos.com/stories/109317 (Stand: 05. Juni 2021).

32 Kate Smith: Alabama politicians compare abortions to the Holocaust in proposed legislation, 23. April 2019, CBS News https://www.cbsnews.com/news/alabama-abortion-bill-alabama-politicians-compare-abortions-to-the-holocaust-in-proposed-abortion-law-2019-04-23/ (Stand: 23. Juni 2021).

33 Patricia Mazzei, Alan Blinder: Georgia Governor Signs ‹Fetal Heartbeat› Abortion Law, 07. Mai 2019, The New York Times https://www.nytimes.com/2019/05/07/us/heartbeat-bill-georgia.html (Stand: 07. Juni 2021).

34 North, Anna, Kim, Katherine: The «heartbeat» bills that could ban almost all abortions, explained, 28. Juni 2019, Vox https://www.vox.com/policy-and-politics/2019/4/19/18412384/abortion-heartbeat-bill-georgia-louisiana-ohio-2019 (Stand: 07. Juni 2021).

35 Polletta, Maria: Arizona lawmaker proposes ‹homicide by abortion› bill; doctors and patients could be charged with murder, 22. Januar 2021, Arizona Republic https://eu.azcentral.com/story/news/politics/legislature/2021/01/21/doctors-patients-could-face-homicide-charge-abortion-under-arizona-bill/6667436002/ (Stand: 07. Juni 2021).

36 U. S. Public Continues to Favor Legal Abortion, Oppose Overturning Roe v. Wade, 29. August 2019, Pew Research Center https://www.pewresearch.org/politics/2019/08/29/u-s-public-continues-to-favor-legal-abortion-oppose-overturning-roe-v-wade/ (Stand: 07. Juni 2021).

37 Balmer, Randall: Thy Kingdom Come – An Evangelical's Lament. How the Religious Right Distorts Faith and Threatens America, New York 2006, S. 15.

38 Balmer: The Real Origins of the Religious Right.

39 Ebd.

40 Ebd.

41 Billings, Robert, Statement auf der ACU Conference, 30. Oktober 1978, Box 79, Hefter 8, zit. n. Posner: Unholy, S. 290; Posner: Unholy, S. 122.

42 Williams, Daniel: God's Own Party, The Making of the Christian Right, 2008, S. 164.

43 Weyrich, Paul: Brief an den IRS Commissioner Jerome Kurtz, 12. September 1978, Weyrich Papers, Box 3, Ordner 8, zit. n. Posner: Unholy, S. 290.

44 FitzGerald, Frances: The Evangelicals. The Struggle to Shape America, New York 2017, S. 303.

45 Clymer, Adam: M. Stanton Evans, Who Helped Shape the Conservative Movement, Is Dead at 80», 03. März 2015, The New York Times https://www.nytimes.com/2015/03/04/us/m-stanton-evans-pioneer-of-conservative-movement-dies-at-80.html (Stand: 14. Mai 2021).

46 Mason, Carol: Reading Appalachia from Left to Right: Conservatives and the 1974 Kanawha County Textbook Controversy, Ithaca, New York 2009, S. 3 https://www.jstor.org/stable/10.7591/j.ctt7z88v.5?refreqid=excelsior%3Ad5daf46df69441d7f0b84f51c3a8f008&seq=1#metadata_info_tab_contents (Stand: 07. Juni 2021).

47 Ebd., S. 5–7.

48 Ebd., S. 91 f.
49 Jackson, Harry R., Perkins, Tony: Personal Faith, Public Policy, Barnsley 2008, S. 3.
50 Balmer: The Real Origins of the Religious Right.
51 Butler, Anthea: «White Evangelical Racism: The Politics of Morality in America», S. 83.
52 Stewart: The Power Worshippers, S. 69.
53 Mayer, Jane: Dark Money. The Hidden History of Billionaires Behind the Rise of the Radical Right. New York 2016.
54 Smith, David: Trump tells anti-abortion activists at March for Life: ‹I am fighting for you›, 24. Januar 2020, The Guardian https://www.theguardian.com/us-news/2020/jan/24/trump-march-for-life-washington-anti-abortion (Stand: 07. Juni 2021).
55 Perry, Whitehead: Taking America Back for God, S. 75.
56 CNN Exit Polls: https.//www.ccn.com/election/2016/results/exit-polls/national/president, NBC Exit Polls https://www.nbcnews.com/card/nbc-news-exit-poll-future-supreme-court-appointments-important-factor-n680381 (Stand: 07. Juni 2021).
57 Cameron, Chris: Trump Repeats a False Claim That Doctors ‹Execute› Newborns, 28. April 2019, The New York Times https://www.nytimes.com/2019/04/28/us/politics/trump-abortion-fact-check.html; Thomas, Phil: Trump baffles with ‹after birth execution› comment in rally speech, 21. Juni 2020, The Independent https://www.independent.co.uk/news/world/americas/us-election/trump-rally-speech-after-birth-execution-abortion-tulsa-a9577591.html (Stand: 07. Juni 2021).
58 Perkins, Tony: Gorsuch: A Justice for All, 11. April 2018, The Patriot Post https://patriotpost.us/opinion/55274-gorsuch-a-justice-for-all (Stand: 07. Juni 2021).
59 Savage, Charlie: Brett Kavanaugh on the Issues: Abortion, Guns, Climate and More, 10. Juli 2018, The New York Times https://www.nytimes.com/2018/07/10/us/politics/brett-kavanaugh-abortion-guns-environment.html (Stand: 07. Juni 2021).
60 Nedelman, Michael: Abortion restrictions don't lower rates, report says, 21. März 2018, CNN https://edition.cnn.com/2018/03/21/health/abortion-restriction-laws/index.html (Stand: 07. Juni 2021).
61 Associated Press, dpa: Trump becomes first US president to attend anti-abortion rally, 24. Januar 2020, Deutsche Welle (DW) https://www.dw.com/en/trump-becomes-first-us-president-to-attend-anti-abortion-rally/a-52143651 (Stand: 07. Juni 2021).
62 Meet the Press: Trump in 1999: ‹I am Very Pro-Choice›, 08. Juli 2015, NBC News https://www.nbcnews.com/meet-the-press/video/trump-in-1999-i-am-very-pro-choice-480297539914 (Stand: 07. Juni 2021).
63 Renaud, Myriam: Myths Debunked: Why Did White Evangelical Christians Vote for Trump? 19. Januar 2017, University of Chicago Divinity School https://divinity.uchicago.edu/sightings/articles/myths-debunked-why-did-white-evangelical-christians-vote-trump?utm_content=buffer6c865&utm_medium=social&utm_source=plus.google.com&utm_campaign=buffer; Evangelicals Rally To Trump, Nones Back Clinton, 13. Juli 2016, Pew Research Center https://www.pewforum.org/2016/07/13/religion-and-the-2016-campaign/#religious-groups-agree-economy-terrorism-are-key-election-concerns (Stand: 16. Mai 2021).
64 Dueling Realities: Amid Multiple Crises, Trump and Biden Supporters See Different Priorities and Futures for the Nation, 19. Oktober 2020, PRRI https://www.prri.org/research/amid-multiple-crises-trump-and-biden-supporters-see-different-realities-and-futures-for-the-nation/ (Stand: 16. Mai 2021).
65 Randall Balmer im Gespräch mit Sarah Posner, 08. Februar 2017, in: Unholy, S. 109.

Gotteskrieger im Weißen Haus

1 Garcia, Catherine: Mike Pence: «I'm a Christian, a conservative, and a Republican – in that order», 21. Juli 2016, The Week https://theweek.com/speedreads/637487/mike-pence-im-christian-conservative-republican--that-order (Stand: 29. Juli 2021).

2 Kucharsky, David: The Year of the Evangelical '76, 22. Oktober 1976, Christianity Today https://www.christianitytoday.com/ct/1976/october-22/year-of-evangelical-76.html (Stand: 14. Mai 2021).

3 Balmer, Randall: Jimmy Carter and the demise of progressive Evangelicism, 14. Mai 2014, The Christian Century https://www.christiancentury.org/blogs/archive/2014-05/jimmy-carter-and-demise-progressive-evangelicalism (Stand: 06. April 2021).

4 Sexton, Jared Yates: American Rule. How a Nation Conquered the World but Failed its People, New York, 2020, S. 203.

5 Encyclopedia Britannica: Old-Time Gospel Hour https://www.britannica.com/topic/Old-Time-Gospel-Hour (Stand: 14. Mai 2021).

6 Kobes Du Mez: Jesus and John Wayne. How Evangelicals Corrupted a Faith and Fractured A Nation, New York 2020, S. 110; Moslener, Sarah: Virgin Nation: Sexual Purity and American Adolescence, Oxford 2021,S. 74.

7 Kobes Du Mez, Historikerin und Professorin für *Gender Studies* an der *Calvin University* in Michigan, im Gespräch mit der Autorin am 22. Februar 2021.

8 Schrag, Peter: A look at the Reagan riddle, 28. September 2003, Los Angeles Times https://www.latimes.com/archives/la-xpm-2003-sep-28-bk-schrag28-story.html (Stand: 07. Juni 2021).

9 Kobes Du Mez: Jesus and John Wayne, S. 106.

10 Lamb, W. Scott: 35th Anniversary of Ronald Reagan's «I Know You Can't Endorse Me. But I Endorse You» to Evangelicals, 21. August 2015, The Washington Times https://www.washingtontimes.com/news/2015/aug/21/w-scott-lamb-this-day-in-us-history-reagans-endors/ (Stand: 26. April 2021).

11 Posner: Unholy, S. 122.

12 Merritt, Jonathan: Southern Baptists' Midlife Crisis, 10. Juni 2019, The Atlantic https://www.theatlantic.com/ideas/archive/2019/06/southern-baptist-church-needs-change/591331/ (Stand: 06. April 2021).

13 Carter, Jimmy: Energy and National Goals: Address to the Nation, 15. Juli 1979, Jimmy Carter Presidential library and museum www.jimmycarterlibrary.gov/assets/documents/speeches/energy-crisis.phtml (Stand: 17. April 2021).

14 Carter, Jimmy: A Crisis of Confidence, 15. Juli 1979, PBS https://www.pbs.org/wgbh/americanexperience/features/carter-crisis/ (Stand: 17. April 2021).

15 Weekend Edition Sunday: Examining Carter's ‹Malaise Speech›, 30 Years Later, 12. Juli 2009, NPR https://www.npr.org/templates/story/story.php?storyId=106508243 (Stand: 17. April 2021).

16 Reagan, Ronald: Election Eve Address a Vision for America, 03. November 1980, Ronald Reagan Library, https://reaganlibrary.gov/archives/speech/election-eve-address-vision-america (Stand: 17. April 2021); Sexton: American Rule, S. 204.

17 Tumulty, Karen: How Donald Trump came up with ‹Make America Great Again›, 18. Januar 2017, The Washington Post https://www.washingtonpost.com/politics/how-donald-trump-came-up-with-make-america-great-again/2017/01/17/fb6acf5e-dbf7-11e6-ad42-f3375f271c9c_story.html (Stand: 06. April 2021).

18 Ambrosino, Brandon: A Tale of Two Falwell Brothers, 21. Juli 2016, Politico https://www.politico.com/magazine/story/2016/07/jerry-falwell-jonathan-gop-convention-trump-evangelical-conservative-christians-214082/ (Stand: 07. April 2021).

19 Coppins, McKay: God's Plan for Mike Pence, Januar / Februar 2018, The Atlantic

https://www.theatlantic.com/magazine/archive/2018/01/gods-plan-for-mike-pence/546569/ (Stand: 07. April 2021).
20 Gass, Nick: Pence on Trump: «He Reminds me of Ronald Reagan», 19. Juli 2016, Politico https://www.politico.com/story/2016/07/mike-pence-trump-ronald-reagan-225812 (Stand: 07. April 2021).
21 Groppe, Maureen: Mike Pence's swearing-in is full of symbolism, 19. Januar 2017, USA Today https://eu.usatoday.com/story/news/politics/2017/01/19/mike-pence-vice-president-swearing-in-symbolism/96782426/ (Stand: 07. April 2021).
22 FitzGerald: The Evangelicals, S. 326.
23 Williams, Daniel K.: God's Own Party. The Making of the Christian Right, Oxford 2012, S. 194.
24 Levy, Pema: How the Bush Family Aided Planned Parenthood's Rise, 11. August 2015, Mother Jones https://www.motherjones.com/politics/2015/08/planned-parenthood-jeb-bush-wants-roll-back-his-fathers-legacy/ (Stand: 05. Juni 2021).
25 Young, Neil J.: How George H. W. Bush enabled the rise of the religious right, 05. Dezember 2018, The Washington Post https://www.washingtonpost.com/outlook/2018/12/05/how-george-hw-bush-enabled-rise-religious-right/ (Stand: 15. Mai 2021).
26 Silk, Mark: When George H. W. Bush played the religion card, 02. Dezember 2018, Religion News Service https://religionnews.com/2018/12/02/when-george-h-w-bush-played-the-religion-card/ (Stand: 05. Juni 2021).
27 Steffens, Frauke: Er bereitete der Spaltung Amerikas den Weg, 18. Februar 2021, FAZ https://www.faz.net/aktuell/politik/ausland/tod-von-rush-limbaugh-er-bereitete-der-spaltung-der-usa-den-weg-17203708.html (Stand: 07. April 2021).
28 FitzGerald, Frances: The Evangelicals. The Struggle to Shape America, New York 2017, S. 411.
29 Ebd., S. 414.
30 Ebd., S. 411.
31 Goldberg, Michelle: Kingdom Coming: The Rise of Christian Nationalism, New York 2020, S. 190.
32 Goodstein, Laurie: The 2000 Campaign. The Philosophy; Conservative Church Leaders Find a Pillar in Bush, 23. Januar 2000, The New York Times https://www.nytimes.com/2000/01/23/us/2000-campaign-philosophy-conservative-church-leaders-find-pillar-bush.html (Stand: 07. April 2021).
33 Bush, George W.: Transcript: ‹We have felt sustained & uplifted by your prayers›, 11. Juni 2002, Baptist Press https://www.baptistpress.com/resource-library/news/transcript-we-have-felt-sustained-uplifted-by-your-prayers/ (Stand: 05. Juni 2021).
34 Starnes, Todd: «Thank You, Southern Baptists!» George W. Bush, 01. August 2002, Baptist Press https://www.baptistpress.com/resource-library/sbc-life-articles/thank-you-southern-baptists-george-w-bush/ (Stand: 18. April 2021).
35 Bogecho, Dina, Upreti, Melissa: The Global Gag Rule: An Antithesis to the Rights-Based Approach to Health, in: Health and Human Rights, Bd. 9, Nr. 1 (2006), S. 17–32, S. 17 f. https://www.jstor.org/stable/4065387?seq=1#metadata_info_tab_contents (Stand: 18. April 2021).
36 Olasky, Marvin: Compassionate Conservatism, in: VERITAS (Herbst 2000), hrsg: Texas Public Policy Foundation, S. 10 https://files.texaspolicy.com/uploads/2018/08/16091327/2000-veritas-1-3-compassion.pdf (Stand: 01. Juni 2021).
37 Choudhury, Moutusi Paul. «The Sacred and the Secular: Influence of Religion on George W. Bush's Foreign Policy», in: Jadavpur Journal of International Relations, Bd. 19, Nr. 2 (Dez. 2015), S. 159–183, S. 168.
38 Simon, Bob: 60 Minutes: Meet Bush's Guru. Dubya's ‹Compassionate Conservatism› Has A Father, 11. September 2000, CBS https://www.cbsnews.com/news/meet-bushs-guru/ (Stand: 18. April 2021).

39 Dwyer, Devin: Faith-Based Debate: Obama Signs Order on Funds for Churches, 18. November 2010, ABC News https://abcnews.go.com/Politics/president-obama-executive-order-faith-based-initiative-church/story?id=12180146 (Stand: 18. April 2021).

40 Goldberg: Kingdom Coming, S. 115.

41 Pressemitteilung: ACLU Says Bush Initiative Represents Faith-Based Prescription For Discrimination, 29. Januar 2001, American Civil Liberties Union https://www.aclu.org/press-releases/aclu-says-bush-initiative-represents-faith-based-prescription-discrimination (Stand: 08. Juni 2021); siehe auch z. B. den Fall Pedreira v. Kentucky Baptist Homes for Children, Inc.

42 Formicola, Jo Renee; Segers, Mary C.; Weber, Paul J.: Faith-based Initiatives and the Bush Administration: The Good, the Bad, and the Ugly, Lanham, Maryland 2003, S. 8.

43 Ebd., S. 121.

44 Goodstein, Laurie: Bush's Charity Plan Is Raising Concerns For Religious Right, 03. März 2001, The New York Times https://www.nytimes.com/2001/03/03/us/bush-s-charity-plan-is-raising-concerns-for-religious-right.html (Stand: 07. April 2021).

45 Hart, Patricia: Conservative. Compassionate? Juli 2000, Texas Monthly, https://www.texasmonthly.com/articles/conservative-compassionate, (Stand: 07. April 2021).

46 Grann, David: Where W. Got Compassion, 12. September 1999, The New York Times Magazine https://www.nytimes.com/1999/09/12/magazine/where-w-got-compassion.html (Stand: 26. April 2021).

47 vanden Heuvel, Katrina: Bush's War on Science, 20. Juli 2004, The Nation https://www.thenation.com/article/archive/bushs-war-science/ (Stand: 07. April 2021).

48 «Die meisten Evangelikalen, mit denen ich gesprochen habe, bezeichnen die 1990er Jahre als eine Zeit der Unsicherheit», so Historikerin Kobes Du Mez im Gespräch mit der Autorin am 22. Februar 2021.

49 McKay, Mary-Jayne: Falwell Brands Mohammed A ‹Terrorist›, 05. Juni 2003, CBS News https://www.cbsnews.com/news/falwell-brands-mohammed-a-terrorist/ (Stand: 18. April 2021).

50 Reuters: 5 Die in India During Protests Over Falwell, 12. Oktober 2002, The New York Times https://www.nytimes.com/2002/10/12/world/5-die-in-india-during-protests-over-falwell.html (Stand: 14. Mai 2021).

51 Lee, Carol E.: Rev. Franklin Graham: Islam ‹evil›, 03. Oktober 2010, Politico https://www.politico.com/blogs/politico-now/2010/10/rev-franklin-graham-islam-evil-029683; Robertson, Pat:, 11. November 2001, PatRobertson.com http://www.patrobertson.com/PressReleases/bushresponse2.asp (Stand 18. April 2021).

52 Waldman, Peter; Pope, Hugh: ‹Crusade› Reference Reinforces Fears War on Terrorism Is Against Muslims, 21. September 2001, The Wall Street Journal https://www.wsj.com/articles/SB1001020294332922160 (Stand: 18. April 2021).

53 Political ideology among members of the Historically Black Protestant Tradition, Pew Research Forum https://www.pewforum.org/religious-landscape-study/religious-tradition/historically-black-protestant/political-ideology/ (Stand: 07. Juni 2021).

54 Harwood, John; Farney, Dennis: McCain Calls Conservative Leaders ‹Agents of Intolerance› in Risky Move, 29. Februar 2000, The Wall Street Journal https://www.wsj.com/articles/SB951789356681629873 (Stand: 07. Juni 2021).

55 Scherer, Michael: Dobson green-lights McCain-Palin, 29. August 2008, Politico https://www.politico.com/blogs/jonathanmartin/0808/Dobson_greenlights_McCainPalin.html (Stand: 07. Juni 2021).

56 Kobes Du Mez: Jesus & John Wayne, S. 237.
57 Piper, John: Why a Woman Shouldn't Run for Vice President, but Wise People May Still Vote for Her, 02. November 2008, Desiring God https://www.desiringgod.org/articles/why-a-woman-shouldnt-run-for-vice-president-but-wise-people-may-still-vote-for-her (Stand: 14. Mai 2021).
58 Broder, John M.: Obama Courting Evangelicals Once Loyal to Bush, 01. Juli 2008, The New York Times https://www.nytimes.com/2008/07/01/us/politics/01evangelicals.html (Stand: 07. Juni 2021).
59 Goldmann, Russell: Strange Bedfellows: Obama and Evangelicals, 12. Juni 2008, abc News https://abcnews.go.com/Politics/Vote2008/story?id=5053866&page=1 (Stand: 18. April 2021).
60 America's Most Biblically-Hostile U. S. President https://wallbuilders.com/americas-biblically-hostile-u-s-president/ (Stand: 06. Mai 2021).
61 Zengerle, Patricia: After doubts, some U. S. evangelical leaders put faith in Romney, 01. Mai 2012, Reuters https://www.reuters.com/article/uk-usa-campaign-evangelicals-idUKBRE83T1CU20120430 (Stand: 22.04.2021).
62 Walker, Joseph: Rev. Jeffress endorses Mitt Romney and shared values, 17. April 2012, Deseret News https://www.deseret.com/2012/4/17/20501272/rev-jeffress-endorses-mitt-romney-and-shared-values (Stand: 18. April 2021); Zur Not auch ein Mormone, 22. Oktober 2012, Deutsche Welle https://www.dw.com/de/zur-not-auch-ein-mormone/a-16309168 (Stand: 18. April 2021).
63 How the Faithful Voted: 2012 Preliminary Analysis, 07. November 2012, Pew Research Center https://www.pewforum.org/2012/11/07/how-the-faithful-voted-2012-preliminary-exit-poll-analysis/ (Stand: 10. September 2021).
64 Young, Stephen: Robert Jeffress: Christians Who Don't Back Trump Are Morons, Like Christians in Nazi Germany, 13. Februar 2019, Dallas Observer https://www.dallasobserver.com/news/dallas-pastor-robet-jeffress-says-anti-trump-christians-are-morons-11561290 (Stand: 14. Mai 2021).
65 Scott, Eugene: Trump says Bible is his favorite book, but declines to share favorite verse, 27. August 2015, CNN https://edition.cnn.com/2015/08/27/politics/donald-trump-favorite-bible-verses/ (Stand: 18. April 2021).
66 Merritt, Jonathan: Trump's Bible Fail, 15. April 2016, The Atlantic https://www.theatlantic.com/politics/archive/2016/04/trumps-bible-fail/478425/ (Stand: 18. April 2021)
67 Taylor, Jessica: Citing ‹Two Corinthians›, Trump Struggles To Make The Sale To Evangelicals, 18. Januar 2016, NPR https://www.npr.org/2016/01/18/463528847/citing-two-corinthians-trump-struggles-to-make-the-sale-to-evangelicals (Stand: 18. April 2021).
68 Dobson, James: Dr. James Dobson on Donald Trump's Christian Faith https://www.drjamesdobson.org/news/dr-james-dobson-on-trumps-christian-faith (Stand: 18. April 2021).
69 Pompeo says God may have sent Trump to save Israel from Iran, 22. März 2019, BBC https://www.bbc.com/news/world-us-canada-47670717 (Stand 18. April 2021).
70 Pengelly, Martin: Rick Perry tells Donald Trump: «You really are the chosen one», 25. November 2019, The Guardian https://www.theguardian.com/us-news/2019/nov/25/rick-perry-donald-trump-chosen-one (Stand: 19. April 2021).
71 Gabbatt, Adam: ‹Unparalleled privilege›: why white evangelicals see Trump as their savior, 11. Januar 2020, The Guardian https://www.theguardian.com/us-news/2020/jan/11/donald-trump-evangelical-christians-cyrus-king (Stand: 14. Mai 2021).
72 Coaston, Jane: The «biblical» defense of Trump's affair with Stormy Daniels King David, 26. März 2018, Vox https://www.vox.com/policy-and-

politics/2018/3/26/17164268/stormy-daniels-donald-trump-bible-christian (Stand: 19. April 2021).

73 Die Szene bezieht sich auf Sharlet, Jeff: The Family. The Secret Fundamentalism at the Heart of American Power, New York 2008, S. 35 f. Der Leiter der Bibelgruppe ist in dieser Szene David Coe, Sohn des damaligen Kopfes der *Family*, Joe Coe.

74 Falwell Junior, Jerry: Fallwell speaks. Liberty Champion, The official student newspaper of Liberty University https://www.liberty.edu/champion/2016/03/falwell-speaks/ (Stand: 26. April 2021).

75 CNN: Camerota asks voter how she would vote if Trump shot someone, 06. November 2019, Youtube https://www.youtube.com/watch?v=-wsTYso3hmEA&ab_channel=CNN (Stand: 14. Mai 2021).

76 Stewart, Katherine: Why Trump Reigns as King Cyrus, 31. Dezember 2018, The New York Times https://www.nytimes.com/2018/12/31/opinion/trump-evangelicals-cyrus-king.html (Stand: 14. Mai 2021).

77 Scahill, Jeremy: Mike Pence will be the most powerful Christian Supremacist in U. S. History, 15. Juni 2016, The Intercept https://theintercept.com/2016/11/15/mike-pence-will-be-the-most-powerful-christian-supremacist-in-us-history/ (Stand: 11. Mai 2021).

78 Winston, Diane: A Pence Presidency Would Give Margaret Atwood's Dystopian Handmaid's Tale a Run for its Money, 22. März 2017, Religion Dispatches https://religiondispatches.org/a-pence-presidency-would-give-margaret-atwoods-dystopian-vision-a-run-for-its-money/ (Stand: 09. Mai 2021).

79 Jenkins, Jack; McFarlan Miller, Emily: Pence altered a biblical reference, changing ‹Jesus› to the American flag in his convention speech, 27. August 2020, Religion News Service, via The Washington Post https://www.washingtonpost.com/religion/2020/08/27/pence-bible-rnc-jesus-flag/ (Stand: 11. Mai 2021).

80 Rob Boston: Picking Pence: Trump Veep Choice Has Cozy Relationship With The Religious Right, 15. Juli 2016, Wall of Separation Blog, Americans United for Separation of Church and State https://www.au.org/blogs/wall-of-separation/picking-pence-trump-veep-choice-has-cozy-relationship-with-the-religious (Stand: 28. April 2021).

81 Posner: Unholy, S. 33–35.

82 Rob Boston: Picking Pence: Trump Veep Choice Has Cozy Relationship With The Religious Right, 15. Juli 2016, Wall of Separation Blog, Americans United for Separation of Church and State https://www.au.org/blogs/wall-of-separation/picking-pence-trump-veep-choice-has-cozy-relationship-with-the-religious (Stand: 28. April 2021).

83 Crockett, Emily: Indiana Gov. Mike Pence signed a law this year that mandated funerals for fetuses, 03. Oktober 2016, Vox https://www.vox.com/2016/7/14/12190380/mike-pence-trump-vice-president-abortion-funerals-fetuses (Stand: 09. Mai 2021).

84 Donald Trump as president: Who should worry about it? 09. November 2016, BBC https://www.bbc.com/news/world-us-canada-37919392 (Stand: 09. Mai 2021).

85 Scahill: Mike Pence Will Be the Most Influential Christian Supremacist in U. S. History.

86 https://www.congress.gov/congressional-report/108th-congress/house-report/58 (Stand: 09. Mai 2021).

87 Exum, Andrew: Mike Pence and the ‹Billy Graham Rule›, 30. März 2017, The Atlantic https://www.theatlantic.com/politics/archive/2017/03/mike-pence-and-the-sexism-of-the-billy-graham-rule/521328/ (Stand: 04. Juli 2021).

88 Roche, Darragh: Mike Pence Thanks Donald Trump in Emotional Farewell Speech, 21. Januar 2021, Newsweek https://www.newsweek.com/mike-pence-thanks-donald-trump-emotional-farewell-speech-1563339 (Stand: 11. Mai 2021).

89 McFall, Caitlyn: Barr says ‹notion› of separation of church and state misunderstood because of ‹militant secularists›, 23. September 2019, Fox News https://www.foxnews.com/politics/barr-says-notion-of-separation-of-church-and-state-is-misunderstood-because-of-militant-secularists (Stand: 11. Mai 2021).
90 Shenon, Philip: ‹A threat to democracy›: William Barr's speech on religious freedom alarms liberal Catholics, 20. Oktober 2021, The Guardian https://www.theguardian.com/us-news/2019/oct/19/william-barr-attorney-general-catholic-conservative-speech (Stand: 11. Mai 2021).
91 Boot, Max: William Barr's chilling defense of virtually unlimited presidential power, 17. November 2019, The Washington Post https://www.washingtonpost.com/opinions/2019/11/17/william-barrs-chilling-defense-virtually-unlimited-presidential-power/ (Stand: 04. Juli 2021).
92 Watchmen 2018: Rep. Mark Meadows (Video). Watchmen on the Wall, Watchmen Pastors, 05. Juni 2018 https://www.youtube.com/watch?v=FWjQ5HeqiWg (Stand: 22. April 2021).

Von irdischen Herren

1 Perry, Whitehead: Taking America Back for God, S. 37 f.
2 Al-Kire, Rosemary; Pasek, Michael; Tsang, Jo-Ann; Leman, Joseph und Rowatt, Wade: Protecting America's borders: Christian nationalism, threat, and attitudes toward immigrants in the United States, in: Group Processes & Intergroup Relations, Januar 2021 https://journals.sagepub.com/doi/abs/10.1177/1368430220978291 (Stand: 19. April 2021).
3 Hartig, Hannah: Republicans turn more negative toward refugees as number admitted to U. S. plummets, 24. Mai 2018, Pew Research Center https://www.pewresearch.org/fact-tank/2018/05/24/republicans-turn-more-negative-toward-refugees-as-number-admitted-to-u-s-plummets/ (Stand: 19. April 2021).
4 Shortle, Allyson F. und Gaddie, Ronald Keith: Religious Nationalism and Perceptions of Muslims and Islam, in: Politics and Religion Bd. 8 (2015), S. 435–457; McDaniel, Eric Leon, Nooruddin, Irfan, Shortle, Allyson Faith: Divine Boundaries: How Religion Shapes Citizens' Attitudes Toward Immigrants, in: American Politics Research, Bd. 39, Nr. 1 (2011), S. 205–233.
5 Allen, Bob: Franklin Graham echoes Trump's anti-Muslim stance, 10. Dezember 2015, Baptist News https://baptistnews.com/article/franklin-graham-sides-with-trump/#.YFnxxa9Kg2w (Stand: 19. April 2021).
6 Butler, Anthea: White Evangelical Racism, S. 18.
7 Zauzmer, Julie, MacMillan, Keith: Sessions cites Bible passage used to defend slavery in defense of separating immigrant families, 15. Juni 2018, The Washington Post https://www.washingtonpost.com/news/acts-of-faith/wp/2018/06/14/jeff-sessions-points-to-the-bible-in-defense-of-separating-immigrant-families/ (Stand: 22. April 2021).
8 Mullen, Lincoln: The Fight to Define Romans 13, 15. Juni 2018, The Atlantic https://www.theatlantic.com/ideas/archive/2018/06/romans-13/562916/ (Stand: 11. Mai 2021).
9 Feinstein, Rachel A.: When Rape was Legal. The Untold History of Sexual Violence during Slavery, London 2019.
10 Purnell, Brian J.; Theoharis, Jeanne: Charlottesville belies racism's deep roots in the North, 16. August 2018, The Conversation https://theconversation.com/charlottesville-belies-racisms-deep-roots-in-the-north-101567 (Stand: 10. Mai 2021).
11 Hartsock, Peter I.: The unfortunate effects of ‹The Birth of a Nation›, 22. Juli

2017, The Washington Post https://www.washingtonpost.com/opinions/the-unfortunate-effects-of-the-birth-of-a-nation/2017/07/21/b6fc5920-6c1e-11e7-abbc-a53480672286_story.html (Stand: 19. April 2021).

12 Benbow: Birth of a Quotation, S. 528 f.

13 Ang, Desmond: (Working Paper) The Birth of a Nation: Media and Racial Hate, in: American Economic Review, 18. Januar 2021, S. 10 ff.

14 Forsell, Gustaf: Blood, Cross and Flag: The Influence of Race on Ku Klux Klan Theology in the 1920s, in: Politics, Religion & Ideology, Bd. 21, Vol. 3 (2020), S. 269–287. https://www.tandfonline.com/doi/full/10.1080/21567689.2020.1809384 (Stand: 19. April 2021).

15 Fea, John: Evangelical Fear Elected Trump, 24. Juni 2018, The Atlantic https://www.theatlantic.com/ideas/archive/2018/06/a-history-of-evangelical-fear/563558/ (Stand: 19. April 2021).

16 Historikerin Kelly J. Baker im Gespräch mit der Autorin am 07. Mai 2021; Baker, Kelly J.; The Gospel According to the Klan: The KKK's Appeal to Protestant America, 1915–1930, Lawrence, Kansas 2011.

17 Staples, Brent: How Italians Became ‹White›, 12. Oktober 2019, The New York Times https://www.nytimes.com/interactive/2019/10/12/opinion/columbus-day-italian-american-racism.html, (Stand: 19. April 2021).

18 Gespräch der Autorin mit Kelly J. Baker am 07. Mai 2021.

19 Gorski, Philip: Why Evangelicals voted for Trump: A critical cultural sociology, in: American Journal of Cultural Sociology, Oktober 2017 https://www.researchgate.net/publication/318794810_Why_evangelicals_voted_for_Trump_A_critical_cultural_sociology (Stand: 19. April 2021).

20 Soziologin Sophie-Bjork James im Gespräch mit der Autorin am 22. April 2021.

21 Perry, Samuel L.: Hoping for a Godly (White) Family: How Desire for Religious Heritage Affects Whites' Attitudes Toward Interracial Marriage, in: Journal for the Scientific Study of Religion, Bd. 53, Nr. 1 (2014), S. 202–218 https://onlinelibrary.wiley.com/doi/epdf/10.1111/jssr.12079 (Stand: 19. April 2021).

22 Perry, Whitehead: Christian nationalism and white racial boundaries: examining whites' opposition to interracial marriage, in: Ethnic and Racial Studies, Bd. 38, Nr.10 (2015) S. 1671–1689 https://www.tandfonline.com/doi/full/10.1080/01419870.2015.1015584?needAccess=true (Stand: 19. April 2021).

23 Baker, Kelly J. in: The Proto-History of the Religious Right: The KKK, 31. Oktober 2019, prod. von Bradley Onishi, Straight White American Jesus Podcast https://open.spotify.com/episode/0kxtT2xZN8FENNeraHqgVj (Stand: 19. April 2021).

24 Baker, Kelly J., ebd. The Proto-History of the Religious Right: The KKK, Interview mit Dr. Kelly J. Baker, via Straight White American Jesus Podcast, 31. Oktober 2019, von Bradley Onishi.

25 Herbert, Bob: The Ugly Side of the G. O. P., 25. September 2007, The New York Times https://www.nytimes.com/2007/09/25/opinion/25herbert.html?hp (Stand: 14. Mai 2021).

26 Butler: White Evangelical Racism, S. 40 f.

27 The Southern Baptist Convention: Resolution On Racial Reconciliation On The 150th Anniversary, 01. Juni 1995 https://www.sbc.net/resource-library/resolutions/resolution-on-racial-reconciliation-on-the-150th-anniversary-of-the-southern-baptist-convention/ (Stand: 20. Juni 2021).

28 Goldman, Shalom: What Do We Mean By «Judeo-Christian»?, 15. Februar 2011, Religion Dispatches https://religiondispatches.org/what-do-we-mean-by-judeo-christian/; Almond, Philip C.: Is there really such a thing as the «Judeo-Christian tradition»?, 14. Februar 2019, ABC https://www.abc.net.au/religion/is-there-really-a-judeo-christian-tradition/10810554 (Stand: 20. Juni 2021).

29 Baker im Gespräch mit der Autorin am 07. Mai 2021.

30 Grim, Rya: National Review is Trying to Rewrite its Own Racist History, 05. Juli 2020, The Intercept, https://theintercept.com/2020/07/05/national-review-william-buckley-racism/ (Stand: 19. April 2021).

31 Stuart Stevens: It was all a Lie, im Interview mit Nick Hauselmann und Jared Yates Sexton, The Muckrake Political Podcast (Min. 11:00), 18. Mai 2021 https://muckrack.libsyn.com/stuart-stevens-it-was-all-a-lie (Stand: 18. Mai 2021).

32 Ebd.

33 Felzenberg, Alvin: How William F. Buckley, Jr., Changed His Mind on Civil Rights, 13. Mai 2017, Politico https://www.politico.com/magazine/story/2017/05/13/william-f-buckley-civil-rights-215129 (Stand: 18. Mai 2021).

34 Rauchway, Eric: President Trump's ‹America First› slogan was popularized by Nazi sympathizers, 20. Januar 2017, The Washington Post https://www.washingtonpost.com/posteverything/wp/2017/01/20/president-trumps-america-first-slogan-was-popularized-by-nazi-sympathizers/ (Stand: 19. April 2021).

35 Potok, Mark: Rage on the Right, 02. März 2010, Spring Issue, Southern Poverty Law Center https://www.splcenter.org/fighting-hate/intelligence-report/2010/rage-right; U. S. right-wing groups, militias surge: study, 10. März 2010, Reuters https://www.reuters.com/article/us-usa-politics-patriots-idUSTRE6234JT20100304 (Stand: 27. April 2021).

36 Pew Research Center: The Tea Party and Religion, 23. Februar 2011 https://www.pewforum.org/2011/02/23/tea-party-and-religion/ (Stand: 19. April 2021).

37 Maxwell, Angie: How Southern racism found a home in the Tea Party, 07 Juli 2016, Vox https://www.vox.com/2016/7/7/12118872/southern-racism-tea-party-trump (Stand: 19. April 2021).

38 Wilson, Angelia R., Burack, Cynthia: «Where Liberty Reigns and God is Supreme»: The Christian Right and the Tea Party Movement, in: New Political Science, Bd. 34, Vol. 2, S. 172–190, S. 174.

39 Ebd., S. 182.

40 Calderone, Michael: Fox's Beck: Obama is ‹a racist›, 28. Juli 2009, Politico https://www.politico.com/blogs/michaelcalderone/0709/Foxs_Beck_Obama_is_a_racist.html (Stand: 19. April 2021); Goodman, H. A.: Tea Party Hatred of Obama Has Always Been About Race – ‹War on Whites› Philosophy Confirms This, 05. Oktober 2014, The Huffington Post https://www.huffpost.com/entry/tea-party-hatred-of-obama_b_5650966 (Stand: 19. April 2021).

41 Peters, Jeremy W.: The Tea Party Didn't Get What It Wanted, but It Did Unleash the Politics of Anger, 30. August 2019, The New York Times https://www.nytimes.com/2019/08/28/us/politics/tea-party-trump.html?referringSource=articleShare (Stand: 19. April 2021).

42 Trumpism After Trump? How Fox News Structures Republican Attitudes, 18. November 2020, PRRI https://www.prri.org/research/trumpism-after-trump-how-fox-news-structures-republican-attitudes/ (Stand: 27. April 2021).

43 Jones, Robert P.: Racism among white Christians is higher than among the nonreligious. That's no coincidence, 28. Juli 2020 https://www.nbcnews.com/think/opinion/racism-among-white-christians-higher-among-nonreligious-s-no-coincidence-?icid=related (Stand: 05. Mai 2021); Jones, Robert P.: White Too Long: The Legacy of White Supremacy in American Christianity, New York 2020.

44 Ebd.

45 Extremism, Terrorism & Bigotry: Christian Identity, 2013, Anti-Defamation League https://www.adl.org/sites/default/files/documents/assets/pdf/combating-hate/Kinism-Racist-and-Anti-Semitic-Religionfinal2.pdf?_ga=1.74781654.519796347.1471977201 (Stand: 19. April 2021).

46 Belle, Elly: On FOX News, Madison Cawthorn Uses Racist Dog Whistles Against

Raphael Warnock, 16. Dezember 2020, Yahoo https://www.yahoo.com/lifestyle/fox-news-madison-cawthorn-uses-230413158.html (Stand: 20. April 2021).

47 Carlson, Tucker: California gov breaking own COVID-19 rules sums up 2020, 18. November 2020, Fox News https://www.foxnews.com/transcript/tucker-california-gov-breaking-own-covid-19-rules-sums-up-2020 (Stand: 20. April 2021).

48 Walton, Jonathan Lee: Raphael Warnock's Georgia critics don't understand Black churches, 30. Dezember 2020, The Washington Post https://www.washingtonpost.com/outlook/2020/12/30/warnock-georgia-senate-runoff-black-church/ (Stand: 20. April 2021).

49 Transcript «America's Election HQ»: Rev. Wright's Impact on Obama's Campaign, 02. Mai 2008, Fox News https://www.foxnews.com/story/rev-wrights-impact-on-obamas-campaign (Stand: 20. April 2021); Sharpley-Whiting, T. Denean: The Speech: Race and Barack Obama's ‹A More Perfect Union›, London 2009, S. 160.

50 Vought, Russell: Memorandum for the Heads of Executive Departments and Agencies, Executive Office of the President, White House https://www.whitehouse.gov/wp-content/uploads/2020/09/M-20-34.pdf (Stand: 10. Juli 2021).

51 Ben-Ghiat, Ruth: The Right's War on Universities, 15. Oktober 2015, The New York Review https://www.nybooks.com/daily/2020/10/15/the-rights-war-on-universities/ (Stand: 12. Juli 2021).

52 Wallace-Wells, Benjamin: How a Conservative Activist Invented the Conflict Over Critical Race Theory, 18. Juni 2021, The New Yorker https://www.newyorker.com/news/annals-of-inquiry/how-a-conservative-activist-invented-the-conflict-over-critical-race-theory (Stand: 10. Juli 2021).

53 Stanley, Jason: https://twitter.com/jasonintrator/status/1388294938035687428, 01. Mai 2021, Twitter (Stand: 04. Mai 2021).

54 Bailey, Sarah Pulliam: Atlanta megachurch pastor Louie Giglio sets off firestorm by calling slavery a ‹blessing› to whites, 17. Juni 2020, The Washington Post https://www.washingtonpost.com/religion/2020/06/16/atlanta-megachurch-pastor-louie-giglio-sets-off-firestorm-after-calling-slavery-white-blessing/ (Stand: 20. April 2021).

55 Stewart: The Power Worshippers, S. 115.

56 Beth Moore, 13. Dezember 2020, Twitter: https://twitter.com/BethMooreLPM/status/1338134290647953410?s=20 (Stand: 27. April 2021).

57 Butler, Anthea, in: Powers & Principalities Episode 8: White Evangelical Racism with Anthea Butler, 21. Oktober 2020, prod. von Blake Chastain https://podcasts.apple.com/us/podcast/exvangelical/id1135731794?i=1000495518740 (Stand: 20. April 2021).

58 Meyerson, Adam: Conscience of a Cultural Conservative: Paul M. Weyrich on the Politics of Character in Russia and America, in: Policy Review Bd. 59 (Winter 1992), S. 13–14., zit. n. Posner: Unholy, S. 146.

59 Posner, Sarah: Amazing Disgrace, 20. März 2017, The New Republic https://newrepublic.com/article/140961/amazing-disgrace-donald-trump-hijacked-religious-right (Stand: 20. April 2021).

60 Balmer, Randall: Trump's success with evangelical voters isn't surprising. It was inevitable, 16. Mai 2016, The Washington Post https://www.washingtonpost.com/posteverything/wp/2016/05/16/trumps-success-with-evangelical-voters-isnt-surprising-it-was-inevitable/ (Stand: 20. April 2021).

61 America First Caucus Policy Platform, via Punchbowl News https://punchbowl.news/wp-content/uploads/America-First-Caucus-Policy-Platform-FINAL-2.pdf (Stand: 21. Juni 2021).

62 Zanona, Melanie: McCarthy responds to MAGA caucus: GOP isn't party of ‹nativist dog whistles›, 16. April 2021, Politico https://www.politico.com/news/2021/04/16/kevin-mccarthy-maga-caucus-482607 (Stand: 27. April 2021).

63 Serwer, Adam: Anglo-Saxon' Is What You Say When ‹Whites Only› Is Too Inclusive, 20. April 2021, The Atlantic https://www.theatlantic.com/ideas/archive/2021/04/anglo-saxon-what-you-say-when-whites-only-too-inclusive/618646/ (Stand: 27. April 2021).
64 Stanley, Jason: Yes, ‹Send Her Back› Is the Face of Evil–I Know Fascism When I See It, 19. Juli 2019, Newsweek https://www.newsweek.com/yes-send-her-back-face-evili-know-fascism-when-i-see-it-opinion-1450243 (Stand: 04. Mai 2021).
65 Gorski, Philip: White Christian Nationalism vs. American Civil Religion, 13. Mai 2021, Current https://currentpub.com/2021/05/13/white-christian-nationalism-vs-american-civil-religion/ (Stand: 21. Juni 2021).
66 FitzGerald, Frances: A Disciplined, Charging Army, 18. Mai 1981, online: 16. Mai 2007, The New Yorker https://www.newyorker.com/magazine/1981/05/18/a-disciplined-charging-army (Stand: 02. Juni 2021).

To Rule Them All

1 Grant, George: The Changing of the Guard, Fort Worth 1987, S. 50 https://www.garynorth.com/freebooks/docs/pdf/the_changing_of_the_guard.pdf (Stand: 01. Juni 2021).
2 Stewart: Power Worshippers, S. 111.
3 Smith, Chris: His Truth is Marching On. Rousas John Rushdoony and the rise of Christian conservatives, Herbst 2012 (Politik-Ausgabe), California Magazine https://alumni.berkeley.edu/california-magazine/fall-2012-politics-issue/his-truth-marching (Stand: 22. April 2021).
4 Ingersoll, Julie, in: Powers and Principalities, Episode 4: Christian Reconstruction with Julie Ingersoll, 04. September 2020, prod. von Blake Chastain, Exvangelical https://www.listennotes.com/de/podcasts/exvangelical/powers-principalities-CDuYdSgRxrH/ (Stand: 20. April 2021).
5 Worthen, Molly: The Chalcedon Problem: Rousas John Rushdoony and the Origins of Christian Reconstructionism, in: Church History, Bd. 77, Nr. 2 (Juni 2008), S. 399–437, S. 401.
6 Stewart: The Power Worshippers, S. 105.
7 North, Gary: R. J. Rushdoony, R. I. P., 10. Februar 2001, LewRockwell.com https://www.lewrockwell.com/2001/02/gary-north/r-j-rushdoony-rip/ (Stand: 20. April 2021).
8 Clarkson, Frederick: Dominionism Rising: A Theocratic Movement Hiding in Plain Sight, 18. August 2016, Political Research Associates https://www.politicalresearch.org/2016/08/18/dominionism-rising-a-theocratic-movement-hiding-in-plain-sight (Stand: 20. April 2021).
9 Posner: Unholy, S. 123.
10 Stewart: The Power Worshippers, S. 104.
11 Rushdoony: The Institutes of Biblical Law, S. 654.
12 Ebd., S. 229.
13 Rayfield, Jillian: Pat Robertson: Husbands won't cheat if the wife makes the home «wonderful», 16. Mai 2013, Salon https://www.salon.com/2013/05/16/pat_robertson_husbands_wont_cheat_if_the_wife_makes_the_home_wonderful/ (Stand: 29. April 2021).
14 Rushdoony, R. J.: Politics of Guilt and Pity, Craig Press 1970, S. 19.
15 Rushdoony: The Institutes of Biblical Law, S. 282.
16 Sebesta, Edward H.; Hague, Euan: The US Civil War as a Theological War: Confederate Christian Nationalism and the League of the South, in: Canadian Review of American Studies, Bd. 32, Nr. 3 (2002), via Theocracywatch

http://www.theocracywatch.org/civil_war_canadian_review.htm (Stand: 21. Juni 2021). Hague, Euan; Beirich, Heidi und Sebesta, Edward H. (Hgg.): Neo-Confederacy: A Critical Introduction, Austin, Texas 2008, S. 58.

17 Wilson, Douglas; Wilkins, Steve: Southern Slavery: As it was, Moscow, Idaho 1996, S. 6.

18 Thornwell, James Henley: The Christian Doctrine of Slavery, zit. n. Harvey, Paul: The Christian Doctrine of Slavery, in: Religions of the United States in Practice, Bd. 1, Nr. 31 (Princeton 2002), S. 466–482, S. 474.

19 Stewart, Katherine: A Founder of American Religious Nationalism, 03. März 2020, History News Network https://historynewsnetwork.org/article/174498 (Stand: 20. April 2021).

20 Ebd.

21 Stewart: The Power Worshippers, S. 121.

22 Ebd.

23 Robertson, Pat: New World Order, Dallas, Texas 1991, S. 227.

24 Berlet, Chip: What Is Dominionism? Palin, the Christian Right, and Theocracy. 05. September 2008, Theocracy Watch http://www.theocracywatch.org/ (Stand: 20. April 2021).

25 Ravitch, Frank S.: School Prayer and Discrimination, S. 26.

26 Rushdoony: The Strategy of Fabian Socialism, c. 03. Januar 1962, 15, Ordner 141, WTC, S. 14, zit. n. McVicar, Michael J.: Christian Reconstruction. J. R. Rushdoony and American Religious Conservatism, Chapel Hill 2015, S. 244.

27 McDowell: The Bible, Slavery, and America's Founders.

28 Stewart: The Power Worshippers, S. 108–110.

29 McVicar, Michael J.: Reconstructing America: Religion, American Conservatism and the Political Theology of Rousas John Rushdoony, Ohio 2010, S. 5.

30 Ebd., S. 9–10.

31 Dewey, Caitlin: GOP lawmaker: The Bible says ‹if a man will not work, he shall not eat›, 31. März 2017, The Washington Post https://www.washingtonpost.com/news/wonk/wp/2017/03/31/gop-lawmaker-the-bible-says-the-unemployed-shall-not-eat/ (Stand: 20. April 2021).

32 Falwell, Jerry: America Can Be Saved, Murfreesboro 1979; Boston, Rob: Missing Book Mystery, Church & State Magazine (September 2003), Americans United for Separation of Church and State. https://www.au.org/church-state/september-2003-church-state/featured/missing-book-mystery (Stand: 03. Juni 2021).

33 Sugg, John: A Nation Under God, Dezember 2005, Mother Jones https://www.motherjones.com/politics/2005/12/nation-under-god/ (Stand: 26. April 2021).

34 Rosenberg, Paul: Secrets of the extreme religious right: Inside the frightening world of Christian Reconstructionism, 31. Juli 2015, Salon https://www.salon.com/2015/07/31/secrets_of_the_extreme_religious_right_inside_the_frightening_world_of_christian_reconstructionism/ (Stand: 29. April 2021).

35 Hedges, Chris: American Fascists: The Christian Right and the War on America, New York 2007, S. 10 f.

36 Gagné, André: Unraveling the End Times (Part 1) (Vortrag), 31. Januar 2020, Youtube https://www.youtube.com/watch?v=7jTbgl2We74 (Stand: 11. Juli 2021).

37 Ingersoll, Julie, in: Julie J. Ingersoll (Author, Building God's Kingdom), 28. November 2018, prod. von John C. Snider, American Freethought Podcast https://americanfreethought.libsyn.com/podcast-233-julie-j-ingerson-author-building-gods-kingdom (Stand: 20. April 2021).

38 Kobes Du Mez: Jesus and John Wayne, S. 89.

39 Goldberg, Michelle: Kingdom Coming, S. 38 f.

40 Interview: Frank Schaeffer, 23. Oktober 2009, PBS https://www.pbs.org/wgbh/

pages/frontline/godinamerica/interviews/frank-schaeffer.html (Stand: 20. April 2021).

41 Schaeffer, Francis: A Christian Manifesto, Wheaton, Illinois 1981, S. 485.

42 FitzGerald, Frances: The Evangelicals, S. 356.

43 Schaeffer: A Christian Manifesto, S. 437.

44 FitzGerald: The Evangelicals, S. 358.

45 Schaeffer: A Christian Manifesto, S. 469–473.

46 Clarkson: Dominionism Rising.

47 Mantyla, Kyle: Wallnau: Don't Say «Dominionism», At Least Not In Front Of The Media, 17. Oktober 2011, Right Wing Watch https://www.rightwingwatch.org/post/wallnau-dont-say-dominionism-at-least-not-in-front-of-the-media/ (Stand: 20. April 2021).

48 Stewart: The Power Worshippers, S. 124.

49 Prayer Targets: Biblical Basis for Testimony; Kavanugh Confirmation; Pledge to Pray, Vote and Stand, 03. Oktober 2018, Watchmen on the Wall, FRC https://www.frc.org/prayerteam/prayer-targets-biblical-basis-for-testimony-kavanugh-confirmation-pledge-to-pray-vote-and-stand (Link mittlerweile nicht mehr verfügbar).

50 Goldberg: Kingdom Coming, S. 38 f.

51 Rushdoony: Presuppositionalism, Chalcedon, 01. November 1998, Chalcedon Foundation https://chalcedon.edu/magazine/presuppositionalism (Stand: 20. April 2021).

52 Beispielsweise: Gardner, Amy: Nevada Sen. Reid's campaign batters image of GOP challenger, 14. August 2010, The Washington Post https://www.washingtonpost.com/wp-dyn/content/article/2010/08/13/AR2010081306224.html?hpid=topnews (Stand: 20. April 2021).

53 Rushdoony's Legacy: The Overlooked Influence Of A Religious Right Godfather, 16. August 2010, Americans United for the Separation of Church and State https://www.au.org/blogs/wall-of-separation/rushdoony-s-legacy-the-overlooked-influence-of-a-religious-right-godfather (Stand: 20. April 2021).

54 Douthat, Ross: Theocracy, Theocracy, Theocracy, August 2006, First Things https://www.firstthings.com/article/2006/08/theocracy-theocracy-theocracy (Stand: 20. April 2021).

55 Gagné, André, in: The Christians Who Want to Rule the World – with André Gagné, 12. Februar 2021, prod. von Bradley Onishi, Straight White American Jesus Podcast https://anchor.fm/straightwhiteamericanjesu/episodes/The-Christians-Who-Want-to-Rule-the-World--with-Andr-Gagn-eioj6o (Stand: 20. April 2021).

56 Shellnutt, Katie: Influential Hispanic Pastor Welcomes ‹Evangelicals for Trump›, 03. Januar 2020, Christianity Today https://www.christianitytoday.com/news/2020/january/evangelicals-for-trump-pastor-guillermo-maldonado-miami.html (Stand: 03. Juni 2021).

57 Goldberg, Michelle: Dominionism: Michele Bachmann and Rick Perry's Dangerous Religious Bond, 13. Juli 2017, The Daily Beast https://www.thedailybeast.com/dominionism-michele-bachmann-and-rick-perrys-dangerous-religious-bond; Ingersoll, Julie: Bachmann's Law School Mentor Asserts Biblical Roots of American Political System, 10. August 2011, Religion Dispatches https://religiondispatches.org/bachmanns-law-school-mentor-asserts-biblical-roots-of-american-political-system/ (Stand: 20. April 2021).

58 Wermund, Benjamin: Trump's education pick says reform can ‹advance God's Kingdom›, 02. Dezember 2016, Politico https://www.politico.com/story/2016/12/betsy-devos-education-trump-religion-232150; Stewart, Katherine: Betsy DeVos and God's Plan for Schools, 13. Dezember 2016, The New York Times https://www.nytimes.com/2016/12/13/opinion/betsy-devos-and-gods-plan-

for-schools.html; Grossmann, Karl: A Theology of Power: Mike Pence and the Dominionists, 30. Januar 2019, Counterpunch https://www.counterpunch.org/2019/01/30/a-theology-of-power-mike-pence-and-the-dominionists/ (Stand: 21. Juni 2021).

59 Boston, Rob: William Barr Wants To Bring God's Law To America, 10. Dezember 2018, Americans United for the Separation of Church and State (AU) https://www.au.org/blogs/wall-of-separation/william-barr-wants-to-bring-gods-law-to-america (Stand: 20. April 2021).

60 Barr, William: Attorney General William P. Barr Delivers Remarks to the Law School and the de Nicola Center for Ethics and Culture at the University of Notre Dame, 11. Oktober 2019, Justice Department https://www.justice.gov/opa/speech/attorney-general-william-p-barr-delivers-remarks-law-school-and-de-nicola-center-ethics (Stand: 20. April 2021).

61 Fea, John: Ted Cruz's campaign is fueled by a dominionist vision for America, 04. Februar 2016, The Washington Post https://www.washingtonpost.com/national/religion/ted-cruzs-campaign-is-fueled-by-a-dominionist-vision-for-america-commentary/2016/02/04/86373158-cb6a-11e5-b9ab-26591104bb19_story.html (Stand: 20. April 2021).

62 Ingersoll, Julie, in: Paul Rosenberg: Secrets of the extreme religious right: Inside the frightening world of Christian Reconstructionism, 31. Juli 2015, Salon https://www.salon.com/2015/07/31/secrets_of_the_extreme_religious_right_inside_the_frightening_world_of_christian_reconstructionism/ (Stand: 20. April 2021).

63 Wilson-Hartgrove, Jonathan: Jeff Sessions' ‹religious liberty task force› part of a dangerous Christian nationalist campaign of discrimination, 31. August 2018, NBC News https://www.nbcnews.com/think/opinion/jeff-sessions-religious-liberty-task-force-part-dangerous-christian-nationalist-ncna895941 (Stand: 11. Mai 2021).

64 Sugg, John: A Nation Under God.

65 Boston, Rob: Fringe Festival: Why We Must Take ‹Dominionists› Seriously, 23. August 2011, Americans United for the Separation of Church and State https://www.au.org/blogs/wall-of-separation/fringe-festival-why-we-must-take-dominionists-seriously (Stand: 20. April 2021).

Eine disziplinierte Armee

1 FitzGerald, Frances: A Disciplined, Charging Army, 18. Mai 1981, online 16. Mai 2007, The New Yorker https://www.newyorker.com/magazine/1981/05/18/a-disciplined-charging-army (Stand: 30. April 2021).

2 Stuart Stephens: It Was All a Lie. How the Republican Party Became Donald Trump, New York 2020, S. 174.

3 Trickey, Eric: Long before QAnon, Ronald Reagan and the GOP purged John Birch extremists from the party, 15. Januar 2021, The Washington Post https://www.washingtonpost.com/history/2021/01/15/john-birch-society-qanon-reagan-republicans-goldwater/ (Stand: 20. April 2021).

4 Posner: Unholy, S. 102.

5 Levitsky, Steven; Ziblatt, Daniel: The Biggest Threat to Democracy Is the GOP Stealing the Next Election, 09. Juli 2021, The Atlantic https://www.theatlantic.com/ideas/archive/2021/07/democracy-could-die-2024/619390/ (Stand: 12. Juli 2021).

6 Nelson, Anne: Shadow Network, Media, Money and the Secret Hub of the Radical Rights, London 2021, S. 25.

7 Ebd., S. 25, 35.; v. Friedenberg, Robert: Communication Consultants in Political Campaigns: Ballot Box Warriors, Westport, Connecticut 1997, S. 104.

8 Heritage Foundation: https://www.heritage.org/about-heritage/mission (Stand: 20. April 2021).
9 Nelson: Shadow Network, S. 19.
10 TV Ads Attack Moral Majority, Other Groups for ‹Intolerance›, 09. Oktober 1982, The Washington Post https://www.washingtonpost.com/archive/local/1982/10/09/tv-ads-attack-moral-majority-other-groups-for-intolerance/60255fd6-b1cf-4af7-aa88-e95b1764c75d/ (Stand: 20. April 2021).
11 FitzGerald: A Disciplined, Charging Army.
12 Anne Nelson im Gespräch mit der Autorin am 14. April 2021.
13 The Baton Rouge State Times: Powerful conservative organization formed to influence Congress, impact foreign policy, 08. Januar 1987 http://media.pfaw.org/Right/CNP-IRAN.txt (Stand: 20. April 2021).
14 Council for National Policy: http://www.publiceye.org/ifas/cnp/ (Stand: 20. April 2021).
15 Ebd.
16 Blumenthal, Max: The Secretive Right-Wing Cabal That Met In Minneapolis To Vet Palin, 01. Oktober 2008, The Huffington Post https://www.huffpost.com/entry/the-secretive-right-wing_b_122881 (Stand: 20. April 2021).
17 Council for National Policy Membership Directory, 2014, via SPLC https://splcenter.org/sites/default/files/cnp_redacted_final.pdf (Stand: 20. April 2021).
18 Ambinder, Marc J.: Inside the Council for National Policy, 07. Januar 2006 (Original 02. Mai 2002), ABC https://abcnews.go.com/Politics/story?id=121170&page=1 (Stand: 20. April 2021).
19 Cooper, Melinda: Family Values: Between Neoliberalism and the New Social Conservatism, Princeton 2019.
20 Goldberg, Suzanne: Leak exposes how Heartland Institute works to undermine climate science, 15. Februar 2021, The Guardian https://www.theguardian.com/environment/2012/feb/15/leak-exposes-heartland-institute-climate (06. Juli 2021).
21 Heartland Institute: About Us https://www.heartland.org/about-us/index.html (Stand: 06. Juli 2021).
22 Alberta, Tim: Why Trump Is Growing on Social-Conservative Leaders, 23. Oktober 2015, National Review https://www.nationalreview.com/2015/10/donald-trump-woos-social-conservative-leaders/ (Stand: 20. April 2021).
23 Pence, Mike: 05. Oktober 2019, Twitter Archive https://twitter.com/VP45/status/1180535368279572481?ref_src=twsrc%5Etfw%7Ctwcamp%5Etweetembed%7Ctwterm%5E1180535368279572481%7Ctwgr%5E%7Ctwcon%5Es1_&ref_url=-https%3A%2F%2Fwww.salon.com%2F2019%2F10%2F25%2Fmike-pence-trump-impeachment-council-national-policy%2F (Stand: 20. April 2021).
24 Nelson: Shadow Network, S. 85.
25 Gegründet als 501(c)(4) PAC (Political Action Committee).
26 FRC Action: About FRC Action https://www.frcaction.org/about (Stand: 21. April 2021)
27 Dias, Elisabeth: Watchmen on the Wall: Pastors Prepare to Take Back America, 30. Mai 2014, Time https://time.com/138134/watchmen-on-the-wall-pastors-prepare-to-take-back-america/ (Stand: 21. April 2021).
28 Family Research Council: Voter Impact Toolkit https://www.frc.org/get.cfm?i=PK07E01 (Stand: 21. April 2021).
29 Posner: Unholy, S. 33.
30 Watchmen 2018: Mike Pence https://www.youtube.com/watch?v=8IY8Rr-NrGM (Stand: 21. April 2021).
31 Williams, God's Own Party, S. 168.
32 Heute ist dieses Gremium unter neuer Führung als *American Opportunity* bekannt.
33 Jamin, Jérôme: Cultural Marxism and the Radical Right, in: Jackson P., Shekhovtsov

A. (Hgg.) The Post-War Anglo-American Far Right: A Special Relationship of Hate, London 2014, S. 84–103.

34 Baker, Kevin: The Unlikely Resurrection of Ralph Reed, 25. September 2012, The Observer https://observer.com/2012/09/the-unlikely-resurrection-of-ralph-reed/ (Stand: 21. April 2021).

35 Reclaiming America For Christ, http://reclaimamericaforchrist.org/about-us/ (Stand: 21. April 2021).

36 Nelson im Gespräch mit der Autorin am 14. April 2021.

37 Abowd, Paul: Alec's Decades of ‹Right-to-Work› Effort Pay off in Michigan, 12. Dezember 2012, The Center for Public Integrity https://publicintegrity.org/politics/alecs-decades-of-right-to-work-effort-pay-off-in-michigan/ (Stand: 21. April 2021).

38 Taylor, David: Project Blitz: the legislative assault by Christian nationalists to reshape America, 04. Juni 2018, The Guardian https://www.theguardian.com/world/2018/jun/04/project-blitz-the-legislative-assault-by-christian-nationalists-to-reshape-america (Stand: 21. April 2021).

39 Clarkson, Frederick: «Project Blitz» seeks to do for Christian Nationalism what ALEC does for Big Business, 27. April 2018, Religion Dispatches https://religiondispatches.org/project-blitz-seeks-to-do-for-christian-nationalism-what-alec-does-for-big-business/ (Stand: 21. April 2021).

40 Congressional Prayer Caucus Foundation (Hg.): Report and Analysis on Religious Freedom Measures Impacting Prayer and Faith in America (2017 Version), CPCF, S. 4 https://static1.squarespace.com/static/5bd8728e7eb88c68a5c8509f/t/5d365d91339e9100019cfda2/1563843988765/Project+Blitz+Playbook+2017.pdf (Stand: 21. April 2021).

41 Ebd., S. 5.

42 Ebd., S. 8.

43 Ebd., S. 6.

44 Gabbatt, Adam: US set for flurry of ‹Christian nationalist› bills advanced by religious right, 15. Januar 2021, The Guardian https://www.theguardian.com/world/2021/jan/15/christian-nationalist-religious-right-legislation-bills (Stand 26. April 2021).

45 Project Blitz: https://www.blitzwatch.org/ (Stand: 21. April 2021).

46 Clarkson, Frederick: A recent local Controversy reveals the theocratic Heart of ‹Project Blitz›, 24. Juni 2019, Religion Dispatches https://religiondispatches.org/a-recent-local-controversy-may-reveal-the-soft-theocracy-at-the-heart-of-project-blitz/ (Stand: 21. April 2021).

47 Congressional Prayer Caucus Foundation (Hg.): Report and Analysis on Religious Freedom Measures Impacting Prayer and Faith in America (2018–19 Version), CPFC, S. 128–148 https://static1.squarespace.com/static/5bd8728e7eb88c68a5c8509f/t/5d365d78339e9100019cfa70/1563843966208/Project+Blitz+Playbook+2018-19.pdf (Stand: 21. April 2021).

48 Boston, Rob: Project Blitz Wants To Hide Its Christian Nationalist Agenda. It's Too Late For That. 08. November 2019, Wall of Seperation Blog https://www.au.org/blogs/project-blitz-exposed (Stand: 21. April 2021).

49 SOGI [Anm. d. Autorin: Sexual Orientation and Gender Identity] Measures Report and Analysis. Talking Points, Notes, Fact Sheets (2019/20 Version), via Clarkson at Religion Dispatches https://religiondispatches.org/wp-content/uploads/2021/07/SOGI-Toolkit.pdf; Congressional Prayer Caucus Foundation (Hg.): Report and Analysis on Religious Freedom Measures Impacting Prayer and Faith in America (2021 Version), CPCF https://religiondispatches.org/wp-content/uploads/2021/07/Religious-Freedom-Analysis-Report-2020-2021.pdf (Stand: 02. August 2021).

50 Clarkson, Frederick: Christian Right Bill Mill, Project Blitz, Hasn't Gone Away, It' Just Got More Secretive, 12. Juli 2020, Religion Dispatches https://religiondispatches.org/exclusive-christian-right-bill-mill-project-blitz-hasnt-gone-away-its-just-gotten-more-secretive/ (Stand: 02. August 2021).

51 Blitz Watch: Project Blitz Today https://www.blitzwatch.org/#project-blitz-today-section (Stand: 02. August 2021).

52 Ronan, Wyatt: 2021 Becomes Record Year For Anti-Transgender Legislation, 13. März 2021, Human Rights Watch https://www.hrc.org/press-releases/breaking-2021-becomes-record-year-for-anti-transgender-legislation; Gabbatt, Adam: US set for flurry of ‹Christian nationalist› bills advanced by religious right, 15. Januar 2021, The Guardian https://www.theguardian.com/world/2018/jun/04/project-blitz-the-legislative-assault-by-christian-nationalists-to-reshape-america (Stand: 01. Juni 2021).

53 Stewart, Katherine: A Christian Nationalist Blitz, 26. Mai 2018, The New York Times https://www.nytimes.com/2018/05/26/opinion/project-blitz-christian-nationalists.html (Stand: 21. April 2021).

54 Brockmann, David R.: New Study of Christian Nationalism should be a warning for the whole Country, 02. April 2020, Religion Dispatches https://religiondispatches.org/new-study-of-christian-nationalism-in-texas-should-be-a-warning-for-the-whole-country/ (Stand: 21. April 2021).

55 WallBuilders Profamily Legislative Network: https://www.profamily.com/ (Stand: 21. April 2021).

56 Schwartz, Mattathias: How the Trump Cabinet's Bible Teacher Became a Shadow Diplomat, 29. Oktober 2019, The New York Times https://www.nytimes.com/2019/10/29/magazine/ralph-drollinger-white-house-evangelical.html (Stand: 08. Juli 2021).

57 Drollinger, Ralph: Rebuilding America: The Biblical Blueprint, Ventura, Kalifornien 2016.

58 Gramlich, John: How Trump compares with other recent presidents in appointing federal judges, 13. Januar 2021, Pew Research Center https://www.pewresearch.org/fact-tank/2021/01/13/how-trump-compares-with-other-recent-presidents-in appointing-federal-judges/; Reuters: Factbox: Donald Trump's legacy – six policy takeaways, 30. Oktober 2020 https://reuters.com/article/us-usa-trump-legacy-factbox/factbox-donald-trumps-legacy-six-policy-takeaways-idUSKBN27F1GK (Stand: 02. August 2021).

59 Gramlich, John: How Trump compares with other recent presidents in appointing federal judges, 13.

60 Matthews, Dylan; Pinkerton, Byrd: The incredible influence of the Federalist Society, explained, 03. Juni 2019, Vox https://www.vox.com/future-perfect/2019/6/3/18632438/federalist-society-leonard-leo-brett-kavanaugh (Stand: 22. Juni 2021).

61 Montgomery, David: Conquerors of the Courts, 02. Januar 2019, The Washington Post https://www.washingtonpost.com/news/magazine/wp/2019/01/02/feature/conquerors-of-the-courts/ (Stand: 21. April 2021).

62 Kruse, Michael: The Weekend at Yale That Changed American Politics, September / Oktober 2018, Politico https://www.politico.com/magazine/story/2018/08/27/federalist-society-yale-history-conservative-law-court-219608/ (Stand: 21. April 2021).

63 Michaelson, Jay: The Secrets of Leonard Leo, the Man Behind Trump's Supreme Court Pick, 24. Juli 2018, The Daily Beast https://www.thedailybeast.com/the-secrets-of-leonard-leo-the-man-behind-trumps-supreme-court-pick (Stand: 22. Juni 2021).

64 Ebd.

65 Kroll, Andy: Inside Trump's Judicial Takeover, 19. August 2018, Rolling Stone,

https://www.rollingstone.com/politics/politics-features/trumps-judicial-takeover-711200/ (Stand: 21. April 2021).

66 Anderson, Lisa: Falwell saw law school as tool to alter society, 21. Mai 2007, Chicago Tribune https://www.chicagotribune.com/news/ct-xpm-2007-05-21-0705210067-story.html (Stand: 26. April 2021).

67 Ebd.

68 Hollis-Brusky, Amanda: Ideas with Consequences. The Federalist Society and the Conservative Counterrevolution, Oxford 2015, S. 6, 61–93.

69 Avery, Michael, McLaughlin, Danielle: The Federalist Society: How Conservatives Took the Law Back from Liberals, Nashville, Tennessee 2013, S. 2.

70 Contrera, Jessica: Inside the Christian legal powerhouse that keeps winning at the Supreme Court, 04. Juli 2018, The Washington Post https://www.washingtonpost.com/lifestyle/style/inside-the-christian-legal-powerhouse-that-keeps-winning-at-the-supreme-court/2018/07/04/fffa6aa0-7adb-11e8-93cc-6d3beccdd7a3_story.html (Stand: 21. April 2021).

71 Glenza, Jessica: The multimillion-dollar Christian group attacking LGBTQ+ rights, 21. Februar 2020, The Guardian https://www.theguardian.com/world/2020/feb/20/alliance-defending-freedom-multimillion-dollar-conservative-christian-group-attacking-lgbtq-rights (Stand: 21. April 2021).

72 Amend, Alex: Anti-LGBT Hate Group Alliance Defending Freedom Defended State-Enforced Sterilization for Transgender Europeans, 27. Juli 2017, Southern Poverty Law Center https://www.splcenter.org/hatewatch/2017/07/27/anti-lgbt-hate-group-alliance-defending-freedom-defended-state-enforced-sterilization (Stand: 21. April 2021).

73 Brown, Emma; Swaine, Jon: Amy Coney Barrett, Supreme Court nominee, spoke at program founded to inspire a ‹distinctly Christian worldview in every area of law›, 28. September 2020, The Washington Post https://www.washingtonpost.com/politics/coney-barrett-christian-law-fellowship-blackstone/2020/09/27/7ae41892-fdc5-11ea-b555-4d71a9254f4b_story.html (Stand: 21. April 2021).

74 Millhiser, Ian: Originalism, Amy Coney Barrett's approach to the Constitution, explained, 12. Oktober 2020, Vox https://www.vox.com/21497317/originalism-amy-coney-barrett-constitution-supreme-court (Stand: 21. April 2021); Naylor, Brian: Barrett Says She Does Not Consider Roe V. Wade ‹Super-Precedent›, 13. Oktober 2020, NPR https://www.npr.org/sections/live-amy-coney-barrett-supreme-court-confirmation/2020/10/13/923355142/barrett-says-abortion-rights-decision-not-a-super-precedent (Stand: 21. April 2021).

75 Naylor, Brian: Barrett Says She Does Not Consider Roe V. Wade ‹Super-Precedent›, 13. Oktober 2020, NPR https://www.npr.org/sections/live-amy-coney-barrett-supreme-court-confirmation/2020/10/13/923355142/barrett-says-abortion-rights-decision-not-a-super-precedent (Stand: 29. April 2021).

76 Severns, Maggie: The Koch network, avatar of the tea party, rejects shutdown protests, 22. April 2020, Politico https://www.politico.com/news/2020/04/22/koch-coronavirus-shutdown-protests-202320 (Stand: 21. April 2021).

77 Nelson, Anne: How the CNP, a Republican Powerhouse, Helped Spawn Trumpism, Disrupted the Transfer of Power, and Stoked the Assault on the Capitol, 22. Februar 2021, The Washington Spectator https://washingtonspectator.org/nelson-cnp/ (Stand: 21. April 2021).

78 Achenbach, Joel; Higham, Scott; Horwitz, Sari: How NRA's true believers converted a marksmanship group into a mighty gun lobby, 12. Januar 2013, The Washington Post https://www.washingtonpost.com/politics/how-nras-true-believers-converted-a-marksmanship-group-into-a-mighty-gun-lobby/2013/01/12/51c62288-59b9-11e2-88d0-c4cf65c3ad15_story.html (Stand: 08. Juli 2021).

79 Nelson: Shadow Network, S. 79.

80 Ebd., S. 82.
81 NPR Podcast (Hagen, Lisa; Haxel, Chris): No Compromise https://www.npr.org/podcasts/510356/no-compromise (Stand: 21. Juni 2021).
82 Gilgoff, Dan: The Jesus Machine: How James Dobson, Focus on the Family, and Evangelical America Are Winning the Culture War, London 2007, S. 112–114.
83 Carney, James: The G. O. P. Mantra: Keep Dobson Happy, 11. Mai 1998, CNN https://edition.cnn.com/ALLPOLITICS/1998/05/04/time/dobson.html (Stand: 21. April 2021).
84 Nelson im Gespräch mit der Autorin am 14. April 2021.
85 Graham, Ruth: Church of The Donald, Mai/Juni 2018, Politico https://www.politico.com/magazine/story/2018/04/22/trump-christian-evangelical-conservatives-television-tbn-cbn-218008 (Stand: 21. April 2021).
86 Time Mitarbeiter: Influential Evangelicals: Stuart Epperson, Februar 2005, Time http://content.time.com/time/specials/packages/article/0,28804,1993235_1993243_1993268,00.html (Stand: 21. April 2021).
87 Piore, Adam: A Higher Frequency, Dezember 2005, Mother Jones https://www.motherjones.com/politics/2005/12/higher-frequency/ (Stand: 21. April 2021).
88 Gilgoff, Dan: The Jesus Machine, S. 24.
89 Ridgley, Susan B.: When Pain Becomes Symbolic of Commitment: The Practice of Spanking among Adults and Children and «Focus on the Family» Childrearing Literature, in: Journal of Religion and Violence, Bd. 4, Nr. 3, Special Issue: Pain, Politics, and the Monstrous Other (2016), S. 373–386, S. 381.
90 Nelson: Shadow Network, S. xvii, 41 f.
91 Fitzgerald: A Disciplined, Charging Army.
92 Ebd., S. 43.
93 Burton, Tara Isabella: Understanding the Christian Broadcasting Network, the force behind the latest pro-Trump TV newscast, 05. August 2017, Vox https://www.vox.com/identities/2017/8/5/16091740/christian-broadcasting-network-cbn-pat-robertson-trump (Stand: 21. April 2021).
94 Chandler, Russell: Survey Points Up Wide Forum TV Gives Preachers, 26. Oktober 1985, Los Angeles Times https://www.latimes.com/archives/la-xpm-1985-10-26-mn-13098-story.html (Stand: 21. April 2021).
95 FitzGerald: A Disciplined, Charging Army.
96 Ebd.
97 Ebd.
98 Dias, Elizabeth: Jack Van Impe, End Times Preacher on TV, Is Dead at 88, 22. Januar 2020, The New York Times https://www.nytimes.com/2020/01/22/us/jack-van-impe-dead.html (Stand: 22. Juni 2021).
99 Ebd.
100 Bivins, Jason C.: Tracing the Rise of Christian Media in American Political Discourse, 12. Juni 2018, Pacific Standard https://psmag.com/news/the-rise-of-the-christian-media (Stand: 21. April 2021).
101 FitzGerald: A Disciplined, Charging Army.
102 Ebd.
103 Ohleiser, Abby: Pat Robertson Defends His Warning of Gay AIDS Handshake Rings, 27. August 2013, The Atlantic https://www.theatlantic.com/national/archive/2013/08/cbn-edits-out-pat-robertsons-comments-gays-handshake-aids-ring/311623/ (Stand: 21. April 2021).
104 Folkenflik, David: Talk Show Host Rush Limbaugh, A Conservative Lodestar, Dies At 70, 17. Februar 2021, NPR https://www.npr.org/2021/02/17/926491419/talk-show-host-rush-limbaugh-a-conservative-lodestar-dies-at-70 (Stand: 04. Juni 2021).
105 Yorke, Jeffrey: Limbaugh, Bush's House Guest, 09. Juni 1992, The Washington Post

https://www.washingtonpost.com/archive/lifestyle/1992/06/09/limbaugh-bushs-house-guest/6b211e43-99e0-42f2-9c6a-1a729904614b/ (Stand: 29. April 2021).

106 Vigdor, Neil: Rush Limbaugh Awarded Presidential Medal of Freedom at State of the Union, 04. Februar 2020, The New York Times https://www.nytimes.com/2020/02/04/us/politics/rush-limbaugh-medal-of-freedom.html (Stand: 29. April 2021).

107 Shafer, Jack: Fox News 1.0, 05. Juni 2008, Slate https://slate.com/news-and-politics/2008/06/revisiting-tvn-roger-ailes-first-stab-at-running-a-tv-news-operation.html (Stand: 08. Juli 2021).

108 How Roger Ailes Built the Fox News Fear Factory, 25. Mai 2011, Rolling Stone https://www.rollingstone.com/politics/politics-news/how-roger-ailes-built-the-fox-news-fear-factory-244652/ (Stand: 17. Mai 2021).

109 Ebd.

110 Frum: «Republicans originally thought that Fox worked for us, and now we are discovering we work for Fox», 23. März 2010, Media Matters https://www.mediamatters.org/abc/frum-republicans-originally-thought-fox-worked-us-and-now-we-are-discovering-we-work-fox (Stand: 17. Mai 2021).

111 Trumpism After Trump? How Fox News Structures Republican Attitudes, 18. November 2020, PRRI https://www.prri.org/research/trumpism-after-trump-how-fox-news-structures-republican-attitudes/ (Stand: 17. Mai 2021).

112 Nelson, Anne: 08. Januar 2020, Twitter https://twitter.com/anelsona/status/1214940272653668352?s=20 (Stand: 17. Mai 2021).

113 Nelson: Shadow Network, S. 94.

114 Nelson im Gespräch mit der Autorin am 14. April 2021.

115 Mayer, Jane: The Making of the Fox News White House, 04. März 2019, The New Yorker https://www.newyorker.com/magazine/2019/03/11/the-making-of-the-fox-news-white-house (Stand: 08. Juli 2021).

116 Nelson: Shadow Network, S. 263.

117 Garrett, Laurie: The Pandemic Really Is Fake News: It's Deadlier Than Anyone Realized, 03. November 2020, Foreign Policy https://foreignpolicy.com/2020/11/03/the-pandemic-really-has-been-fake-news-its-deadlier-than-anyone-realized/ (Stand: 16. Mai 2021).

118 Nelson: The Shadow Network (Council for National Policy) Is Not Going Away, 24. März 2021, Bill Moyers https://billmoyers.com/story/the-shadow-network-council-for-national-policy-is-not-going-away/ (Stand: 29. April 2021).

«Säe und du wirst ernten»

1 Metha, Hemant: Trump's «Spiritual Advisor»: The White House is «Holy Ground» When I Stand In It, 09. Juli 2019, Friendly Atheist Blog, Patheos https://friendlyatheist.patheos.com/2019/07/09/trumps-spiritual-adviser-the-white-house-is-holy-ground-when-i-stand-in-it/ (Stand: 21. April 2021).

2 Warren, Donald: Radio Priest: Charles Coughlin, the Father of Hate Radio, New York 2006.

3 Giangravé, Claire: A new book urges canonization of Fulton Sheen, father of electronic Mass, 06. April 2020, Religion News Service https://religionnews.com/2020/04/06/sheen-saint/ (Stand: 16. Mai 2021).

4 Smietana, Bob: Americans Love God and the Bible, Are Fuzzy on the Details, 27. September 2016, Lifeway Research https://lifewayresearch.com/2016/09/27/americans-love-god-and-the-bible-are-fuzzy-on-the-details/ (Stand: 21. April 2021).

5 Van Biema, David; Chu, Jeff: Does God Want You To Be Rich?, 10. September 2006, Time http://content.time.com/time/printout/0,8816,1533448,00.html (Stand 26. April 2021).
6 Broyles, Gil: Oral Roberts Says He's Been Given A Money-or-Death Ultimatum, 19. Januar 1987, AP News https://apnews.com/article/84060707db5c4d465b85c7859145139b (Stand: 15.Mai 2021).
7 Kuruvilla, Carol: Televangelist Kenneth Copeland Defends His Private Jets: ‹I'm A Very Wealthy Man›, 05. Juni 2021, The Huffington Post https://www.huffpost.com/entry/kenneth-copeland-jet-inside-edition_n_5cf822fee4b0e63eda94de4f (Stand: 15. Mai 2021).
8 Martí, Gerardo: White Christian Libertarianism and The Trump Presidency, in: Religion is Raced: Understanding American Religion in the Twenty-First Century (Hgg.: Grace Yukich, Penny Edgell), New York 2020, S. 19–39, S. 19.
9 Blair, Leonardo: Creflo Dollar Will Get $ 70 Million Gulfstream G650 Jet Says Church; World Changers Board Says It Is ‹Necessary› for Ministry, 02. Juni 2015, Christian Post https://www.christianpost.com/news/creflo-dollar-will-get-70-million-gulfstream-g650-jet-says-church-world-changers-board-says-it-is-necessary-for-ministry-139858/ (Stand: 21. April 2021).
10 Gates, Anita: Tammy Faye Bakker, 65, Emotive Evangelist, Dies, 22. Juli 2007, The New York Times https://www.nytimes.com/2007/07/22/us/22bakker.html (Stand: 21. April 2021).
11 https://www.lakewoodchurch.com/about/history, https://www.joelosteen.com/our-ministry (Stand: 01. Juni 2021).
12 Bowler, Kate: I'm a scholar of the «prosperity gospel.» It took cancer to show me I was in its grip, 12. März 2018, Vox https://www.vox.com/first-person/2018/3/12/17109306/prosperity-gospel-good-evil-cancer-fate-theology-theodicy (Stand: 21. April 2021).
13 Ebd.
14 Smietana, Bob: Most Churchgoers Say God Wants Them to Prosper Financially, 31. Juli 2018, Lifeway Research https://lifewayresearch.com/2018/07/31/most-churchgoers-say-god-wants-them-to-prosper-financially/ (Stand: 21. April 2021).
15 Sarah Posner im Gespräch mit der Autorin am 19. April 2021.
16 Effron, Lauren; Paparella, Andrew; Taudte, Jeca: The scandals that brought down the Bakkers, once among US's most famous televangelists Jim and Tammy Faye Bakker once held a multimillion-dollar TV empire, 20. Dezember 2019, ABC News https://abcnews.go.com/US/scandals-brought-bakkers-uss-famous-televangelists/story?id=60389342 (Stand: 29. März 2021).
17 Zoll, Rachel: Televangelists escape penalty in Senate inquiry, 07. Januar 2011, NBC News https://www.nbcnews.com/id/wbna40960871 (Stand: 29. Mai 2021).
18 Keith, Tamara: Trump Crowd Size Estimate May Involve ‹The Power Of Positive Thinking›, 22. Januar 2017, NPR https://www.npr.org/2017/01/22/510655254/trump-crowd-size-estimate-may-involve-the-power-of-positive-thinking (Stand: 21. April 2021).
19 Peale, Norman Vincent: The Power of Positive Thinking: A Practical Guide to Mastering the Problems of Everyday Living, Hoboken, New Jersey 1952.
20 Evans, Christopher H.: Why you should know about the New Thought movement, 16. Februar 2017, The Conversation https://theconversation.com/why-you-should-know-about-the-new-thought-movement-72256 (Stand: 21. April 2021).
21 Bowler, Kate: Blessed: A History of the American Prosperity Gospel, Oxford 2016, S. 14.
22 Ebd., S. 13.
23 Brooks, Ryan: Marianne Williamson Said Antidepressants Are Overprescribed For «Normal Human Despair», 26. Juli 2019, Buzzfeed News https://www.

buzzfeednews.com/article/ryancbrooks/marianne-williamson-antidepressants (Stand: 21. April 2021).

24 Williamson, Marianne: The Law of Divine Compensation: On Work, Money, and Miracles, San Francisco 2012, Kapitel 7.

25 Williamson, Marianne: A Course In Weight Loss: 21 Spiritual Lessons for Surrendering Your Weight Forever, Carlsbad, Kalifornien 2010.

26 Griffith, Marie R.: Born Again Bodies: Flesh and Spirit in American Christianity, Oakland, Kalifornien 2004, S. 2.

27 Green, Emma: Why Donald Trump Appeals to Evangelicals. A look at the long history of «Christian libertarianism» in the United States, 08. August 2016, The Atlantic https://www.theatlantic.com/politics/archive/2016/08/donald-trump-christian-libertarianism/494843/ (Stand: 21. April 2021).

28 Kruse, Kevin M.: One Nation Under God: How Corporate America Invented Christian America. New York, 2015, S. 25.

29 Graham, Billy: God Before Gold, September 1954, Nation's Business, 34, zit. n. ebd., S. 308.

30 All Things Considered: How Positive Thinking, Prosperity Gospel Define Donald Trump's Faith Outlook, 03. August 2016, NPR https://www.npr.org/transcripts/488513585?storyId=488513585?storyId=488513585 (Stand: 21. April 2021).

31 Blair, Gwenda: How Norman Vincent Peale Taught Donald Trump to Worship Himself, 06. Oktober 2015, Politico https://www.politico.com/magazine/story/2015/10/donald-trump-2016-norman-vincent-peale-213220/ (Stand: 22. April 2021).

32 Dixit, Jay: Donald Trump on Failure, 19. Mai 2009, Psychology Today https://www.psychologytoday.com/us/blog/brainstorm/200905/donald-trump-failure (Stand: 22. April 2021).

33 Schwartzman, Paul: How Trump got religion – and why his legendary minister's son now rejects him, 21. Januar 2016, The Washington Post https://www.washingtonpost.com/lifestyle/how-trump-got-religion--and-why-his-legendary-ministers-son-now-rejects-him/2016/01/21/37bae16e-bb02-11e5-829c-26ffb874a18d_story.html (Stand: 22. April 2021).

34 Blodgett, Todd: Trump's refusal to concede fits perfectly with the positive-thinking philosophy he learned from Norman Vincent Peale, 19. November 2020, Des Moines Register https://eu.desmoinesregister.com/story/opinion/columnists/iowa-view/2020/11/19/trump-after-losing-adheres-norman-vincent-peale-positive-thinking/6341449002/ (Stand: 22. April 2021).

35 Dobson, James: Dr. James Dobson on Donald Trump's Christian Faith https://www.drjamesdobson.org/news/dr-james-dobson-on-trumps-christian-faith (Stand: 22. April 2021).

36 Prentice, Chris: Televangelists, megachurches tied to Trump approved for millions in pandemic aid, 07. Juli 2020, Reuters https://www.reuters.com/article/health-coronavirus-ppp-religious-idUSL1N2EF0JB (Stand: 22. April 2021).

37 Eph 6,12.

38 Lampman, Jane: Targeting cities with ‹spiritual mapping›, prayer, 23. September 1999, The Christian Science Monitor https://www.csmonitor.com/1999/0923/p15s1.html (Stand: 26. April 2021).

39 Lemon, Jason: Pro-Trump Author Eric Metaxas Calls Deniers of 2020 Election Fraud ‹Enemies of This Country›, 18. April 2021, Newsweek https://www.newsweek.com/pro-trump-author-eric-metaxas-calls-deniers-2020-election-fraud-enemies-this-country-1584527 (Stand: 16. Mai 2021).

40 Mantyla, Kyle: Rick Joyner Tells Christians to Arm Themselves in Preparation for Civil War, 16. März 2021, Right Wing Watch https://www.rightwingwatch.org/

post/rick-joyner-tells-christians-to-arm-themselves-in-preparation-for-civil-war/ (Stand: 22. April 2021).

41 Prayer Service at City of Destiny, 05.11.2020, New Destiny Christian Center, Facebook https://www.facebook.com/CityofDestinyActs244/videos/375416187100275/ (Stand 22. April 2021).

42 Ebd.

43 White-Cain, Paula: https://twitter.com/Paula_White/status/1324074690168692738 (Stand: 26. April 2021).

44 The Sharpening Report Special: Corporate Christianity, Mark Taylor and Melissa Leggett on Generational Sin, 17. August 2017, Youtube https://www.youtube.com/watch?v=V8jEfH7KEqY; Mantyla, Kyle: Mark Taylor Is Waging ‹Guerilla-Style Spiritual Warfare› To Turn The Entire Electoral Map Red, 17. August 2017, Right Wing Watch https://www.rightwingwatch.org/post/mark-taylor-is-waging-guerilla-style-spiritual-warfare-to-turn-the-entire-electoral-map-red/ (Stand 22. April 2021).

45 O'Donnell, S. Jonathan: Demons of the deep state: how evangelicals and conspiracy theories combine in Trump's America, 14. September 2020, The Conversation https://theconversation.com/demons-of-the-deep-state-how-evangelicals-and-conspiracy-theories-combine-in-trumps-america-144898 (Stand 26. April 2021).

Jesus ist ein *Navy Seal*

1 Stine, Brad: Grow a Pair, 2002 in: O'Brian, Brendan: A Jesus for Real Man – What the New Masculinity Movement Gets Right and Wrong, 18. April 2008, Christianity Today www.wacmm.org/A_Jesus_for_Real_Men_by_Brandon_O_Brien.pdf (Stand: 23. April 2021).

2 Faith Leaders Are Still Backing Trump In The Wake Of His Lewd Comments About Women, 08. Oktober 2016, Weekend Edition Saturday NPR https://www.npr.org/2016/10/08/497164715/faith-leaders-are-still-backing-trump-in-the-wake-of-his-lewd-comments-about-wom (Stand: 23. April 2021).

3 Ebd.

4 Bjork-James, Sophie: The Divine Institution. White Evangelicalism's Politics of the Family, New Brunswick, New Jersey 2021, S. 49.

5 Moreton, Bethany E.: The Soul of Neoliberalism, in: Social Text, Bd. 25, Bd., Nr. 3 (92), S.103–123. S. 111.

6 Lassiter, Matthew D.: Inventing Family Values, in: Rightward Bound: Making America Conservative in the 1970s. Hgg. Bruce J. Schulman & Julian E. Zelizer. Cambridge, MA 2008.

7 Bjork-James: The Divine Institution, S. 58, 60 f.

8 Silliman, Daniel: Sex- and -marriage manuals and the making of an evangelical market, Paper präsentiert bei der American Historical Association, Sitzung 6: «Evangelical Loyalties Reconsidered», 03. Januar 2019.

9 Association of American Publishers: Book Publishing Annual StatShot Survey Reveals Religious Crossover and Inspirational Books Supported Trade Book Growth in 2016, 01. August 2017, Association of American Publishers https://publishers.org/news/book-publishing-annual-statshot-survey-reveals-religious-crossover-and-inspirational-books-supported-trade-book-growth-in-2016/ (Stand: 23. April 2021).

10 Ferguson, Sinclair: Jesus: Our Navy Seal, 04. April 2012, Desiring God https://www.desiringgod.org/articles/jesus-our-navy-seal (Stand: 23. April 2021).

11 Bean, Alan: Jesus and John Wayne: Must we choose? 31. Oktober 2016, Baptist News https://baptistnews.com/article/jesus-and-john-wayne-must-we-choose/#.YFfN I69Kg2w (Stand: 23. April 2021).

12 Taddonio, Patrice: How Billy Graham merged Patriotism and Christianity, 21. Februar 2018, PBS https://www.pbs.org/wgbh/frontline/article/how-billy-graham-helped-merge-patriotism-and-christianity/ (Stand: 23. April 2021); Billy Graham on Communism: «Satan's History» (1954) https://alphahistory.com/coldwar/billy-graham-communism-satans-religion-1954/ (Stand: 23. April 2021).

13 Kobes Du Mez, Kristin: Jesus and John Wayne, S. 11.

14 Johnson, Emily Suzanne: Women have been the heart of the Christian right for decades, 06. Juni 2019, The Conversation https://theconversation.com/women-have-been-the-heart-of-the-christian-right-for-decades-118094 (Stand: 23. April 2021).

15 Maynard, Joyce: The liberation of Total Woman, 28. September 1975, The New York Times https://www.nytimes.com/1975/09/28/archives/the-liberation-of-total-woman-if-it-is-the-aim-of-the-steinems.html; Quinn, Sally: The ‹Total Woman› May Have Left the Feminists Behind, 27. Januar 1978, The Washington Post https://www.washingtonpost.com/archive/lifestyle/1978/01/27/the-total-woman-may-have-left-the-feminists-behind/cce1f80a-7a08-4fcd-8557-9df3b7c51b5c/ (Stand: 10. Juli 2021).

16 Beachum, Lateshia: Pastor says women may not be ‹epic trophy wife› but should be thin for their husbands. He's now on leave, 08. März 2021, The Washington Post https://www.washingtonpost.com/religion/2021/03/08/pastor-women-melania-trump-sermon/ (Stand: 22. Juni 2021).

17 Kobes Du Mez: Jesus and John Wayne, S. 68.

18 Martin, Douglas: Phyllis Schlafly, ‹First Lady› of a Political March to the Right, Dies at 92, 05. September 2016, The New York Times https://www.nytimes.com/2016/09/06/obituaries/phyllis-schlafly-conservative-leader-and-foe-of-era-dies-at-92.html (Stand: 23. April 2021).

19 Critchlow, Donald T.: Remembering Phyllis Schlafly, 31. Dezember 2016, Politico https://www.politico.com/magazine/story/2016/12/Phyllis-schlafly-obituary-eagle-forum-era-214559/Radosh, Ronald: Phyllis Schlafly, ‹Mrs. America›, Was a Secret Member of the John Birch Society, 22. April 2020, The Daily Beast https://www.thedailybeast.com/phyllis-schlafly-mrs-america-was-a-secret-member-of-the-john-birch-society (Stand: 02. Juni 2021).

20 Douglas: Phyllis Schlafly.

21 Trott, Bill: U. S. conservative activist Phyllis Schlafly dead at 92, 06. September 2016, Reuters https://www.reuters.com/article/us-people-schlafly-idUSKCN11B2GJ (Stand: 23. April 2021).

22 Haberman, Clyde: Phyllis Schlafly's Lasting Legacy in Defeating the E. R. A., 11. September 2016, The New York Times https://www.nytimes.com/2016/09/12/us/phyllis-schlaflys-lasting-legacy-in-defeating-the-era.html (Stand: 10. Juli 2021).

23 Phyllis Schlafly, conservative US activist, who opposed ERA, dies at 92, 05. September 2016, Reuters via CNBC https://www.cnbc.com/2016/09/05/phyllis-schlafly-conservative-us-activist-who-opposed-era-dies-at-92.html (Stand: 22. Juni 2021).

24 Johnson, Emily Suzanne: Women have been the heart of the Christian right for decades, 06. Juni 2019, The Conversation https://theconversation.com/women-have-been-the-heart-of-the-christian-right-for-decades-118094 (Stand: 23. April 2021).

25 Our History: Concerned Women for America https://concernedwomen.org/about/our-history/ (Stand: 23. April 2021).

26 Kobes Du Mez: Jesus and John Wayne, S. 91.

27 Ebd., S. 166.

28 Council on Biblical Manhood and Womanhood: Our History, CMBW.org https://cmbw.org/about/history/ (Stand: 23. April 2021).

29 Ebd., S. 168.
30 Piper, John: Why a Woman Shouldn't Run for Vice President, but Wise People May Still Vote for Her, 02. November 2008, Desiring God https://www.desiringgod.org/articles/why-a-woman-shouldnt-run-for-vice-president-but-wise-people-may-still-vote-for-her (Stand: 23. April 2021).
31 Eldredge, John: Wild at Heart, 2001, S. 10.
32 Ebd., S. 9.
33 Merritt, Jonathan: The book that revolutionized ‹Christian manhood›: 15 years after ‹Wild at Heart›, 22. April 2016, Religion News https://religionnews.com/2016/04/22/the-book-that-revolutionized-christian-manhood-15-years-after-wild-at-heart/ (Stand: 23. April 2021).
34 Eldredge: Wild at Heart, S. 27. Eldredge bezieht sich hier auf die Offenbarung des Johannes 19.
35 Ebd., S. 175.
36 Dobson, James C.: Bringing Up Boys, Wheaton 2001.
37 https://nsa.edu/categories/Douglas-J.-Wilson/ (Stand: 23. April 2021).
38 Simmons, Tracy: Douglas Wilson's ‹spiritual takeover› plan roils Idaho college town, 05. November 2019, Religion News Service https://religionnews.com/2019/11/05/douglas-wilsons-spiritual-takeover-plan-roils-idaho-college-town/ (Stand: 23. April 2021).
39 https://www.desiringgod.org/authors/douglas-wilson (Stand: 23. April 2021).
40 Piper, John: Why Doug Wilson? 22. Mai 2013, Desiring God https://www.youtube.com/watch?v=kkCoCDDOmOY (Stand: 23. April 2021).
41 Worthen, Molly: The Controversialist, 17. April 2009, Christianity Today https://www.christianitytoday.com/ct/2009/april/24.42.html?start=1 (Stand: 23. April 2021).
42 Kobes Du Mez: Jesus and John Wayne, S. 203.
43 Kobes Du Mez: Understanding White Evangelical Views on Immigration, Frühling / Sommer 2018, Harvard Divinity Bulletin https://bulletin.hds.harvard.edu/understanding-white-evangelical-views-on-immigration/ (Stand: 25. April 2021).
44 Wilson, Doug: Blog, https://dougwils.com/blog (Stand: 27. April 2021).
45 Murrow, David: Why Men Hate Going to Church, New York 2005, S. 51.
46 Wilson: Fidelity: What It Means to Be a One-Woman Man, Moscow, Idaho 1999, S. 89.
47 Potok, Mark: Doug Wilson's Religious Empire Expanding in the Northwest, 20. April 2004, Intelligence Report, SPLC https://www.splcenter.org/fighting-hate/intelligence-report/2004/doug-wilson%E2%80%99s-religious-empire-expanding-northwest (Stand: 25. April 2021).
48 Driscoll, Mark in: Relevant Magazine, Ausgabe 24. Januar / Februar 2007 https://web.archive.org/web/20071013102203/http:/relevantmagazine.com/god_article.php?id=7418 (Stand: 25. April 2021).
49 Driscoll, Mark; Breshears, Gerry: Vintage Jesus. Timely Answers to Timely Questions, Wheaton 2007, S. 150 http://www.hisonelife.com/uploads/4/9/8/6/4986072/driscoll_-_vintage_jesus.pdf
50 Hamby, Derik: ‹My Jesus can beat up your Jesus!›, 27. August 2010, Baptist News https://baptistnews.com/article/my-jesus-can-beat-up-your-jesus/ (Stand: 25. April 2021).
51 Piatt, Christian: Mark Driscoll, Women as Penis Houses, and Crumbling Temples, 11. September 2014, The Huffington Post https://www.huffpost.com/entry/mark-driscoll-women-as-pe_b_5804964 (Stand: 25. April 2021).
52 Driscoll, Mark in: Seven Big Questions, Relevant Magazine, Ausgabe 24, Januar / Februar 2007.

53 Jarvie, Jenny; Simon, Stephanie: Manliness is next to godliness, 07. Dezember 2006, Los Angeles Times https://www.latimes.com/archives/la-xpm-2006-dec-07-na-godmen7-story.html (Stand: 25. April 2021).

54 Brockschmidt, Annika: Trumps Pinsel, 18. Juli 2020, Zeit Online https://www.zeit.de/kultur/kunst/2020-07/jon-mcnaughton-donald-trump-maler-konservative-kunst-usa?utm_referrer=https%3A%2F%2Fwww.bing.com%2F (Stand: 25. April 2021)

55 Mooney, Michael J.: Trump's Apostle, August 2019, Texas Monthly https://www.texasmonthly.com/articles/donald-trump-defender-dallas-pastor-robert-jeffress/ (Stand: 30. April 2021).

56 Trump, Ivanka: Ivanka Trump's 2020 Republican National Convention speech, 28. August 2020, ABC News https://abcnews.go.com/Politics/full-text-ivanka-trumps-2020-republican-national-convention/story?id=72668294 (Stand: 25. April 2021).

57 Stasson, Anneke: The Politicization of Family Life: How Headship Became Essential to Evangelical Identity in the Late Twentieth Century, in: Religion and American Culture: A Journal of Interpretation, Bd. 24, Vol. 1 (2014), S. 100–138.

58 Alford, Emily: From ‹Feminazis› to ‹Fucking Bitches›: The Sexist ‹Humor› That Built the Conservative War Room, 03. August 2020, Jezebel https://jezebel.com/from-feminazis-to-fucking-bitches-the-sexist-humor-tha-1844539905 (Stand: 25. April 2021).

59 Fazeli Fard, Maggie: Sandra Fluke, Georgetown student called a ‹slut› by Rush Limbaugh, speaks out, 02. März 2012, The Washington Post https://www.washingtonpost.com/blogs/the-buzz/post/rush-limbaugh-calls-georgetown-student-sandra-fluke-a-slut-for-advocating-contraception/2012/03/02/gIQAvjfSmR_blog.html (Stand: 25. April 2021).

60 Schwartz, Maralee; Cooper, Kenneth J.: Equal Rights Initiative in Iowa attacked, 23. August 1992, The Washington Post https://www.washingtonpost.com/archive/politics/1992/08/23/equal-rights-initiative-in-iowa-attacked/f3e553a1-b768-449f-8d65-d096f9e318ee/; Paybarah, Azi: Missouri Pastor Who Sermonized That Women Must Look Good for Their Husbands Goes on Leave, 08. März 2021, The New York Times https://www.nytimes.com/2021/03/08/us/stewart-allen-clark-pastor-melania-trump.html (Stand: 02. Juni 2021).

61 Falkirk Center: Why Falkirk https://www.falkirkcenter.com/why-falkirk/ (Stand: 10. März 2021). Die Seite ist seit der Umbenennung nicht mehr erreichbar. Jenkins, Jack: Charlie Kirk out at Liberty University's Falkirk Center, 17. März 2021, Religion News https://religionnews.com/2021/03/17/charlie-kirk-out-at-liberty-universitys-falkirk-center/ (Stand: 25. April 2021).

62 Kobes Du Mez, Kristin: Some evangelicals deny the coronavirus threat. It's because they love tough guys, 02. April 2020, The Washington Post https://www.washingtonpost.com/outlook/2020/04/02/conservative-evangelicals-coronavirus-tough-guys/ (Stand: 25. April 2021).

63 Montgomery, Peter: Steve Bannon Praises Anti-LGBTQ Promise Keepers for Promoting ‹Warrior Ideal of Christian Men› With Football Stadium Gathering, 30. April 2021, Right Wing Watch https://www.rightwingwatch.org/post/steve-bannon-praises-anti-lgbtq-promise-keepers-for-promoting-warrior-ideal-of-christian-men-with-football-stadium-gathering/ (Stand: 25. Mai 2021).

64 Stammer, Larry B.: Teaching Patriarchs to Lead, 19. Juni 1994, Los Angeles Times https://www.latimes.com/archives/la-xpm-1994-06-19-mn-6018-story.html (Stand: 25. Mai 2021).

65 Montgomery: Promise Keepers Draws ‹Battle Lines› And Demands ‹No Compromise!›, 10. Juni 2015, Right Wing Watch https://www.rightwingwatch.org/post/promise-keepers-draws-battle-lines-and-demands-no-compromise/ (Stand: 27. Mai 2021).

66 Brockschmidt, Annika: Die gefährliche Nähe zwischen Polizei und bewaffneten Milizen, 27. Oktober 2020, Spiegel Online https://www.spiegel.de/geschichte/buergerwehren-in-den-usa-die-gefaehrliche-naehe-zwischen-polizei-und-bewaff neten-milizen-a-96410256-2965-4dac-8c14-ecb9926e4eea (Stand: 30. April 2021); Kutner, Samantha: Swiping Right: The Allure of Hyper Masculinity and Cryptofascism for Men Who Join the Proud Boys, International Centre for Counter-Terrorism, Den Haag, 26. Mai 2020.

Die reine Nation

1 West, Matthew: Modest Is Hottest (veröffentlicht 18. Juni 2021). Der Sänger hat das Video nach Kritik gelöscht und behauptet, es habe sich um eine Parodie gehandelt – auch wenn das Musikvideo und der Text keinen humoristischen Bruch mit der Grundbotschaft erkennen lassen.

2 LaHaye, Beverly, LaHaye, Tim: The Act of Marriage. The Beauty of Sexual Love, Grands Rapids Michigan 1976, EPub Edition 2009, S. 40 https://www.academia.edu/37230878/The_Act_of_Marriage_The_Beauty_Tim_LaHaye_pdf (Stand: 04. Juli 2021).

3 Ebd., S. 55.

4 Ebd., S. 200.

5 Ebd., S. 79 f.

6 Ebd., S. 81. Als der 21-Jährige Joshua Harris 1997 *I kissed Dating Goodbye* veröffentlichte, wurde er zu einem evangelikalen Superstar, auch über die Landesgrenzen der USA hinaus. In seinem Buch empfahl er, um vorehelichem Sex aus dem Weg zu gehen, das Dating komplett einzustellen. Das Buch verkaufte sich mehr als eine Million Mal. (Klein, Linda Kay: Pure. Inside the Evangelical Movement That Shamed a Generation of Young Women and How I Broke Free, New York 2018, S. 263.)

7 La Haye; La Haye: The Act of Marriage, S. 81 f.

8 Moslener, Sarah: Virgin Nation, S. 118.

9 Banerjee, Ankur: Spending on abstinence-only education not tied to fewer teen births, 05. März 2019, Reuters https://www.reuters.com/article/us-health-teens-pregnancy-idUSKCN1QM2A6 (Stand: 30. April 2021).

10 Eggerichs, Emerson: Love and Respect, Nashville, Tennessee 2006, S. 221.

11 Omartian, Stormie: The Power of a Praying Woman, Eugene, Oregon 1997, S. 62.

12 Eggerichs: Love and Respect, S. 245.

13 LaHaye: The Act of Marriage, 1976, S. 336. Ähnlich: Ed Wheat: Intended for Pleasure, Ada, Michigan 1977, S. 241.

14 Rayfield, Jillian: Pat Robertson: Husbands won't cheat if the wife makes the home «wonderful», 16. Mai 2013, Salon https://www.salon.com/2013/05/16/pat_robertson_husbands_wont_cheat_if_the_wife_makes_the_home_wonderful/ (Stand: 30. April 2021).

15 Lemon, Jason: Evangelical Trump Supporter Insists Criticism of Bill Clinton Wasn't Based on Character, Despite Saying That It Was, 19. Juni 2019, Newsweek https://www.newsweek.com/evangelical-ralph-reed-hypocrite-trump-support-1444859 (Stand: 30. April 2021).

16 Goodstein, Laurie: The Testing of a President: The Conservatives, 20. September 1998, The New York Times https://www.nytimes.com/1998/09/20/us/testing-president-conservatives-christian-coalition-moans-lack-anger-clinton.html (Stand: 30. April 2021).

17 Scott, Eugene: Trump believes in God, but hasn't sought forgiveness, 19. Juli 2015, CNN https://edition.cnn.com/2015/07/18/politics/trump-has-never-sought-forgiveness/index.html (Stand: 30. April 2021).

18 Kuruvilla, Carol: Trump Has Changed White Evangelicals' Views On Morality In One Major Way, 26. April 2019, HuffPost https://www.huffpost.com/entry/white-evangelicals-trump-morality_n_5cc20d6de4b031dc07efb940 (Stand: 03. Juni 2021).
19 Wallstein, Peter: Falwell Says Faithful Fear Clinton More Than Devil, 24. September 2006, Los Angeles Times https://www.latimes.com/archives/la-xpm-2006-sep-24-na-falwell24-story.html (Stand: 30. April 2021).
20 Hating Hillary, A Christianity Today Editorial, 03. März 2008, https://christianity today.com/ct/2008/march/14.26.html (Stand: 03. Juni 2021).
21 Pulliam Bailey, Sarah: The deep disgust for Hillary Clinton that drives so many evangelicals to support Trump, 09. Oktober 2016, The Washington Post https://www.washingtonpost.com/news/acts-of-faith/wp/2016/10/09/the-deep-disgust-for-hillary-clinton-that-drives-so-many-evangelicals-to-support-trump/ (Stand: 30. April 2021).
22 Lucado, Andrea: How the female body became the scapegoat for white evangelicals, 29. August 2019, The Washington Post https://washingtonpost.com/religion/2019/08/29/how-female-body-became-scapegoat-white-evangelicals/ (Stand: 03. Juni 2021).
23 Silver Ring Thing: «Mixed-Message Mum», Best of Silver Ring Thing Commercials, Vol. 1 (Moon Township, PA: Silver Ring Thing, 2009) DVD, zit. n.: Moslener, Virgin Nation, S. 194, 163, 165.
24 Ebd., S. 166.
25 Klautke, Egbert: «The Germans are Beating us at our own Game»: American Eugenics and the German Sterilization Law of 1933, S. 16 https://core.ac.uk/download/pdf/79496876.pdf (Stand: 02. Juni 2021).
26 Ebd.
27 Kline, Wendy: The Surprising History of Marriage Counseling, 19. Oktober 2018, PBS https://www.pbs.org/wgbh/americanexperience/features/eugenics-surprising-history-of-marriage-counseling/ (Stand: 02. Juni 2021).
28 Onishi, Bradley: James Dobsons Family Values Were Influenced By A Eugenicist, 19. Mai 2021, Religion Dispatches https://religiondispatches.org/james-dobsons-family-values-were-influenced-by-a-eugenicist-audio/ (Stand: 02. Juni 2021); Stollar, R. L.: Twitter, 13. Mai 2021 https://twitter.com/RLStollar/status/1392698874255405056?s=20 (Stand: 15. Juni 2021).
29 Farley, Audrey Clare: The Eugenics Roots of Evangelical Family Values, 12. Mai 2021, Religion and Politics https://religionandpolitics.org/2021/05/12/the-eugenics-roots-of-evangelical-family-values/?fbclid=IwAR2HImVClbo3S60uyfepS-tjnLk7DQnVzPRT42WT_nDyOqJqPUSfmXlvuIk (Stand: 02. Juni 2021).
30 Njeri, Itabari: Faith, Hope and Racial Disparity: As Multicultural Marriages Increase, Churches Confront a Call for Greater Sensitivity, Support, 20. August 1989, Los Angeles Times https://www.latimes.com/archives/la-xpm-1989-08-20-vw-1058-story.html (Stand: 03. Juni 2021).
31 Daly, Jim; Batura, Paul: Black and White Problems, 18. November 2010, Focus on the Family https://jimdaly.focusonthefamily.com/black-and-white-problems/ (Stand: 02. Juni 2021).
32 Joyce, Kathryn: Missing: The ‹Right› Babies, 14. Februar 2008, The Nation https://www.thenation.com/article/archive/missing-right-babies/ (Stand: 02. Juni 2021).
33 Barr, Beth Allison: The Making of Biblical Womanhood: How the Subjugation of Women Became Gospel Truth, Ada, Michigan 2021. Barr interpretiert Paulus von Grund auf feministisch. Dieser Ansatz ist zwar theologisch interessant, aber es gibt auch berechtigte Kritik an dem Buch von historischer Seite: Barr geht beispielsweise nicht davon aus, dass die Bibel zeithistorisch gesehen sexistische Konzepte und Rollenvorstellungen transportieren könnte, weil sie in der Rolle einer Gläubigen

und Theologin schreibt und nicht in der einer Historikerin (siehe z. B. Hicks-Keeton, Jill: The Breaking of Biblical Womanhood: The Problem with the Hot New Book Taking Aim at the Subjugation of Women in Evangelicalism, 29. April 2021, Religion Dispatches https://religiondispatches.org/the-breaking-of-biblical-womanhood-the-problem-with-the-hot-new-book-taking-aim-at-the-subjugation-of-women-in-evangelicalism/ (Stand: 02. Juli 2021).

34 Allison, Emily Joy: #ChurchToo: How Purity Culture Upholds Abuse and How To Find Healing, Minneapolis 2021.

35 Shimron, Yonat; Smietana, Bob: Beth Moore apologizes for her role in elevating ‹complementarian› theology that limits women leaders, 07. April 2021, Religion News Service https://religionnews.com/2021/04/07/beth-moore-apologizes-for-complementarian-theology-women-leaders/ (Stand: 30. April 2021).

36 Gregoire; Sheila Wray: The Great Sex Rescue: The Lies You've Been Taught and How to Recover What God Intended, Ada, Michigan 2021, Fig. 4.1 und 4.2, S. 66 f. https://greatsexrescue.com/gsr-survey/ (Stand: 30. April 2021).

37 Gregoire, Sheila Wray: The Great Sex Rescue, S. 57.

38 Ebd., S. 57.

39 Ebd., S. 188 f.

40 Gregoire, Sheila Wray: An Open Letter to Focus on the Family about Love & Respect and Emerson Eggerichs, 15. Januar 2020, To Love, Honor, and Vacuum (Blog) https://tolovehonorandvacuum.com/2020/01/open-letter-focus-on-the-family-love-respect-emerson-eggerichs/ (Stand: 30. April 2021).

41 Eggerichs: Love and Respect, S. 252.

42 Gregoire: Is It Okay if Christian Marriage Books are Just a Little Bit Harmful? 14. Januar 2020, To Love, Honor, and Vacuum (Blog) https://tolovehonorandvacuum.com/2020/01/is-it-okay-if-christian-marriage-books-are-just-a-little-bit-harmful/; Evans, Rachel Held: The abusive teachings of Michael and Debi Pearl hurt both women and children, 02. Dezember 2011, Rachel Held Evans Blog https://rachelheldevans.com/blog/michael-debi-pearl-abuse (Stand: 30. April 2021).

43 Eggerichs: Love and Respect, S. 274 f.

44 Ebd., S. 88.

45 Eggerichs, Emerson: Not Wrong, just Different and Valuable!, Love and Respect Blog https://www.loveandrespect.com/blog/not-wrong-just-different-and-valuable (Stand: 30. April 2021).

46 Focus on the Family Statement: Sheila Gregoire and Love & Respect, 17. Januar 2020 https://www.focusonthefamily.com/focus-on-the-family-love-respect/ (Stand: 30. April 2021).

47 Smietana, Bob: Can a bestselling Christian marriage book about love and respect lead to abuse? 29. Januar 2020, Religion News Service https://religionnews.com/2020/01/29/can-a-bestselling-christian-marriage-book-about-love-and-respect-lead-to-abuse/ (Stand: 30. April 2021).

48 Carey, Leigh Ann: Jesus, Will You Accept This Rose? 25. Januar 2021, Bustle https://www.bustle.com/entertainment/the-bachelor-ties-to-evangelical-christianity-explained (Stand: 11. Juli 2021).

49 Masad, Ilana: She's So Pure, 05. März 2020, Bitch Media https://www.bitchmedia.org/article/the-bachelor-takes-on-purity (Stand: 11. Juli 2021).

50 Underwood hat sich seitdem als homosexuell geoutet.

51 Han, Giana: Madison Prewett and family drop «Prew Crew Family Virtues» bracelet collection, 23. August 2020, Alabama.com https://www.al.com/auburnbasketball/2020/08/madison-prewett-and-family-drop-prew-crew-family-virtues-bracelet-collection.html (Stand 12. Juli 2021).

52 Members Agreement, Dominion Dating https://dominiondating.squarespace.com/members-agreement (Stand: 15. Juni 2021).

53 Wilson, Doug: Her Hand in Marriage: Biblical Courtship in the Modern World, Moscow, Idaho 1997, S. 13.

54 Wilson, Douglas: Fidelity: What It Means to Be a One-Woman Man, Moscow, Idaho 2004, S. 89.

55 Kobes Du Mez: Jesus and John Wayne, S. 203.

56 Brightbill, Katheryn: The larger problem of sexual abuse in evangelical circles, 14. November 2017, Chicago Tribune agotribune.com/opinion/commentary/ct-perspec-evangelical-roy-moore-girls-1115-20171114-story.html (Stand: 30. April 2021).

57 Institute in Basic Life Principles: How does courtship work? https://iblp.org/questions/how-does-courtship-work (Stand: 30. April 2021).

58 Green Miller, Rachel: Doug Wilson: The Beauty of Biblical Courtship is that it never leaves Women unprotected, 29. Januar 2016, Rachel Green Miller. A Daughter of the Reformation (Blog) https://rachelgreenmiller.com/2016/01/29/doug-wilson-the-beauty-of-biblical-courtship-is-that-it-never-leaves-women-unprotected/ (Stand: 30. April 2021).

59 Ducote, Nick: The Jamin C. Wight Story: The Other Child Molester in Doug Wilson's Closet, 8. September 2015, Homeschoolers Anonymous https://homeschoolersanonymous.wordpress.com/2015/09/08/the-jamin- c-wight-story-the-other-child-molester-in-doug-wilsons-closet/ (Stand: 30. April 2021).

60 Greenfiled, Natalie: My Email Exchange with the Pastor who Defends my Rapist, 23. Februar 2016, Blog https://natalierose-livewithpassion.blogspot.com/2016/02/my-email-exchange-with-pastor-who.html (Stand: 30. April 2021). Shubin, Rachel L.: Analyzing Douglas Wilson's Handling of the Steven Sitler and Jamin Wight Cases, http://www.moscowid.net/wp-content/uploads/2016/09/Analyzing-DWs-Response-to-Sitler-and-Wight-Cases.pdf (Stand: 30. April 2021).

61 Malott, Samantha: Prosecutor: New disclosures of conduct by Moscow sex offender are ‹state's worst fears›, 02. September 2015, Moscow-Pullman Daily News http://sitler.moscowid.net/2015/09/02/moscow-pullman-daily-news-prosecutor-new-disclosures-of-conduct-by-moscow-sex-offender-are-states-worst-fears/ (Stand: 30. April 2021).

62 Wilson, Douglas: An Open Letter from Christ Church on Steven Sitler, 05. September 2015 https://dougwils.com/books-and-culture/s7-engaging-the-culture/an-open-letter-from-christ-church-on-steven-sitler.html (Stand: 30. April 2021).

63 Rabey; Steve: Hammond Pastor Serving Time for Sex Crimes Again Seeks Release, 12. Februar 2021, Minnistry Watch https://ministrywatch.com/hammond-pastor-serving-time-for-sex-crimes-again-seeks-release/ (Stand: 30. April 2021).

64 Brightbill: The larger problem of sexual abuse in evangelical circles.

65 Liautaud, Alexa: Roy Moore says he never dated a girl without her mother's permission, 10. November 2017, Vice https://www.vice.com/en/article/d3xxdj/roy-moore-says-he-never-dated-a-girl-without-her-mothers-permission (Stand: 30. April 2021).

66 Elcott, David: Why evangelicals are OK with voting for Roy Moore, 11. Dezember 2017, The Conversation https://theconversation.com/why-evangelicals-are-ok-with-voting-for-roy-moore-88920 (Stand: 30. April 2021).

67 Pease, Joshua: The Sin of Silence, 31. Mai 2018, The Washington Post https://www.washingtonpost.com/news/posteverything/wp/2018/05/31/feature/the-epidemic-of-denial-about-sexual-abuse-in-the-evangelical-church/ (Stand: 30. April 2021).

68 Stroop, Chrissy: Josh Duggar Arrest for Child Abuse Material Is Part of a Systemic Problem in Evangelicalism, 03. Mai 2021, Religion Dispatches https://religiondispatches.org/josh-duggar-arrest-for-child-sexual-abuse-material-is-part-of-a-systemic-problem-in-evangelicalism/ (Stand: 05. Juni 2021).

Gleichzeitig ist *«Sin Flattening»* auch ein Problem im evangelikalen Dialog über Missbrauch, wie bei der Website *«Recovering Grace»* deutlich wird: Auch hier wird evangelikaler Sprachgebrauch verwendet, deswegen ist es teilweise sehr schwer genau nachzuvollziehen, was geschehen ist, weil sprachlich nicht differenziert wird.

69 Hanson, Hilary: Education Program Used By Duggars Has ‹Horrific› Sex Abuse Teachings, Ex-Student Says, 26. Mai 2015, The Huffington Post https://www.huffpost.com/entry/duggars-homeschooling-sex-abuse_n_7445238 (Stand: 30. April 2021).

70 http://www.recoveringgrace.org/ (Stand: 30. April 2021).

71 How «Lessons From Moral Failures in a Family» Blames Victims, 22. Mai 2015, Recovering Grace http://www.recoveringgrace.org/2015/05/gracenote/ (Stand: 30. April 2021).

72 Fausset, Richard; Bogel-Burroughs, Nicholas; Graham, Ruth; Healy, Jack: Accused Gunman Had Visited Massage Parlors He Targeted, Police Say, 18. März 2021, The New York Times https://www.nytimes.com/2021/03/18/us/robert-aaron-long-atlanta-spa-shooting.html (Stand: 30. April 2021).

73 Stroop, Chrissy: Don't Discount Evangelicalism as a Factor in Racist Murder of Asian Spa Workers in Georgia, 17. März 2021, Religion Dispatches https://religiondispatches.org/dont-discount-evangelicalism-as-a-factor-in-racist-murder-of-asian-spa-workers-in-georgia/ (Stand: 30. April 2021).

74 Siehe Page Act, 1875: Chang, Jeff: The long history of violence against Asian Americans that led up to Atlanta, 22. März 2021, The Washington Post https://www.washingtonpost.com/outlook/2021/03/22/atlanta-shooting-history-asians/ (Stand: 03. Juni 2021).

Wolfskönige

1 Blue, Miranda: Franklin Graham Praises ‹Gay Propaganda› Law, Critizes US ‹Secularism› In Russia Visit, 02. November 2015, Right Wing Watch https://www.rightwingwatch.org/post/franklin-graham-praises-gay-propaganda-law-critizes-us-secularism-in-russia-visit/ (Stand: 14. Mai 2021).

2 Porter, Tom: The Christian Right is Looking to Putin's Russia to Save Christianity From the Godless West, 15. September 2018, Newsweek https://www.newsweek.com/how-evangelicals-are-looking-putins-russia-save-christianity-godless-west-1115164 (Stand: 22. April 2021).

3 Porter, Tom: Charlottesville's Alt-right Leaders Have a Passion for Vladimir Putin, 16. August 2017, Newsweek https://www.newsweek.com/leaders-charlottesvilles-alt-right-protest-all-have-ties-russian-fascist-651384 (Stand: 14. Mai 2021).

4 Arnsdorf, Isaac; Oreskes, Benjamin: Putin's favorite congressman, 23. November 2016, Politico https://www.politico.com/story/2016/11/putin-congress-rohrabacher-trump-231775 (Stand: 02. Mai 2021).

5 Kirchick, James: How the GOP Became the Party of Putin, 18. Juli 2017, Politico https://www.politico.com/magazine/story/2017/07/18/how-the-gop-became-the-party-of-putin-215387 (Stand: 02. Mai 2021).

6 «The Great Replacement:» An Explainer, ADL https://www.adl.org/resources/backgrounders/the-great-replacement-an-explainer (Stand: 28. Juni 2021).

7 Peltz, Madeline: Tucker Carlson's wild new talking point is that abortion is somehow a tool of «corporate» oppression, 23. April 2019, Media Matters https://www.mediamatters.org/tucker-carlson/tucker-carlsons-wild-new-talking-point-abortion-somehow-tool-corporate-oppression (Stand: 02. Mai 2021).

8 Southern Poverty Law Center: World Congress of Families https://www.splcenter.org/fighting-hate/extremist-files/group/world-congress-families (Stand: 22. April 2021).

9 Dornblüth, Gesine: Netzwerk der religiösen Rechten – Der «World Congress of Families», 26. Februar 2021, SWR2 https://www.swr.de/swr2/wissen/netzwerk-der-religioesen-rechten-der-world-congress-of-families-swr2-wissen-2021-02-26-102.pdf (Stand: 14. Mai 2021).

10 Department of State Commission on Unalienable Rights, 30. Mai 2021, State Department https://www.federalregister.gov/documents/2019/05/30/2019-11300/department-of-state-commission-on-unalienable-rights; Montgomery, Peter: Pompeo's ‹Natural Law› Commission Gives Anti-LGBTQ Activists ‹Extraordinary Opening›, Says Brian Brown, 18. Juli 2019, Right Wing Watch https://www.rightwingwatch.org/post/pompeos-natural-law-commission-gives-anti-lgbtq-activists-extraordinary-opening-says-brian-brown/ (Stand: 22. April 2021).

11 Toosi, Nahal: Trump's ‹natural law› human rights panel readies for launch, 03. Juli 2019, Politico https://www.politico.com/story/2019/07/03/human-rights-panel-1398636 (Stand: 28. Juni 2021).

12 Posner: Unholy, S. 198 f.

13 World Congress of Families XIII, Verona: 29.–31. März 2019, WCF Verona https://wcfverona.org/en/about-the-congress/ (Stand: 14. Mai 2021).

14 Verona: Zehntausende demonstrieren gegen LGBTI-Hasser, 31. März 2019, Queer.de https://www.queer.de/detail.php?article_id=33307 (Stand: 14. Mai 2021).

15 Affaticati, Andreas: Fürstin lobt afrikanische Familienplanung, 31. März 2019, ntv Gloria von Thurn und Taxis: Fürstin lobt afrikanische Familienplanung – n-tv.de (Stand: 03. Juni 2021).

16 Eckl, Christian: Gloria von Thurn und Taxis in Kontakt mit Rechtspopulist Bannon, 13. Dezember 2018, Passauer Neue Presse https://www.pnp.de/lokales/regensburg-oberpfalz/Gloria-von-Thurn-und-Taxis-in-Kontakt-mit-Rechtspopulist-Bannon-3168578.html (Stand: 28. Juni 2021).

17 Sharlet, Jeff: The Family, in: Encyclopedia Britannica, https://www.britannica.com/topic/The-Family-international-religious-movement (Stand: 03. Mai 2021).

18 Gross, Terry: A Different Perspective On ‹The Family› And Uganda, 22. Dezember 2009, NPR https://www.npr.org/transcripts/121755993 (Stand: 03. Mai 2021).

19 Gilbert, Sophie: The Patriarchal Allure of The Family, 14. August 2019, The Atlantic https://www.theatlantic.com/entertainment/archive/2019/08/the-family-netflix-review-religious-political-group/596035/ (Stand: 03. Mai 2021).

20 Lynch, Colum: Charles Taylor: Pat Robertson was my man in Washington, 05. Februar 2010, Foreign Policy https://foreignpolicy.com/2010/02/05/charles-taylor-pat-robertson-was-my-man-in-washington/; Bowcott, Owen: Charles Taylor sentenced to 50 years in prison for war crimes, 30. Mai 2012, The Guardian https://www.theguardian.com/world/2012/may/30/charles-taylor-sentenced-50-years-war-crimes (Stand: 14. Mai 2021).

21 In the United States District Court for the District of Columbia in the Matter of an Application for a Criminal Complaint for Marija Butina, also known as Maria Butina. Affidavit in Support of an Application for a Criminal Complaint, Justice Department https://www.justice.gov/opa/press-release/file/1080766/download (Stand: 03. Mai 2021).

22 Grassley, Chuck: https://www.instagram.com/p/BQArE9HhMiZ/; Vogel, Kenneth P.; Dias, Elizabeth: At Prayer Breakfast, Guests Seek Access to a Different Higher Power, 27. Juli 2018, The New York Times https://www.nytimes.com/2018/07/27/us/politics/national-prayer-breakfast.html (Stand: 03. Mai 2021).

23 Fisher, Alyssa: Christian Group Sent GOP Congressman To Romania To Meet With Holocaust Denier, 26. Juli 2018, Forward https://forward.com/fast-forward/406667/christian-group-sent-gop-congressman-to-romania-to-meet-

with-holocaust/ (Stand: 03. Mai 2021); Jones, Sarah: What The Family Reveals About White Evangelicals, Donald Trump, and the ‹Wolf King›, 29. August 2019, Vulture https://www.vulture.com/2019/08/the-family-netflix-trump-white-evangelicals.html (Stand: 03. Mai 2021).

24 Kuo, David: Tempting Faith: An Inside Story of Political Seduction, New York 2006, S. 21–24.

25 Doug Coe speaks to Navigators, 1989, via Youtube https://www.youtube.com/watch?v=zn098XYE7pk&t=497s&ab_channel=Psychvideos (Stand: 02. Mai 2021).

26 Wasik, Bill: Following up on «The Family»: Six Questions for Jeff Sharlet, 02. Juni 2008, Harper's Magazine https://harpers.org/2008/06/following-up-on-the-family-six-questions-for-jeff-sharlet/ (Stand: 03. Mai 2021).

27 Kambhampaty, Anna: Biden pushes faith as a unifier at National Prayer Breakfast, 04. Februar 2021, Politico https://www.politico.com/news/2021/02/04/biden-faith-unity-national-prayer-breakfast-465845 (Stand: 03. Mai 2021).

28 Wasik: Following up on «The Family»; Freedom From Religion Foundation: FFRF urges strong Senate scrutiny of possible intelligence head, 27. Februar 2017, FFRF https://ffrf.org/news/news-releases/item/28816-ffrf-urges-strong-senate-scrutiny-of-possible-intelligence-head (Stand: 03. Mai 2021).

29 Freedom From Religion Foundation: Questions for Dan Coats, Director of National Intelligence nominee, 27. Februar 2017, FFRF https://ffrf.org/images/DanCoatsconfirmationQuestions.pdf (Stand: 03. Mai 2021).

30 The Politics of Patience, 10. August 1998, Christianity Today https://www.christianitytoday.com/ct/1998/august10/8t9060.html (Stand: 03. Mai 2021).

31 Lee, Carol E; Kube, Courtney: Mike Pence talked Dan Coats out of quitting the Trump administration, 26. März 2019, NBC News https://www.nbcnews.com/politics/national-security/mike-pence-talked-dan-coats-out-quitting-trump-administration-n985096 (Stand: 03. Mai 2021).

32 Reagan, Ronald: Remarks at the Annual National Prayer Breakfast, 31. Januar 1985, Reagan Library https://www.reaganlibrary.gov/archives/speech/remarks-annual-national-prayer-breakfast (Stand: 03. Mai, 2021).

33 Warren, Rick, 17. April 2005, via The Atlantic https://www.theatlantic.com/daily-dish/archive/2009/12/and-anita-dunn-resigned/193301/ (Stand: 02. Mai 2021); Wilson, Bruce: Follow Jesus Like Nazis Followed Hitler, Rick Warren Tells Stadium Crowd, 15. Februar 2009, The Huffington Post https://www.huffpost.com/entry/follow-jesus-like-nazis-f_b_158295 (Stand: 02. Mai 2021).

34 Zeleny, Jeff; Kirkpatrick, David D.: Obama's Choice of Pastor Creates Furor, 19. Dezember 2008, The New York Times https://www.nytimes.com/2008/12/20/us/politics/20warren.html (Stand: 02. Mai 2021).

35 Blumenthal, Max: Rick Warren's Africa Problem, 07. Januar 2009, updated 14. Juli 2017, The Daily Beast https://www.thedailybeast.com/rick-warrens-africa-problem (Stand: 02. Mai 2021).

36 AIDS envoy demands US give more condoms, 31. August 2005, The New York Times, via Sydney Morning Herald https://www.smh.com.au/world/aids-envoy-demands-us-give-more-condoms-20050831-gdlz60.html (Stand: 02. Mai 2021).

37 Reuters: U. S. abstinence push may be hurting AIDS fight, 29. August 2005, via NBC News https://www.nbcnews.com/id/wbna9118071 (Stand: 02. Mai 2021).

38 Jones, Sarah: What The Family Reveals About White Evangelicals, Donald Trump, and the ‹Wolf King›, 29. August 2019, Vulture https://www.vulture.com/2019/08/the-family-netflix-trump-white-evangelicals.html (Stand: 03. Juli 2021).

Ströme von Blut: Der Kulturkampf

1 Buchanan, Pat: Culture War Speech: Address to the Republican National Convention, 17. August 1992, Voices of Democracy https://voicesofdemocracy.umd.edu/buchanan-culture-war-speech-speech-text/ (Stand: 26. Mai 2021).

2 Drag Queen Story Hour: About https://www.dragqueenstoryhour.org/faq/ (Stand: 22. April 2021).

3 January, Brianna: Fox host Todd Starnes continues the network's attacks on Drag Queen Story Hour, 28. August 2019, Media Matters https://www.mediamatters.org/todd-starnes/todd-starnes-continues-networks-attacks-drag-queen-story-hour (Stand: 11. Juli 2021).

4 January, Brianna: Laura Ingraham dedicated a podcast episode to extreme anti-trans rhetoric and misinformation, 13. Juni 2019, Media Matters for America https://www.mediamatters.org/laura-ingraham/laura-ingraham-dedicated-podcast-episode-extreme-anti-trans-rhetoric-and (Stand: 22. April 2021).

5 So etwa von Martha McCallum, einer Moderatorin bei Fox, die oft als moderates Mitglied der «Nachrichten»-Fraktion des Senders genannt wird.

6 Stanton, Zack: How the ‹Culture War› Could Break Democracy, 20. Mai 2021, Politico https://www.politico.com/news/magazine/2021/05/20/culture-war-politics-2021-democracy-analysis-489900 (Stand: 21. Mai 2021).

7 Hacker, Jacob; Pierson, Paul: Let Them Eat Tweets: How the Right Rules in an Age of Extreme Inequality, New York 2021.

8 Dobson, James: Dr. Dobson's August Newsletter, August 2019 https://www.drjamesdobson.org/newsletters/august-newsletter-2019 (Stand: 22. April 2021).

9 Marley, David John: Pat Robertson: An American Life, Lanham, Maryland 2007, S. 177.

10 Ebd., S. 351.

11 Marley: Riding in the Back of the Bus. The Christian Right's Adoption of Civil Rights Movement Rhetoric, in: The Civil Rights Movement in American Memory (Hgg.: Renee Romano; Lee Raiford) Athens, Georgia 2006. 346–62. S. 352.

12 Steiner, Mark Allan: The Rhetoric of Operation Rescue: Projecting the Christian Pro-Life Message, London 2006, S. 7.

13 Manseau, Peter: The Christian Martyrdom Movement Ascends to the White House, 05. Juni 2020, The New Republic https://newrepublic.com/article/158042/kayleigh-mcenany-trump-christian-martyrdom-columbine (Stand: 28. April 2021).

14 Baugh, Brian (Reg.): I'm Not Ashamed, imdb, I'm Not Ashamed (2016) – IMDb (Stand: 22. April 2021).

15 Manseau: The Christian Martyrdom Movement Ascends to the White House.

16 Kilgroe, Cagney: Thou Shalt Own Guns: An Analysis of Christian Gun Ownership in the United States. CLA Journal 6 (2018), S. 97–108, Kilgroe-CLA-2018.pdf (uca.edu) (Stand: 22. April 2021).

17 Elfrink, Tim: Tucker Carlson suggests teen charged in Kenosha protester killings had to ‹maintain order when no one else would›, 27. August 2020, The Washington Post https://www.washingtonpost.com/nation/2020/08/27/tucker-rittenhouse-carlson-kenosha-shooting/; Lavin, Talia: Crowdfunding Hate in the Name of Christ, 05. April 2021, The Nation https://www.thenation.com/article/society/givesendgo-crowdfunding-extremism/ (Stand: 01. Juli 2021).

18 Wilson, Jason: Proud Boys and other far-right groups raise millions via Christian funding site, 10. April 2021, The Guardian https://www.theguardian.com/world/2021/apr/10/proud-boys-far-right-givesendgo-christian-fundraising-site (Stand: 16. Mai 2021).

19 Huckabee, Mike: Your World, 14. Dezember 2012, Fox News, Transcript via Media Matters: Huckabee: Schools «Become A Place Of Carnage» When «We Systematically

Remove God» https://www.mediamatters.org/fox-news/huckabee-schools-become-place-carnage-when-we-systematically-remove-god (Stand: 01. Juli 2021).

20 Kilgroe, Thou Shalt Own Guns, S. 102 f.

21 Trumpism After Trump? How Fox News Structures Republican Attitudes, 18. November 2021, PRRI https://www.prri.org/research/trumpism-after-trump-how-fox-news-structures-republican-attitudes/ (Stand: 01. Juli 2021).

22 Ebd.

23 Sutton, Matthew Avery: American Apocalypse. A History of Modern Evangelicalism, Cambridge, Mass. 2014, S. 348.

24 Iowa's «A Thief in the Night»: Not Just a Horror Flick, 13. Dezember 2012, Iowa Public Radio https://www.iowapublicradio.org/arts-life/2012-12-13/iowas-a-thief-in-the-night-not-just-a-horror-flick#stream/0 (Stand: 01. Juni 2021).

25 VidAngel wurde 2016 bei zahlreichen Produktionsfirmen verklagt. 2017 gab es einen Relaunch von VidAngel als Streaming-Plattform. 2017 erklärte VidAngel Bankrott, sie wurden trotzdem zu 62,4 Millionen Dollar Schadensersatz verurteilt. 2020 einigte sich VidAngel mit den Studios auf die Zahlung von 9,9 Millionen Dollar über eine Zeitspanne von 14 Jahren. Ein ähnliches Businessmodell wurde bereits 2000 von der Firma CleanFlix erfolglos versucht. VidAngel ist immer noch als Streaming-Service online. Hayes, Dade: VidAngel Settles 4-Year Battle With Disney And Warner Bros, Agreeing To Pay $ 9.9M To Emerge From Bankruptcy, 04. September 2020, Deadline https://deadline.com/2020/09/vidangel-settles-4-year-battle-with-disney-and-warner-bros-agreeing-to-pay-9-9m-to-emerge-from-bankruptcy-1234571195/ (Stand: 01. Juni 2021).

26 Hesse, Josiah: Evangelical Hell Houses Are Waking Nightmares, 31. Oktober 2017, Vice https://www.vice.com/en/article/3kvkmy/evangelical-hell-houses-are-waking-nightmares (Stand: 22. April 2021).

27 New Destiny Christian Center: What issues are addressed by The Hell House Outreach Kit? https://web.archive.org/web/20131106035911/http://www.godestiny.org/hell_house/HH_kitIssues.cfm (Stand: 22. April 2021; Original-Link ist mittlerweile nicht mehr verfügbar).

28 https://www.boxofficemojo.com/releasegroup/gr2403095045/ (Stand: 01. Juni 2021).

29 LaHaye, Tim, in: ‹Be Not Afraid›: Interview with Tim LaHaye, Februar 2003, Belief.net https://www.beliefnet.com/entertainment/books/2003/02/be-not-afraid-interview-with-tim-lahaye.aspx#mYsuUIKg9GTVHmKZ.99 (Stand: 22. April 2021).

30 Kristof, Nicholas D.: Jesus and Jihad, 17. Juli 2004, The New York Times https://www.nytimes.com/2004/07/17/opinion/jesus-and-jihad.html (Stand: 22. April 2021); Stevenson, Tyler Wigg: Revelation's Warning to Evangelicals: Left Behind May Be Hazardous to Our Health, in: End Times and End Games: Is Scripture Being Left Behind? (Frühling 2005), Yale Divinity School https://reflections.yale.edu/article/end-times-and-end-gamesis-scripture-being-left-behind/revelation-s-warning-evangelicals-left (Stand: 22. April 2021).

31 Bjork-James im Gespräch mit der Autorin am 22. April 2021.

32 Eine große Rolle spielt in diesem *Framing* zudem das Konzept des Amerikanischen Exzeptionalismus. Wenn man glaubt, dass allein die USA von Gott dazu auserwählt sind, Gutes zu tun, dann sind internationale Organisationen dazu nicht in der Lage. Weiße Nationalisten nutzen ein ähnliches *Framing*, nur stellen sie internationale Organisationen als Teil einer jüdischen Weltverschwörung dar. Auch hier finden wir die Wurzel der Verbindung zwischen QAnon, Christlichen Nationalisten und *White Supremacy*.

33 Bjork-James: Americanism, Trump, and Uniting the White Right.

34 Gorski, Philip: Religious Nationalism and Right Wing Populism: Trumpism and

Beyond, 06. August 2018, Contending Modernities, University of Notre Dame https://contendingmodernities.nd.edu/theorizing-modernities/religious-nationalism-and-right-wing-populism-trumpism-and-beyond/ (Stand: 03. Juni 2021).

35 Ebd.

36 Gorski, Philip: Why evangelicals voted for Trump: A critical cultural sociology, in: American Journal of Cultural Sociology (Okt. 2017) https://www.researchgate.net/publication/318794810_Why_evangelicals_voted_for_Trump_A_critical_cultural_sociology (Stand: 22. April 2021).

37 Bivins, Jason C.: Kapitel «A Common Thrill», in: Religion of Fear. The Politics of Horror in Conservative Evangelicalism, Oxford 2008.

38 Bivins: Kapitel «Scary Jesus», in: Religion of Fear.

39 Ebd., S. 136.

40 Sherman, Jake: Perry: Oil spill may be ‹act of God›, 03. Mai 2010, Politico https://www.politico.com/story/2010/05/perry-oil-spill-may-be-act-of-god-036691 (Stand: 16. Mai 2021).

41 Murphy, Tim: Rick Perry's War on Science, 13. Dezember 2016, Mother Jones https://www.motherjones.com/environment/2016/12/rick-perry-energy-secretary-climate-censorship/ (Stand: 16. Mai 2021).

42 DiChristopher, Tom: Energy Secretary Rick Perry says CO_2 is not the main driver of climate change, 19. Juni 2017, MSNBC https://www.cnbc.com/2017/06/19/energy-sec-rick-perry-says-co2-is-not-the-main-driver-of-climate-change.html (Stand: 16. Mai 2021).

43 Brodz, David: Unraveling the ‹Weaponization› of the EPA Is Top Priority for Scott Pruitt, 26. Februar 2018, Christian Broadcasting Network https://www1.cbn.com/cbnnews/us/2018/february/unraveling-the-weaponization-of-the-epa-is-top-priority-for-scott-pruitt (Stand: 16. Mai 2021).

44 Barker, David C.; Bearce, David H.: End-Times Theology, the Shadow of the Future, and Public Resistance to Addressing Global Climate Change, in: Political Research Quarterly, Bd. 66, Nr. 2 (Juni 2013), S. 267–79.

45 Glenza, Jessica: The multimillion-dollar Christian group attacking LGBTQ+ rights, 21. Februar 2021, The Guardian https://www.theguardian.com/world/2020/feb/20/alliance-defending-freedom-multimillion-dollar-conservative-christian-group-attacking-lgbtq-rights (Stand: 11. Mai 2021).

46 Doctors Agree: Gender-Affirming Care is Life-Saving Care, 01. April 2021, ACLU https://www.aclu.org/news/lgbtq-rights/doctors-agree-gender-affirming-care-is-life-saving-care/ (Stand: 05. Juli 2021).

47 Murib, Zein: A new kind of anti-trans legislation is hitting the red states, 25. Februar 2021, The Washington Post https://www.washingtonpost.com/politics/2020/02/25/new-kind-anti-trans-legislation-is-hitting-red-states/ (Stand: 10. Mai 2021).

48 Stanton: How the ‹Culture War› Could Break Democracy.

Kleine Soldaten

1 Strauss, Valerie: In State of the Union, Trump makes clear his aversion to public schools, 05. Februar 2020, The Washington Post https://www.washingtonpost.com/education/2020/02/05/state-union-trump-makes-clear-his-aversion-public-schools/ (Stand: 22. April 2021).

2 Strauss, Valerie: There Trump goes again bashing ‹bad government schools›, 12. Juni 2020, The Washington Post https://www.washingtonpost.com/education/2020/06/12/there-trump-goes-again-bashing-bad-government-schools/ (Stand: 22. April 2021).

3 Brown, Emma; Strauss, Valerie; Douglas-Gabriel, Danielle: Trump's first full education budget: Deep cuts to public school programs in pursuit of school choice, 17. Mai 2017, The Washington Post https://www.washingtonpost.com/local/education/trumps-first-full-education-budget-deep-cuts-to-public-school-programs-in-pursuit-of-school-choice/2017/05/17/2a25a2cc-3a41-11e7-8854-21f359183e8c_story.html?utm_term=.5738bc8e28f6 (Stand: 22. April 2021).

4 Zernike, Kate: Betsy DeVos, Trump's Education Pick, Has Steered Money From Public Schools, 23. November 2016, The New York Times https://www.nytimes.com/2016/11/23/us/politics/betsy-devos-trumps-education-pick-has-steered-money-from-public-schools.html?rref=collection%2Fbyline%2Fkate-zernike&action=click&contentCollection=undefined&region=stream&module=-stream_unit&version=latest&contentPlacement=4&pgtype=collection (Stand: 22. April 2021).

5 Strauss, Valerie: Sanders to DeVos: Would you be Trump's education nominee if you weren't a Billionaire? 18. Januar 2017, The Washington Post https://www.washingtonpost.com/news/answer-sheet/wp/2017/01/18/sanders-to-devos-would-you-be-trumps-education-nominee-if-you-werent-a-billionaire/ (Stand: 03. Juni 2021).

6 Strauss, Valerie: How Mike Pence expanded Indiana's controversial voucher program when he was governor, 28. Januar 2018, The Washington Post https://www.washingtonpost.com/news/answer-sheet/wp/2018/01/28/how-mike-pence-expanded-indianas-controversial-voucher-program-when-he-was-governor/ (Stand: 22. April 2021).

7 Hagerty, Barbara Bradley: The Most Influential Evangelist You've Never Heard Of, 08. August 2012, All Things Considered, NPR https://www.npr.org/2012/08/08/157754542/the-most-influential-evangelist-youve-never-heard-of (Stand: 22. April 2021).

8 Weeks, Jerome: Hanna Rosin Goes Inside ‹God's Harvard›, 23. Oktober 2007, NPR https://www.npr.org/2007/10/23/15432256/hanna-rosin-goes-inside-gods-harvard (Stand: 28. April 2021).

9 Grewe, Joel: Over 1 Million Voters Contacted and We Aren't Done Yet!, 18. Dezember 2020, Generation Joshua https://generationjoshua.org/GenJ/blog/liberty%27s-call/2020/12/18/over-1-million-voters-contacted-and-we-aren%27t-done-yet! (Stand: 03. Juni 2021).

10 Rosin, Hanna: God's Harvard. A Christian College on a Mission to Save America, Boston 2006.

11 Kirkpatrick, David D: College for the Home-Schooled Is Shaping Leaders for the Right, 08. März 2004, The New York Times https://www.nytimes.com/2004/03/08/us/college-for-the-home-schooled-is-shaping-leaders-for-the-right.html; Easton, Nina: Political Fundamentals, 09. September 2007, The New York Times https://www.nytimes.com/2007/09/09/books/review/Easton-t.html (Stand: 22. April 2021).

12 Copel, Lib: Higher Yearning, 27. November 2001, The Washington Post https://www.washingtonpost.com/archive/lifestyle/2001/11/27/higher-yearning/a96dc08b-33eb-48f6-82f5-c0bcd534386e/ (Stand: 22. April 2021).

13 Buncombe, Andrew: The Bible college that leads to the White House, 29. Oktober 2013, The Independent https://www.independent.co.uk/news/world/americas/the-bible-college-that-leads-to-the-white-house-56867.html (Stand: 29. Mai 2021).

14 Vesoulis, Abby: ‹He's Saying One Thing and Then He's Doing Another.› Madison Cawthorn Peddles in a Different Kind of Trumpism in a Post-Trump World, 27. Januar 2021, Time https://time.com/5931815/madison-cawthorn-post-trump/ (Stand: 22. April 2021).

15 Patrick Henry College Student Handbook, genehmigt vom Board of Trustees am

03. Oktober 2017, rezertifiziert vom Präsidenten am 27. April 2020 https://cdn2.hubspot.net/hubfs/1718959/2019-2020%20-%20Student%20Handbook.pdf?__hstc=&__hssc=&hsCtaTracking=fcc77e94-a8a8-4353-9279-004814dde966%7Cd23e6ed2-66cc-4d91-a64c-81d1a2488ae7 (Stand: 22. April 2021).

16 Jane Does 1–12 File Title IX Lawsuit Against Liberty University: Jane Does 1–12 (Plaintiffs) v. Liberty https://www.scribd.com/document/516578867/Jane-Does-1–12-file-Title-IX-lawsuit-against-Liberty-University#from_embed (Stand: 02. August 2021).

17 The Liberty Way, Student Honor Code (Stand 2020), Division of Student Affairs, Liberty University.

18 Jane Does 1–12 v. Liberty University, S. 11, 15, 17, 31.

19 Baskerville, Stephen: The New Politics of Sex: The Sexual Revolution, Civil Liberties, and the Growth of Governmental Power. Patrick Henry College, Presented to the Association for the Study of Religion, Economics, and Culture Washington, D.C., 13. April 2013, S. 11 Baskerville-The-new-politics-of-sex.pdf (Stand: 22. April 2021).

20 Feldman, Kiera: Sexual Assault at God's Harvard, 18. Februar 2014, The New Republic https://newrepublic.com/article/116623/sexual-assault-patrick-henry-college-gods-harvard (Stand: 03. Juni 2021).

21 Harris, Alisa: ‹Survivor› Bloggers Join Forces to Reveal Christian Fundamentalist Abuses, 23. März 2014, The Daily Beast https://www.thedailybeast.com/survivor-bloggers-join-forces-to-reveal-christian-fundamentalist-abuses; Charlotte (Name geändert): Charlotte's Story, 05. Februar 2014, Recovering Grace http://www.recoveringgrace.org/2014/02/charlottes-story/ (Stand: 22. April 2021).

22 Klein, Rebecca: Voucher Schools Championed By Betsy DeVos Can Teach Whatever They Want. Turns Out They Teach Lies, 07. Dezember 2017, The Huffington Post https://www.huffpost.com/entry/school-voucher-evangelical-education-betsy-devos_n_5a021962e4b04e96f0c6093c (Stand: 22. April 2021). Tabachnick, Rachel: From Schoolhouse to Statehouse Curriculum from a Christian Nationalist Worldview, 01. Juli 2010, Political Research Associates https://www.politicalresearch.org/2010/07/01/from-schoolhouse-to-statehouse-curriculum-from-a-christian-nationalist-worldview (Stand: 22. April 2021).

23 North, Gary: Announcing: The Ron Paul Curriculum Is Open for Business, 06. April 2013 https://www.garynorth.com/public/10862.cfm (Stand: 28. April 2021).

24 Klein, Rebecca: These Schools Get Millions Of Tax Dollars To Discriminate Against LGBTQ Students, 15. Dezember 2017, The Huffington Post https://www.huffpost.com/entry/discrimination-lgbt-private-religious-schools_n_5a32a45de4b00dbbcb5ba0be?2b9 (Stand: 22. April 2021).

25 Klein, Rebecca: Millions Of Taxpayer Dollars Are Going To Schools That Push Conversion Therapy, 10. Juni 2020, The Huffington Post https://www.huffpost.com/entry/voucher-programs-conversion-therapy_n_5ed07722c5b6c9605a95e4a2?test_ad=taboola_iframe_mw_life (Stand: 22. April 2021).

26 Seidel, Andrew L.: Arkansas's Creationism Bill is Motivated By Anti-LGBTQ Bigotry, 13. April 2021, Religion Dispatches https://religiondispatches.org/arkansass-creationism-bill-is-also-motivated-by-anti-lgbtq-bigotry/ (Stand: 01. Mai 2021).

27 Ebd.

28 Ebd.

29 Child Evangelism Fellowship: About https://www.cefonline.com/about/ (Stand: 22. April 2021).

30 Stewart, Katherine: The Good News Club: The Christian Right's Stealth Assault on America's Children, 2012 New York, S. 128 f.

31 Turning Point Academy: Turning Point USA https://www.tpusa.com/academy (Stand: 15. Juni 2021).

32 Boedy, Matthew: Charlie Kirk wants to save America in the name of Republican Jesus, 25. Mai 2021, Flux https://flux.community/matthew-boedy/2021/05/charlie-kirk-christian-nationalism-turning-point-faith (Stand: 15. Juni 2021).
33 Turning Point Faith: Turning Point USA https://www.tpusa.com/faith (Stand: 15. Juni 2021).
34 Stewart, Katherine: The dark side of home schooling: creating soldiers for the culture war, 08. Mai 2013, The Guardian https://www.theguardian.com/commentisfree/2013/may/08/christian-home-schooling-dark-side (Stand: 22. April 2021).
35 Smith, Chris: His Truth is Marching On.
36 Bannon's War Room: Episode 959, An America to Save ... School Boards, Bus Tours, and Audits to Save the the Nation, 19. Mai 2021 https://warroom.org/2021/05/19/episode-959-an-america-to-save-school-boards-bus-tours-and-audits-to-save-the-the-nation-w-tal-bachman-ben-bergquam/ (Stand: 15. Juni 2021).
37 Stepmann, Jerrett: As Rebellion Against Critical Race Theory Grows, Left Turns to Denial, Dismissal, 21. Juni 2021, The Daily Signal https://www.dailysignal.com/2021/06/21/as-rebellion-against-critical-race-theory-grows-left-turns-to-denial-dismissal/ (Stand: 24. Juni 2021).
38 Cunningham, Maurice: Koch Connections and Sham Grassroots of Parents Defending Education, 13. April 2021, Network for Public Education https://networkforpublieducation.org/blog-content/maurice-cunningham-koch-connections-and-sham-grassroots-of-parents-defending-education/; Gertz, Matt: Fox's anti-«critical race theory» parents are also GOP activists, 17. Juni 2021, Media Matters https://www.mediamatters.org/fox-news/foxs-anti-critical-race-theory-parents-are-also-gop-activists (Stand: 24. Juni 2021).
39 Chor, Aimee: Making Muffins and Troops for Spiritual Warfare: The Godly Women of Instagram, 25. Januar 2021, Religion Dispatches https://religiondispatches.org/making-muffins-and-troops-for-gods-army-the-godly-women-of-instagram/ (Stand: 22. April 2021).
40 Stewart, Katherine: The dark side of home schooling: creating soldiers for the culture war, 08. Mai 2013, The Guardian https://www.theguardian.com/commentisfree/2013/may/08/christian-home-schooling-dark-side (Stand: 22. April 2021).
41 Christian Homemaking, Blog http://raisinghomemakers.com/ (Stand: 05. Mai 2021).
42 Sugiuchi, Deidre: I Grew Up Evangelical and the Christian Nationalist Insurrection did not surprise me, 28. Januar 2021, Religion Dispatches https://religiondispatches.org/i-grew-up-evangelical-and-the-christian-nationalist-insurrection-did-not-surprise-me/ (Stand: 22. April 2021).
43 Stroop, Chrissy: Where Were they Radicalized? No Answer is complete without addressing evangelical churches and schooling, 19. Januar 2021, Religion Dispatches https://religiondispatches.org/where-were-they-radicalized-no-answer-is-complete-without-addressing-evangelical-churches-and-schooling/ (Stand: 22. April 2021).

Das Ende naht – Verschwörungsglaube

1 Banwart, Doug: Jerry Falwell, the Rise of the Moral Majority, and the 1980 Election, in: Western Illinois Historical Review Bd. V (Frühling 2013), S. 133–157, S. 133.
2 Berkowitz, Bill: ‹Cultural Marxism› Catching on. (Sommer-Ausgabe, 15. August 2003) Southern Poverty Law Center https://www.splcenter.org/fighting-hate/intelligence-report/2003/cultural-marxism-catching (Stand: 22. April 2021).
3 Jay, Martin: Further Adventures of the Dialectic of Counter-Enlightenment: Cultural

Marxism, Political Correctness and the Demonization of Critical Theory, Vorlesung vom 30. Mai 2018, Ludwig-Maximilians-Universität München https://videoonline.edu.lmu.de/en/node/10265 (Stand: 09. Juli 2021).

4 Blume, Michael: Warum der Verschwörungsmythos vom «Kulturmarxismus» so gefährlich ist, 03. Dezember 2020, Belltower News https://www.belltower.news/gastbeitrag-warum-der-verschwoerungsmythos-vom-kulturmarxismus-so-gefaehrlich-ist-108001/; Das SPLC beschreibt den Verschwörungsmythos vom Kulturmarxismus als Political Correctness auf Steroiden, siehe Berkowitz: ‹Cultural Marxism› Catching on (Stand: 22. April 2021).

5 Berkowitz: ‹Cultural Marxism› Catching on.

6 Edsall, Thomas B.: Weyrich Assailed for Citing Jews in Christ's Death, 21. April 2001, The Washington Post https://www.washingtonpost.com/archive/politics/2001/04/21/weyrich-assailed-for-citing-jews-in-christs-death/f854a6f1-065e-462f-a59b-ff491715bb4c/ (Stand: 22. April 2021).

7 Zauzmer, Julie: How anti-Semitic beliefs have taken hold among some evangelical Christians, 22. August 2019, The Washington Post https://www.washingtonpost.com/religion/2019/08/22/how-anti-semitic-beliefs-have-quietly-taken-hold-among-some-evangelical-christians/ (Stand: 22. April 2021).

8 Djupe, Paul A., Dennen, Jacob: Christian nationalists and QAnon followers tend to be anti-Semitic. That was seen in the Capitol attack, 26. Januar 2021, The Washington Post https://www.washingtonpost.com/politics/2021/01/26/christian-nationalists-qanon-followers-tend-be-anti-semitic-that-was-visible-capitol-attack/ (Stand: 22. April 2021).

9 Ebd.

10 Shalev, Chemi: Trump Shows How Right-wingers Can Love Israel and Hate the Jews, 06. Oktober 2016, Haaretz https://www.haaretz.com/world-news/.premium-trump-shows-how-right-wingers-can-love-israel-hate-jews-1.5446983?v=1613679873426 (Stand: 22. April 2021).

11 Wong, Edward: The Rapture and the Real World: Mike Pompeo Blends Beliefs and Policy, 30. März 2019, The New York Times https://www.nytimes.com/2019/03/30/us/politics/pompeo-christian-policy.html; Pompeo, Mike: Holy War and Rapture, 27. April 2018, Youtube, https://www.youtube.com/watch?v=3N2bOVd9_n8&t=3s (Stand: 22. April 2021).

12 Bohn, Kevin, Burke, Daniel, Korade, Matt: Controversial US pastors take part in Jerusalem embassy opening, 14. Mai 2018, CNN https://edition.cnn.com/2018/05/13/politics/hagee-jeffress-us-embassy-jerusalem/index.html (Stand: 22. April 2021).

13 Zauzmer: How anti-Semitic beliefs have taken hold among some evangelical Christians

14 Kampeas, Ron: Billy Graham's difficult legacy: Pro-Israel in public, deriding Jews in private, 21. Februar 2018, The Times of Israel https://www.timesofisrael.com/billy-grahams-difficult-legacy-pro-israel-in-public-deriding-jews-in-private/ (Stand: 28. Mai 2021).

15 Siehe z. B. Robertson: New World Order, Nashville 1991, S. 71, 181 f.; FitzGerald: The Evangelicals, S. 417.

16 Bernstein, Richard: The Two Deaths of John Birch, 12. Januar 2016, The Wall Street Journal https://www.wsj.com/articles/the-two-deaths-of-john-birch-1452642062 (Stand: 28. April 2021).

17 Brownstein, Ronald: How the GOP Surrendered to Extremism, 04. Februar 2021, The Atlantic https://www.theatlantic.com/politics/archive/2021/02/republican-extremism-and-john-birch-society/617922/ (Stand: 22. April 2021).

18 Siehe u. a. Schlafly, Phyllis: Brief vom 05. Dezember 1959 an Verne Kaub (American Council of Christian Laymen) https://archive.org/details/schlaflyphyllisand-

johnbirchsociety/mode/2up; Meyer, Jane: The Secrets of Charles Koch's Political Ascent, 18. Januar 2016, Politico https://www.politico.com/story/2013/06/dana-rohrabacher-clues-boston-bombing-092110; Radosh, Ronald: Phyllis Schlafly, ‹Mrs. America›, Was a Secret Member of the John Birch Society, 20. April 2020, The Daily Beast https://www.thedailybeast.com/phyllis-schlafly-mrs-america-was-a-secret-member-of-the-john-birch-society (Stand: 30. Juni 2021).

19 Savage, John: The John Birch Society Is Back, 16. Juli 2017, Politico https://www.politico.com/magazine/story/2017/07/16/the-john-birch-society-is-alive-and-well-in-the-lone-star-state-215377/ (Stand: 22. April 2021).

20 American Public Policy Alliance: American Laws for American Courts http://publicpolicyalliance.org/legislation/american-laws-for-american-courts/ (Stand: 22. April 2021).

21 Reinbach, Andrew: President Ron Paul? Ron Paul and the John Birch Society, 04. September 2011, The Huffington Post https://www.huffpost.com/entry/president-ron-paul-ron-pa_b_890037 (Stand: 22. April 2021).

22 Towler, Christopher: The John Birch Society is still influencing American politics, 60 years after its founding, 06. Dezember 2018, The Conversation The John Birch Society is still influencing American politics, 60 years after its founding (theconversation.com) (Stand: 28. April 2021).

23 Levy, Pema: Trump's Budget Director Pick Spoke at a John Birch Society Event, 19. Dezember 2016, Mother Jones https://www.motherjones.com/politics/2016/12/trump-mulvaney-john-birch-society/ (Stand: 01. Juni 2021).

24 Perlstein, Rick, Miller, Edward H.: The John Birch Society Never Left, 08. März 2021, The New Republic https://newrepublic.com/article/161603/john-birch-society-qanon-trump; Evangelist Fights Cancellation of TV Show, 01. April 1979, The New York Times https://www.nytimes.com/1979/04/01/archives/evangelist-fights-cancellation-of-tv-show-viewers-protest.html (Stand: 22. April 2021).

25 Spohn, Gustav: Falwell Selling Videotape that fiercely denounces Clintons, 21. Mai 1994, The Washington Post https://www.washingtonpost.com/archive/local/1994/05/21/falwell-selling-videotape-that-fiercely-denounces-clintons/ae831d46-f9aa-43a7-b81e-cd726dc3aaad/ (Stand: 22. April 2021).

26 Celestini, Carmen: God, Country, and Christian Conservatives: The National Association of Manufacturers, the John Birch Society, and the Rise of the Christian Right, Doktorarbeit, Waterloo, Ontario 2018, University of Waterloo, S. 3, 283 f. https://uwspace.uwaterloo.ca/bitstream/handle/10012/13361/Celestini_Carmen.pdf?sequence=1&isAllowed=n (Stand: 30. Juni 2021).

27 Butler: White Evangelical Racism, S. 40.

28 van der Linden, Sander; Panagopoulos, Costas; Azevedo, Flávio; Jost, John T.: The Paranoid Style in American Politics Revisited: An Ideological Asymmetry in Conspiratorial Thinking, in: Political Psychology, Bd. 42, Nr. 1, 2021, S. 23–51.

29 Greene, Andy: The 10 Wildest Led Zeppelin Legends, Fact-Checked, 19. Oktober 2019, Rolling Stone https://www.rollingstone.com/music/music-lists/the-10-wildest-led-zeppelin-legends-fact-checked-153103/if-you-play-stairway-to-heaven-in-reverse-you-hear-satanic-messages-154807/ (Stand 25. April 2021).

30 Tyler, Aaron: The Cultural Impact of The Exorcist, 29. Oktober 2020, Onstage Magazine https://onstagemagazine.com/the-cultural-impact-of-the-exorcist/ (Stand: 25. April 2021).

31 Laycock, Joseph P.: How the Ouija board got its sinister reputation, 19. Oktober 2016, The Conversation https://theconversation.com/how-the-ouija-board-got-its-sinister-reputation-66971 (Stand 25. April 2021).

32 Haberman, Clyde: When Dungeons & Dragons Set Off a ‹Moral Panic›, 17. April 2016, The New York Times https://www.nytimes.com/2016/04/18/us/when-dungeons-dragons-set-off-a-moral-panic.html (Stand: 25. April 2021).

33 Romano, Aja: Why Satanic Panic never really ended, 31. März 2021, Vox https://www.vox.com/culture/22358153/satanic-panic-ritual-abuse-history-conspiracy-theories-explained; Weber-Smith, Chelsey: Satanic Panic Part One and Two, Podcast: American Hysteria (Stand: 30. Juni 2021).

34 Reinhold, Robert: The Longest Trial – A Post-Mortem, 24. Januar 1990, The New York Times https://www.nytimes.com/1990/01/24/us/longest-trial-post-mortem-collapse-child-abuse-case-so-much-agony-for-so-little.html (Stand: 25. April 2021).

35 Shewan, Dan: Conviction of Things not seen: The uniquely American Myth of Satanic Cults, 14. Juni 2017, Pacific Standard Magazine https://psmag.com/social-justice/make-a-cross-with-your-fingers-its-the-satanic-panic#.61dzb5vo3 (Stand: 28. April 2021).

36 Dart, Tom: Texas pair released after serving 21 years for ‹satanic abuse›, 05. Dezember 2013, The Guardian https://www.theguardian.com/world/2013/dec/05/texas-couple-kellers-released-prison-satanic-abuse (Stand: 28. April 2021).

37 Rituelle Gewalt aus psychologischer Sicht, Zeitschrift für Religion und Weltanschauung, Nr. 8 (2019), Evangelische Zentralstelle für Weltanschauungsfragen https://www.ezw-berlin.de/html/15_10232.php (Stand: 30. Juni 2021).

38 Pendergrast, Mark: The Repressed Memory Epidemic: How It Happened and What We Need to Learn from It, Basel 2017, S. 103–134.

39 Bange, Uta: Ritueller Missbrauch im Satanismus, 20. März 2006, Sekten-Info NRW https://sekten-info-nrw.de/information/artikel/artikel-zum-themenbereich-satanismus/ritueller-missbrauch-im-satanismus (Stand: 11. Juli 2021).

40 Trott, Jon; Hertenstein, Mike: Selling Satan: The Tragic History of Mike Warnke, Cornerstone Magazine. Zuerst veröffentlicht in Cornerstone, Bd. 21, Ausgabe 98 (1992) https://web.archive.org/web/20110629063019/http://www.cornerstonemag.com/features/iss098/sellingsatan.htm (Stand 25. April 2021).

41 Romano, Aja: Why Satanic Panic never really ended, 31. März 2021, Vox https://www.vox.com/culture/22358153/satanic-panic-ritual-abuse-history-conspiracy-theories-explained (Stand 25. April 2021).

42 Scofield, Be: Family Denies Sedona Guru Kaia Ra's Bizarre QAnon-like Claims, 17. März 2021, The Guru Magazine https://gurumag.com/sedona-guru-kaia-ra-family-speaks-out; Scofield: The Gucci Guru: Inside Teal Swan's Posh Cult, 26. Dezember 2018, The Guru Magazine https://gurumag.com/the-gucci-guru-inside-teal-swans-posh-cult/ (Stand: 28. Mai 2021).

43 Lamberty, Pia; Nocun, Katharina: Fake Facts. Wie Verschwörungstheorien unser Denken bestimmen, Köln 2020, S. 22.

44 Cox, Daniel A.: Rise of conspiracies reveals an evangelical divide in the GOP, 12. Februar 2021, American Enterprise Institute for Public Policy Research https://www.aei.org/articles/rise-of-conspiracies-reveals-an-evangelical-divide-in-the-gop/ Dieser Glaube findet sich zwar auch bei 14 Prozent derer, die ihn vehement ablehnen, trotzdem deuten die Zahlen, die Djupe und Dennen vorweisen, auf eine Verbindung zwischen Christlichem Nationalismus und QAnon hin. Djupe, Paul A.; Dennen, Jacob: The Anti-Semitism of Christian Nationalists Thanks to QAnon, 26. Januar 2021, Religion in Public https://religioninpublic.blog/2021/01/26/the-anti-semitism-of-christian-nationalists-thanks-to-qanon/ (Stand: 22. April 2021).

45 Oliver, J. Eric; Wood, Thomas J.: Conspiracy Theories and the Paranoid Style(s) of Mass Opinion, in: American Journal of Political Science Bd. 58, Nr. 4, (Oktober 2014), S. 952–966, S. 961.

46 Frugett, Mark, zit. in: How QAnon Conspiracy Is Spreading In Christian Communities Across The U. S, All Things Considered, 21. August 2020, NPR https://www.npr.org/2020/08/21/904798097/how-qanon-conspiracy-is-spreading-in-christian-communities-across-the-u-s (Stand: 22. April 2021).

47 Ohlheiser, Abby: Evangelicals are looking for answers online. They're finding QAnon

instead. 26. August 2020, MIT Technology Review https://www.technologyreview.com/2020/08/26/1007611/how-qanon-is-targeting-evangelicals/ (Stand: 16. Mai 2021).

48 Stetzer, Ed: Evangelicals need to address the QAnoners in our midst, 04. September 2020, USA Today https://eu.usatoday.com/story/opinion/2020/09/04/qanon-and-evangelicals-its-time-address-qanoners-column/3446756001/ (Stand: 22. April 2021).

49 Daniel Miller im Austausch mit der Autorin, 04. Juli 2021.

50 Ebd.

51 Sutton, Matthew Avery: The Capitol Riot Revealed the Darkest Nightmares of White Evangelical America, 14. Januar 2021, The New Republic https://newrepublic.com/article/160922/capitol-riot-revealed-darkest-nightmares-white-evangelical-america (Stand: 22. April 2021).

52 Ebd.

53 @MorrisonsProph, 05. Januar 2019, Twitter https://twitter.com/MorrisonsProph/status/1081600327697063936 (Stand 27. April 2021).

54 @GirlNeckStore,06. Januar 2019, Twitter https://twitter.com/GirlNeckStore/status/1082042496740401153 (Stand: 27. April 2021).

55 @LissaJoStewart, 12. März 2020, Twitter https://twitter.com/LissaJoStewart/status/1237963432412033024 (Stand: 27. April 2021).

56 @mxreese, 06. Januar 2019, Twitter https://twitter.com/mxreese1701/status/1081780565492359168 (Stand: 28. April 2021).

57 Giangravé, Claire: How Catholicism became a breeding ground for conspiracy theories, 05. März 2021, Religion News Service, How Catholicism became a breeding ground for conspiracy theories (religionnews.com) (Stand: 28. April 2021).

58 Robertson, David G.: The hidden hand: Why religious studies need to take conspiracy theories seriously, in: Religion Compass, Bd. 11, Nr. 3–4 (März/April 2017) https://onlinelibrary.wiley.com/doi/abs/10.1111/rec3.12233 (Stand: 22. April 2021).

59 Cotterill, Aden: When it comes to conspiracy theories, is Christianity part of the problem or part of the solution?, 21. Dezember 2020, ABC https://www.abc.net.au/religion/why-are-christians-susceptible-to-conspiracy-theories/13003550 (Stand: 22. April 2021).

60 Frankfurter, David: Evil Incarnate. Rumors of Demonic Conspiracy and Satanic Abuse in History, Princeton, New Jersey 2006, S. 12.

61 Hamilton, Matt; Winton, Richard: Mother unraveled in depression, QAnon-style conspiracies in months before she killed 3 kids, 17. April 2021, Los Angeles Times https://www.latimes.com/california/story/2021-04-17/mother-unraveled-in-depression-qanon-style-conspiracies-in-months-before-she-killed-3-kids (Stand: 26. April 2021).

62 Beckett, Lois:QAnon: a timeline of violence linked to the conspiracy theory, 16. Oktober 2020, The Guardian https://www.theguardian.com/us-news/2020/oct/15/qanon-violence-crimes-timeline (Stand: 26. April 2021).

63 Frankfurter: Evil Incarnate, S. 192, 3.

64 French, David: Satanic Pregnancies, Explained, 02. Februar 2020, French Press https://frenchpress.thedispatch.com/p/satanic-pregnancies-explained (Stand: 28. April 2021).

65 Zaveri, Mihir; Diaz, Johnny: Paula White Says Video About ‹Satanic Pregnancies› Was Taken Out of Context, 27. Januar 2020, The New York Times https://www.nytimes.com/2020/01/27/us/politics/paula-white-miscarriage-video.html (Stand: 28. April 2021).

66 C. Peter Wagner: Confronting the Powers: How the New Testament Church Experienced the Power of Strategic-Level Spiritual Warfare, Raleigh, NC 1996;

Gagné, André: Three Levels of ‹Spiritual Warfare›, Wagner's ‹Spiritual Warfare› Paradigm https://adioma.com/@ChristianRightXposed/infographic/three-levels-of-spiritual-warfare (Stand: 02. Juni 2021).

67 Griswold, Eliza: A Pennsylvania Lawmaker and the Resurgence of Christian Nationalism, 09. Mai 2021, The New Yorker https://www.newyorker.com/news/on-religion/a-pennsylvania-lawmaker-and-the-resurgence-of-christian-nationalism (Stand: 25. Juni 2021).

68 O'Donnell, S. Jonathon: The deliverance of the administrative state: deep state conspiracism, charismatic demonology, and the post-truth politics of American Christian nationalism, in: Religion (Bd. 50, Ausgabe 4), S. 696–719.

69 O'Donnell: Demons of the deep state.

70 Krieg, Gregory: What the ‹deconstruction of the administrative state› really looks like, 30. März 2017, CNN https://edition.cnn.com/2017/03/30/politics/trump-bannon-administrative-state/index.html (Stand: 28. April 2021).

71 Di Placido, Dani: How Lil Nas X Rode A Wave Of Satanic Panic To Success (And Controversy), 29. März 2021, Forbes https://www.forbes.com/sites/danidiplacido/2021/03/29/lil-nas-x-rode-a-wave-of-satanic-panic-to-resounding-success/?sh=b2f9f005ef3e (Stand: 30. Juni 2016).

72 Haley, Nikki: Full Transcript: Nikki Haleys R. N. C. Speech, 25. August 2020, The New York Times https://www.nytimes.com/2020/08/25/us/politics/nikki-haley-rnc-speech.html (Stand: 22. April 2021).

73 Sharlet, Jeff: How QAnon crept in the Mind of Donald Trump and turned Conspiracy into Reality, 14. Oktober 2020, Vanity Fair https://www.vanityfair.com/news/2020/10/how-qanon-crept-into-the-mind-of-donald-trump (Stand: 03. Mai 2021).

74 Metaxas, Eric in: Sutton, Matthew Avery: The Capitol Riot Revealed the Darkest Nightmares of White Evangelical America, 14. Januar 2021, The New Republic https://newrepublic.com/article/160922/capitol-riot-revealed-darkest-nightmares-white-evangelical-america (Stand: 22. April 2021).

75 Cillizza, Chris: Three-quarters of Republicans believe a lie about the 2020 election, 04. Februar 2021, CNN https://www.cnn.com/2021/02/04/politics/2020-election-donald-trump-voter-fraud/index.html (Stand: 22. April 2021).

76 Zilinsky, Jan, Nagler, Jonathan, Tucker, Joshua: Which Republicans are most likely to think the election was stolen? 19. Januar 2021, The Washington Post https://www.washingtonpost.com/politics/2021/01/19/which-republicans-think-election-was-stolen-those-who-hate-democrats-dont-mind-white-nationalists/ (Stand: 22. April 2021).

77 Cox, Daniel A.: After the ballots are counted: Conspiracies, political violence, and American exceptionalism. Findings from the January 2021 American Perspectives Survey, 11. Februar 2021, Survey Center on American Life https://www.americansurveycenter.org/research/after-the-ballots-are-counted-conspiracies-political-violence-and-american-exceptionalism/ (Stand: 22. April 2021).

78 How Fascism Works' Author On Trump's Attempts To Overturn Election Results, 21. November 2021, All Things Considered, NPR https://www.npr.org/2020/11/21/937638178/-how-fascism-works-author-on-trump-s-attempts-to-overturn-election-results (Stand: 04. Mai 2021).

79 Stanley, Jason: How Fascism Works. The Politics of Us and Them, New York 2018, S. 74.

80 Ebd., S. 88.

81 Right Wing Watch: Greg Locke, 27. Juni 2021 https://twitter.com/RightWingWatch/status/1409209984735449090 (Stand: 30. Juni 2021).

82 Thrush, Glenn: More than half of Republicans blame the Jan. 6 Capitol attack on»left-wing» rioters, a new poll finds, 05. April 2021, The New York Times

https://www.nytimes.com/2021/04/05/us/politics/republican-capitol-attack.html (Stand: 01. Juni 2021).
83 Solender, Andrew: GOP Rep. Gosar Says Ashli Babbitt Was ‹Executed,› Defends Capitol Attackers, 12. Mai 2021, Forbes https://www.forbes.com/sites/andrewsolender/2021/05/12/gop-rep-gosar-says-ashli-babbitt-was-executed-defends-capitol-attackers/?sh=4b4000bf7554 (Stand: 01. Juni 2021).

Die Plage

1 Mehta, Hemant: E. W. Jackson: If People Believe in God, They «Don't Have To» Catch COVID-19, 30. März 2020, Friendly Atheist, Patheos https://friendlyatheist.patheos.com/2020/03/30/e-w-jackson-if-people-believe-in-god-they-dont-have-to-catch-covid-19/ (Stand: 10. Juli 2021).
2 Pew Research Center: Life in 2050: Amazing Science, Familiar Threats, 22. Juni 2010 https://www.pewresearch.org/wp-content/uploads/sites/4/legacy-pdf/625.pdf (Stand: 22. April 2021). Heavey, Susan; Hunnicutt, Trevor: Biden leads observance of America's 400,000 COVID-19 dead on eve of inauguration, 19. Januar 2021, Reuters https://www.reuters.com/article/us-health-coronavirus-usa-idUSKBN29O24X (Stand: 18. Mai 2021).
3 Clark, Dartunorro: Trump suggests ‹injection› of disinfectant to beat coronavirus and ‹clean› the lungs, 24. April 2020, NBC News https://www.nbcnews.com/politics/donald-trump/trump-suggests-injection-disinfectant-beat-coronavirus-clean-lungs-n1191216 (Stand: 18. Mai 2021).
4 Eban, Katherine: How Jared Kushner's Secret Testing Plan «Went Poof Into Thin Air», 30. Juli 2020, Vanity Fair https://www.vanityfair.com/news/2020/07/how-jared-kushners-secret-testing-plan-went-poof-into-thin-air (Stand: 10. Juli 2021).
5 Greenberg, Jon; Knight, Victoria; Sherman, Amy: Pence in RNC speech praises Trump's COVID-19 ‹seamless› response, leaves out his state feuds, 27. August 2020, PolitiFact https://www.politifact.com/factchecks/2020/aug/27/mike-pence/pence-rnc-speech-praises-trumps-covid-19-seamless-/ (Stand: 18. Mai 2021).
6 Gonsalves, Gregg; Crawford, Forrest: How Mike Pence Made Indiana's HIV Outbreak Worse, 02. März 2020, Politico https://www.politico.com/news/magazine/2020/03/02/how-mike-pence-made-indianas-hiv-outbreak-worse-118648 (Stand: 18. Mai 2021).
7 Stroop, Chrissy: There's Nothing Wrong With Prayer; But There Is Every Reason To Be Skeptical Of Pence's Coronavirus Prayer, 4. März 2020, Religion Dispatches https://religiondispatches.org/no-theres-nothing-wrong-with-prayer-but-theres-every-reason-to-be-skeptical-of-pences-coronavirus-prayer-circle/ (Stand: 11. Mai 2021).
8 Perry, Samuel L.; Andrew L. Whitehead; Grubbs, Joshua B.: Culture Wars and COVID-19 Conduct: Christian Nationalism, Religiosity, and Americans' Behavior during the Coronavirus Pandemic, in: Journal for the Scientific Study of Religion, Bd. 59, Nr. 3 (2020), S. 405–416.
9 Baker, J.; Perry, S.; Whitehead, A. L.: Crusading for Moral Authority: Christian Nationalism and Opposition to Science, in: SocArXiv Papers (März 2020) https://osf.io/preprints/socarxiv/b7z3u/ (Stand: 03. Juni 2021).
10 Martí: White Christian Libertarianism and The Trump Presidency.
11 Wallnau, Lance: What the Lord Says About the Coronavirus, 06. März 2020, The Elijah List https://www.elijahlist.com/words/display_word.html?ID=23350 (Stand: 06. Mai 2021).
12 MacArthur, John: Thinking Biblically about the COVID-19 Pandemic: An Interview with John MacArthur, 24. April 2020, Grace To You https://www.gty.org/library/

sermons-library/GTY176/thinkingbiblically-about-the-covid19-pandemic-an-interview-with-john-macarthur (Stand: 06. Mai 2021).

13 Perry, Samuel L., Whitehead, Andrew L., Grubbs.Joshua B.: «Save the Economy, Liberty, and Yourself: Christian Nationalism and Americans' Views on Government COVID-19 Restrictions». 29. Dezember 2020, Sociology of Religion https://academic.oup.com/socrel/advance-article/doi/10.1093/socrel/sraa047/6054784 (Stand: 03. Juni 2021).

14 Intent to get vaccinated against COVID-19 varies by religious affiliation in the U. S., 22. März 2021, Pew Research Center https://www.pewresearch.org/fact-tank/2021/03/23/10-facts-about-americans-and-coronavirus-vaccines/ft_21-03-18_vaccinefacts/ (Stand: 06. Mai 2021).

15 Dias, Elizabeth; Graham, Ruth: White Evangelical Resistance Is Obstacle in Vaccination Effort, 05. April 2021, The New York Times https://www.nytimes.com/2021/04/05/us/covid-vaccine-evangelicals.html (Stand: 06. Mai 2021).

16 Montgomery, Peter: David Barton Claims Non-Christians' Fear of Death Led to Public Policy ‹Panic› on COVID-19, 28. April 2020, Right Wing Watch https://www.rightwingwatch.org/post/david-barton-claims-non-christians-fear-of-death-led-to-public-policy-panic-on-covid-19/ (Stand: 06. Mai 2021).

17 Ellington, Andre J.: Madison Cawthorn Says Door-to-Door Vaccines Could Lead to Taking of Guns, Bibles, 09. Juli 2021, Newsweek https://www.newsweek.com/madison-cawthorn-says-door-door-vaccines-could-lead-taking-guns-bibles-1608503 (Stand: 11. Juli 2021).

18 Sloan, David: American evangelicals and the resistance to COVID vaccines, 16. Dezember 2020, Deutsche Welle https://www.dw.com/en/american-evangelicals-and-the-resistance-to-covid-vaccines/a-55957915 (Stand: 06. Mai 2021).

19 Nelson, Anne: How the CNP, a Republican Powerhouse, Helped Spawn Trumpism, Disrupted the Transfer of Power, and Stoked the Assault on the Capitol, 22. Februar 2021, The Washington Spectator https://washingtonspectator.org/nelson-cnp/ (Stand: 03. Juni 2021).

20 Vogel, Kenneth P.; Rutenberg, Jim; Lerer, Lisa: The Quiet Hand of Conservative Groups in the Anti-Lockdown Protests, 21. April 2021, The New York Times https://www.nytimes.com/2020/04/21/us/politics/coronavirus-protests-trump.html (Stand: 17. Mai 2021).

21 The State Policy Network uses State «Think Tanks» to front for a Corporate Lobbying Agenda that Hurts Regular Americans, Center for Media and Democracy https://www.exposedbycmd.org/spn/ (Stand: 06. Mai 2021).

22 Armiak, David: New Right-Wing Litigation Center Working to Upend COVID-19 Public Health Restrictions, Fight Unions, 15. Februar 2021, Center for Media and Democracy https://www.exposedbycmd.org/2021/02/15/new-right-wing-litigation-center-working-to-upend-covid-19-public-health-restrictions-fight-unions/ (Stand: 06. Mai 2021).

23 COVID-19 ‹Liberate› Groups Are the Same Ones Pushing Climate Denial Avatar, 21. April 202, Center for Media and Democracy https://www.exposedbycmd.org/2020/04/21/covid-19-liberate-groups-same-ones-pushing-climate-denial/ (Stand: 06. Mai 2021).

24 Stein, Jeff; Costa, Roberts: White House aides, outside groups launch effort to reopen economy, but Mnuchin says decision poses risks, 14. April 2020, The Washington Post https://www.washingtonpost.com/business/2020/04/13/trump-reopen-economy-conservative-groups-coronavirus/ (Stand: 01.06.2021).

25 Nelson, Anne: How the CNP, a Republican Powerhouse, Helped Spawn Trumpism, Disrupted the Transfer of Power, and Stoked the Assault on the Capitol.

26 Stone, Peter: Pro-Trump donors in huge cash drive to boost doctors pushing

states to reopen, 01. Juni 2020, The Guardian https://www.theguardian.com/us-news/2020/jun/01/save-our-country-coalition-states-reopen (Stand: 01. Juni 2021).

27 Biesecker, Michael; Dearen, Jason: GOP fronts ‹pro-Trump› doctors to prescribe rapid reopening, 20. Mai 2020, AP News https://apnews.com/article/health-us-news-ap-top-news-politics-virus-outbreak-4ee1a3a8d631b454f645b2a8d9597de7 (Stand: 17. Mai 2021).

28 Nelson: Anatomy of Deceit: Team Trump Deploys Doctors with Dubious Qualifications to Push Fake Cure for Covid-19, 20. September 2020, The Washington Spectator https://washingtonspectator.org/anatomy-of-deceit/ (Stand: 17. Mai 2021).

29 The Charlie Kirk Show: The BIG Hydroxychloroquine Lie, Hypnotized by Fauci & MORE W/ Dr. Simone Gold, 23. Juli 2020, Youtube https://www.youtube.com/watch?v=SwbICfJ6ePs&t=654s&ab_channel=CharlieKirk (Stand: 17. Mai 2021).

30 Mencimer, Stephanie: Doctor, Lawyer, Insurrectionist: The Radicalization of Simone Gold, 06. Mai 2021, Mother Jones https://www.motherjones.com/politics/2021/05/doctor-lawyer-insurrectionist-the-radicalization-of-simone-gold/ (Stand: 12. Juli 2021).

31 Bedard, Paul: Poll: 29 % see Biblical ‹last days,› 44 % say virus is God's ‹wake-up call›, 31. März 2020, Washington Examiner https://www.washingtonexaminer.com/washington-secrets/poll-29-see-biblical-last-days-44-say-virus-is-gods-wake-up-call (Stand: 26. April 2021).

32 Drollinger, Ralph: Is God Judging America Today? 21. März 2020, Capitol Ministries https://capmin.org/is-god-judging-america-today/ (Stand: 26. April 2021).

33 Jeffress, Robert: Is the Coronavirus a Judgment from God? 09. März 2020, First Baptist Dallas https://www.firstdallas.org/day-one-worship-videos/is-the-coronavirus-a-judgment-from-god/ (Stand: 26. April 2021).

34 Merritt, Jonathan: Some of the Most Visible Christians in America Are Failing the Coronavirus Test. In place of love, they're offering stark self-righteous judgment, 24. April 2020, The Atlantic https://www.theatlantic.com/ideas/archive/2020/04/christian-cruelty-face-covid-19/610477/ (Stand: 26. April 2021).

35 Reno, R. R.: Say «No» to Death's Dominion, 23. März 2020, First Things https://www.firstthings.com/web-exclusives/2020/03/say-no-to-deaths-dominion (Stand: 26. April 2021).

36 de Vogue, Ariane: In a 5-4 ruling, Supreme Court sides with religious groups in a dispute over Covid-19 restrictions in New York, 26. November 2020, CNN https://edition.cnn.com/2020/11/26/politics/supreme-court-religious-restrictions-ruling-covid/index.html (Stand: 17. Mai 2021).

Die neue Dolchstoßlegende

1 The Eric Metaxas Radio Show, 30. November 2020, Youtube https://www.youtube.com/watch?v=c3MAz7Pvp_o&ab_channel=TheEricMetaxasRadioShow (Stand: 26. Mai 2021).

2 Onish, Bradley: Trump's New Civil Religion, 19. Januar 2021, The New York Times https://www.nytimes.com/2021/01/19/opinion/trump-lost-cause.html (Stand: 26. April 2021).

3 Ebd.

4 Stewart: The Power Worshippers, S. 110.

5 Gates Jr., Henry Louis: The ‹Lost Cause› That Built Jim Crow, 08. November 2019, The New York Times https://www.nytimes.com/2019/11/08/opinion/sunday/jim-crow-laws.html (Stand: 29. Mai 2021).

6 Smietana, Bob: How Eric Metaxas went from Trump despiser to true believer,

03. Dezember 2020, Religion News Service https://religionnews.com/2020/12/03/metaxas-jesus-trump-stolen-election-christian-nationalism-rod-dreher-sidney-powell/ (Stand: 28. Mai 2021).

7 Philip Gorski: Trump's rise and fall unified the two most pernicious, racist myths about America, 29. Januar 2021, NBC News https://www.nbcnews.com/think/opinion/trump-s-rise-fall-unified-two-most-pernicious-racist-myths-ncna1255880 (Stand: 05. Mai 2021).

8 Ebd.

9 Devega, Chauncey: Philosopher Jason Stanley: Fascism's definitely not beaten – but there's reason for hope, 29. März 2021, Salon https://www.salon.com/2021/03/29/philosopher-jason-stanley-fascisms-definitely-not-beaten--but-theres-reason-for-hope/ (Stand: 26. Mai 2021).

10 Tea Party Patriots Action Holding «Protect the Vote» Rallies in 4 States, Tea Party Patriots Action https://www.teapartypatriots.org/action-news/tea-party-patriots-action-holding-protect-the-vote-rallies-in-4-states/ (Stand: 26. Mai 2021).

11 Armiak, David: Operatives tied to Council for National Policy Organizing Protests Alleging Voter Fraud, 6. November 2020, Exposed by CMD https://www.exposedbycmd.org/2020/11/06/operatives-tied-to-council-for-national-policy-organizing-protests-alleging-voter-fraud/ (Stand: 26. Mai 2021).

12 Kotch, Alex: Right Promotes «Big Lie» of Widespread Voter Fraud at CPAC Conference, 02. März 2021, CMD https://www.exposedbycmd.org/2021/03/02/right-promotes-big-lie-of-widespread-voter-fraud-at-cpac-conference/ (Stand: 29. Mai 2021).

13 Nelson, Anne: How the CNP, a Republican Powerhouse, Helped Spawn Trumpism, Disrupted the Transfer of Power, and Stoked the Assault on the Capitol.

14 Daley, David: How to Get Away With Gerrymandering, 02. Oktober 2019, Slate https://slate.com/news-and-politics/2019/10/alec-meeting-gerrymandering-audio-recording.html (Stand: 04. Juni 2021).

15 Channel 4 News Investigations Team: Revealed: Trump campaign strategy to deter millions of Black Americans from voting in 2016, 22. September 2020, Channel 4 https://www.channel4.com/news/revealed-trump-campaignstrategy-to-deter-millions-of-black-americans-from-voting-in-2016 (Stand: 25. Mai 2021).

16 Corey, Jamie: Newly Surfaced Recording Reveals ALEC and GOP Election Attorneys Working with State Legislators to Question Validity of Election, 26. Oktober 2020, Documented https://documented.net/2020/10/newly-surfaced-recording-reveals-alec-and-gop-election-attorneys-working-with-state-legislators-to-question-validity-of-election/ (Stand: 28. Mai 2021).

17 Kotch, Alex: The Real Money Behind the Politicians Who Voted to Overturn the Election, 28. Januar 2021, CMD https://www.exposedbycmd.org/2021/01/28/the-real-money-behind-the-politicians-who-voted-to-overturn-the-election/ (Stand: 04. Juni 2021).

18 Green, Emma: A Christian Insurrection, 08. Januar 2021, The Atlantic https://www.theatlantic.com/politics/archive/2021/01/evangelicals-catholics-jericho-march-capitol/617591/ (Stand: 26. April 2021).

19 Jacobo, Julia: This is what Trump told supporters before many stormed Capitol Hill, 07. Januar 2021, abc News https://abcnews.go.com/Politics/trump-told-supporters-stormed-capitol-hill/story?id=75110558 (Stand: 31. Juli 2021).

20 Stanley, Jason: Movie at the Ellipse: A Study in Fascist Propaganda, 01. April 2021, Just Security https://www.justsecurity.org/74504/movie-at-the-ellipse-a-study-in-fascist-propaganda/ (Stand: 05. Juli 2021).

Sturm auf das Kapitol

1 zit. n. Representative Eric Swalwell v. Donald J. Trump, Donald J. Trump Junior, Representative Mo Brooks and Rudolph Giuliani, United States District Court for the District of Columbia, Klage eingereicht am 05. März 2021, S. 31 https://s3.documentcloud.org/documents/20500108/swalwell-v-trump.pdf (Stand: 10. Juli 2021).

2 Timm, Jane C.: Fact check: No, Pence can't overturn the election results, 05. Januar 2021, NBC News https://www.nbcnews.com/politics/donald-trump/fact-check-no-pence-can-t-overturn-election-results-n1252869 (Stand: 10. Juli 2021).

3 Gorski, Philip: White Christian Nationalism: The deep story behind the Capitol insurrection, 13. Januar 2021, ABC https://www.abc.net.au/religion/philip-gorski-white-christian-nationalism/13055050 (Stand: 26. April 2021).

4 Green, Emma: A Christian Insurrection, 08. Januar 2021, The Atlantic.

5 Camp, Ken: Christian nationalism clearly evident in Capitol riot, 07. Januar 2021, Baptist Standard https://www.baptiststandard.com/news/nation/christian-nationalism-clearly-evident-in-capitol-riot/ (Stand: 26. April 2021).

6 Devega, Chauncey: The Capitol attack: White supremacist terrorism meets evangelical Christianity, 10. März 2021, Salon https://www.salon.com/2021/03/10/the-capitol-attack-white-supremacist-terrorism-meets-evangelical-christianity/ (Stand: 26. April 2021).

7 Jones, Robert P.: Taking the white Christian nationalist symbols at the Capitol riot seriously, 07. Januar 2021, Religion News https://religionnews.com/2021/01/07/taking-the-white-christian-nationalist-symbols-at-the-capitol-riot-seriously/ (Stand: 26. April 2021).

8 Bernard, Katie: A photographer and a fist pump. The story behind the image that will haunt Josh Hawley, 07. Januar 2021, The Kansas City Star https://www.kansascity.com/news/politics-government/article248354085.html (Stand: 12. Juli 2021).

9 Kerby, Lauren R.: White Christian Nationalists Want More Than Just Political Power, 15. Januar 2021, The Atlantic https://www.theatlantic.com/ideas/archive/2021/01/white-evangelicals-fixation-on-washington-dc/617690/ (Stand: 26. April 2021).

10 Dias, Elizabeth: A Century Ago, White Protestant Extremism Marched on Washington, 07. Februar 2021, The New York Times https://www.nytimes.com/2021/02/07/us/white-protestants-ku-klux-klan.html (Stand: 29. Mai 2021).

11 Baker im Gespräch mit der Autorin am 07. Mai 2021.

12 De Marche, Edmund: Graham asks about what Pelosi knew prior to the Capitol riot, 11. Februar 2021, Fox News https://www.foxnews.com/politics/graham-asks-about-what-pelosi-knew-prior-to-the-capitol-riot (Stand: 08. Juni 2021).

13 Brooks, Mo: https://twitter.com/RepMoBrooks/status/1347171347043115008 (Stand: 26. April 2021).

14 Gosar, Paul: https://twitter.com/DrPaulGosar/status/1346940816514813953 (Stand: 26. April 2021).

15 Lybrand, Holmes, Subramaniam, Tara: Fact checking Republicans' unsubstantiated claims that Antifa infiltrated Capitol riot, 08. Januar 2021, CNN https://edition.cnn.com/2021/01/07/politics/capitol-antifa-infiltration-fact-check/index.html (Stand: 26. April 2021).

16 Gertz, Matthew: https://twitter.com/MattGertz/status/1346981776653246464?s=20 (Stand: 26. April 2021).

17 Eggert, David: Michigan GOP leader calls Capitol riot a ‹hoax from day one›, 10. Februar 2021, AP News https://apnews.com/article/donald-trump-capitol-siege-michigan-gretchen-whitmer-hillsdale-4507a588e7170468d67919ec184dc371 (Stand: 26. April 2021).

18 Shammas, Brittany: A GOP congressman compared Capitol rioters to tourists. Photos show him barricading a door, 18. Mai 2021, The Washington Post https://www.washingtonpost.com/politics/2021/05/18/clyde-tourist-capitol-riot-photos/ (Stand: 08. Juni 2021).
19 Bump, Philip: Half of Republicans say that the Capitol violence was mostly antifa's fault, 11. Februar 2021, The Washington Post https://www.washingtonpost.com/politics/2021/02/11/half-republicans-say-that-capitol-violence-was-mostly-antifas-fault/ (Stand: 26. April 2021).
20 Cox, Daniel A.: After the ballots are counted: Conspiracies, political violence, and American exceptionalism, 11. Februar 2021, Survey Center for American Life https://www.americansurveycenter.org/research/after-the-ballots-are-counted-conspiracies-political-violence-and-american-exceptionalism/ (Stand: 29. Mai 2021).
21 Cox, Daniel A.: Rise of conspiracies reveals an evangelical divide in the GOP, 12. Februar 2021, Survey Center on American Life via American Enterprise Institute https://www.aei.org/articles/rise-of-conspiracies-reveals-an-evangelical-divide-in-the-gop/ (Stand: 29. Mai 2021).
22 Veterans in Defense of Liberty's Council for National Policy 2017 Member Statement, 08. Januar 2021, PR Watch via CMD, Youtube https://www.youtube.com/watch?v=VYqmM_BA8RE&t=231s&ab_channel=PRWatch (Stand: 29. Mai 2021).
23 Armiak, David: Christian Right Council for National Policy Tied to Violent Insurrection at U. S. Capitol, 08. Januar 2021, CMD https://www.exposedbycmd.org/2021/01/08/christian-right-council-national-policy-tied-violent-insurrection-u-s-capitol/ (Stand: 29. Mai 2021).
24 Armiak, David: ALEC's Numerous Ties to the Capitol Insurrection and «Big Lie», 27. Januar 2021, CMD https://www.exposedbycmd.org/2021/01/27/alecs-numerous-ties-to-the-capitol-insurrection-and-big-lie/ (Stand: 04. Juni 2021).
25 Background on Trump's ‹Voter Fraud› Commission, 18. Juli 2017, Brennan Center for Justice https://www.brennancenter.org/our-work/analysis-opinion/background-trumps-voter-fraud-commission (Stand: 11. Mai 2021). Im Vorstand der PEIC sitzt beispielsweise auch Cleta Mitchell, ein aktives Mitglied der CNP und Trumps Anwältin bei dem Versuch, die Wahl 2020 für ungültig erklären zu lassen.
26 Pape, Robert A.; Ruby, Keven: The Capitol Rioters Aren't Like Other Extremists, 02. Februar 2021, The Atlantic https://www.theatlantic.com/ideas/archive/2021/02/the-capitol-rioters-arent-like-other-extremists/617895/ (Stand: 29. Juli 2021).
27 Cai, Weiyi; Daniel, Annie; Huang, Jon; Lee, Jasmine C.; Parlapiano, Alicia: Trump's Second Impeachment: How the Senate Voted, 13. Februar 2021, The New York Times https://www.nytimes.com/interactive/2021/02/13/us/politics/senate-impeachment-live-vote.html (Stand: 08. Juni 2021).

«Onward, Christian Soldiers»

1 Pecorin, Allison; Cathey, Libby: Senate Republicans use filibuster to kill Jan. 6 commission, 18. Mai 2021, ABC News https://abcnews.go.com/Politics/senate-republicans-filibuster-kill-jan-commission/story?id=77944992 (Stand: 15. Juni 2021).
2 Illing, Sean: American fascism isn't going away, 29. Januar 2021, Vox https://www.vox.com/policy-and-politics/2021/1/29/22250294/trump-american-fascism-jason-stanley (Stand: 08. Juni 2021).
3 Astor, Maggie: Michael Flynn suggested at a QAnon-affiliated event that a coup should happen in the U. S., 01. Juni 2021, The New York Times https://www.nytimes.com/2021/06/01/us/politics/flynn-coup-gohmert-qanon.html (Stand: 08. Juni 2021).

4 Trump Exhibits Authoritarian Behavior After Election Loss, 16. Dezember 2020, The Mehdi Hasan Show, The Choice, Min. 03:20 https://www.youtube.com/watch?v=8hjhIMGI57Q (Stand: 25. Juni 2021).
5 Ben-Ghiat, Ruth: The GOP's violent rhetoric could make future elections much more dangerous, 07. Juli 2021, The Washington Post https://www.washingtonpost.com/outlook/2021/07/07/violent-rhetoric-elections-gop/ (Stand: 12. Juli 2021).
6 Snyder, Timothy: 9/11 and 1/6, 04. Juni 2021, Substack https://snyder.substack.com/p/911-and-16 (Stand: 08. Juni 2021).
7 Statement of Concern: The Threats to American Democracy and the Need for National Voting and Election Administration Standards, 01. Juni 2021, New America https://www.newamerica.org/political-reform/statements/statement-of-concern/ (Stand: 09. Juni 2021).
8 Surgey, Nick: Right wing groups to hold rally this weekend targeting Senator Manchin on HR1 and filibuster reform, Documented https://substack.documented.net/p/manchin-rally-hr1 (Stand: 08. Juni 2021).
9 Schwartz, Brian: Joe Manchin is opposing big parts of Biden's agenda as the Koch network pressures him, 08. Juni 2021, CNBC https://www.cnbc.com/2021/06/08/joe-manchin-is-opposing-big-parts-of-bidens-agenda-as-the-koch-network-pressures-him.html?__source=sharebar|twitter&par=sharebar (Stand: 08. Juni 2021).
10 Mayer, Jane: Inside the Koch-Backed Effort to Block the Largest Election-Reform Bill in Half a Century, 29. März 2021, The New Yorker https://www.newyorker.com/news/news-desk/inside-the-koch-backed-effort-to-block-the-largest-election-reform-bill-in-half-a-century (Stand: 08. Juni 2021).
11 Manchin, Joe: Why I'm voting against the For the People Act, 06. Juni 2021, Charleston Gazette-Mail https://www.wvgazettemail.com/opinion/op_ed_commentaries/joe-manchin-why-im-voting-against-the-for-the-people-act/article_c7eb2551-a500-5f77-aa37-2e42d0af870f.html (Stand: 08. Juni 2021).
12 Alumni, ALEC https://www.alec.org/about/alumni/ (Stand: 08. Juni 2021).
13 Pressemitteilung: Heritage Action Launches Election Integrity Campaign, Commits Over $ 10 Million, 08. März 2021, Heritage Action for America https://heritageaction.com/press/heritage-action-launches-election-integrity-campaign-commits-over-10-million; Kotch, David; Armiak, David: Right-Wing Groups Unite in Campaign Against Bill to Improve U. S. Democracy, 24. März 2021, CMD https://www.exposedbycmd.org/2021/03/24/right-wing-groups-unite-in-campaign-against-bill-to-improve-u-s-democracy/ (Stand: 09. Juni 2021).
14 Issue Toolkit: Save Our Elections, Heritage Action for America https://heritageaction.com/toolkit/election-integrity-toolkit (Stand: 09. Juni 2021).
15 Berman, Ari; Surgey, Nick: Leaked Video: Dark Money Group Brags About Writing GOP Voter Suppression Bills Across the Country, 13. Mai 2021, Mother Jones https://www.motherjones.com/politics/2021/05/heritage-foundation-dark-money-voter-suppression-laws/ (Stand: 24. Juni 2021).
16 Hussain, Murtaza: Secret Donors to Nonprofit Pushing Trump's «Big Lie» Election Conspiracy, 07. August 2021, The Intercept https://theintercept.com/2021/08/07 election-fraud-bradly-impact-fund-donors/ (Stand: 10. August 2021).
17 Mayer, Jane: The Big Money Behind the Big Lie, 02. August 2021, The New Yorker
18 Collinson, Stephen: Biden slams GOP vote-restriction bills as ‹sick› and ‹un-American› while Georgia moves to suppress the vote, 25. März 2021, CNN https://edition.cnn.com/2021/03/25/politics/voting-rights-biden-republicans/index.html (Stand: 09. Juni 2021).
19 Onishi im Austausch mit der Autorin, 03. Juli 2021.
20 Slodysko, Brian; Groves, Stephen: GOP donor pays $ 1M to deploy South Dakota national guard, 01. Juli 2021, AP News https://apnews.com/article/joe-biden-

south-dakota-philanthropy-immigration-government-and-politics-ea0586be65e874578ca27ffcc690dba1 (Stand: 09. Juli 2021).

21 Betancourt, Sarah: South Dakota governor uses private funds to send troops to Mexico border, 30. Juni 2021, The Guardian https://www.theguardian.com/us-news/2021/jun/30/south-dakota-governor-troops-mexico-border-kristi-noem (Stand: 03. Juli 2021).

22 Remarks by President Biden Commemorating the 100th Anniversary of the Tulsa Race Massacre, 01. Juni 2021, White House Briefing Room https://www.whitehouse.gov/briefing-room/speeches-remarks/2021/06/02/remarks-by-president-biden-commemorating-the-100th-anniversary-of-the-tulsa-race-massacre/ Statement by President Joe Biden on Texas Senate Bill 7, 29. Mai 2021, White House Briefing Room https://www.whitehouse.gov/briefing-room/statements-releases/2021/05/29/statement-by-president-joe-biden-on-texas-senate-bill-7/ (Stand: 09. Juni 2021).

23 Rubin, Jennifer: Why we'll remember Biden's Tulsa speech, 02. Juni 2021, The Washington Post https://www.washingtonpost.com/opinions/2021/06/02/why-well-remember-bidens-tulsa-speech/ (Stand: 24. Juni 2021).

24 https://www.tulsahistory.org/exhibit/1921-tulsa-race-massacre/ (Stand: 11. Juli 2021).

25 Schumaker, Kathryn: What is critical race theory and why did Oklahoma just ban it? 19. Mai 2021, The Washington Post https://www.washingtonpost.com/outlook/2021/05/19/what-is-critical-race-theory-why-did-oklahoma-just-ban-it/ (Stand: 09. Juni 2021).

26 Adams, Char; Smith, Allan; Tambe, Aadit: Map: See which states have passed critical race theory bills, 17. Juni 2021, NBC News https://www.nbcnews.com/news/nbcblk/map-see-which-states-have-passed-critical-race-theory-bills-n1271215 (Stand: 24. Juni 2021).

27 Snyder, Timothy: The War on History Is a War on Democracy, 29. Juni 2021, The New York Times https://www.nytimes.com/2021/06/29/magazine/memory-laws.html (Stand: 12. Juli 2021).

28 Power, Lis: Fox has mentioned «critical race theory» nearly 1,300 times in the past 3.5 months, 15. Juni 2021, Media Matters https://www.mediamatters.org/fox-news/fox-has-mentioned-critical-race-theory-nearly-1300-times-past-35-months (Stand: 15. Juni 2021).

29 Meyer, Theodoric; Severns, Maggie; McGraw, Meredith: «The Tea Party to the 10th power»: Trumpworld bets big on critical race theory, 23. Juni 2021, Politico https://www.politico.com/news/2021/06/23/trumpworld-critical-race-theory-495712 (Stand: 24. Juni 2021).

30 Paterson, Alex: Post-Trump Fox News is a hotbed of anti-LGBTQ extremism, 11. Mai 2021, Media Matters https://www.mediamatters.org/fox-news/post-trump-fox-news-hotbed-anti-lgbtq-extremism (Stand: 15. Juni 2021).

31 Newkirk II., Vann R.: How Shelby County v. Holder Broke America, 10. Juli 2018, The Atlantic https://www.theatlantic.com/politics/archive/2018/07/how-shelby-county-broke-america/564707/; Millhiser, Ian: Chief Justice Roberts's lifelong crusade against voting rights, explained, 18. September 2018, Vox https://www.vox.com/21211880/supreme-court-chief-justice-john-roberts-voting-rights-act-election-2020 (Stand: 03. Juli 2013).

32 133 S. Ct. 2612 (2013), Shelby County, Alabama (Petitioner) v. Eric H. Holder Jr. (Attorney General), Nr. 12–96, entschieden am 25. Juni 2013, Supreme Court of the United States https://scholar.google.com/scholar_case?case=4053797526279899410&hl=en&as_sdt=6&as_vis=1&oi=scholarr (Stand: 03. Juli 2021).

33 Voting Laws Roundup: March 2021, 01. April 2021, Brennan Center for Justice https://www.brennancenter.org/our-work/research-reports/voting-laws-roundup-

march-2021; Voting Laws Roundup: May 2021, 28. Mai 2021, Brennan Center for Justice https://www.brennancenter.org/our-work/research-reports/voting-laws-roundup-may-2021#footnote2_tpttcr8 (Stand: 12. Juli 2021).

34 Memorandum: Democracy Crisis Report Update: New Data and Trends Show the Warning Signs Have Intensified in the Last Two Months, 10. Juni 2021, States United Democracy Center, Protect Democracy, and Law Forward https://statesuniteddemocracy.org/wp-content/uploads/2021/06/Democracy-Crisis-Part-II_June-10_Final_v7.pdf (Stand: 12. Juli 2021).

35 Snyder: The War on History Is a War on Democracy.

36 Americans for Prosperity Foundation v. Bonta, Attorney General of California, certioari to the United States court of appeals for the ninth circuit, Nr. 19–251, entschieden am 01. Juli 2021, Supreme Court of the United States https://www.politico.com/f/?id=0000017a-62c9-d386-a9fe-ead9354f0000 (Stand: 03. Juli 2021).

37 Ebd.

38 Sorkin, Amy Davidson: The Unique Dangers of the Supreme Court's Decision to Hear a Mississippi Abortion Case, 30. Mai 2021, The New Yorker https://www.newyorker.com/magazine/2021/06/07/the-unique-dangers-of-the-supreme-courts-decision-to-hear-a-mississippi-abortion-case (Stand: 04. Juni 2021).

39 Durkee, Alison: 12 GOP Governors Ask Supreme Court To Overturn Roe v. Wade And Let States Make Their Own Abortion, 29. Juli 2021, Forbes Rules https://www.forbes.com/sites/alisondurkee/2021/07/29/12-gop-governors-ask-supreme-court-tooverturn-roe-v-wade-and-let-states-make-their-own-abortion-rules/?sh=506a8643645d; Dobbs et. al. (Petitioners) v. Jackson Women's Health Organization et al. (Respondents), Fall-Nr. 19-1392, Brief of Governor Henry McMaster And Eleven Additional Governors as Amici Curiae in Support of Petitioners https://www.supremecourt.gov/DocketPDF/19/19-1392/185188/20210729091216198_19-1392%20Amicus%20Brief.pdf (Stand: 02. August 2021)

40 Supreme Court of the United States, Nr. 21A24: Whole Woman's Health et al. v. Austin Reeve, 01. September 2021 https://www.supremecourt.gov/opinions/20pdf/21a24_8759.pdf; Mystal, Elie: Roe v. Wade Will Functionally Cease to Exist in Texas, 31. August 2021, The Nation https://www.thenation.com/article/society/texas-abortion-law/ (Stand: 02. September 2021).

41 Donegan, Moira: The US supreme court is deciding more and more cases in a secretive ‹shadow docket›, 31. August 2021, The Guardian https://www.theguardian.com/commentisfree/2021/aug/31/supreme-court-us-cases-shadow-docket (Stand: 02. September 2021)

42 Matas, Caroline: New Patriarch, Same Patriarchy: Despite Glowing Praise for New SBC President, There 's Just One Problem, 25. Juni 2021, Religion Dispatches https://religiondispatches.org/new-patriarch-same-patriarchy-despite-glowing-praise-for-new-sbc-president-theres-just-one-problem/ (Stand: 09. Juli 2021).

43 Perry, Whitehead: Christian Nationalism Talks Religion, But Walks Fascism, 05. Februar 2020, Religion in Politics https://religioninpublic.blog/2020/02/05/christian-nationalism-talks-religion-but-walks-fascism/ (Stand: 09. Juni 2021).

44 Jackson, David: If Donald Trump faces criminal charges, analysts doubt it will hurt him with his base in 2024, 22. Mai 2021, USA Today https://eu.usatoday.com/story/news/politics/2021/05/22/donald-trump-criminal-investigation-makes-his-political-future-murky/5166416001/; Bravender, Ron; Sfondeles, Tina: Here's how Donald Trump could theoretically run for President and govern from Prison, according to 9 Legal Scholars, 30. Juni 2021, Business Insider https://www.businessinsider.com/can-trump-run-for-president-from-prison-jail-2024-2021-5 (Stand: 03. Juli 2021).

45 Andrew Whitehead im Austausch mit der Autorin am 29. Juni 2021.

AUSGEWÄHLTE LITERATUR ZUM THEMA

Allison, Emily Joy: #ChurchToo: How Purity Culture Upholds Abuse and How To Find Healing, Minneapolis 2021.

Baker, Kelly J.: The Gospel According to the Klan: The KKK's Appeal to Protestant America, 1915–1930, Lawrence, Kansas 2011.

Balmer, Randall: Thy Kingdom Come – An Evangelical's Lament. How the Religious Right Distorts Faith and Threatens America, New York 2006.

Bjork-James, Sophie: The Divine Institution. White Evangelicalism's Politics of the Family, New Brunswick, New Jersey 2021.

Bowler, Kate: Blessed: A History of the American Prosperity Gospel. Oxford 2016.

Butler, Anthea: White Evangelical Racism: The Politics of Morality in America, Chapel Hill, North Carolina 2021.

Cooper, Melinda: Family Values: Between Neoliberalism and the New Social Conservatism, Princeton 2019.

FitzGerald, Frances: The Evangelicals. The Struggle to Shape America, New York 2017.

Goldberg, Michelle: Kingdom Coming: The Rise of Christian Nationalism, New York 2020.

Gorski, Philip: Am Scheideweg. Amerikas Christen und die Demokratie vor und nach Trump, London 2020, Ausgabe: Bundeszentrale für Politische Bildung.

Gregoire, Sheila Wray: The Great Sex Rescue: The Lies You've Been Taught and How to Recover What God Intended, Ada, Michigan 2021.

Hedges, Chris: American Fascists: The Christian Right and the War on America, New York 2007.

Ingersoll, Julie J.: Building God's Kingdom: Inside the World of Christian Reconstruction, Oxford 2015.

Jones, Robert P.: White Too Long: The Legacy of White Supremacy in American Christianity, New York 2020.

Kobes Du Mez: Jesus and John Wayne. How Evangelicals Corrupted a Faith and Fractured a Nation, New York 2020.

Kruse, Kevin M.: One Nation Under God: How Corporate America Invented Christian America. New York 2015.

Mayer, Jane: Dark Money. The Hidden History of Billionaires Behind the Rise of the Radical Right. New York 2016.

McVicar, Michael J.: Reconstructing America: Religion, American Conservatism and the Political Theology of Rousas John Rushdoony, Ohio 2010.

Moslener, Sara: Virgin Nation: Sexual Purity and American Adolescence, Oxford 2021.

Nelson, Anne: Shadow Network, Media, Money and the Secret Hub of the Radical Rights. London 2021 (Original 2020).

Posner, Sarah: Unholy. Why White Evangelicals Worship at the Altar of Donald Trump, New York 2020.

Seidel, Andrew: The Founding Myth: Why Christian Nationalism Is Un-American, New York 2019.

Sexton, Jared Yates: American Rule. How a Nation Conquered the World but Failed its People, New York 2020.

Sharlet, Jeff: The Family. The Secret Fundamentalism at the Heart of American Power, New York 2008.

Stanley, Jason: How Fascism Works. The Politics of Us and Them, New York 2018.

Stewart, Katherine: The Power Worshippers. Inside the Dangerous Rise of Religious Nationalism, London 2020.

Stewart, Katherine: The Good News Club: The Christian Right's Stealth Assault on America's Children, 2012 New York.

Sutton, Matthew Avery: American Apocalypse. A History of Modern Evangelicalism, Cambridge, Massachusetts 2014.

Whitehead, Andrew L.; Perry, Samuel L.: Taking America Back for God, Oxford 2020.

Williams, Daniel K.: God's Own Party. The Making of the Christian Right, Oxford 2012.

VERZEICHNIS VON ORGANISATIONEN DER RELIGIÖSEN UND POLITISCHEN RECHTEN (AUSWAHL)

ADF: Alliance Defending Freedom
ALEC: American Legislative Exchange Council
American Family Association
American Public Policy Alliance
Americans for Prosperity

Campus Crusade
Capitol Ministries
Catholic League
CBN: Christian Broadcasting Network
CCA / CC: Christian Coalition of America
Center for Reclaiming America
CSFC / FCF: Committee for the Survival of a Free Congress / Free Congress Foundation → American Opportunity (aktueller Name)
Chalcedon Foundation
CNP: Council for National Policy
CPAC: Conservative Political Action Conference
CPCF: Congressional Prayer Caucus Foundation
CWFA: Concerned Women for America

DonorsTrust

Eagle Forum
Evangelicals For Trump

Federalist Society
FOTF: Focus on the Family
FRC: Family Research Council
FreedomWorks

Good News Club

Heartland Institute
Heritage Foundation
HSLDA: Home School Legal Defence Association

IBLP: Institute in Basic Life Principles
IOF: International Organization for the Family

JBS: John Birch Society
Judicial Crisis Network

LI: Leadership Institute
Lynde and Harry Bradley Foundation

NCBCPS: National Council on Bible Curriculum in Public Schools
Newsmax
NCF: National Christian Foundation
NLF: National Legal Foundation
NPB: National Prayer Breakfast
NRA: National Rifle Association

OANN: One America News Network
Operation Rescue

PHC: Patrick Henry College
Phyllis Schlafly Eagles
PILF: Public Interest Legal Foundation
ProFamily Legislation Network
Project Blitz
Promise Keepers

Salem Media Group
Save Our Country Coalition
SBC: Southern Baptist Convention
SPN: State Policy Network
SRT: Silver Ring Thing Ministry

TBN: Trinity Broadcasting Network
The Family / The Fellowship Foundation
TPP: Tea Party Patriots
TPUSA: Turning Point USA

VIDOL: Veterans in Defense of Liberty

WallBuilders
Watchmen on the Wall
WCF: World Congress of Families

Die Rowohlt Verlage haben sich zu einer nachhaltigen Buchproduktion verpflichtet. Gemeinsam mit unseren Partnern und Lieferanten setzen wir uns für eine klimaneutrale Buchproduktion ein, die den Erwerb von Klimazertifikaten zur Kompensation des CO_2-Ausstoßes einschließt.

www.klimaneutralerverlag.de

FSC www.fsc.org MIX Papier aus verantwortungsvollen Quellen FSC® C083411